Auf den Spuren eines Unbekannten

C(

*Alain Corbin*

# AUF DEN SPUREN EINES UNBEKANNTEN

## Ein Historiker rekonstruiert ein ganz gewöhnliches Leben

Aus dem Französischen von Bodo Schulze

Campus Verlag
Frankfurt/New York

Die französische Originalausgabe »Le monde retrouvé de Louis-François Pinagot«
erschien 1998 bei Flammarion.
Copyright © FLAMMARION, Paris 1998

Übersetzung aus dem Französischen von Bodo Schulze

Dieses Buch erscheint im Rahmen eines 1985 getroffenen Abkommens zwischen der
Wissenschaftsstiftung Maison des Sciences de l'Homme und dem Campus Verlag.
Das Abkommen beinhaltet die Übersetzung und gemeinsame Publikation deutscher und
französischer geistes- und sozialwissenschaftlicher Werke, die in enger Zusammenarbeit
mit Forschungseinrichtungen beider Länder ausgewählt werden.

Cet ouvrage est publié dans le cadre d'un accord passé en 1985 entre la Fondation
de la Maison des Sciences de l'Homme et le Campus Verlag. Cet accord comprend la
traduction et la publication en commun d'ouvrages allemands et français dans le domaine
des sciences sociales et humaines. Ils seront choisis en collaboration avec des
institutions de recherche des deux pays.

Die Deutsche Bibliothek – CIP-Einheitsaufnahme

*Corbin, Alain:*
Auf den Spuren eines Unbekannten : ein Historiker rekonstruiert ein ganz
gewöhnliches Leben / Alain Corbin. Aus dem Franz. von Bodo Schulze. –
Frankfurt/Main ; New York : Campus Verlag, 1999
Einheitssacht.: Le monde retrouvé de Louis-François Pinagot ⟨dt.⟩
ISBN 3-593-36175-2

Umschlaggestaltung: Guido Klütsch, Köln
Satz: TypoForum GmbH, Singhofen
Druck und Bindung: Druckhaus »Thomas Müntzer«, Bad Langensalza
Gedruckt auf säurefreiem und chlorfrei gebleichtem Papier.
Printed in Germany

# INHALT

# DIE ERFORSCHUNG EINES GANZ GEWÖHNLICHEN LEBENS

Louis-François Pinagot hat gelebt. Das Standesamtsregister bezeugt es. Geboren ist er am 2. Messidor des Jahres VI (20. Juni 1798) »gegen drei Uhr abends«, und er starb in seinem Haus am 31. Januar 1876. Anschließend geriet er völlig in Vergessenheit. Bei keiner Gelegenheit hat er für seine Mitmenschen das Wort ergriffen; zweifelsohne ist ihm nicht einmal der Gedanke dazu gekommen, zumal er weder lesen noch schreiben konnte. Er war an keinem Geschehen beteiligt, das der Rede wert wäre. Sein Name steht auf keinem überlieferten juristischen Dokument. Nie fiel er den Behörden in irgendeiner Weise auf. Kein Ethnologe hat seine Sprech- und Handlungsweise beobachtet. Kurzum, er ist genau der, den ich suchte.

Denn das Ziel der vorliegenden Untersuchung besteht darin, die üblichen Verfahren der Sozialgeschichtsschreibung auf den Kopf zu stellen. Die Geschichtsschreibung über das »Volk«, von derjenigen über die Eliten ganz zu schweigen, beruht auf der Untersuchung einer begrenzten Auswahl von Einzelpersonen mit außergewöhnlichem Schicksal, die sich allein schon aufgrund der Tatsache, dass sie zur Feder griffen, aus dem Milieu heraushoben, über das sie schrieben.[1] Sie wollten Zeugnis ablegen oder sich als Beispiel präsentieren; eben deshalb stellen sich die einschlägigen Untersuchungen über ihre Schriften als Analyse der »Stimme der Arbeiter«, der »Stimme der Frauen« oder der »Stimme der Ausgegrenzten« dar. An solchen Arbeiten verdiente sich so mancher Verleger seit Ende der Sechzigerjahre eine goldene Nase. Kaum einer fragte sich, was die Angehörigen dieses in ständigem Werden begriffenen Kollektivwesens namens »Volk« wohl über diese politisch motivierten Darstellungen gedacht haben mochten.

Gewiss bringt ab und zu ein außergewöhnliches Ereignis Licht in das Wimmeln der Namenlosen. Ein ansonsten völlig unbekannter Mensch mag im Zusammenhang mit einer Katastrophe, einem Aufstand oder einem Verbrechen Gegenstand einer genauen Untersuchung werden. Doch all dies gehört in den Bereich der Ausnahmesituationen, der Paroxysmen, die zwar tief blicken lassen, uns aber nicht die Atonie des ganz gewöhnlichen Lebens zeigen.

Wenn ich im Folgenden zusammentrage, was Louis-François Pinagot an Spuren hinterließ, so liegt es mir gleichwohl fern, sein Dasein als besonderes Schicksal zu konstruieren oder ihn auch nur als einen Menschen zu beschreiben, der vielleicht ein Schicksal hätte haben können. Kurz gesagt, ich will aus verstreuten Informationen ein Mosaik zusammensetzen und dabei über die Untergegangenen und Verschwundenen schreiben, ohne den Anspruch zu erheben, für sie Zeugnis abzulegen. Diese Meditation über das Verschwinden soll einem Wesen zu erneutem Dasein verhelfen, an das nichts mehr erinnert, mit dem mich emotional nichts verbindet, mit dem ich a priori keinen Glauben, keine Mission, kein Engagement teile. Ziel dieser Arbeit ist, diesen Menschen neu zu erschaffen, ihm eine zweite, einstweilen recht solide Chance zu geben, ins Gedächtnis seines Jahrhunderts einzugehen.

In erdgeschichtlichen Zeiträumen gesehen, mag dieses Unterfangen lächerlich erscheinen. Jede Wiederauferstehung kann nur ein Auftakt zu endgültigem Untergang sein. Umgekehrt setzt jedes Verschwinden einen Zuschauer voraus. Aus dieser Überzeugung wie aus dem Wissen um die Unausweichlichkeit des Todes entwickelte sich im Laufe der Jahrtausende das Gefühl, dass alles Irdische eitel sei. Daraus erklärt sich die Zuflucht zum Jüngsten Gericht, jener großen Geschichtsbühne, die Gelegenheit zur vollständigen Rekapitulation der Vergangenheit eines Jeden bieten soll. Was uns jedoch am meisten bewegt, ist nicht, dass so gut wie alle Menschen der Vorgeschichte und entfernterer Jahrhunderte verschwunden sind, ohne in der Gegenwart eine Spur zu hinterlassen, sondern dass dieses Los auch jene Menschen ereilte, die uns unmittelbar vorangingen. Dieses beunruhigende Verhältnis zwischen Nähe einerseits und Verschwinden andererseits ist der Grund dafür, dass meine Wahl auf einen Menschen aus der jüngeren Vergangenheit fiel.

Irgendwann hat gewiss auch Louis-François einmal daran gedacht, eine Spur zu hinterlassen. Vielleicht war dies sogar sein lebhafter Wunsch, vielleicht hat er Versuche in diese Richtung unternommen. Denkbar wäre zum Beispiel ein dressiertes Tier, ein sorgfältig gepflanzter und gehegter Baum, ein Gebäude, ein Garten, ein Werkzeug, eine besondere Fertigkeit, ein beispielhaftes Verhalten, ein unerwartetes Foto. In der Erinnerung derer, die ihn kannten, haben vielleicht der Klang seiner Stimme, seine Art und Weise in der Spinnstube zu reden, seine Bekanntheit oder zumindest sein Ruf für eine Weile überlebt. Wie weit dieser zeitliche Horizont sich auch erstreckt haben mag, nichts davon ist übrig. Wir können uns also nur auf die Leere und die Stille stützen, um uns diesem Jean Valjean zu nähern, der offenbar niemals ein Stück Brot gestohlen hat.

Angesichts meiner Zielsetzung musste die Wahl auf ein beliebiges Glied der Gesellschaft fallen. Nur unter dieser Voraussetzung lässt sich das Einzigartige inmitten des Gleichförmigen ermitteln und dem auserwählten Individuum die Ehre einer neuen Erinnerung zuteil werden lassen. Nicht in Frage kamen daher Menschen mit außergewöhnlichem Schicksal, Menschen also, die exemplarische Spuren hinterließen und nicht völlig – auch bei ihren Nachkommen – in Vergessenheit geraten sind. Ich musste ein Individuum auswählen, über das uns nur solche Quellen unterrichten, die nicht durch speziell auf seine Person gerichtete Neugierde oder Untersuchungen entstanden sind.

Meine anschließende Aufgabe bestand darin, mich auf sichere, nachprüfbare Gegebenheiten zu stützen, die winzige Spur gewissermaßen in einen größeren Zusammenhang zu stellen und zu beschreiben, was sich mit Sicherheit im Umfeld des gewählten Individuums zugetragen hat. Sodann musste ich dem Leser einige Elemente an die Hand geben, die es ihm erlauben, das Mögliche und das Wahrscheinliche wieder zu erschaffen: eine Skizze der virtuellen Geschichte der Landschaft, der persönlichen Umgebung und der Stimmung, einen Entwurf möglicher Gefühlslagen oder Gesprächssequenzen, eine Vorstellung von der sozialen Stufenleiter, von unten ausgesehen, oder der Art und Weise, wie die Erinnerung strukturiert gewesen sein mochte. Dabei müssen wir uns stets bewusst sein, dass wir über die moralischen Qualitäten des gewählten Individuums nicht das Geringste erfahren werden. Mit welchem Eifer ging er an die Arbeit? Wie intensiv waren seine Gefühle, und wie stark begehrte er eine Frau? Wie stellte er sich die Welt und das Jenseits vor? Wir werden von ihm nie auch nur annähernd so viel erfahren wie über den Müller Menocchio oder Pierre Rivière.[2]

Paradoxerweise lässt sich mein Unternehmen nicht wirklich in den Bereich der Mikrogeschichte einordnen. Auch führe ich nicht jene tief blicken lassenden, sozusagen geologischen Schnitte durch, zu denen einst Lucien Febvre anregte. Mein Buch wird nichts Wesentliches zu einer Geschichte des Subjekts beitragen. Doch es handelt sich zumindest um den Versuch, den nachlässigen Umgang der Historiker mit all dem, was unwiederbringlich im Nichts des Vergessens verschwindet, ein wenig wieder gutzumachen und damit in bescheidener Weise den Planierraupen entgegenzuarbeiten, die heute auf ländlichen Friedhöfen ihr Unwesen treiben.

*Tagebuchfragmente aus den ersten Tagen meiner Untersuchung*

*2. Mai 1995, 14 Uhr. Der Tag der Auswahl ist gekommen. Erregt sehe ich der Begegnung mit einem Unbekannten entgegen, der unser Treffen nie für möglich gehalten hätte und mit dem mich nicht die geringsten gefühlsmäßigen oder auch nur empathischen Bande verbinden – eine Begegnung, die sich wohl über Jahre erstrecken wird. Ich stelle mir die Verschwundenen vor, die auf meine Auswahl warten. Und wenn ihnen mein Vorhaben skandalös erschiene? Mit welchem*

*Recht maße ich mir, wie ein armseliger Demiurg, die Entscheidung an, einen Menschen zu neuem Leben zu erwecken, der dies vielleicht gar nicht wünscht (gesetzt den recht unwahrscheinlichen Fall, dass es ein Leben nach dem Tod gibt)?*

*Die Menschen des Milieus und der Generation dessen, den ich noch nicht getroffen habe, hegten tiefe Feindseligkeit gegenüber allen Zeitgenossen, die sich den Kragen zurechtrückten und beanspruchten, eine individuelle Spur zu hinterlassen. Diese Ablehnung, die auf dem Land dem persönlichen Grabstein galt und sich wohl auch auf alles Autobiografische bezog, lässt mein Unterfangen als Anmaßung erscheinen.*

*Der erste Tag dieser subtilen Jagd führt ein einzigartiges Verhältnis in die Verfahrensweise der historischen Forschung ein. Ohne Zweifel bin ich der erste, der sich auf Jahre hinaus der Wiederbelebung eines Menschen widmen wird, den er noch nicht kennt, den er in wenigen Minuten als einziger kennen wird und der im Augenblick keine Chance hat, von irgendjemand anderem außer mir selbst ausgegraben zu werden. In dem Moment, in dem ich dies schreibe, ist er tatsächlich noch völlig verschwunden, noch ohne Chance, im kollektiven Gedächtnis jemals als Individuum aufzutauchen.*

*Die Gefahr ist groß, dass ich meinen künftigen Bekannten allein durch meine Wahl zu einem einzigartigen Wesen erhebe. Nichts beweist, dass er sein Leben als besonderes Schicksal wahrnahm. Das ist sogar recht unwahrscheinlich. Möglicherweise hatte er nur eine verschwommene Erinnerung an die Vorfälle seines Lebens; vielleicht ging ihm sogar jeder Sinn für zeitliches Nacheinander ab. Und dennoch werde ich, wenn auch vorsichtig, sein Leben in Zeitabschnitte unterteilen und ihm Ordnung und Richtung verleihen. Es wird dabei also keine ordentliche Lebensgeschichte herauskommen, denn die spezifischen Formen der Selbstverkennung und Selbstvergessenheit werden notgedrungen fehlen.*

*15 Uhr. Ich entschied mich für die Archive des Departements Orne, meiner Heimat. Nicht nur aus Bequemlichkeit, sondern auch, um die Schwierigkeiten nicht überhand nehmen zu lassen und um mir trotz des zeitlichen Abstands einen umfassenden Zugriff zu ermöglichen. Mit geschlossenen Augen griff ich einen Band aus den Findbüchern der Gemeindearchive heraus. Meine Hand wählte die Gemeinde Origny-le-Butin, ein Flecken ohne Eigenschaften, ein unbedeutender Punkt im weiten Gewebe der französischen Gemeinden. Ihr Name steht weder im Sachkatalog des Archivdepots noch im Register der Serie M, dem Schatz der Sozialhistoriker. (Später sollte ich feststellen, dass er auch im Katalog der Nationalbibliothek und im Index der »Bibliographie annuelle de l'histoire de France« nicht zu finden ist.) Diese Unsichtbarkeit bestätigt sich bei der Durchsicht der Verzeichnisse verschiedener Erhebungen. Wie zahlreiche andere winzige Gemeinden ereilte Origny-le-Butin das Schicksal, ebenso wie seine Einwohner aus der Erinnerung zu verschwinden. Die Schwierigkeiten, vor denen ich stehe, weiten sich zum Abgrund.*

*Ich öffnete im Standesamtsregister die Zehnjahrestafeln des ausgehenden 18. Jahrhunderts und ließ zweimal den Zufall spielen. Ich stieß, in alphabetischer Reihenfolge, auf zwei Namen: Jean Courapied und Louis-François Pinagot. An dieser Stelle greife ich ein. Jean Courapied starb in jungen Jahren; fiele die Wahl auf ihn, verlöre das Spiel jedes Interesse. Bleibt Louis-François Pinagot. Er also. Ich denke an den Ausruf Ernst Jüngers auf einem seiner Ausflüge bei der zufälligen Begegnung mit einem Insekt: »Da bist du ja!«*

*7. Mai 1995. Dank meiner vierzigjährigen Arbeitserfahrung in Departements-Archiven setzt sich das Mosaik schnell zusammen. Schon nach zwei Tagen bin ich in der Lage, den Archivaren Rede und Antwort zu stehen, die mich seit Dienstag erstaunt, wenn nicht sogar misstrauisch fragen, »über was oder wen ich denn arbeite«, und nicht verstanden, dass ich diese Frage noch nicht beantworten konnte. Louis-François erwacht zu neuem Leben, und die Begegnung mit ihm bereichert mich. Der Sohn eines Fuhrmanns ist Holzarbeiter, ein notleidender Holzschuhmacher, der am Rande des Staatsforsts von Bellême wohnt. Ich kenne bereits seinen Zivilstand, und ich weiß, wie groß er ist (1,66 m) und wo er sich gewöhnlich aufhält. Doch noch ist er nur ein Name, ein Schatten auf Dokumenten, die sich für ihn nur als Teil einer Menge oder einer Reihe interessieren. Von seinem Gesicht, seiner äußerlichen Erscheinung werde ich offensichtlich nie etwas erfahren; zweifellos auch nichts über seine Jugend, sein Liebesleben, seine Kundschaft. Doch zumindest verspricht diese Existenz reich an Emotionen und menschlicher Erfahrung zu sein; darauf deutet sein langes Leben, seine große Familie, sein häufiger Status- und Wohnsitzwechsel und seine Vielseitigkeit als Holzarbeiter hin.*

*Indes, ich sollte einen klaren Kopf behalten. Der zeitliche, soziale und kulturelle Abstand verbietet mir, Louis-François Pinagot zu verstehen; so wie es ihm zweifellos äußerst schwergefallen wäre, mich zu analysieren. Gleichwohl besaß er, genauso wie ich, sein eigenes Deutungsraster, das ihn wohl nicht zu völlig falschen Ergebnissen geführt hätte. Versuchen wir wenigstens, weder in Schmerz über die unüberbrückbare Distanz noch in joviales Schulterklopfen zu verfallen.*

*Louis-François Pinagot wird für uns das unerreichbare Zentrum, der blinde Fleck des Gemäldes bleiben, das ich – trotz seiner Abwesenheit – von ihm ausgehend entwerfen werde, indem ich postuliere, wie er seine Umwelt wahrnahm. Ganz so wie im Kino, wenn der Zuschauer die Szene mit den Augen einer Person sieht, die selbst unsichtbar ist. Nichts darf unversucht bleiben, um seinen räumlichen und zeitlichen Horizont, sein Familienleben, seinen Freundeskreis, sein Eingebundensein in die Gemeinschaft sowie die Werte und Glaubensvorstellungen nachzuzeichnen, denen er aller Wahrscheinlichkeit nach anhing; mit dem Ziel, sich ein Bild zu machen von seinen Freuden, seinen Schmerzen, seinen Sorgen, seinen Zornausbrüchen und seinen Träumen. Wir müssen eine Geschichtsschreibung betreiben, die dem nachspürt, was das Schweigen der Quellen offenbart.*

Louis-François Pinagot hat sein langes Leben am Rande eines Waldes verbracht. Sein Leben erstreckt sich über denselben Zeitraum wie das der großen französischen Romantiker. Er ist Zeitgenosse von Lamartine, Hugo, Vigny, Michelet, Berlioz und vielen anderen. Aber diese Gleichzeitigkeit blieb ihm gewiss verborgen. Er lebte unter der Herrschaft von Monarchen, zwischen zwei Invasionen, in einem Milieu, in dem lokalgeschichtliche Ereignisse aus der Zeit des Ancien régime und der Französischen Revolution häufiger Gesprächsgegenstand waren.

Die Hälfte seines Lebens (37 Jahre) verlief unter der Herrschaft der beiden Bonaparte. Fast die gesamte übrige Zeit lebte Louis-François Pinagot in der konstitutionellen Monarchie (31½ Jahre). Kindheit und Jugend verbrachte er unter dem Konsulat und dem Empire (von 2 bis 17 Jahren), als junger Mann lebte er unter den Bourbonen (von 17 bis

32 Jahren), in den mittleren Jahren unter der Herrschaft von Louis-Philippe I. (von 32 bis 50 Jahren), das beginnende Alter unter der Zweiten
Republik und dem Zweiten Kaiserreich (von 50 bis 72 Jahren), das
Greisenalter (von 72 bis 76 Jahren) unter der noch ungefestigten Dritten
Republik. Da könnte es einem schon schwindlig werden, vorausgesetzt, man misst der Regierungsform, unter der man lebt, größere
Bedeutung bei – wofür es bei Louis-François Pinagot nicht den geringsten Anhaltspunkt gibt. Wir, die wir die nachfolgende Geschichte
kennen – den Triumph der Dritten Republik –, müssen uns schon ein
wenig anstrengen, um uns das Leben dieses Menschen vorzustellen,
der für die napoleonischen Kriege zu jung und für die des Zweiten Kaiserreichs zu alt war, und dessen Jugend und Alter unter dem Eindruck
zweier Invasionen standen, die sein Leben mit der europäischen Geschichte verbanden.

Dieses lange Leben im Verborgenen einer kleinen Gemeinde in der
Region Perche fiel in eine Zeit entscheidender Umbrüche: die
Umwälzung des zeitlichen Rahmens der französischen Gesellschaft,
die Umarbeitung von geographischen Räumen in Nostalgie geprägte
Landschaften (zum Beispiel der Wald von Bellême), Entstehung und
Aufstieg der Wissenschaften vom Menschen und der Sozialforschung,
die Erfindung des Begriffs der traditionellen Gesellschaft und der
Lokalstudie, nicht zu vergessen der Aufstieg des Individualismus und
die Ausarbeitung neuartiger Konstruktionen von Subjekt und Staatsbürger. Inwieweit fanden all diese Entwicklungen bei Louis-François
Widerhall und inwiefern machten sie für ihn Sinn? Inwieweit haben
sie zumindest die Entstehung der Spuren geprägt, die er hinterließ?

Er selbst musste, wie wir noch sehen werden, ganz unerwartete Erfahrungen machen: das Wahlrecht ausüben, das Schauspiel des modernen Kriegs erleben, die Umwälzung des Holz verarbeitenden und des
Spinnereigewerbes erfahren, von den subtilen Veränderungen seiner
Identität ganz zu schweigen. Der Sohn eines Bauern und Fuhrmanns
wird Holzschuhmacher. Der lange Zeit Notleidende erwirbt in seinen
späten Jahren Grundeigentum. Zunächst wird er nur als Schwager

(Pinagot-Pôté) bezeichnet, gegen Ende seines Lebens aber ist er als Großvater, dessen ältester Sohn im Gemeinderat sitzt, hochangesehen.

Auf welche Weise – Lucien Febvre hätte gefragt: mit welchem mentalen Instrumentarium – hat er jene Entwicklungen beobachtet und erfahren, die sich in seiner unmittelbaren Umgebung vollzogen und für ihn daher leichter wahrnehmbar waren als die oben angeführten Veränderungen: die Beschleunigung des Lebens- und Arbeitsrhythmus', die Einführung neuer Kommunikations- und Informationsmittel, die ungleichmäßigen Fortschritte der Alphabetisierung, und prosaischer: die Veränderungen in der Gemarkung Origny-le-Butin und die neuen Konflikt- und Vertragsformen, die sich auch in dieser armen Gemeinde durchsetzten? Welche Bedeutung hatten für ihn Ehre und Reputation? Welche Formen der Unterwerfung, welche Beziehungen banden ihn an seine Arbeit- oder Auftraggeber, von denen er abhing? Worauf richtete sich sein Hass im Alltag?

Eine viel Geduld erfordernde, unendliche Suche zeichnet sich ab, die dieses Buch bei weitem nicht zu ihrem Ende führen wird, sodass eine Fortsetzung denkbar wäre. Um nachzuzeichnen, was man sich als die Welt des Louis-François Pinagot vorstellen könnte, scheint die Einrichtung einer Forschergruppe, die Gründung einer Art »Forschungszentrum Pinagot«, durchaus kein abwegiger Gedanke zu sein – wobei es mir fernliegt, Jorge Luis Borges zu persiflieren.

*Juni 1995. Im Laufe von nur wenigen Wochen kam es, wie bei einer Kettenreaktion, zu einer Reihe von Wiederauferstehungen, von Wiederbelebungen in der Seitenlinie. Eine noch dunkle Gruppe verschwundener Menschen, die Louis-François Pinagot kannte, zeichnet sich ab. Dank Louis-François tauchen schemenhafte Gestalten wieder auf, die ohne ihn keine Chance hätten, aus der Vergessenheit herauszutreten. Einige von ihnen, bevorzugte Objekte behördlicher Prozeduren, heben sich schon in genaueren Umrissen ab.*

*So verbreitet sich unmerklich ein Zugangsweg zum 19. Jahrhundert. Ich habe das Gefühl, dass tausend Seiten über Louis-François Pinagot – und wären*

sie auch nur beschreibend und interpretierten äußerst zurückhaltend – den
Wunsch, diese Zeit zu verstehen, besser erfüllten als so manche detaillierte
Beschreibung der Strukturen der Protoindustrialisierung oder jene vorschnellen
und vorgeblich wissenschaftlichen Vergleiche zwischen der Bevölkerung des
Perche und der von Neu-Guinea.

# Kapitel 1

## DER RAUM EINES LEBENS

Abgesehen von einem kurzen Ausflug in die benachbarte, ebenfalls am Waldrand gelegene Gemeinde Saint-Martin-du-Vieux-Bellême am Tag nach seiner Hochzeit hat Louis-François Pinagot den Gemeindebezirk Origny-le-Butin offenbar nie verlassen. Seine Wohnorte – zunächst bei seinem Vater in La Haute-Frêne, anschließend in Hôtel-Migné, dann lange Zeit in La Basse-Frêne (vgl. Karte 3) – liegen in einer hügeligen Bocage-Landschaft*, wenige hundert Meter vom Wald von Bellême entfernt. Möglicherweise lebte er eine Zeitlang auch in einer Holzschuhmacherhütte mitten im Wald.[1]

Dass Louis-François Pinagot sehr wahrscheinlich ein Steinhaus bewohnte, korrespondiert mit dem heute gut belegten Prozess des Sesshaftwerdens der Waldarbeiter.[2] Möglicherweise gab dafür seine doppelte territoriale Identität den Ausschlag, denn dieser Mann des Waldes war zugleich auch ein Mann des Feldes.[3] Der Holzschuhmacher, der mitunter als Tagelöhner bezeichnet wurde, hatte einen wohlhabenden Landwirt zum Schwiegervater, während sein Vater als Fuhrmann und Kleinbauer arbeitete. Es liegt daher nahe, dass Louis-François Pinagot als Sohn und Schwiegersohn von Bauern bei Aussaat und Ernte mithalf und als Gegenleistung dafür in Zeiten des Mangels Lebensmittel erhielt.[4]

---

* Landschaftstyp im Nordwesten Frankreichs, zur Beschreibung siehe unten (AdÜ).

Die Nähe des Waldes prägte die Existenz eines Arbeiters, dessen Haus inmitten einer kleingeschnittenen Bocage mit dicken, dichten Hecken lag. Das beklemmende Gefühl, das eine solche Lage herrufen mochte, wurde verstärkt durch die Angst vor Beschädigung des Gartens durch wilde Tiere aus dem Wald[5], wie auch durch die ständige Gefahr einer Verwilderung der Haustiere. Andererseits bot der nahe Wald auch viele Vorteile, die das Leben erleichterten: bequemes Auflesen toter Äste und Zweige, die Möglichkeit zum Sammeln von Pilzen, Erdbeeren und Heidelbeeren, außerdem die Gelegenheit zur Wilderei und zum unerlaubten Entnehmen von Gras, Laub und grünem Holz.

Doch sehen wir ein wenig genauer hin: Wo der Wald aufhört, ist hier klar und deutlich zu erkennen. Wir haben es nicht mit einem jener unklar abgegrenzten Wälder zu tun, die zu Übergriffen und unrechtmäßigen Aneignungen einluden und das Ackerland in seiner Ausdehnung bedrohten. Der Ingenieur Jean-Alexandre Chaillou hatte sich 1782 darüber beklagt, dass eine klare Grenzziehung nur noch »hie und da« vorhanden sei.[6] Daher beschloss man im Jahr darauf, den früheren Zustand wieder herzustellen und den »äußeren Graben« zu erneuern.[7] In den folgenden Jahren wurde er mehrmals ausgebessert und durch eine Böschung verstärkt.[8] Darüber hinaus bildeten die Hecken der »eingefriedeten Erbgrundstücke« entlang des Waldes »eine Art Festungswall«,[9] der möglichen Grenzverschiebungen wirksam vorbeugte. Dieses Hindernis, das der ungezügelten Ausbreitung des Baums Einhalt gebot, erklärt, weshalb es in dieser an Grenzstreitigkeiten nicht armen Gegend diesbezüglich kaum Probleme gab. Anders als bei vielen anderen Wäldern bot die südliche Grenze des Waldes von Bellême keinen Konfliktstoff – wobei zu berücksichtigen ist, dass der Wald von Bellême dem Staat gehörte und die daraus resultierende Ungleichheit der Rechtsparteien abschreckend wirkte.[10]

Louis-François Pinagot, der in einem der Weiler am Waldrand lebte, war auch und vor allem ein Mann des Waldes. Zeit seines Lebens begrenzte an der Nordseite seines Hauses eine dunkle Baumreihe seinen Horizont. Es ist daher angebracht, den Wald von Bellême etwas

eingehender zu beschreiben, ein Wald, in dem er in seiner Zeit als Fuhr-
mannsgehilfe und vielleicht auch als Holzhacker-Tagelöhner zu Hause
war, und der später den Rohstoff für die von ihm gefertigten Holzschuhe lieferte.

Der Wald von Bellême ist ein Staatsforst.[11] Wer in ihm zu tun hat, ist
ausschließlich der Autorität der staatlichen Verwaltungsbeamten unterworfen. Dies gilt auch für die Holzhändler, die den Zuschlag fürs Bäu-
mefällen erhalten und darüber detailliert Buch zu führen haben. Gegen
Ende des Ancien régime bestand dieser Wald hauptsächlich aus hohen
Eichen und Buchen. In allen Beschreibungen dieses der Normandie
zugehörigen Waldes kommt Begeisterung für die wunderbaren
Stämme auf, die sich hervorragend zum Schiffsbau eignen. Delestang
steuerte einige Verse bei, als er in seiner Eigenschaft als Unterpräfekt
des Arrondissements Mortagne im Jahre 1803 im Rahmen der nach
Chaptal benannten Erhebung eine Vorarbeit zur Beschreibung des
Departements verfasste.[12] Die Verfasser pittoresker Reisebeschreibungen huldigten dem Topos ebenfalls. Dureau de la Malle bezeichnete den
Wald von Bellême im Jahre 1823 als »eines der Schmuckstücke Frankreichs«[13], und griff damit ein Wort Napoleons auf, der, wie berichtet
wird, die Wälder des Perche, allen voran den Staatsforst von Bellême,
für die schönsten Europas hielt. Und auch die Gelehrten und Altertumswissenschaftler standen nicht zurück. Im Jahre 1837 rühmte Léon
de la Sicotière seinerseits die »herrlichen Stämme«[14].

Zu Fuß lässt sich der kleine Wald in Nord-Süd-Richtung in einer
Stunde, in Ost-West-Richtung in zwei Stunden durchqueren.[15] Nirgendwo gibt es undurchdringliches Dickicht. Zwar diente der Wald,
wie einige Episoden der Französischen Revolution zeigen, bisweilen als
Zufluchtsort, doch im Unterschied zu zahlreichen anderen Wäldern in
Westfrankreich[16] konnten Regimegegner ihn zu keiner Zeit wirklich als
sicheren Rückzugsort nutzen.

Die hochgerühmten Stämme wachsen auf ausgesprochen hügeligem
Gelände. Als Louis-François Pinagot im Kindesalter begann, im Wald
herumzustreunen, war dieser von kleinen Moor- und Torfgebieten

übersät, von Steinbrüchen unterbrochen, von Heide- und Sandflächen durchzogen. Dennoch war er leicht begehbar. Ein endloses Gewirr verschlungener Wege brachte die Baumzeilen in Unordnung und verursachte so manche Beschädigung. Noch 1858 war das Wegenetz genauso dicht wie ein halbes Jahrhundert zuvor.[17] Hinzu kam im Laufe einer strafferen Umgestaltung des Waldes eine Reihe breiterer Alleen, die in der Mitte des Zweiten Kaiserreichs größtenteils noch nicht gepflastert waren. Auf der Allee von Moulin-Butin – dem wichtigsten Transportweg, auf dem die Erzeugnisse des Waldes nach Origny gelangten – war dieser Rückstand spürbar. Zu Louis-François Pinagots Lebzeiten diente der Wald von Bellême als Verkehrsader. Wenn Louis-François einmal nach Perrière, Saint-Martin oder Bellême musste, führte der gangbarste Weg durch den Wald.

Im Gegensatz zu den Einwohnern der Gemeinden am Rande der benachbarten Waldungen von Écouves und Tourouvre besaßen die Anwohner des Waldes von Bellême keinerlei Nutzungsrechte. Das 1846 erstellte Verzeichnis der in diesem Forstbezirk geltenden Nutzungsrechte erwähnt weder das Weiderecht noch das Triftrecht.[18] Lediglich abgestorbene Zweige durfte man aufsammeln,[19] Gras und Laub zur Einstreu im Stall waren ebenso verboten wie grünes Holz.[20] Angesichts dieser klaren Regelung der Nutzungsrechte beschränkte sich der Forstfrevel auf kleinere Vergehen,[21] denn die Probleme, die in anderen Wäldern durch die bezirksweise Aufteilung oder den Kauf von Nutzungsrechten entstanden, waren hier unbekannt.

Der Wald von Bellême hat sich zu Lebzeiten von Louis-François Pinagot von Grund auf verändert, zumal der südliche Waldrand, an dem er sein ganzes Leben verbrachte. In den Jahren 1801 bis 1804, in die seine ersten Erinnerungen zurückreichen, war der Baumbestand stark vernachlässigt. Nach übereinstimmender Ansicht der Fachleute hatte sich der Zustand des Waldes während der Revolution erheblich verschlechtert – durch Überweidung, durch die »Invasion« der Anrainer, die von der Desorganisation der staatlichen Überwachungsorgane entschlossen profitierten, durch übermäßige Nutzung für den Kriegsbedarf.[22] Am schlimmsten wütete die Zerstörung in den ersten beiden Revolutionsjahren (1789–1790) und gegen Ende des Direktoriums. Doch gleichzeitig entwickelten sich erste Ansätze eines modernen Forstrechts. Abgesehen davon sollte man sich durch das übertriebene Gejammer der Verwaltungsbeamten nicht irreführen lassen, die in den von ihnen als »Wirren« bezeichneten Jahren unablässig das Chaos an die Wand malten. Exzesse, übermäßige Nutzung, unerlaubter Holzeinschlag und die Ausbreitung von Weichhölzern: Die Präfekten prangerten diese Missstände immer wieder an, um gebührend herauszustreichen, wie sehr sie um eine Neuorganisation, eine neue Ordnung bemüht waren, die das Forstrecht von 1827 dann schließlich brachte.

Wie dem auch sei, die Wälder der Orne, zumal der Staatsforst von Bellême, gaben dem Präfekten La Magdelaine unablässig Anlass zu Beschwerden. Wenn man ihm Glauben schenken darf, befanden sie sich bei der Geburt von Louis-François Pinagot in einem beklagenswerten Zustand.[23] Die Forstaufseher wurden nicht mehr bezahlt und vernachlässigten ihre Arbeit. »Die mangelhafte Pflege zwang die Fuhrleute dazu, sich einen befahrbaren Weg durchs Unterholz zu bahnen.« Die Forsthäuser waren »im Allgemeinen verfallen«, die Gräben verschüttet. Die Anrainer versuchten die Anerkennung von Rechten durchzusetzen, die sie sich missbräuchlich angeeignet hatten. All diesen Übelständen abgeholfen zu haben rühmte sich der Präfekt am 20. Frimaire des Jahres VI. Die Verwaltung unternahm Anstrengungen, verwaiste Flächen wieder zu besäen und aufzuforsten. Durch Auslichten entlang der Hauptwege wurde sowohl der Personen- und Güterverkehr als auch die Reinheit der Luft und die »öffentliche Sicherheit« in den Wäldern wiederhergestellt, die noch immer »von Banditen« heimgesucht wurden, wie Balzac am Beispiel der Chouans im Wald von Bourse in Ménil-Brout beschrieb.[24] Hinzu kamen in der Orne im weiteren Verlauf noch Sorgen um die langfristige Entwicklung des Wetters, die die Zukunft des Waldes zu bedrohen schien.[25]

Anhand der überaus präzisen Archivdokumente lassen sich die einzelnen Etappen der Umgestaltung und Nutzung des Waldes von Bellême im 19. Jahrhundert detailliert nachzeichnen. Das Forstrecht von 1827 bildete keinen wirklichen Einschnitt, da sich die staatliche Autorität in diesem Bereich bereits nachdrücklich Geltung verschafft hatte. Der Zeitabschnitt, den das Leben von Louis-François überspannt, brachte hier lediglich Klärung. Die noch zu Beginn des 19. Jahrhunderts recht ungewisse Abgrenzung der Forstbezirke und -unterbezirke nahm deutlichere Züge an, sodass nun präzisere Kenntnisse über die räumliche Aufteilung des Waldes zur Verfügung standen. Die im Umgestaltungsplan von 1782/1783 ausgewiesenen Schnittflächen wurden abgeholzt, als Louis-François ein junger Mann war.[26] So bot der Staatsforst von Bellême im Jahre 1834 – als Pinagot sich in den mittleren Jahren befand – einen anderen Anblick als noch 1782.[27] In der Zwischenzeit war ein Baumbestand von 714 Hektar der wirtschaftlichen Nutzung zugeführt worden, während sich das Unterholz an vielen Stellen ausgebreitet hatte.[28]

Während der folgenden zehn Jahre (1834–1844) wurde die »schlagweise Bewirtschaftung des Hochwaldes« eingestellt, mit der Folge, dass sich das Unterholz weiter ausbreiten konnte. Das vorläufige Reglement vom 12. September 1845 beendete diese verworrenen Zustände. Es legte fest, wann und wo der Wald durchforstet, verjüngt und ausgeputzt werden sollte. Als Begleitmaßnahme wurden nun auch die Heide- und Torfflächen der Nutzung zugeführt, wodurch sich die Landschaft abermals veränderte.[29] Im Jahre 1835 umfasste der Wald von Bellême Leerflächen und Lichtungen in einem Umfang von 281 Hektar. Man versuchte, die Strandkiefer heimisch zu machen, und als dies fehlschlug, die gemeine Kiefer. Von 1852 an wurden die Moor- und Torfflächen trockengelegt und anschließend mit Fichten besät oder mit Eschen bepflanzt. Bis 1859 waren nahezu sämtliche Leerflächen wieder aufgeforstet.

Als Louis-François Pinagot ein alter Mann zu werden begann, bot der Wald von Bellême erneut einen schönen Anblick. »Der mehr als zweihundertjährige Hochwald mit seinem kräftigen Wuchs und seinen bis zu vierzig Meter hohen Stämmen erregt allgemeine Bewunderung

[…]. Sämtliche Bäume befinden sich in einem guten Zustand; totes, absterbendes und unnützes Gehölz ist vor kurzem beseitigt worden. Die durch die Hiebsmaßnahmen seit 1822 verjüngten Bestände sind außerordentlich schön.«[30] Ein Jahr später unterzeichnete Napoleon III. den neuen Umgestaltungsplan.[31] Der Staatsforst von Bellême sollte bis zum Jahr 2059 zum »vollen Hochwaldbetrieb« ausgebaut und alle zweihundert Jahre vollständig erneuert werden, wobei im Abstand von 25 Jahren jeweils ein Achtel des Baumbestands zu fällen sei.

Betrachten wir den südlichen Waldrand, der an die Bocage von Origny-le-Butin angrenzt[32] (vgl. Karte 3). Der Forstbezirk Nr. 1, genannt Forstbezirk von La Perrière, umfasst einen ausgesprochen hügeligen Landschaftsabschnitt, dessen bilderreiche Toponymie Raumbeschreibung mit Verweisen auf legendäre Figuren und Orte verbindet: le Nid des Géants, la Mare aux Cannes, le Chêne Sale, la Chaire du Prédicateur, le Coin à la Poule, la Fontaine au Roc, le Pissot, le Pâtis Bourgoin, le Vaugirard (oder Veau Girard). Dieser Forstbezirk wurde zwischen 1797 und 1803, in den ersten Lebensjahren von Louis-François Pinagot, intensiv eingeschlagen. In den folgenden fünfzehn Jahren bis 1818 setzte man die Hiebsmaßnahmen mit weniger Nachdruck fort. Von La Haute-Frêne ebenso wie von La Basse-Frêne aus gesehen, führte dies zu einer nachhaltigen Veränderung der Waldlandschaft, wobei die nahe gelegenen Hochwaldflächen erheblich schrumpften.

Dies zu bedauern, wäre fehl am Platz, denn man muss sich klarmachen, dass die Maßnahmen gegen die Verwilderung einen Wald betrafen, der dem natürlichen Kreislauf und noch nicht dem Fruchtwechsel unterworfen war.[33] Der Holzschlag stellte insofern keinen Bruch dar, sondern einen Moment in der ewigen Wiederkehr des Gleichen. Er verursachte weder Leid noch nostalgische Rückschau, Stimmungslagen also, die erst mit der modernen, vom Umweltschutzgedanken geprägten Gefühlswelt aufkommen. Außerdem hatte Louis-François Pinagot selbst nach den drastischsten Kahlschlägen herrliche Baumgruppen vor seiner Haustür, insbesondere die des Forstunterbezirks Chêne Sale, die im Jahre 1858 eine Fläche von zweiundzwanzig Hektar bedeckten.[34]

Die mit dem Dendrometer vermessenen Eichenstämme ragten zwanzig bis siebenundzwanzig Meter in die Höhe, die Buchen brachten es auf achtzehn bis siebenundzwanzig Meter. Achtundvierzig Eichen und neun Buchen hatten einen Umfang von mehr als drei Metern.[35]

Wer sich ins Dickicht der möglichen Auswirkungen einer solchen Umwelt auf die Psyche eines Holzschuhmachers des 19. Jahrhunderts wagt, lässt sich auf ein heikles Unterfangen ein. Zu vermuten ist, dass Louis-François Pinagot den zeitlichen Rhythmus des Waldes spürte und dass diese Wahrnehmung seine Vorstellung von Dauer, möglicherweise auch seine soziale Vorstellungswelt prägte. Für Ungeduld ist im Wald kein Platz. Die langen Zeitrhythmen des Pflanzenlebens, die vom Wachstum der Stämme bedingten zeitlichen Einschnitte – alle dreißig Jahre Holzeinschlag des Niederwalds, der dem Holzschuhmacher seinen Rohstoff liefert, alle hundert Jahre Hieb für die Industrie und alle zweihundert für die Marine – sprengen das Zeitgefühl des Städters und selbst des Bauern. Der Hochwald bewahrt die Menschen vor der Beschleunigung, die das 19. Jahrhundert mit sich reißt. Wegen der ambivalenten Identität von Louis-François, wegen seiner Einbindung in andere soziale Zeitrhythmen jedoch stand diese Dauerhaftigkeit, die auf dem Prinzip des aufgeschobenen Einkommens gründete, in Konkurrenz zu kürzeren Zyklen: dem liturgischen Zyklus, dem Erdzyklus des Ackerbaus, den Etappen des Familienzyklus; und auch die einschneidenden Ereignisse der Landesgeschichte spielten eine Rolle. All dies mahnt zur Vorsicht.

Gleiches gilt im Hinblick auf den akustischen Raum. Die Eliten ästhetisierten den Wald nicht nur, sondern waren zugleich bemüht, ihn als Zone der Geräuschlosigkeit zu konstituieren. Noch 1884 meinte Dr. Jousset, die »feierliche Stille« des Hochwaldes von Bellême sei der inneren Einkehr förderlich.[36] Es steht außer Zweifel, dass der Wald dem Gehörsinn zu seinem Recht verhilft; der Wald ist ein Ort stillen Erscheinens und plötzlichen Verschwindens.[37] Im Wald kann man anderen leichter auflauern oder sie ungesehen beobachten. Allerdings waren im Wald von Bellême damals mehrere Hundert Arbeiter zugange. Er diente als Transport- und Verbindungsweg und wurde von zahlreichen Spaziergängern besucht. Dies alles lässt vermuten, dass er sich zumindest tagsüber als lärmerfüllter Raum darstellte, der von Gesang, lauten Stimmen und Schlaggeräuschen widerhallte.

Das für unseren Zweck Wesentliche hat ohne Zweifel mit dem Eingebundensein in diesen Raum von Flora und Fauna, mit Beboachtungsgabe, Scharfsichtigkeit und Orientierungsfähigkeit zu tun. Dass Louis-François Pinagot die Baumarten seines Waldes kannte, liegt auf der Hand. Als Holzschuhmacher musste er einen geschulten Blick für die Qualität des Holzes, insbesondere von Buchen, Weiden, Espen und Ulmen, besitzen, und imstande sein das Alter der Bäume zu beurteilen.

Im Wald von Bellême lebten Eichhörnchen, Rehe und Hirsche, wenngleich der Wildreichtum sich in Grenzen hielt, wie die Bemühungen des Jagdrechtbesitzers zeigen, der 1858, um den Wildbestand zu erhöhen, Maßnahmen ergriff.[38] Darüber hinaus bot er dem Dachs, dem Marder und dem Iltis Unterschlupf. Gejagd wurden Wildschweine, Füchse und Hasen. Sogar Wölfen konnte man noch begegnen.[39] Am 23. Mai 1834 entdeckte Herr Louis Massard, von Beruf »Holzer«, fünf junge Wölfe im Forstunterbezirk Petit-Faux. Sie wurden getötet und im Beisein des Bürgermeisters verscharrt.[40] Am 13. Mai 1849 stellte Frau Vavasseur beim Bürgermeister von Saint-Martin einen Antrag auf Auszahlung der Prämie in Höhe von sechs Francs für die Tötung eines zwei Monate alten männlichen Wolfs, dessen rechte Hinterpfote und beide Ohren sie als Beweisstück vorlegte. Auch an Vipern fehlte es in den Wäldern der Orne nicht. 1881, fünf Jahre nach dem Tod von Louis-François Pinagot, kamen am Rand des Waldes von Écouves mehrere Bedürftige durch Schlangenbiss zu Tode, weil man nach einer neuen Vorschrift keine Sensen, sondern nur noch Hippen verwenden durfte.[41]

Im Staatsforst von Bellême trafen Einsamkeit und Geselligkeit, Stille und Lärm, die Unterwerfung eines intensiv genutzten, recht klar strukturierten, nahezu ästhetisierten Landstrichs unter menschliche Bedürfnisse und ein Restbestand wilder Tiere aufeinander, welche sich am Waldrand durch mancherlei Beschädigungen bemerkbar machten.

Die landschaftlichen Veränderungen, die Louis-François Pinagot im Laufe seines langen Lebens miterlebte, waren nicht nur das Ergebnis forstwirtschaftlicher Nutzung. Die Forstverwaltung ließ den Wald von Bellême in seiner Anlage umgestalten und unterwarf ihn einem Prozess der Ästhetisierung. Ferner fasste man zu Beginn des 19. Jahrhunderts den Bau einer therapeutischen Anlage ins Auge. Seit 1607 suchten hochgestellte Persönlichkeiten den Brunnen von Herse auf, der in einiger Entfernung von Origny-le-Butin am anderen Ende des Waldes lag. Auch Scarron ist angeblich wegen des Wassers gekommen, dessen Heilwirkung den Altertumswissenschaftlern des 19. Jahrhunderts zufolge bereits in gallisch-römischer Zeit entdeckt worden war.[42]

Seine Berühmtheit verdankt der Brunnen jedoch Dr. Chaudru, der in Bellême als Arzt praktizierte und die Heilwirkung des Wassers um 1777 erkannte. Dreißig Jahre später fasste er seine Erfahrungen in einem gelehrten Bericht zusammen, der zu einem wenig aussagekräftigen Genre gehört.[43] Der Verfasser schildert lediglich die vielfältigen Heilwirkungen des Wassers, um den Brunnen, in dessen unmittelbarer Nähe er einen Kurort unter seiner Leitung zu gründen hofft, in einem vorteilhaften Licht erscheinen zu lassen.

Derzeit »steht die Quelle nicht unter Aufsicht«, schreibt Dr. Chaudru. »Ich habe das Wasser von Herse innerlich verabreicht gegen verstopfungs- und verschlussbedingte Erkrankungen der Leber, der Milz und anderer Eingeweide sowie bei schwächebedingten Magenleiden. Ebenso bei sehr schwerer und sehr hartnäckiger Flechte. [...] Ich habe damit große Heilungserfolge erzielt [...]. Ferner ward mir die Befriedigung zuteil, dass eine wassersüchtige Frau durch Einnahme des Wassers *am Brunnen selbst* genas [...].« »Das Wasser von Herse«, fügt der Arzt hinzu, »hat appetitanregende und tonifizierende Eigenschaften.« »Die Aufsicht darüber müsste in aufgeklärte Hände gelegt werden, die in der Kunst unterrichtet sind, der leidenden Menschheit Hilfe zu bringen«, denn »in unwissenden Händen kann das Wasser gefährliche Wirkungen haben«. Des Weiteren wären »in der Nähe des Brunnens einige Wohngebäude für Fremde zu errichten«, da das Wasser »nicht transportiert werden kann«.

Ruf und Qualität der Quelle von Herse – aus deren Wasser sich nach Ansicht der Bauern herauslesen lässt, ob die Ernte gut wird – waren von der damaligen Verwaltung anerkannt. Unterpräfekt Delestang unterstrich im Jahre 1803, das eisenhaltige, frische Wasser sei gegen die Flechte einzunehmen.[44] Louis Dubois versicherte 1810, das Wasser stehe zumindest in Bellême in dem Ruf, die bei Dr. Chaudru aufgezählten Krankheiten zu heilen.[45] Vorteilhaft wirke das Wasser auch bei Fieber. In der Kindheit von Louis-François Pinagot erlebte die Thermalquelle ihre besten Jahre. Gemeines Volk und lokale Eliten kamen am Brunnen zusammen, und in nahe gelegenen Holzschuhmacherhütten richtete man Ausflugslokale ein. Es wurde gesungen, getrunken und zum Spiel der Violine getanzt. Die Frauen, wird berichtet, nutzten die Gelegenheit, um Heidelbeeren zu pflücken. 1884 erinnert sich Dr. Jousset im hohen Alter gerührt, welch festliche Stimmung in seiner Kindheit an der Quelle von Herse herrschte.[46]

Wie dem auch sei, das Kurortprojekt scheiterte. Die Altertumswissenschaftler mochten betonen, dass die wohltuende Quelle auf einer Inschrift Venus und Mars gewidmet sei, und das Wasser von Herse daher gegen »Frauen- und Liebeskrankheiten« empfehlen. Auch sagte man dem schwefelhaltigen Wasser einst »potenz- und luststeigernde Wirkung« nach.[47] Doch den Niedergang der Quelle konnte dies nicht aufhalten.[48] Zur Zeit der Juli-Monarchie galt die Umgebung des Brunnens nurmehr als malerischer Ort, ein Bedeutungsverlust, in dem sich bereits die Ästhetisierung des Waldes von Bellême ankündigt. Das Brunnenwasser »ergießt sich inmitten einer kreisförmigen Rasenfläche, die mit einigen exotischen Sträuchern bepflanzt ist. Parallel dazu erstreckt sich eine Buchenallee, die sich an die hohen Bäume des Waldes anlehnt. Diese Buchenallee wird von mehreren anderen Alleen gekreuzt, die über einige Steinstufen zur Quelle hinauf führen.«[49] Die

Kranken jedoch machten sich rar – mit Ausnahme einiger schwind-
süchtiger Frauen und Mädchen, die allerdings nicht mehr des Wassers,
sondern der frischen Waldluft wegen kamen.[50]

Im Zweiten Kaiserreich war der Wald von Bellême Gegenstand
unkoordinierter Maßnahmen zur Pflege, Umgestaltung und Bestands-
sicherung, die andernorts detailliert beschrieben worden sind. Wie im
Wald von Fontainebleau, der damals Züge eines »grünen Museums«[51]
annahm, zeichnet sich auch hier die Schaffung einer touristischen Anlage für einen neuen Benutzertyp ab. Doch im Unterschied zum be-
rühmten Vorbild scheint auch dieses Projekt in vieler Hinsicht geschei-
tert zu sein.

Nach einer chemischen Analyse des Quellwassers von Herse und der
Bestätigung seiner eisenhaltigen Zusammensetzung ließ Baron Boyer
de Sainte-Suzanne, seines Zeichens Unterpräfekt des Arrondissement
Mortagne, nun seinerseits die Umgebung der Quelle verschönern,
obgleich er wusste, dass die unzureichende Brunnenkapazität jeder
Hoffnung auf einen weiteren Ausbau Grenzen setzte. Parallel dazu
unternahm der Oberförster Anstrengungen zur Wiedererrichtung der
Waldkreuze, die offenbar während der Revolution zerstört worden
waren. Ihm ist es zu verdanken, dass »jedes Kreuz mit einer kleinen
Sand- und Grünanlage umgeben wurde und daher leicht zugänglich
ist«.[52]

Diese Bemühungen, die im Kontext der damaligen katholischen
Restaurationsbewegung zu sehen sind, erwiesen sich als kurzlebig. Ein
Vierteljahrhundert später waren die meisten Waldkreuze durch Wind
und Wetter wieder zerstört. Das berühmteste unter ihnen, die *Croix de
la Feue Reine* (Kreuz der verblichenen Königin), wurde 1855 von einer
frommen Notabelnfamilie restauriert und in einer glanzvollen Zeremonie der Öffentlichkeit übergeben. Am Abend des 26. August, dem
ersten Sonntag nach dem Namenstag des hl. Ludwig, wurde das Kreuz
im Beisein der Gläugbigen aus den vier am südlichen Waldrand gelegenen Pfarreien mit wehenden Bannern feierlich eingeweiht. Das Kreuz
erinnerte an die Durchreise von Blanca von Kastilien, die nach dem Tod

ihres Ehemanns und Königs von Frankreich, Ludwigs VIII., siegreich gegen den Herzog der Bretagne zu Felde zog. An jenem Tag im Jahre 1855 erhob sich das Kreuz an einer »langen Promenade entlang der Straße [nach Le Mans], die zu beiden Seiten von alten, knorrigen Ulmen gesäumt war«.[53]

Der Wald von Bellême rauschte damals von Gerüchten über angeblich dort verborgene Schätze. Ab und zu fanden Arbeiter Haufen antiker Münzen, die dort einst von Zufluchtsuchenden vergraben worden waren. Neue Nahrung erhielt die Vorstellung vom wohltätigen Wald im Zweiten Kaiserreich, als die Verwaltung im ehemaligen römischen Lager von Châtelier Ausgrabungen vornehmen ließ, was angesichts der Begeisterung des Kaisers für die Archäologie kaum verwundert. Baron Boyer de Sainte-Suzanne ließ in diesem Zusammenhang die Anlage des Lagers, den Verlauf von Gräben und Böschungen sowie die Position zweier vorgeschobener Überwachungsposten am südlichen Waldrand von Origny-le-Butin rekonstruieren.[54]

Am interessantesten im Hinblick auf touristische Attraktionen ist aber die Aufmerksamkeit, die den alten wettergegerbten Bäumen gewidmet wurde, die Herausarbeitung der Legenden, die sich um sie woben. Die *Chêne Saille* oder *Sale* (die schmutzige Eiche) unweit von La Haute- und La Basse-Frêne beispielsweise rückte im Zuge dieser Bemühungen zur *Chêne de Saint-Louis* auf. Die Eiche wurde »mit religiösem Eifer bis in unsere Tage erhalten, obwohl sie bereits seit mehr als zweihundert Jahren abgestorben ist, was ihr den vulgären Namen *Schmutzige Eiche* eingebracht hat. Wir sollten ihr den Namen zurückgeben, den Legende und alte Titel ihr zusprechen, und diesen Baum, der zu den schönsten Frankreichs zählt, nicht länger mit einem übelklingenden Wort benennen. Er hatte einen Umfang von acht Metern und vierzig Zentimetern.«[55] Ludwig IX. der Heilige soll hier einmal sein Pferd angebunden haben. Im Jahre 1884 »trägt diese sehr alte Eiche, deren zerfressenes Inneres drei Menschen Platz bietet, noch immer den Namen *Chêne de Saint-Louis*«,[56] obwohl manch einer sie weiterhin *Chêne Saille* nennt.

Die Verherrlichung außergewöhnlicher Plätze im Wald, ihre Erhebung zu Erinnerungsorten, eingeschrieben in die Waldlandschaft, die Schaffung einer legendären Raumstruktur und die Anlage von entsprechenden Spazierwegen war in den bedeutenderen Wäldern des Kaiserreichs gang und gäbe. Wie mochte Louis-François Pinagot auf diese Projekte reagiert haben? Das werden wir offenkundig nie erfahren. Wir müssen uns hier mit Wahrscheinlichkeiten zufrieden geben. Die Umgestaltung und Organisation der Landschaft erzeugten, inmitten des Waldes von Bellême, die Bedingungen für ein neuartiges Schauspiel, ja sogar für völlig neuartige Formen sozialer Zusammenkunft, die sich von Markt, Messe und Wirtshaus grundlegend unterschieden. Man lief sich freilich nur über den Weg, unter Wahrung der sozialen Distanz. Doch zumindest schufen diese Unternehmen die Voraussetzungen für festliche Szenen, an denen möglicherweise auch Louis-François Pinagot teilnahm, wie etwa die Einweihung der *Croix de la Feue Reine*. Und vielleicht hat ja ein Familienangehöriger oder gar er selbst bei den Ausgrabungen am römischen Lager mitgewirkt.

Louis-François Pinagot konnte die Umgestaltung und Verschönerung des Waldes ebenso wenig ignorieren wie die Tatsache, dass an Sonn- und Feiertagen ein anderes Publikum im Wald anzutreffen war als früher. Wie immer er auf solche Veränderungen reagiert haben mag – spöttisch vielleicht –, man kann mit guten Gründen davon ausgehen, dass sie seine territoriale Identität veränderten und ihn mit einem gewissen Stolz erfüllten. Vielleicht keimte in ihm angesichts der Umgestaltung des Waldes, wenn auch nur ansatzweise, das recht aufregende Gefühl, einem Gebiet anzugehören, dem man die Ehre ästhetischer Anerkennung erweist und das sich durch eine Vielzahl an Denkmälern, eine Vielfalt von Legenden und durch jene historische Tiefe auszeichnet, die bereits der großartige Hochwald bezeugt.

Aber der Wald war nicht das einzige Gebiet, in dem sich Louis-François Pinagot bewegte. Die meisten Bewohner des Perche, notiert Abbé Fret 1840, »begrenzen ihren Horizont« auf die unmittelbare Nachbarschaft.[57] Für Louis-François Pinagot waren dies in erster Linie die Weiler am Waldrand, wo seine Angehörigen wohnten: seine Großmutter, sein Vater und seine Mutter, seine Tanten und Onkel, seine Schwiegereltern, seine Vettern und Kusinen und später auch seine Kinder und Enkel. Es ist zu vermuten, dass er täglich über die Felder ging, um den ein oder anderen Verwandten zu besuchen. Gegenseitige Hilfeleistungen, der Austausch von Diensten unter Verwandten oder seine *éducation sentimentale* mochten Anlass dieser kurzen Wege sein, die die Bocage mit einem feinen, je nach Art der Beziehungen und Gefühle mehr oder weniger dichten Gewebe überzogen.

Das Zentrum von Origny-le-Butin war zu klein, um den Raum der Gemeinde zu polarisieren, wie es in der westlichen Bocage des Departements häufig der Fall war. Zu Fuß nur eine Viertelstunde von La Haute- und La Basse-Frêne entfernt, bot der Ort nur wenige soziale Kontakte. Im Jahre 1831 zählte das Zentrum dreizehn Haushalte und insgesamt fünfzig Einwohner.[58] Keiner von ihnen übte einen freien Beruf aus. Keiner lebte von seinen Gütern. Und keiner führte hauptberuflich einen Laden. Bis zur Mitte der Juli-Monarchie zählte man in Origny-le-Butin kein einziges Wirtshaus, gerade mal einen Bäcker, zwei Weber, einen »Viehkastrierer« und einige Handwerker, die gelegentlich Getränke ausschenkten. 1844 öffnete ein Lebensmittelhändler in seinem Wohnhaus einen Laden; der genaue Zeitpunkt der Geschäftseröffnung ist unbekannt. Seit 1850 verkaufte ein Holzschuhmacher Tabakwaren.[59] Der Flecken besaß bis zum Tod von Louis-François kein Rathaus; als Gemeindehaus diente offenbar die Wohnung des Bürgermeisters. Erst als Louis-François älter wurde, erwog man den Bau einer Schule.[60] Was bis dahin als solche bezeichnet wurde, unterschied sich in nichts von den anderen Wohngebäuden.

Bleibt die Kirche, die sich, umgeben von einem kleinen Friedhof, inmitten des Fleckens erhob. In der Kindheit und Jugend von Louis-François stand sie leer; was die ehemaligen Gemeindemitglieder nicht hinderte, sie instand zu setzen und zu unterhalten. 1808 verlegte man den Gottesdienst nach Vaunoise. Origny-le-Butin wurde erst 1820 als Filialkirche anerkannt.

Kurz vor Mitte des Jahrhunderts öffneten ein Café und eine Gast-
wirtschaft. Als Louis-François Pinagot auf die Fünfzig zuging, war
Origny-le-Butin für ihn vielleicht eine Kirche, ein Friedhof, zwei
Wirtshäuser, ein Tabakladen, eine Bäckerei[61] – genug um ein gewisses
Maß an Geselligkeit zu ermöglichen, zumal sich einer seiner Schwager
als Weber in der Nähe der Kirche niedergelassen hatte. Halten wir indes
fest, dass Louis-François Pinagot in keinem der Dokumente auftaucht,
die sich auf nächtliche Lärmbelästigung oder Verstöße gegen die Wirts-
hausordnung beziehen; doch vielleicht war er schon zu alt, als dass
solch geringfügige Vergehen ihn hätten reizen können.

Angesichts der bescheidenen Möglichkeiten der Unterhaltung in
Origny-le-Butin hatte Louis-François gewiss den Wunsch, ab und zu
dem zwei Kilometer entfernten Markt La Perrière einen Besuch abzu-
statten. Von dort stammte seine Familie, und seine Mutter war nach der
Trennung von Jacques Pinagot offenbar wieder dorthin zurückgekehrt,
um bei ihrem Schwager zu leben. Möglich ist freilich, dass sich der
Sohn mit seiner Mutter wegen der Scheidung zerstritten hatte. Als
Holzschuhmacher mussten ihn auch die Wirtshäuser von Saint-Martin-
du-Vieux-Bellême anziehen, von La Haute- und La Basse-Frêne kaum
weiter entfernt als der unbedeutende Flecken Origny. Eine Frage bleibt
ungelöst. In seiner Kindheit waren für die Bevölkerung von Origny-le-
Butin die Schule, die Pfarrkirche und der Steuereinnehmer von Vaunoise zuständig. Man könnte daraus schließen, dass Louis-François den
Weg dorthin regelmäßig zurücklegte, was angesichts der Unbilden des
Wetters zumal im Winter eine beschwerliche Angelegenheit war. Vieles
jedoch spricht dagegen. Zeit seines Lebens Analphabet, war Louis-
François Pinagot wohl nie zur Schule gegangen. Auch der Religionsunterricht wurde, den entsprechenden Petitionen der Bevölkerung von
Origny-le-Butin nach zu urteilen, recht wenig besucht, insbesondere
von den Kindern des südlichen Teils der Gemeinde. Man kann also bes-
tenfalls davon ausgehen, dass Louis-François sonntags zur Messe nach
Vaunoise ging, ob regelmäßig oder unregelmäßig, sei dahingestellt.

Im Umfeld der unmittelbaren Nachbarschaft zeichnet sich ein zweiter Kreis möglicher Beziehungen ab, das Gebiet, in dem der schon immer in Origny lebende Holzschuhmacher Anerkennung und Reputation besaß. Das organisierende Zentrum dieses zweiten Kreises bildete Bellême, Hauptort des Kantons und ehemalige Hauptstadt des Perche, durch den Wald kaum acht Kilometer von Origny entfernt. Als junger Fuhrmann kam Louis-François gewiss häufiger nach Bellême, und als Holzschuhmacher hing er später wohl von einem Kaufmann ab, der in dieser Stadt oder ihrer unmittelbaren Umgebung residierte. Der dortige Donnerstagsmarkt war eher Frauensache, aber die sechs übers Jahr verteilten Messen von Bellême und die zwei Messen von Saint-Martin haben ihn bestimmt angezogen.[62] Zwar war er weder Bauer noch Viehzüchter und produzierte auch keine Waren, die sich bei solchen Gelegenheiten verkaufen ließen. Aber eine Messe stellte damals weit mehr dar als nur einen Ort des Handels, mehr als eine Gelegenheit zum Tausch oder ein Spektakel des Feilschens.[63] Besonders die Saint-Simon-Messe war für junge Leute ein Moment der Initiation: eine Möglichkeit, Bekanntschaften zu machen, eine Gelegenheit zu Selbstdarstellung und Prahlerei, gegebenenfalls eine Bühne für Streit und Schlägereien, in jedem Fall aber ein wichtiger Ort, um in die Kultur des Trinkens eingeweiht zu werden.

Ein Netz von nahe gelegenen, an einem Tag erreichbaren Messen erweiterte den Kreis, in dem Louis-François Ablenkung finden und soziale Kontakte knüpfen konnte. Man freute sich, dort alte Bekannte wiederzutreffen, die man zumindest vom Sehen her kannte, und man genoss die begrenzte Anonymität. Als Louis-François Pinagot zweiundzwanzig Jahre alt war, fanden im Departement Orne in einem Umkreis von zwanzig Kilometern um Origny-le-Butin alljährlich dreiunddreißig Messen statt; hinzu kamen die Messen in Mamers.[64] Der Hauptort der im Departement Sarthe gelegenen Unterpräfektur war von Origny zwar nicht weiter enfernt als Bellême, doch in der ersten Hälfte des 19. Jahrhunderts nahm man die Departementsgrenzen noch sehr ernst.

Louis-François lebte im Herzen der Region Perche; man kann ihn also als einen *percheron* bezeichnen. Doch welchen Sinn mochte er mit dieser mutmaßlichen territorialen Identität verbinden? War er sich ihrer überhaupt bewusst? Hier müssen wir in unserer Untersuchung der Modalitäten der Selbstkonstruktion die Analyseebene radikal wechseln und auf eine andere Geschichte zu sprechen kommen, nämlich die Produktion der Bilder von den Regionen, die sich zwischen 1770 und 1850 im Wechselspiel zwischen Pariser Elite und lokalen Notabeln herauskristallisierten. Daran anschließend stellt sich die weit schwieriger zu beantwortende Frage, inwieweit sich diese Konstruktionen des Imaginären im Zugehörigkeitsgefühl der Menschen niederschlugen.[65]

Im Gegensatz zur Normandie und später zur Bretagne spielte der Blick von außen bei der Produktion der Identität des Perche keine entscheidende Rolle. Die Pariser Eliten konzentrierten sich auf die glanzvolleren, deutlicher abgegrenzten Provinzen. Allenfalls auf die Abtei Notre-Dame-de-la Trappe in Soligny im Norden der Region stützt sich noch die Vorstellung von einer Gegend der Einsamkeit, der Stille und der inneren Einkehr. Etwa, wenn Chateaubriand 1847 von den »dunklen Wegen des Perche« spricht.[66] Den Historikern und den späten Schülern des Abbé de Rancé gilt, wie einst den frommen Seelen, der Perche als »Einöde«. Zu Lebzeiten von Louis-François Pinagot war die Region noch nicht durch die Gleichsetzung von Mensch und Tier entwertet, wie sie sich seit dem Aufschwung der örtlichen Pferdezucht – des Ackergauls *Percheron* – vollzog. Halten wir ferner fest, dass keine der fünf belachten Städte, an denen sich der Witz der Komödie seit Mitte des 17. Jahrhunderts nährte – Pontoise, Landerneau, Quimper-Corentin, Carpentras und Brive-la-Gaillarde – im Departement Orne lag.[67]

Bevor wir uns der Geschichte der Produktion der Bilder von den Regionen im Jahrhundert Louis-François Pinagots zuwenden, sei daran erinnert, dass auch der Perche Gegenstand jener großen, neohippokratisch inspirierten Beschreibung Frankreichs war, die Chaptal noch zu Zeiten des Konsulats in Auftrag gegeben hatte und die unter Napoleon fertig gestellt wurde. Delestang, seines Zeichens Unterpräfekt des Arrondissement Mortagne, folgte der Anordnung seines Ministers

mit unverkennbarem Vergnügen und wurde für sein Werk öffentlich
belobigt. Der zum Departement Orne gehörige Teil der Region Perche
zeichnet sich ihm zufolge durch seine »ausgesprochen frische und trockene« Luft aus, wobei »Stauungen von übel riechenden Ausdünstun-
gen« höchst selten seien, da man hier »praktisch keine fauligen Gewässer« antreffe. Trotz zahlreicher Bäche sei der Charakter der Region in
medizinischer Hinsicht als günstig und gesundheitsfördernd zu beurteilen, zumal es praktisch keine »ansteckenden Krankheiten oder bösar-
tige Epidemien« gebe. Dies erkläre die starke und robuste Verfassung
der Einwohner des Arrondissements, die im Allgemeinen von hoher
Statur und sanguinischem Temperament seien, der Liebe und dem Vergnügen zugeneigt, aber auch – in Maßen – arbeitsam.«[68]

Dieses Ensemble von Stereotypen,[69] das die Untersuchung »La Magdelaine« wie ein roter Faden durchzieht, entwickelte sich in den folgenden Jahrzehnten zu einem regelrechten Leitmotiv. »Dank der frischen,
reinen Luft und des Fehlens ruhender Gewässer und stinkender
Sümpfe«, schreibt Léon de la Sicotière im Jahre 1837, »sind die Einwohner im Allgemeinen kräftig gebaut und von guter Verfassung.«[70]
Nach denselben Maßstäben wird der ornesiche Perche von den benachbarten Bocage-Landschaften des ornesischen Amorique unterschieden, dessen Einwohner weniger gebildet, weniger arbeitsam und
lebhafter seien. Die günstigsten Bedingungen jedoch wiesen die »südlichen Kantone« des ornesischen Perche auf, darunter der Kanton von
Bellême.[71]

Wie man sieht, führt dieser neohippokratisch inspirierte Diskurs zu
einer stereotypen Verteilung der Temperamente. Im Perche sind die
Menschen, wie Delestang versichert, »von sanften und ruhigen Sitten,
sie sind arbeitsam, aber im Allgemeinen arbeiten sie nicht übermäßig«.
Joseph Odolant-Desnos beschreibt die Bevölkerung des Perche als
»aktiv, fleißig, tapfer und intelligent, sie sind Freunde der Sauberkeit,
weniger fromm und abergläubisch, aber gesetzestreuer als [die Bevöl-
kerung] im westlichen Teil« des Departements.[72] Doch schon 1837
unterzieht der herausragende Gelehrte Léon de la Sicotière dieses Ana-

lyseraster, das eher auf Unterstellungen als auf Beobachtungen beruht, der ironisierenden Kritik. Mit diebischem Vergnügen streicht er heraus, dass die Bewohner des ornesischen Perche trotz der frischen Luft und allen anderen Bedingungen, die die körperliche Verfassung stärken, auf ihren Vorteil bedacht, von Heuchelei und gelockerten Sitten geprägte Gewohnheitsmenschen seien. Kurzum, mit derartigen Analysen ist recht wenig anzufangen.[73] Das Wesentliche liegt anderswo.

Vor Ort entsteht schon frühzeitig das Gefühl, die eigene Identität sei bedroht, ja bereits verloren. Die Aufteilung des Perche auf die drei Departements Orne, Sarthe und Eure-et-Loir, die Anbindung an zwei Provinzen mit starker Identität – die Normandie und den Maine –, die Nähe einer Gegend von ausgeprägtem Charakter – die Beauce –, nicht zu vergessen die Unentschiedenheit zwischen drei möglichen »Hauptstädten«: Bellême, Mortagne und Nogent – die eine so verschlafen wie die andere –, all dies hat das Gefühl einer bedrohten Identität gewiss verstärkt, wenn nicht gar erst hervorgebracht. Der drohende Verlust hat die lokalen Eliten schon frühzeitig in Bewegung gesetzt; geräuschlos machten sie sich ans Werk, ein Bild ihrer Provinz zu konstruieren, das im Laufe der Zeit immer deutlichere Konturen annahm.[74] Abbé Fret, seines Zeichens Pfarrer zu Champs, im selben Jahre geboren wie Louis-François Pinagot, doch vor ihm gestorben, hob die Dringlichkeit einer solchen Konstruktion mit allem Nachdruck hervor. In der Einleitung zu seinem 1838 erschienenen Werk *Antiquités et chroniques percheronnes* prangert er die »historische Exkommunikation« des Perche an. Es schmerze ihn zu sehen, mit welchem Unverständnis man den lokalen Denkmälern und ihrer »beredten Stille« begegne. Er beklagt den »betrüblichen Mangel« an lokaler Geschichtsschreibung, und bringt seinen »brennenden Wunsch« zum Ausdruck, mehr darüber in Erfahrung zu bringen und die »symbolische Sprache« der historischen Überreste zu verstehen.

Die Liebe zur Heimat, an die der Abbé appelliert und die er als *Patriotismus* bezeichnet, prägte die Gefühlslage der gelehrten Elite Frankreichs zu Beginn des 19. Jahrhunderts mehr als alles andere. Der

Wunsch nach historischer Verwurzelung war übermächtig. Dieses
Bedürfnis, »die tiefe Nacht der Jahrhunderte aufzuklären«, macht verständlich, dass Abbé Fret in seinen *Altertümern* auf die Anfänge zurück-
geht und den gewagten Versuch unternimmt, die zeitliche Abfolge der
Epochen zu rekonstruieren. Denn Sinn macht ein solches Unterfangen
nur, wenn man bis zu den Wurzeln der territorialen Identität hinab-
steigt und deren anschließende Entwicklung verfolgt. Zeitliche Tiefe
kompensiert hier die Begrenztheit des untersuchten Raums; sie bannt
die Gefahr, die lokale Identität könnte sich in einem umfassenderen
Ganzen auflösen. Abbé Fret verband mit diesem Unterfangen nicht
zuletzt die Absicht, die verlorenen Seelen zurückzuerobern. Die gelehrte Tätigkeit ging bei ihm Hand in Hand mit dem Bemühen, das
Bewusstsein lokaler Identität, die Leidenschaft für ein wiedergefunde-
nes goldenes Zeitalter tief im gesellschaftlichen Bewusstsein zu verankern. Die Konservierung von Grabstätten und »Denkmälern« – Riten,
Schriften und Gebäuden – sowie die Bewahrung von Bräuchen fügen
sich zu einer Strategie, die alles auf den Geist des Christentums zurückzuführen trachtet.

Aus diesem Grund ging es hier nicht – wie im Fall der Bretagne – um
die Produktion eines Gegenbilds in rosa Farben, das man dem Negativ-
bild der Pariser Eliten entgegensetzte. Die Perche-Identität ist lokal auf-
gebaut worden, ohne dass die Außenwelt eine Rolle spielte. Die Entste-
hungsgeschichte selbst ist komplex. Den Grundstein der Konstruktion
bildete, wie in anderen Provinzen[75], die Geschichte. Die örtlichen
Gelehrten bezogen sich auf die glanzvolle Linie der Grafen von Bellême
und ließen eine Galerie von Helden Revue passieren, allen voran Guil-
laume I. Talvas und Robert le Diable, der sich auf lyrischen Gemälden
großer Beliebtheit erfreute. Sie unterstrichen, dass der ornesische Perche bis zur Revolution nicht zur Normandie gehörte, dass er sein eigenes Gewohnheitsrecht und seine eigenen Generalstände besaß, die 1789
zum letzten Mal zusammentraten, und dass er nicht vom Parlament
von Rouen, sondern vom Pariser Parlament abhing.

Mit der Bezugnahme auf die Geschichte eng verknüpft, aber zwei-

fellos späteren Datums, sind die Legenden, die man um bestimmte
Orte wob – eine Entwicklung, die ihren Höhepunkt offenbar gegen
Ende des Lebens von Louis-François Pinagot erreichte. Wir haben die
Legendenbildung bereits bei der Beschreibung der Kreuze im Wald von
Bellême kennen gelernt. Offenbar geht diese Suche nach Verankerung
noch tiefer als die historischen Rekonstruktionsversuche, da sie sich auf
einen noch beschränkteren Raum bezieht. Es gibt »keinen Ort, der
nicht seine Legende hätte«, schreibt Pitard ein Jahr vor dem Ableben
von Louis-François Pinagot. »Hier wurde ein Verbrechen begangen;
dort fand ein Kampf statt; ein wenig weiter versetzte eine übernatürli-
che Erscheinung die schlichte Landbevölkerung in Erstaunen. Um die
Erinnerung an diese Vorfälle zu bewahren, hat man dort, wo sie sich
ereigneten [...], häufig Holzkreuze aufgestellt und Denkmäler errichtet, oder den Szenen, die sich dort abspielten, entsprechende Namen
verliehen, um die Erinnerung an sie wachzuhalten.«[76] Es ist schwer zu
entscheiden, was an diesen verschlungenen Bezügen auf Episoden aus
dem Mittelalter, den Religionskriegen und der Französischen Revolution Geschichte und was Legende ist.

Paradoxerweise löste diese Legendenbildung den sich an bestimmte
Orte knüpfenden Aberglauben ab, gegen den der Klerus seit Beginn
der katholischen Reformation zu Felde zog. Louis Dubois hat diese
abergläubischen Vorstellungen, die ihm zufolge in der Kindheit von
Louis-François Pinagot noch weit verbreitet waren, aufgezeichnet.[77] In
der Spinnstube erzählte man sich, wo die bösen Geister des Winteran-
fangs, die Anführer der Wölfe, die Mutter Harpine, die Irrlichter, der
Werwolf oder der Kobold (oder Pferd Baïard) gesehen wurden. Auch
Dureau de la Malle[78] schilderte diesen Volksglauben, der gegen Ende
des 18. Jahrhunderts großen Einfluss besessen habe: Wiedergänger,
»phosphoreszierende Hölzer, *bizarre Baumstümpfe,* Kadaver, die im Licht
der Sümpfe leuchten«, verbreiteten noch immer Angst und Schrecken.
Das Wesentliche an Dureaus Ausführungen ist jedoch, dass die Macht
der Geister langsam nachließ. Sie verschonen inzwischen die Müller,
Viehhändler und Fuhrleute, die, wie Louis-François Pinagot, »nachts

unterwegs« sind. Im tiefsten Dunkel der durch zunehmende Aktivitäten gezähmten Finsternis werden die einstigen Gegenstände des Schre-
ckens vertraut.

Parallel zur Geschichts- und Legendenbildung arbeitet man an einer
stereotypisierten Landschaftsbeschreibung. Das Verfahren ist einfach
und verbreitet sich in alle Regionen. Eine ausführlichere Darstellung
wäre gewiss angebracht, würde aber den Rahmen dieses Buchs sprengen. Die Beschreibung des Perche in der ersten Hälfte des 19. Jahrhunderts beruht auf einer verkleinernden Übertragung von Schemata, die
sich für gewöhnlich auf Gebirge bezogen. Der »Boden [des Perche] ist
im Allgemeinen bergig, durchschnitten und ungleichmäßig«, schreibt
Dureau de la Malle im Jahr 1823. Aber die »Berge« sind »zugänglich«
und stellen »eine vollständige Miniaturausgabe der Alpen und der
Pyrenäen« dar.[79] Die Beschreibung des Perche reflektiert also mit
gewissen Abstrichen den Anblick eines Mittelgebirges. So wird das
Mittelgebirge zum Bezugspunkt einer neuen Wahrnehmung der eigenen Landschaft.

Zwei Beispiele mögen genügen, um diese Konstruktion eines malerischen Perche zu veranschaulichen. Nehmen wir zunächst das reich
bebilderte Buch *Vues pittoresques prises dans les comtés du Perche et d'Alençon,
dessinées d'après nature par Louis Duplat et suivies d'un texte statistique et historique par Jules Patu de Saint-Vincent.* Das Werk zeigt Ansichten der Schlösser
und Herrenhäuser der Region und bietet zwei Perspektiven: Bellême
und La Perrière. Das gesamte Leben von Louis-François Pinagot voll-
zieht sich also zwischen den beiden pittoresken Panoramen des Perche.

Einige Jahre später veröffentlicht Paul Delasalle *Une excursion dans le
Perche*, ein durchschnittliches Beispiel einer malerischen Reisebeschreibung. Da das Buch bereits in die Spätzeit dieses Genres fällt – die Reise
begann am 5. September 1839 –, spürt der Verfasser die Notwendigkeit, der zu erwartenden Kritik zuvorzukommen und zieht die Litera-
turgattung, der er sich selbst widmet, ins Lächerliche. So verspottet er
die Touristen – von denen er selbst sich natürlich unterscheidet –, die
»die Einheimischen darüber befragen, wie sie geboren werden, heira-

ten und sterben [...]«, die Zeichnungen anfertigen und die »in der Mundart der Einheimischen unzweideutige Überreste der Ursprache und in ihren Gewohnheiten feudale oder gar druidische Traditionen gewahren«.[80]

Diese kaum verhohlene Kritik an der *Ancienne Normandie* (1820–1825) und den Ansätzen von Nodier und Baron Taylor wird begleitet von einer Anspielung auf die »zu Tausenden« erschienenen, ermüdenden Reisebeschreibungen. »Der Reisende fertigt zahlreiche Skizzen und so manche Notiz an. Er verleiht irgendwelchen im Boden vergrabenen Grundmauern ein besonderes Schicksal, und datiert Kranzgesimse und Fenster. Und nach dreitägiger Abenteuerreise kehrt er, beladen mit Fossilien, eingefassten Ziegeln, alten Münzen und Erinnerungsstücken, nach Hause zurück und fügt die Schätze sogleich seiner Antiquitätensammlung hinzu.« Doch nicht anders verfährt Delasalle selbst bei seinem »Ausflug« vom Trappistenkloster nach La Perrière. Die gewissenhafte Vorbereitung der wie eine Pilgerfahrt geplanten Reise und die gelehrte Bibliografie im Anhang machen Delasalles Beschreibung der Gegend von La Perrière, den Lebensraum von Louis-François Pinagot, zu einem Musterexemplar des Genres.

Doch Delasalle setzt sich darüber hinweg. Seine pittoreske Reisebeschreibung ist eng mit der Schilderung von Sitten verbunden, sodass sein Ansatz über die ihn prägende neohippokratische Grundströmung dennoch hinausweist. Bei Abbé Fret war ein solches Unternehmen noch von missionarischem Eifer getragen. Gegenwärtige Sitten aufzuzeichnen hieß für ihn, sie als Verfall zu deuten und das Verschwinden eines Goldenen Zeitalters zu bedauern, auf das er sich bezog, um die Moderne lächerlich zu machen und so weit wie möglich einzudämmen. Die Einakter, in denen er die Sitten seiner Zeit beschreibt, sind dafür bestimmt, in der Spinnstube vorgelesen zu werden. Der »Molière des Perche«, Verfasser und Herausgeber des *Diseur de Vérités,* eines bescheidenen regionalen Almanachs, hofft bei der Landbevölkerung Gehör zu finden, und wie man sagt, verstand er es aufs Vortrefflichste, die verschiedenen Perche-Dialekte nachzuahmen. Abbé Fret setzt auf nachbarschaftliche Nähe. Anders als die meisten anderen Erforscher ländlicher Sitten betrachtet er sein Studienobjekt nicht von oben herab. In ihm vereinten sich auf eigenartige Weise der Gelehrte, der »Altertumsforscher«, der mit Humor begabte Beobachter und der Landpfarrer.

Dureau de la Malle erscheint dagegen weniger originell. In einem 1823 erschienenen Buch untersucht dieser Aristokrat, Mitglied der »Académie des inscriptions et belles-lettres«, den Charakter der Sitten in der Bocage des Perche, den er als einen nahezu unbewegten, von der Außenwelt abgeschiedenen Raum ansieht. Gleichzeitig macht er die Region zu einer Art Freilichtmuseum. Man findet in dem Werk Bezugnahmen auf die »Wälder Nordamerikas«, auf die Huronen und Irokesen, die seit der Veröffentlichung der *Reisen durch Frankreich* von Arthur Young und der von Chaptal angeordneten Enquête klassische Topoi geworden sind. Indes zeichnet sich hier ein neuer Typus ab: Der Bauer des Perche wird als »Wildschwein« bezeichnet, dessen Temperament durch die Allgegenwart der Hecke geprägt sei. »Einmal in der Woche«, schreibt er über die Landbewohner, »bringen sie ihre Produkte in die benachbarte Stadt, wo ihnen ihre starken und groben Stimmen, ihr roher Dialekt, *ihre Unbewegtheit inmitten der Menge,* ihre graue Kleidung und ihr ungepudertes langes Haar den Spitznamen ›Wildschwein‹ eingetragen haben.«[81] Wenn Dureau de la Malle Louis-François Pinagot auf dem Markt von Bellême über den Weg gelaufen wäre, hätte er ihn zweifelsohne als eines jener versteinerten Tiere inmitten der teilnahmslosen Masse wahrgenommen.

Wie De la Malle versichert, »sprechen die Bewohner der Bocage sehr wenig mit den Städtern«. Auf dem Markt reden die Männer und Frauen »mit den Bürgern nur, um sich über den Preis zu verständigen«.[82] Viele treten sogar den Heimweg an, ohne »im Wirtshaus etwas gegessen oder getrunken zu haben«, und »die Französische Revolution ging wie eine Sturzflut über sie hinweg [. . .].« Diese Ansichten über die Landbevölkerung gilt es für unsere Zwecke festzuhalten.

Welchen Sinn konnte diese Vorstellungswelt des Raumes, im Hinblick auf den Perche und mit besagten Methoden ausgearbeitet, für Louis-François Pinagot besitzen? Inwiefern konnte er in seiner Lebenswelt einen Nachhall davon spüren? Allenfalls der vage, gedämpfte Eindruck, dass eine gemeinsame Anstrengung unternommen wurde, um eine Identität des Perche zu schaffen. Gleichwohl war es nötig, auf die Produktion dieser Vorstellungssysteme einzugehen, weil sie viele der Dokumente strukturieren, mit deren Hilfe wir versuchen wollen, die Spuren von Louis-François Pinagot wiederzufinden.

Auf einer begrenzteren Ebene können wir auf der anderes Seite davon ausgehen, dass Louis-François Pinagots Identität durch den Raum des Waldes und Waldrandes geprägt war. Zu dieser Schlussfolgerung kommen wir, wenn wir uns die Spannungen innerhalb der Gemeinde Origny-le-Butin, ihre Geselligkeitsformen und Turbulenzen, die typisch für die Welt des Waldes sind, und alles das, was aus der Kohärenz dieser von tiefem Elend geprägten Gegend resultiert, näher ansehen.

# Kapitel 2

# »DIE UNTERE UNENDLICHKEIT«*

Was nimmt Louis-François Pinagot, wenn er sein Haus am Waldrand verlässt, um nach Origny-le-Butin oder in einen der zugehörigen Weiler am Waldrand zu gehen, von der Identität dieser Gemeinde wahr, die 1820 wieder Filialpfarrei wurde, was fühlt er davon? Inwiefern trägt dieses mögliche Zugehörigkeitsgefühl zur Konstruktion seiner Persönlichkeit bei? Einmal mehr sehen wir uns zu weit reichenden Spekulationen verurteilt, und sei es auch nur im Hinblick auf die Frage, wie Louis-François seine Selbstwahrnehmung als Mitglied der Pfarrgemeinde und das Gefühl, Staatsbürger zu werden, Mitglied einer staatsbürgerlichen Gemeinschaft zu sein, in ein ausgewogenes – oder spannungsgeladenes – Verhältnis brachte. Diese doppelte Identität erlebten die Menschen je nach Region und je nach dem Maß, in dem die in die Jugend von Louis-François fallende Restauration der Pfarreien dort betrieben wurde, recht unterschiedlich.[1]

Die Unterteilung des Bodens und die unveränderliche Festlegung der Parzellen, die Dichte der sie begrenzenden Hecken, die Verteilung und Form der Gebäude, das Erscheinungsbild der Fassaden, der Zustand der Gärten, die Gangart der Tiere, der Stimmenlärm[2], die Stille oder Bewegung auf den Höfen, die mehr oder weniger große Disziplin der Kinder und die Ordnung oder Unordnung des Hausrats – all dies

---

* Victor Hugo, *Die Elenden*

war in den Augen und in der Erinnerung von Louis-François Pinagot zweifellos untrennbar verknüpft mit den Menschen, die an diesen Orten tätig waren und in diesen Häusern wohnten.[3] Diese Anzeichen verweisen auf Menschen, deren moralische Qualitäten und Temperamente er ungefähr kannte oder spürte, und deren Stellung, Reichtum und Ruf ihm stets mehr oder weniger deutlich bewusst waren.

Um die Eindrücke und Gefühle zu verstehen, die auf Louis-François einströmten, müssen wir zunächst darstellen, was sich seinen Augen darbot, wenn er über den »feierlichen Hochwald« hinausblickte. Origny-le-Butin war zwar, wie gesagt, nur ein unbedeutender Flecken, aber eben der Geburtsort von Louis-François, in dem er auch sterben sollte – wie er gewiss schon lange vor seinem Ende wusste. Wir müssen zwar annehmen, dass die Kirchenglocken bei seiner Taufe schwiegen, anders als bei der Taufe seiner Eltern und seiner Kinder, da im Jahr VI gottesdienstliche Feierlichkeiten außerhalb des Kultes gesetzlich untersagt waren, doch hat er je davon erfahren? Auch ließen es sich die Geistlichen in der Orne im Jahr 1798 nicht nehmen, trotz Verbots die Glocken zu läuten.[4] Wie dem auch sei, mit Ausnahme der Jahre 1808–1820 konnte Louis-François in der Kirche von Origny jeden Sonntag das schöne doppelwannige Taufbecken aus dem 16. Jahrhundert sehen, aus dem er die Taufe empfangen hatte.

Von der bewaldeten Fläche abgesehen, umfasst die Gemarkung Origny-le-Butin lediglich 282 Hektar. Dies erklärt, warum für die Einwohner dieser Gemeinde kein Spitzname bekannt ist. Es gibt nur spärliche Zeichen einer eigenen Identität. Sie beschränken sich im Grunde auf die Kirche mit ihrem Kirchenschatz[5], ihr teils noch erhaltenes »Läutewerk«, ihre aus der Renaissance stammende barmherzige Jungfrau, ihren gegen Ende des Ancien régime errichteten Altaraufsatz und eine schöne bunte Statue des hl. German. Origny hat sein Kirchweihfest, das am 31. Juli gefeiert wird, aber keinen Markttag, keine jährliche Messe und auch kein Schloss. Die bescheidene Unterkunft von Fidèle Armand de Bloteau im Weiler La Brumancière kann bestenfalls als ärmliches Herrenhaus gelten, der Bedeutung dieses niedrigen Notabeln durchaus angemessen. Ebenso vergebens sucht man in der Gemarkung nach einer Mühle oder einer Werkstatt.[6] Keine Straße von Bedeutung führt hier vorbei.

In diesen Zeiten der Entwicklung eines Bewusstseins für das lokale Kulturerbe, in der die ländlichen Bauwerke in den Lauf der Geschichte eingeordnet werden,[7] zeigt sich in dieser Gegend kaum ein Bezug zur Vergangenheit. Es findet sich kein Hinweis auf lokale Bräuche, die einen Beitrag zur Konstruktion dieser Geschichtlichkeit leisten oder zumindest dem Gefühl des Unvordenklichen Nahrung geben konnten. Das Protokollbuch der Gemeinderatsverhandlungen bleibt in dieser Hinsicht stumm. Nur die *Chêne Sale* macht eine Ausnahme. Doch der Versuch, eine Legende um diesen Baum zu weben, ist recht späten Datums und im Übrigen das Werk einer nicht aus der Gemeinde stammenden Elite. Und auch die Bemühungen der lokalen Gelehrten, den historischen Ursprung des Gemeindenamens zu erklären, erbrachten nur recht ungesicherte Ergebnisse, wie etwa die Behauptung von Jean-François Pitard, die Engländer hätten den Ort 1449 niedergebrannt und dabei »Beute gemacht«.[8]

Die malerische hügelige Landschaft, die sich dem Wanderer darbietet, ist durch Landwirtschaft geprägt. Freilich darf man dabei nicht an heutige Verhältnisse denken und sich eine grüne Normandie ausmalen. Erst gegen Ende des Lebens von Louis-François Pinagot beginnt man, einen Großteil des Bodens »mit Gras zu bepflanzen«.[9] Als im Jahr 1825 das Katasteramt eingerichtet wurde, entfielen mit 229 Hektar 81 Prozent der Gesamtfläche auf Ackerland. Trotz der geringen Erträge beherrschten Weizen und Gerste die Felder.[10] Hafer, Roggen und Mengkorn bedeckten eine weit kleinere Fläche. Möglicherweise hielt damals die Kartoffel in Origny Einzug, aber dies ist angesichts der Tatsache, dass noch 1852 im gesamten Kanton nur 48 Hektar mit Kartoffeln bebaut werden, nicht mit Sicherheit zu sagen.[11] Dagegen gibt es zahlreiche Belege dafür, dass in der Gemarkung kein Hanf angebaut wurde.

1825 lagen 30 Prozent der Ackerfläche von Origny brach. Zu Lebzeiten von Louis-François Pinagot nahm dieser Anteil ab. Der vierjährige

Fruchtwechsel konnte sich nur langsam gegen die Dreifelderwirtschaft durchsetzen.[12] Um die Jahrhundertmitte ist dieser Prozess abgeschlossen. Im ersten Jahr wurde Buchweizen angebaut, im zweiten Gerste oder Hafer, im dritten »junges Grün«, meist Klee, und im vierten lag das Land im eigentlichen Sinn brach (»altes Gras«).[13]

Doch überall in dieser vom Getreideanbau beherrschten Ackerlandschaft drängten sich dem Auge jene tiefen, dichten, hohen Hecken auf, deren Zweige die angrenzende Parzelle ins Dunkel ihres Schattens tauchten. Hier und dort ein Lattenzaun, eine Schranke oder bloß eine durch Zweigbündel verdeckte Lücke, die es dem Kundigen ermöglichte, sich in diesem dicht bestandenen Raum zu bewegen, der dem Fremden als Labyrinth entgegentrat.[14] Aus »unvordenklicher Zeit« stammend – sie bilden möglicherweise das Hauptstück des lokalen Kulturerbes –, wurden die Hecken alle acht oder neun Jahre im Rhythmus des Fruchtwechsels ausgelichtet. Der Schnitt fiel ins Jahr des Getreideanbaus, damit die Hecke nachwachsen konnte, bevor das Vieh sie im Jahr der Brache abfraß.

Die Gemarkung Origny wies eine hohe Dichte von Apfelbäumen aus. Im Kanton Bellême nahmen sie 1852 eine ebenso große Fläche ein wie die naturbelassenen und künstlich angelegten Wiesen und die Weizen- und Roggenfelder insgesamt.[15] Die Agrarlandschaft zeugte noch von einer Kultur, die auf Holzverarbeitung, Getreideanbau und Apfelpflanzungen beruhte. Der Kanton Bellême produzierte damals 49 100 Hektoliter Cidre, also 5 Hektoliter pro Einwohner. Der Liter kostete hier nur 5 Centimes.

Die vorherrschende Siedlungsform in Origny-le-Butin war die Streusiedlung. Aber unter diesem Sammelbegriff versteckt sich eine große Vielfalt von Besonderheiten.[16] Im vorliegenden Fall erleben wir den weithin akustisch wahrnehmbaren Hauptort, sodann mehrere Weiler, in denen geschäftiges Treiben herrscht, Stimmenlärm von arbeitenden Frauen und Handwerkern, die Spinnerinnen und Holzschuhmacher von La Haute- und La Basse-Frêne, von La Haute- und La Basse-Croix, von La Renardière und Hôtel-aux-Oiseaux, da-

neben die größeren Einzelgehöfte – Hôtel-Migné, Langellerie und
La Trappe –, einige kleinere und ruhigere Höfe – Pressoir, Hôtel-Gau-
lard, Moulin-Butin – sowie eine Handvoll abgelegener Häuser wie La
Vigne-du-Clos. Auge und Ohr können diese recht unterschiedlichen
Siedlungsformen ohne Schwierigkeiten unterscheiden. Im Mittel-
punkt der Weiler liegt der gemeinsame, ungeteilte Innenhof. Er bildet
die wichtigste Konfliktquelle in diesen Gemeinschaften von lebhafter
Geselligkeit.[17] Hier stapelt man das Holz zum Heizen. Hier stellt man
die Karren zum Entladen ab. Hier breitet man beim Ausmisten der
Stallungen den Mist aus. Hier laufen die Hühner herum; Enten und
Gänse sieht man dagegen selten, weil ihre Federn den Teich verschmut-
zen würden, der dem Vieh als Tränke dient.[18]

Im Jahr 1825 nimmt die Gemeinde Origny lediglich 896 Francs an
Steuern auf Gebäude ein, ein lächerlich geringer Betrag, der kaum dem
Jahresgehalt eines kleinen Angestellten entspricht. Die niedrigen Häuser weisen zur Vermeidung der Tür- und Fenstersteuer kaum Öffnungen auf und sind daher im Innern sehr dunkel. 1839 ist von den 124
Wohnhäusern der Gemeinde nur eines mit einer Toreinfahrt ausgestat-
tet, 77 (63 Prozent) besitzen nur zwei Öffnungen, und 31 (25 Prozent)
nur drei.[19] Doch auch hier sollten wir nicht unsere heutigen Maßstäbe
anlegen und die Menschen von damals überflüssigerweise bemitleiden.
Die Nachbarn von Louis-François haben andere Vorstellungen von
Hygiene als die Eliten, die sich in diesem Bereich um Fortschritte
bemühen. Und ihre Wahrnehmung von Hell und Dunkel, Warm und
Kalt unterscheidet sich grundlegend von der unsrigen. Sie legen auf
Luft und Licht nicht denselben Wert und scheuen Dunkel und Abge-
schlossenheit nicht wie wir.[20] Im Übrigen sind die Wirtschaftsgebäude
sehr geräumig, da auch starke Truppenverbände Unterkunft finden.[21]

Fast alle Häuser besitzen einen Garten, der im Alltag eine große Rolle
spielt. Die Armen, die es schaffen, sich aus der Not herauszuarbeiten,
kaufen zunächst ein altes Gemäuer und ein kleines Stück Land, dessen
Größe in Origny zwischen 100 und 500 Quadratmetern liegt. 1825
umfassen diese Parzellen insgesamt fünf Hektar der Feldflur.

Angesichts der kleinteiligen, dichten Agrarlandschaft der Bocage und der unzureichenden Pflege der Wege – weswegen man oft auf den angrenzenden Acker ausweicht – ist das Durchgangsrecht im Alltag von entscheidender Bedeutung. Zumal für Vieh und Fuhrwerke, denn die Menschen gehen sowieso querfeldein. Das Durchgangs- oder Wegerecht bildet neben der Grundstücksabgrenzung die wichtigste Konfliktquelle.[22] Dies betrifft insbesondere die Durchfahrt der schweren zweirädrigen Holzkarren. Die leichteren Fuhrwerke, von Pferden gezogen, die am Markttag ungeduldig scharrend auf ihren Herrn warten, verbreiteten sich erst später.[23] Will man dem Volksschullehrer Arsène Vincent Glauben schenken, tauchen sie im südlichen Perche um 1836 auf. Sie bedeuten für das Leben in der Bocage eine wahrhafte Revolution, bevor das Fahrrad eine abermalige Umwälzung mit sich bringt.

Das leichte Fuhrwerk verhilft nach und nach zu schnellerer Fortbewegung, erweitert den Raum sozialer Kontakte und verändert das Besuchsritual. Bis in die Mitte des 20. Jahrhunderts beherrschen der zweirädrige Holzkarren, das leichte Fuhrwerk und das Fahrrad den Personenverkehr und den Warentransport in der Gegend. Einstweilen noch sichert der vorherrschende Karren dem Wagenbauer, dessen Werkstatt weit in den öffentlichen Raum hineinragt, eine besondere gesellschaftliche Stellung. Auch Origny hat seinen Stellmacher, merkwürdigerweise jedoch keinen Hufschmied und keinen Sattler, weshalb die Bauern auf diejenigen von La Perrière oder Saint-Martin-du-Vieux-Bellême ausweichen müssen.

Das Geratter der schweren Karren schallt über die Felder, vor allem in Waldnähe. Außer Holz beschaffen sich die Bauern im Wald Laub zur Einstreu im Stall. Im Jahr 1861 verlangt ein kleiner Hof am nördlichen Waldrand, der Écouvailleries,[24] dem Wald 25 Tonnen Laubstreu zur Herstellung von Dung ab; das entspricht zehn Wagenladungen. Die Verwaltung berechnet pro Lieferung 1,50 Francs. Hinzu kommen zehn Francs für die Arbeiter, die das Heidekraut schneiden, zum drei- oder vierspännigen Wagen tragen und aufladen. Diese Tätigkeit verrichten im Wald beschäftigte Tagelöhner, zu denen zeitweilig auch Louis-François Pinagot gehört.

Die Landschaft um Origny hallt wider von den Kommandos, mit denen die Bauern das Vieh antreiben, das vor den Karren oder vor den in der Gegend damals verbreiteten zweirädrigen Karrenpflug gespannt ist. Die akustische Welt der Felder unterscheidet sich grundlegend von der des Waldes. Der Stimmenlärm im Wald ist Ausdruck von Geselligkeit und gegenseitiger Ermunterung, er begleitet die anstrengende Arbeit und folgt dem Rhythmus der Atmung. Die lautmalenden Kommandos und der Arbeitsgesang der Bauern hingegen humanisieren und ästhetisieren den Acker, als Gegensatz zur wilden Welt des Waldes, und stellen eine akustische Aneignung des bearbeiteten Bodens dar. Sie informieren über die Arbeit der anderen, über ihren Fleiß und ihren Stundenlohn, sie künden von moralischen Qualitäten und Arbeitsbegeisterung. Demgegenüber besteht die Kommunikation mit dem Arbeitsvieh aus Kommandos, Ermunterungsrufen und Tadel. In einer Gemeinde ohne Hirten, Viehherden, Glockengeläute und fast ohne Hunde beschränken sich die Beziehungen zwischen Mensch und Vieh im Wesentlichen auf solche Kommandos.

Tagtäglich bewegt sich Louis-François Pinagot zwischen der Geräuschlandschaft des Waldes und der Bocage, die verbunden sind durch die Zirkulation der »Teufel« und der schweren Holzkarren, gezogen von Pferden, den einzigen in Origny verwendeten Zugtieren. 1872, vier Jahre vor Louis-François' Tod, finden sich in der Gemeinde 39 Stuten, ein Hengst, vier Wallache und drei weniger als drei Jahre alte Hengst- oder Stutenfüllen, vorwiegend Ackergäule der Rasse Percheron.[25] Das sind angesichts der Zahl der Bauern recht wenige Arbeitstiere, und so hängen viele Höfe von einem komplizierten Ausleih- und Tauschsystem ab: menschliche Arbeit gegen tierische Arbeit, Cidre oder Holz gegen ein Pferd für soundsoviele Tage. Dabei dient der virtuelle Preis der Tagesarbeit einer Stute den Menschen, die ständig etwas miteinander zu verrechnen haben, als Maßstab des Tauschwerts. Louis-François Pinagot braucht ein Transportmittel für sein Holz und die *som-*

*mes** von Holzschuhen, die er herstellt. Auch er ist daher von Zeit zu Zeit auf ein Pferd angewiesen, dessen Arbeitsleistung in das Gleichgewicht der stillschweigenden Rechnungen mit seinen Eltern, Freunden oder Arbeitskollegen eingeht.

Will man den Ergebnissen der Landwirtschaftserhebung von 1852 Glauben schenken, besitzen die Viehzüchter von Origny-le-Butin nur recht wenige Rinder, die eine Kreuzung aus dem Le Mans-Rind und dem Normandie-Rind bilden.[26] Und einmal mehr sollten wir uns hüten, unsere heutigen Maßstäbe anzulegen. Die uns vertraute Bestandsdichte an Vieh war zur Zeit von Louis-François Pinagot nicht vorhanden. 1872 besitzen die Viehzüchter der Gemeinde nur 139 Stück Vieh, darunter einen Zuchtstier – typischer Bestandteil der kommunalen Rinderzucht –, 81 Kühe, 25 junge Ochsen, Jungstiere und Färsen sowie 32 Kälber von weniger als drei Jahren. Zweck der Viehzucht ist also die Erzeugung von Milch und Jungtieren. Ochsenmast ist in Origny unbekannt. Färsen, Jungochsen und Jungstiere werden auf dem Markt verkauft; ein Teil der Kälber ist für die örtliche Metzgerei bestimmt.

Die meisten Kühe befinden sich abwechselnd auf der Wiese und im Stall; bereits 1852 weiden nur noch wenige von ihnen ständig auf der Wiese. Trotz des kleinen Viehbestands sind Milchkuh und Stute für Louis-François also ein gewohnter Anblick und bilden eine gewohnte Geräuschkulisse. Um 1852 wirft eine Kuh im Laufe ihres Lebens durchschnittlich 6 Kälber und gibt 1 665 Liter Milch. Ein Teil davon wird zu Butter und Käse verarbeitet, wobei 18 bis 20 Liter Milch ein Kilogramm Fassbutter und 13 Liter ein Kilogramm Käse ergeben.

Schweine sind in Origny weit weniger verbreitet, als man annehmen könnte. Der kommunale Schweinebestand beläuft sich 1872 auf lediglich 5 Eber, 3 Säue und 19 Saugferkel. Pökelfleisch scheint daher kaum von Bedeutung. Es gibt nur wenige Schafe und Ziegen. 1872 zählt man 4 Böcke, 8 Mutterschafe und 7 Lämmer. Schafe sind in Origny also eher eine Seltenheit, wie auch die 23 Ziegen und ihre 17 Zicklein, die

---

* Mengenmaß, siehe Kapitel 4. (AdÜ)

freilich für viele ärmere Haushalte einen wertvollen Nahrungslieferanten darstellen. Man kann also davon ausgehen, dass die Familie Pinagot von La Basse-Frêne, bevor sie in der Lage war eine Kuh zu ernähren, zumindest eine Ziege besaß.

Es gab in Origny weder freies Weideland noch eine Gemeindeherde. Ebenso wenig sind Notabeln bekannt, die sich eine Hundemeute leisten konnten, sodass es in Origny-le-Butin nur wenige Hunde gab. Dass die Erhebung von 1872 in Origny allerdings nur zehn Hunde verzeichnet, erklärt sich wohl aus den falschen Angaben vieler Hundehalter, die die Hundesteuer umgehen wollten. Der Nähe des Waldes und die damit zusammenhängende Angst vor Tollwut, die nach einer Notiz des Kantonkommissars[27] von 1855 weit verbreitet war, hielten die Menschen davon ab, Hunde zu züchten. Da man in eher ärmlichen Verhältnissen lebte, Origny abseits großer Durchgangsstraßen lag, kaum Fremde vorbeikamen und jeder jeden kannte, brauchte man keine Wachhunde. Wie dem auch sei, die Gemarkung Origny, in der Louis-François Pinagot zu Hause war, hallte weniger von Hundegebell wider als von den Kommandorufen, mit denen der Mensch das Zugtier zur Arbeit antrieb. Und was das Geflügel angeht, dessen Zählung große Schwierigkeiten bereitet und dessen wirkliche Zahl daher leicht heruntergespielt werden konnte, so war es ebenfalls weniger verbreitet, als man annehmen möchte: Die Erhebung von 1872 verzeichnet 590 Hühner, 136 Gänse und nur 16 Enten.

Louis-François begegnet auf seinen Wegen vielen Menschen. Die Gemarkung Origny ist zu dieser Zeit dicht besiedelt, man kennt sich und führt ein kurzes Gespräch. Die Wirkungen einer solchen Bevölkerungsdichte auf das eigene Selbstverständnis, auf die Ritualisierung der Begegnung beschränken sich nicht auf die Stadt; auch auf dem Land bieten sich Bühnen der sozialen Interaktion.[28] Doch wie man noch sehen wird, gehen Anzahl und Reichtum der Begegnungen zu Lebzeiten von Louis-François langsam zurück, und obwohl die Fortbewegung leichter wird, lässt sich ein gewisser Rückzug auf die Familie und das eigene Zuhause feststellen.

Die Bevölkerung der Gemeinde Origny-le-Butin schwankt zwischen 430 Einwohnern im Jahr VIII und 331 Einwohnern im Jahr 1876.[29] Die höchste Einwohnerzahl wird 1836 erreicht. Damals leben in Origny 512 Personen. Die Bevölkerungsentwicklung in Origny spiegelt die der gesamten Region wider,[30] nur dass Origny der Bewegung ein wenig vorauseilt. In den ersten drei Jahrzehnten des 19. Jahrhunderts ist überall ein rasches Bevölkerungswachstum zu verzeichnen, aber der Bruch des wirtschaftlich-demografischen Gleichgewichts fällt in Origny bereits in die Anfangsjahre der Juli-Monarchie. 1851, inmitten der großen Krise der Jahrhundertmitte, hat Origny-le-Butin bereits neun Prozent seiner Bevölkerung verloren. In den ersten schwierigen Jahren des Zweiten Kaiserreichs setzt sich der Rückgang fort, und 1856 zählt die Gemeinde nur noch 449 Einwohner.

Die Zahlen stabilisieren sich in den guten Jahren des Kaiserreichs – 426 Einwohner im Jahr 1866 –, bevor sie in den darauf folgenden zehn Jahren erneut um 21 Prozent zurückgehen. Zwischen 1836, als die Fruchtbarkeit des Haushalts Pinagot sinkt, und 1876, dem Todesjahr von Louis-François Pinagot, verliert die Gemarkung Origny-le-Butin ein Drittel seiner Einwohner (36 Prozent). Die Bevölkerung des Hauptorts nimmt dennoch deutlich zu, da abwanderungswillige Menschen aus der Umgebung hier vielfach Station machen. Manche der Origny zugehörigen Weiler, darunter La Basse-Frêne, wo Louis-François lebt, haben sich buchstäblich entleert. Diese Entvölkerung erklärt sich aus der Mobilität der Menschen des Waldes, aus der Auflehnung gegenüber dem tiefen Elend.

Die Alterspyramide weist seit 1836 Unregelmäßigkeiten auf. Die älteren Jahrgänge, genauer die Gruppe der Sechzig- bis Siebzigjährigen, sind bereits damals übermäßig stark vertreten. Nicht nur während seiner Kindheit, sondern auch als junger und reifer Mann ist Louis-François Pinagot von Menschen umgeben, die noch das Ancien régime und die Revolution erlebt haben. 1836 gehören rund einhundert Einwohner von Origny zu dieser Gruppe. 1851 zeigt die Altersschichtung die klassische Glockenform, die für niedergehende Gemeinschaften charakteristisch ist. Und die Volkszählung von 1876 ergibt für Origny eine Altersschichtung, die als Lehrbuchbeispiel für eine demografische Katastrophe dienen könnte. Die Zahl der Fünfzig- bis Sechzigjährigen (111 Personen) übersteigt in diesem Jahr bei weitem die Zahl der Kinder und Jugendlichen unter achtzehn Jahren (48 Personen). 1872 sind 18 der insgesamt 140 Häuser unbewohnt (13 Prozent), und nach Neubauten sucht man vergeblich.

Louis-François hat diesen Bevölkerungsschwund als alter Mann sicherlich wahrgenommen, doch da er in Gesellschaft vieler anderer älterer Menschen war, genoss er vielleicht um so mehr das Vergnügen, über alte Zeiten zu reden – was Demografen, die eine Überalterung der Bevölkerung stets zu Klagen veranlasst, nur allzu leicht vergessen. Es gibt wahrhaftig keinen Grund, weshalb man in überalterten Gemeinschaften, in denen man sich schon seit langen Jahren kennt, keinen glücklichen Lebensabend verbringen sollte.

Auf den ersten Blick wirkt die Sozialstruktur von Origny recht undifferenziert. Es gibt in der Gemeinde keine Notabeln,[31] keine Reichen, keine Gebildeten. Aber soziale Unterschiede sind eine Frage des Maßstabs, und wenn die Abstände klein werden und die Menschen einander dem Anschein nach sehr ähnlich sind, muss man mehr auf die Nuancen achten. Zunächst einmal fällt die Unterteilung in Feldarbeiter und Holzarbeiter auf, wobei erstere zahlenmäßig weit überwiegen. Im Jahr 1831, als Louis-François in Hôtel-Migné wohnt, werden 63 der insgesamt 139 männlichen Familienoberhäupter als Bauern geführt. Sie beschäftigen 13 Knechte und die 28 Tagelöhner, die teils auf dem Feld, teils im Wald arbeiten. Zu den Holzarbeitern gehören in jenem Jahr nur 15 Haushaltsvorstände. Ansonsten sind da noch 18 Handwerker, der Pfarrverweser und der Viehkastrierer. Auch die meisten Frauen sind als Feldarbeiterinnen eingetragen, abgesehen von 24 Spinnerinnen, die für die Tuchfabrikanten in Bellême und La Perrière arbeiten.

Die 282 Hektar umfassende Feldflur teilen sich 63 Landwirte. Bereits eine Gegenüberstellung der beiden Zahlen genügt, um sich die winzige Größe der Höfe vor Augen zu führen. Gleiches gilt für den Grundbesitz. 1825 besitzen in der Gemarkung Origny 16 Personen 5 Hektar oder mehr, aber nur vier von ihnen wohnen in der Gemeinde. Henry de Bloteau residiert in La Brumancière und erscheint mit seinen acht Hektar als Großgrundbesitzer; desgleichen Jean Bourdon, der in Plessis wohnt und fünf Hektar sein Eigentum nennt. Die beiden anderen größeren Besitzer, Jean Courapied in Aubrière und François Herbelin in La Haute-Frêne, spielen mit nur je 2,5 Hektar in einer niedrigeren Klasse.

Sechs der zwölf anderen größeren Grundbesitzer wohnen in einer der drei benachbarten Kleinstädte: drei in Bellême, zwei in Mamers und einer in La Perrière. Die anderen leben in nahe gelegenen Flecken: drei in Chemilly, einer in Origny-le-Roux, einer in Pervenchères und einer in Rémalard. Der größte Grundbesitz – 8,5 Hektar – gehört der in Bellême ansässigen Witwe Bry. Dies alles scheint darauf hinzudeuten, dass auch die Pächter sehr kleine Höfe führen, auch wenn sie die Möglichkeit haben, von mehreren Grundbesitzern Land zu pachten.

Sehr zahlreich sind die Besitzer winziger Parzellen, einfacher Gärten. 89 Personen besitzen weniger als 25 Ar, 31 Personen zwischen 25 und 50 Ar, zu wenig, um eine Kuh zu ernähren. Im Laufe des Jahrhunderts kommt es bei diesen Kleinstparzellen zu einer Konzentrationsbewegung.

Am 14. Dezember 1839 beginnt Dorfpfarrer Pigeard, seine Gläubigen zu zählen. In einer Tabelle, die im Pfarrregister enthalten ist, teilt er die Haushaltsvorstände in drei »Klassen« ein. Die erste umfasst die Bettler (16 Prozent) und die Ärmsten jeglicher Herkunft. Zusammen genommen sind dies 47 Prozent aller Haushalte. Die zweite Klasse setzt sich aus denjenigen zusammen, die »eine Kuh beziehungsweise eine Kuh und ein Pferd besitzen«. Zu dieser Gruppe, die 28 Prozent aller Familienoberhäupter umfasst, gehört auch Louis-François Pinagot, verheiratet Pôté, als »armer« Holzschuhmacher aufgeführt. Die dritte Klasse besteht aus den zwanzig »erwachsenen Personen, die zwei Pferde und anderes Vieh haben«. Die Tabelle des Pfarrers zeigt die Bedeutung, die dem Viehbesitz in der Wahrnehmung sozialer Stellung zukam. Sie bestätigt die herausragende Rolle dieses Kriteriums in der sozialen Vorstellungswelt dieses Milieus.

Aber es gibt noch andere, subtilere soziale Unterscheidungskriterien: Ob man seinen Hof als Grundbesitzer selbst oder als Pächter oder Halbpächter bewirtschaftete; ob man ein kleines Haus, einen Garten oder ein Stück Land besitzt; ob man Schulden hat; ob man einer vielköpfigen Familie mit Söhnen und Töchtern vorsteht oder in einer anderen Phase des Familienzyklus lebt; ob man die Unterstützung einer ausgedehnten Verwandtschaft besitzt, eine handwerkliche Ausbildung hat, Holzschuhmacher oder Tagelöhner ist, auf eigene Rechnung arbeitet oder auf Rechnung anderer, ob man also von einem Fabrikanten abhängt oder nicht; von Geschlechtszugehörigkeit, Familienstand, Bildungsniveau und Renommee ganz zu schweigen.

Hinzu kommt die Unterscheidung nach geographischer Herkunft. In Origny leben keine Fremden. Vom »Mosaik Frankreich«[32] sind wir hier weit entfernt. Die Männer und Frauen, die als Fremde gelten, kommen aus der Umgebung. Sie sind in Origny recht zahlreich, da die Gemeinde alles andere als eine isolierte Insel ist. Die meisten Einwohner von Origny (85 Prozent) sind zwar im Departement Orne geboren (obwohl die Departements Sarthe und Eure-et-Loir unmittelbar angrenzen), doch nur wenige stammen wie Louis-François Pinagot aus Origny selbst. 1831 waren 69 Prozent der in Origny lebenden Männer und 71 Prozent der Frauen in einem anderen Ort geboren. Anne Pôté, die Ehefrau von Louis-François, stammt zum Beispiel aus Appenay, während seine Großmutter, seine Eltern, Onkel und Tanten aus La Perrière stammen.

Vor allem die Holzarbeiter und ihre Frauen kommen von außerhalb, viele aus den beiden bevölkerungsreichsten Nachbargemeinden Saint-Martin-du-Vieux-Bellême und La Perrière. Der Wald erscheint in dieser Hinsicht als Schranke, denn nur wenige Einwohner von Origny stammen aus den nördlich gelegenen Gemeinden Éperrais oder Bellavilliers. Die Bevölkerungsbewegung findet horizontal, entlang der südlichen Waldgrenze statt. Louis-François heiratet eine Frau aus

Appenay, die bei ihren Eltern in Origny lebte. Kurz, die Einwohnerschaft von Origny besteht im Jahr 1831 im Wesentlichen aus »Zugewanderten«, was die Identität und vielleicht auch den sozialen Zusammenhalt der Kommune schwächen musste.

Doch wer sich in dieser Zeit in Origny niederlässt, kommt nicht aus
der Ferne, und die Wahl des Ehepartners verbleibt im engen Kreis, im
Wesentlichen innerhalb der Gemarkungen La Perrière, Origny-le-
Butin und Saint-Martin-du-Vieux-Bellême. Die meisten Einwohner
von Origny haben in den beiden größeren Nachbargemeinden Verwandte. Dadurch erweitert sich ihre territoriale Identität. Wie sehr sich
Louis-François Pinagot mit Herz und Verstand der Gemeinde La Perrière verbunden fühlt, wissen wir ja bereits.

Im Jahr 1841 wohnt Louis-François in La Basse-Frêne; seit wann
genau, ist unklar. Hier bleibt er bis zu seinem Tod 35 Jahre später.
Zweifelsohne hat er mehr als die Hälfte seines Lebens an diesem Ort
verbracht. Zwischen 1831 und 1841 verändert sich die Zusammensetzung der erwerbstätigen Bevölkerung[33] von Origny-le-Butin, wobei
unklar ist, ob dieser Wandel nicht auf veränderte Erhebungsverfahren
zurückzuführen ist. 1841 weist Origny 60 Landwirte, 16 Handwerker
und 28 Tagelöhner auf – dieselbe Zahl wie schon 1831 –, doch die
Gruppe der Holzarbeiter umfasst nunmehr 38 Personen: 25 Holzschuhmacher, 7 Holzfäller und 6 Schnittholzsäger. Diese Zunahme
spiegelt den Aufschwung des Holzschuhmachergewerbes wider.[34]

Noch deutlicher fällt der Wandel bei der deklarierten oder jedenfalls
amtlich anerkannten Arbeit von Frauen ins Auge. 37 Frauen, zweifelsohne den Wohlhabenderen zugehörig, werden als Bäuerinnen geführt,
37 als Mägde und 110 als Spinnerinnen. Die Spinnerinnen, in dem im
Niedergang begriffenen protoindustriellen Sektor beschäftigt, sind zumeist mit Holzarbeitern oder Tagelöhnern verheiratet. Die Ehefrauen
der sechs Schnittholzsäger haben sich ausnahmslos als Spinnerinnen
bezeichnet, ebenso 6 der 7 Holzfällerfrauen und 15 der 28 Tagelöhner-
frauen. Bei den Frauen der Holzschuhmacher ist der Anteil weit geringer, nur 9 von insgesamt 25 sind als Spinnerinnen eingetragen. Hinzu-

zuzählen sind noch diejenigen Witwen und Mädchen, die aus diesen Kreisen stammen und ebenfalls als Spinnerinnen tätig sind. Ehen zwischen Holzarbeitern und Spinnerinnen kommen in Origny-le-Butin also häufig vor. Auch Anne Pôté und Louis-François Pinagot gehören zu dieser Gruppe.

Doch ist die Spinnerei keineswegs auf das Milieu der Holzarbeiter beschränkt, sie findet sich auch in Bauernhaushalten. Dass Frauen aus beiden Gruppen derselben Tätigkeit nachgehen, dieselben Wege haben und zu den Fabrikanten in demselben Verhältnis stehen, verbindet die Welt der Holzarbeiter und die der Bauern.

Aus der Volkszählung von 1851 erfährt man schließlich, dass Dreiviertel der Bauern in Origny-le-Butin Pächter sind. Dieser Anteil geht in den Folgejahren zurück, da manche Bauern Grundbesitz erwerben. Aber trotz dieser Kaufwelle bilden die Pächter mit 58 Prozent noch 1872 die Mehrheit. Landpachtverträge werden im Kanton entsprechend dem vierjährigen Fruchtwechsel auf vier Jahre abgeschlossen.[35] Sie treten entweder am 1. März oder am 1. November, seltener an Mariä Lichtmess (2. Februar) oder am Johannistag (24. Juni) in Kraft und werden zumeist stillschweigend verlängert. Überhaupt nehmen stillschweigende Vereinbarungen in dieser wortkargen Gesellschaft, in der sich vieles »von selbst versteht«,[36] einen breiten Raum ein.

Um Louis-François Pinagot besser zu verstehen, wollen wir einen Augenblick in La Basse-Frêne verweilen. Dieser räumliche Bezug ist für Louis-François’ territoriale Identität zweifelsohne wichtiger gewesen als die Gesamtgemeinde. 1841 gehört der Weiler zum ärmsten Teil des Departements Orne, wobei das Zentrum des Elends in Saint-Martin-du-Vieux-Bellême liegt. Als Bettler sind in Origny-le-Butin in jenem Jahr 31 Personen, das heißt 8 Prozent der Einwohner registriert.[37] Dieser Prozentsatz ist nichts Außergewöhnliches.[38] Deutlich höher liegt er indes in La Basse-Frêne, wo die Not größer ist als irgendwo anders im Gemeindebezirk. Der Weiler zählt 34 Einwohner, davon 23 Erwachsene. Elf Frauen sind als Spinnerinnen, 2 als Bäuerinnen tätig, 4 Männer als Holzschuhmacher, 2 als Holzfäller und drei als

Tagelöhner. Nur ein Mann bezeichnet sich als Bauer. Von den 23 Erwachsenen gehen nach amtlichen Angaben 5 Personen der Bettelei nach.

Neben Louis-François Pinagot, seiner Frau und seinen kleinen Kindern wohnen 1841 29 weitere Personen in La Basse-Frêne. Wir begegnen hier unter anderem Marie Foussard, einer alleinstehenden Witwe, die als Spinnerin arbeitet, und Michelle Virlouvet, ebenfalls Spinnerin und alleinstehend. Der Haushalt von Marin Lebouc versinkt im Elend: Der Mann ist Tagelöhner, Bettler und nach Angaben des Pfarrverwesers an Händen und Füßen behindert. Seine Frau ist Spinnerin und betreut als Amme ein fremdes Kind, eine Tätigkeit, der auch sechs weitere Frauen in der Gemeinde nachgehen. Die Familie von François Cottin, ein angeheirateter Großvater von Louis-François, scheint ebenfalls am Rande des Elends zu leben. Der Mann, 77 Jahre alt, ist Tagelöhner, seine Frau Anne Germond Spinnerin und Bettlerin. Sie haben zwei Kinder zu ernähren. Der Holzschuhmacher Louis Bellanget und seine als Spinnerin arbeitende Frau scheinen dagegen in einer günstigeren Lage zu sein. Sie haben, wie der Haushalt Pinagot, zwei Kinder zu ernähren und beherbergen darüber hinaus die Spinnerin und Bettlerin Marie Barbe.

Angesichts dessen, dass auch Louis-François Pinagot in diesen Jahren amtlich als Not leidend anerkannt ist,[39] scheinen in La Basse-Frêne nur zwei Haushalte dem Elend deutlich zu entrinnen: die Familie Trouillard – der Mann ist Landwirt, die Frau Spinnerin, der Sohn Holzfäller – und die Familie des Holzfällers Chevalier, der mit seiner Frau, ebenfalls Spinnerin, eine Tochter hat.

Was lässt sich über Dinge wie soziale Differenz, Prestigebeziehungen, Autorität und Wohltätigkeit in diesem Milieu in Erfahrung bringen? Wir berühren hier jene von Victor Hugo angesprochene »untere Unendlichkeit«, in der sich der Einzelne aufzulösen scheint. La Basse-Frêne erscheint als reales Melodrama, als eine horizontale, ländliche *Jacressarde,* als ein ebenerdiges Kellergewölbe von Lille. Dabei bildet dieser Weiler in der Gemarkung Origny keine Ausnahme. Annähernd

dieselben Verhältnisse herrschen in dem nur wenige hundert Meter entfernten Weiler La Haute-Frêne mit seinen 15 Einwohnern: 7 Spinnerinnen, 2 Holzschuhmacher, 2 Schnittholzsäger, ein Ortscheitmacher und
3 Kinder. Hier wohnen Louis-François' Onkel und Tante Drouin. Dasselbe Unglück findet sich in Les Querrières, wo Louis-Sébastien Pinagot, ein weiterer Onkel von Louis-François, mit seiner armen Familie
lebt, deren Ruf ruiniert ist. Ein Großteil der Verwandtschaft von Louis-
François Pinagot lebt also im Elendsgürtel am Südrand des Staatsforsts
von Bellême.

Zehn Jahre später hat sich die Lage offenbar weiter verschlechtert.
Um die Jahrhundertmitte erreicht die Not in den Weilern am Waldrand
ihren Höhepunkt. La Basse-Frêne ist mit 33 Einwohnern weiterhin
dicht besiedelt. Die dreizehn Haushalte verteilen sich auf sechzehn
Häuser; in keinem Fall leben verschiedene Familien unter einem Dach
zusammen. Die Berufsstruktur hat sich im Laufe dieser zehn Jahre verändert. Nur ältere Frauen werden noch als Spinnerinnen bezeichnet,
die jüngeren geben Handschuhmacherin als Beruf an.

Die Zahl der Bettler ist zwar zurückgegangen, nicht jedoch die Zahl
der alleinstehenden und notleidenden Frauen, die wie Anne Germond,
Witwe von François Cottin, betteln gehen müssen. Louis-François
Pinagot, der inzwischen Witwer geworden ist, lebt weiterhin in ärmlichen Verhältnissen. Er teilt seine Behausung mit fünf seiner Kinder,
darunter ein Holzschuhmacher und drei Handschuhmacherinnen. Von
den insgesamt 33 Einwohnern der Basse-Frêne leben 20 Personen in
Witwen- oder Witwerhaushalten. Offenbar heiratet man in La Basse-
Frêne kein zweites Mal. Einen Anlass zum Optimismus für die Pinagots dürfte die Niederlassung des sechsundvierzigjährigen Holzschuhmachers Pierre Renaud – mit seiner Frau, einer Spinnerin, und seinen
vier Söhnen, ebenfalls Holzschuhmacher – in La Basse-Frêne darge-
stellt haben. Fünf Handwerker in ein und derselben Familie – das ergibt
eine Werkstatt, deren Größe einen gewissen Wohlstand erhoffen lässt.

Im Laufe der fünf folgenden Jahre (1851–1856) – die Zweite Republik
geht zu Ende und das Zweite Kaiserreich beginnt – verlassen aufgrund

des unerbittlichen und unerträglichen Elends die ärmsten Einwohner und ein Teil der Jugend den Weiler. La Basse-Frêne verliert in dieser Zeit 48 Prozent seiner Bevölkerung (16 Personen). Louis-François wohnt nun mit zwei seiner Töchter zusammen, beide Handschuhmacherinnen. Die dritte Tochter hat einen Sohn des zugezogenen Holzschuhmachers Renaud geheiratet, der in La Basse-Frêne bleibt und hier 1854 ein kleines Haus erwirbt.

Bis 1866 erfährt der Weiler abermals tiefgreifende Veränderungen. Der wirtschaftliche Aufschwung im Zweiten Kaiserreich zeigt auch hier bescheidene Wirkung. Die Einwohnerzahl steigt wieder auf das Niveau von 1851 (33 Personen). Wir finden keine Bettler mehr: Die Bettelei ist verboten, die Bettler sind vertrieben worden. Die Zahl der allein stehenden Frauen geht zurück. Nur noch zwei Witwen wohnen im Dorf: die Witwe Rouyer und die Witwe Beauchet, eine Spinnerin. Louis-François Pinagot lebt jetzt allein in einem kleinen Haus, das er 1856 erworben hat. Er ist in La Basse-Frêne nun der einzige Witwer. Sein neuer Kollege Pierre Renaud erwirbt 1862 ein zweites Haus, zwei Gärten und drei kleine Felder, eins davon im Weiler. Weiterhin leben in La Basse-Frêne zwei junge Ehepaare, die hier geheiratet haben, und drei Bauernfamilien mit Kindern. Die Lage am südlichen Waldrand hat sich in gewisser Weise normalisiert. Doch diese Besserung sollte nicht von Dauer sein.

Im Jahr 1872, kurz nach dem Ende von Krieg, Besatzung und einer schrecklichen Dürreperiode, zählt der Weiler nur noch 23 Einwohner. Diesmal scheint der Niedergang endgültig: Vier Jahre später, als Louis-François stirbt, sind es nur noch vierzehn. Vor allem aber hat sich die Zusammensetzung grundsätzlich verändert. Von den 23 Personen, die 1872 in La Basse-Frêne wohnen, gehören sechs zur Familie Pinagot und sechs weitere zur Familie Renaud.[40] Bestand der Weiler in den 1830-er Jahren aus Zugewanderten, Not leidenden Holzarbeitern und Spinnerinnen, die an Mobilität über kurze Entfernungen gewöhnt waren, so ist er im Todesjahr von Louis-François fest in den Händen zweier Familien, deren Nachkommen zumindest teilweise am Ort wohnen bleiben.

Während sich die alte Generation aus dem Elend herausarbeitete, knüpften die Jüngeren verwandtschaftliche Verbindungen untereinander.

Die Jahre, die Louis-François Pinagot in La Haute-Frêne, Hôtel-Migné und La Basse-Frêne verbrachte, waren durch vielschichtige Entwicklungen gekennzeichnet, die ihm zweifellos nicht entgangen sind: der demografische Aufschwung und der anschließende Niedergang der Gemeinde, die starke Zunahme leer stehender Häuser gegen Ende seines Lebens, die wachsende Bevölkerung im Hauptort des Gemeindebezirks, die Bereicherung seiner Aktivitäten, der Wandel der Bevölkerungsstruktur und der allgemeinen Atmosphäre von La Basse-Frêne. Er selbst rutscht zunächst ins Elend ab, kann sich aber mit Hilfe seiner Kinder wieder nach oben arbeiten. Der Bedingungsrahmen des Zweiten Kaiserreichs ist entscheidend, er setzt dem Elend ein Ende.

Doch vielleicht nahmen die Beteiligten die »Familiarisierung« von La Basse-Frêne und den recht bescheidenen neuen Wohlstand, der mit dem Tod oder der Abwanderung der Ärmsten und eines Teils der Jüngeren einherging, ja auch als Erschlaffung des sozialen Lebens wahr. Der Rückgang der weiblichen und männlichen Einsamkeit – mit Ausnahme des allein lebenden Louis-François –, die Tatsache, dass immer mehr Witwen, junge Spinnerinnen, Bettler und ledige Holzschuhmacher abwanderten, tat der Vielseitigkeit des gesellschaftlichen Verkehrs zweifellos Abbruch, ließ die Geselligkeit in der Spinnstube verarmen, führte zum Verlust alltäglicher Wohltätigkeit. Im Jahr 1872 jedenfalls ist La Basse-Frêne zu einem honorigen Weiler von Holzschuhmachern und Landwirten geworden, ein Ort, in dem in familiäre Bezüge eingewebte Gefühlsbeziehungen die vormals von Elend wie gegenseitiger Unterstützung geprägte nachbarschaftliche Geselligkeit abgelöst haben, die weit über Verwandtschaftsbeziehungen hinausging.

# Kapitel 3

## WAHLVERWANDTSCHAFTEN UND FAMILIENVERWANDTSCHAFT

Die auf serielle Quellen gegründete historische Demografie deckt die kollektiven Einstellungen auf und kann unseren Zwecken daher nicht dienen. Auch eine Analyse nach Art der Anthropologie der Familie führt nicht weiter. Mein Ziel besteht darin, ein Leben nachzuzeichnen, eine Vorstellung von den Gefühlsbeziehungen, die es belebt haben, von den Geselligkeitsformen, die ihm seinen Rhythmus gaben, zu entwickeln. Es ist daher nötig, den Verwandten von Louis-François Pinagot besonderes Augenmerk zu schenken, denn ihre räumliche und berufliche Nähe lässt vermuten, dass sie das Leben von Louis-François maßgeblich beeinflussten. Da uns kein autobiografisches Material zur Verfügung steht, können wir über seine Gefühlsbeziehungen nur spekulieren.

Die autoritäre Familie, in der das alternde Oberhaupt einen Erben oder eine Erbin bestimmt, ist im Perche unbekannt. Der Perche gehört nicht zu jener recht schmalen Zone, in der verschiedene Typen der erweiterten Familie, deren Mitglieder gemäß bisweilen komplizierter Vereinbarungen zusammenleben, die Verhältnisse prägen. Das Zusammenleben mehrerer Ehepaare unter einem Dach ist im Umkreis von Bellême recht selten. Die Beziehungen zwischen den Verwandten, die verstreut in der Nachbarschaft wohnen, sind von Nuancen und subtilen Gewohnheiten geprägt. Die Verwandtschaft von Louis-François Pinagot besteht aus einem dicht gewebten Netz von Kernfamilien, die versprengt in den Weilern und alleinstehenden Häusern entlang des Waldrands zwischen La Perrière und Saint-Martin-du-Vieux-Bellême leben, und der Familiensinn pflanzt sich hier nicht, wie im angrenzenden Departement Eure, dadurch fort, dass die jungen Leute bei Onkeln oder Vettern untergebracht werden.[1] Der familiäre Zusammenhalt, die familiären Gefühlsbeziehungen nehmen dem Einzelnen nicht seine ausgeprägte Bewegungsfreiheit. Je nach Grad der Zuneigung oder Abneigung kann er das Verhältnis zu seinen Verwandten, an die ihn keine Autoritätsbeziehungen binden, enger oder distanzierter gestalten.[2]

Die relative Lockerheit der Verwandtschaftsbeziehungen wird durch die Bedeutung der Nachbarschaft kompensiert, zumal wenn man in einem richtigen Weiler wohnt. Aus diesem Grund haben wir uns im vorangehenden Kapitel so ausführlich mit den Einwohnern von La Basse-Frêne beschäftigt. Die Nachbarschaft bildet das Milieu, in dem sich der Ruf des Einzelnen herausbildet, auch der Familien, obgleich der Erblichkeit des Charakters kaum Bedeutung beigemessen wird.[3]

Louis-François Pinagot stammt aus zwei zugewanderten Familien, wenn man denn Leute, die aus La Perrière (die Pinagots und die Cottins) und Serigny (die Großmutter Tafforeau) nach Origny umziehen, als »Zugewanderte« bezeichnen kann. Keiner seiner Vorfahren stammt aus Origny-le-Butin. Im Alter von zwanzig Jahren heiratet er Anne Pôté, Tochter einer Familie aus Appenay, die sich 18 Jahre nach den Pinagots in Origny niedergelassen hat.

Am 10. November 1787 zieht Louis-François' Großmutter, Louise Tafforeau, anlässlich ihrer zweiten Eheschließung[4] nach Le Pissot. Seit März vergangenen Jahres ist sie Witwe von Jacques Pinagot, mit dem sie in La Perrière gelebt hat. Die Eheleute haben mindestens sieben Kinder gezeugt, darunter Jacques, der Vater von Louis-François. Im Jahr 1787 heiratet Louise Tafforeau einen minderjährigen Jungen, François Cottin, der viel jünger ist als sie. Zweieinhalb Jahre später, am 1. April 1790, ziehen ihre beiden Söhne Jacques und Louis-Sébastien, wahrscheinlich aber auch ihre Töchter Françoise und Catherine, zu ihr nach Origny-le-Butin.

Am 2. August 1791 verheiratet Louise Tafforeau ihren Sohn Jacques, der in La Perrière zur Schule gegangen ist und daher Lesen und Schreiben kann, mit ihrer Schwägerin Jeanne Cottin. Die beiden Eheleute sind damals 21 Jahre alt. Aus dieser Verbindung geht Louis-François hervor. Er hat seinen Großvater mütterlicherseits nie kennen gelernt und nur wenige Erinnerungen an seine Großmutter, die er im Alter von sieben Jahren verliert. Die Jungverheirateten lassen sich in La Haute-Frêne nieder, wo Louis-François seine Kindheit verbringt.

Bis ins Alter von 27 Jahren kann Louis-François seine Großmutter Tafforeau besuchen, die 1825 in Le Pissot stirbt. Sein Onkel Cottin, der auch sein angeheirateter Großvater ist, heiratet im Alter von 60 Jahren – 21 Monate nach dem Tod seiner ersten Frau – seine 34jährige Magd Anne Germond, die 1828 den Sohn Viktor zur Welt bringt. Louis-François hat also die Dreißig überschritten, als sein angeheirateter Großvater schließlich noch Vater wird. Wenig später lassen sich François Cottin und seine Ehefrau in La Basse-Frêne nieder, in unmittelbarer Nachbarschaft ihres Neffen. Dort bleiben sie, bis Cottin 1846 im Alter von 80 Jahren stirbt. Alle Vorfahren von Louis-François sind Kleinbauern.

Sein Vater, Jacques Pinagot, als Fuhrmann und Halbpächter in La Haute-Frêne ansässig, heiratet also die Schwester seines Stiefvaters, die zwischen 1792 und 1808 vier Kinder zur Welt bringt. Später – wir wissen nicht genau, wann – nimmt er die Analphabetin Marie Goisdieux, Tochter eines Zimmermanns und bei den Pinagots als Magd angestellt, zur Geliebten. 1822 gebiert sie eine Tochter, Jeanne. Bei der Volkszählung von 1831 lebt er bereits allein mit Marie und ihrem gemeinsamen Kind. Wann er sich von Louis-François' Mutter, Jeanne Cottin, getrennt hat, lässt sich nicht feststellen. Es ist anzunehmen, dass seine Ehefrau die Dreierbeziehung nicht akzeptierte. Wahrscheinlich zog sie sich nach La Perrière zurück und lebte dort bei ihrem Schwiegersohn, dem Ehemann von Louis-François' jüngerer Schwester Jeanne-Catherine-Rose, einem Holzschuhmacher aus La Perrière. Wie dem auch sei, Jeanne Cottin stirbt am 19. Oktober 1833 im Alter von 64 Jahren im Haus ihres Schwiegersohns. Louis-François ist nun 35 Jahre alt.

Am 4. Februar 1834, kaum vier Monate nach dem Tod seiner ersten Frau, heiratet Jacques Pinagot seine Magd und Geliebte. Ein Jahr später, 43 Jahre nach der Geburt seines ersten Kindes, bringt sie einen Sohn zur Welt, Jacques-Louis Pinagot. So bekommt Louis-François im Alter von 37 Jahren einen Halbbruder, als sein ältester Sohn bereits 16 Jahre alt ist.

Bis ins Alter von 20 Jahren lebt Louis-François bei seinen Eltern in La Haute-Frêne. Möglicherweise hilft er seinem Vater beim Holztransport und kümmert sich mit ihm um den Hof. Vielleicht ist er auch am Forstfrevel des Vaters beteiligt, den dieser gewohnheitsmäßig begeht. Louis-François wächst gemeinsam mit drei Schwestern auf. Am 25. Januar 1807 verliert er, im Alter von achteinhalb Jahren, seine vierzehnjährige Schwester. Von der zweiten Schwester, die ein Jahr jünger war als er, wissen wir nichts. Die dritte Schwester, die zehn Jahre nach ihm das Licht der Welt erblickte, heiratete, wie erwähnt, einen Holzschuhmacher aus La Perrière.[5]

Die engere Verwandtschaft von Louis-François böte einem Psychoanalytiker, der sein Gefühlsleben rekonstruieren wollte, reichlich Material. Der Bruder seiner Mutter ist der Ehemann seiner Großmutter väterlicherseits. Er sieht seine ältere Schwester sterben, als er noch ein Kind ist. Sein alter Vater setzt noch zwei Kinder in die Welt, als er, Louis-François, längst ein erwachsener Mann ist; fünf seiner eigenen Kinder sind daher älter als sein Halbbruder. Seine Eltern haben sich nach einem lang andauernden illegitimen Verhältnis des Vaters getrennt.

Werfen wir einen Blick auf die Familie seiner Frau. Ich vermute, dass sie in seinem Leben eine große Rolle gespielt hat. Im Weiler nennt man ihn Louis-Pinagot-Pôté.[6] Als er die ein Jahr ältere Anne Pôté heiratet, ist er, mit 20 Jahren, noch minderjährig. Sein Schwiegervater, Louis Pôté, ist mit 60 Jahren damals bereits ein alter Mann. Er hatte sich am 1. Mai 1807 in Origny-le-Butin als Landwirt niedergelassen. Seine um viele Jahre jüngere Frau, Louise Chevauchée, gibt als Beruf Spinnerin an.

Die Pôtés sind mit einem langen Leben gesegnet. Die Kinder von Anne und Louis-François wachsen mit der Zuneigung ihrer Großeltern mütterlicherseits heran. Louis Pôté stirbt 1838 im Alter von 80 Jahren, seine Ehefrau, die nach dem Tod ihres Manns zu ihrem Sohn Jacques nach La Mazure zieht, ist 1856 noch am Leben. Louis-François' Schwiegereltern leben in bescheidenem Wohlstand. 1823 zählt Louis Pôté zu den dreißig größten Steuerzahlern der Gemeinde.[7] Eine Zeit lang ist er Handlungsbevollmächtigter von Madame de Villereau, der Eigentümerin seines Hofs. Doch in der nächsten Generation erlebt die Familie einen erstaunlichen sozialen Abstieg.

Kommen wir auf Louis-François' Vorfahren und Verwandte in der Seitenlinie zurück. Sie bilden den größten Teil der in Origny-le-Butin lebenden Verwandtschaft. Konzentrieren wir uns auf diejenigen, die mit ihrem Leben und Ruf möglicherweise einen Einfluss auf sein Leben und die Herausbildung seiner Identität ausübten. Über Tante Landier lässt sich nur wenig sagen. Françoise Pinagot ist 1782 in La Perrière geboren und als Magd tätig, als sie im Jahre XII den sieben Jahre älteren François Landier aus Vaunoise heiratet (die Heirat der Zugewanderten findet in Origny-le-Butin statt). Das Ehepaar lässt sich wenige Hundert Meter von La Haute-Frêne entfernt in Moulin-Butin nieder, wo François Landier als Bauer arbeitet. Er stirbt am 18. September 1827 im Alter von 53 Jahren. Anderthalb Monate später bringt seine Witwe in ihrem Haus in Moulin-Butin einen Sohn zur Welt, Pierre Landier.

Vom rätselvollen Leben der Tante Landier hebt sich die solide Gestalt von Tante Drouin – Marie-Catherine Pinagot – deutlich ab. Sie ist 1784 in La Perrière geboren und stirbt im Alter von 89 Jahren, kaum drei Jahre vor ihrem Neffen Louis-François, der sie während seines gesamten Lebens regelmäßig besuchen konnte. Tante Drouin gibt als Beruf Spinnerin an, als sie 1811 einen schreib- und leseunkundigen Holzschuhmacher heiratet. Damit tritt in der Familie ein Muster in Erscheinung, das auch auf Anne und Louis-François[8] zutrifft: der Mann ist Holzschuhmacher, die Frau Spinnerin. Marie-Catherines Ehemann Jacques-Augustin Drouin ist etwas jünger als seine Frau und stammt aus dem Ort selbst. Seine Familie ist fest in La Haute-Frêne verwurzelt, wo er bei seiner verwitweten Mutter und seiner Schwester aufwächst. Er verbringt sein ganzes Leben in diesem Dorf; 1824 erwirbt er hier ein kleines Haus mit Stall sowie ein kleines Stück Land von 32 Ar, das Feld Bidaux.

Onkel und Tante Drouin, die man allgemein »die Gustins« nennt, bilden im Kreis der Verwandten einen Ruhepol, da fast alle anderen ihren Wohnsitz häufig wechseln, wenn auch nur über kurze Entfernungen. Als seine Tante Jacques-Augustin heiratet, hat Louis-François mit 13 Jahren das Alter erreicht, in dem man eine Lehre beginnt. Es besteht kaum Zweifel, dass ihm Onkel Drouin das Handwerk des Holzschuhmachers beibrachte. Bei ihm konnte er sich lange Zeit Rat holen, denn sein mutmaßlicher Mentor starb erst 1863 im Alter von 77 Jahren, als Louis-François selbst schon 65 Jahre als war.

Neben Tante Drouin und ihrem Ehemann sehen wir einen vom Unglück gezeichneten Onkel von Louis-François: Louis-Sébastien Pinagot, Ahnherr einer zahlreichen Familie, deren Geschichte allein schon eine Saga von Hugo'schen Dimensionen bietet, gehört zu den ärmeren Verwandten. Am 2. Mai 1775 in La Perrière geboren, ist Louis-Sébastien bei seiner Heirat im Jahr VI, dem Geburtsjahr von Louis-François, in La Basse-Frêne als Knecht beschäftigt – ein schlechtes Vorzeichen. Sein weiteres Leben verbringt er als tagelöhnernder Holzfäller. Wie alle seine männlichen Nachkommen gehört er der Welt der Waldarbeiter an. Die Scheidelinie zwischen Bauern und Holzarbeitern verläuft auch durch die Verwandtschaft von Louis-François. Zusammen mit seiner gleichaltrigen Frau Françoise Deschamps, Tochter eines Tagelöhners aus Chemilly und Spinnerin von Beruf, lässt sich Louis-Sébastien zunächst in La Haute-Croix nieder, bevor er lange Jahre in Les Querrières wohnt. Das Ehepaar lebt lange, doch unglücklich, und sie bekamen viele Kinder. Eines Tages verlässt Tante Pinagot ihren Ehemann, um mit dem Maurer Loîtron in wilder Ehe zu leben, was allgemein als skandalös empfunden wird. 1854 stirbt sie in La Haute-Croix im Alter von 79 Jahren, während Onkel Louis-Sébastien zwei Jahre später im

Alter von 81 Jahren stirbt. Onkel und Tante Pinagot gehören bis in sein hohes Alter zum Familienhorizont von Louis-François.

Die Pinagot-Deschamps leben im Elend, sie wechseln innerhalb der Gemarkung Origny einige Male den Wohnsitz. Ihre Kinder, die im Dorf als Außenseiter behandelt werden, versuchen in der Nähe ihres Vater zu bleiben. Einige von ihnen sehen wir auf den als Arbeitsbeschaffungsmaßnahme eingerichteten »Wohltätigkeitsbaustellen« arbeiten. Nachdem Louis-Sébastien mit seiner Frau lange Jahre in Les Querrières gewohnt hat, leben sie 1846 und 1848 erneut in La Haute-Croix, wo sie ein Kind zur Pflege aufnehmen. Fünf Jahre später wird der nunmehr 60-jährige Louis-Sébastien auf der Volkszählungsliste als in Pont-Chopin ansässiger »Tagelöhner-Bettler« geführt. Er beendet sein Leben als Witwer, bei seinem Sohn Étienne in Les Querrières.

Louis-François hatte viele Vettern und Kusinen. Aus dieser zahlreichen Gruppe wollen wir nur diejenigen erwähnen, die nicht weit von seinem jeweiligen Wohnsitz entfernt lebten. Da ist zunächst der 18 Jahre jüngere Jacques-Pierre Drouin, der als Holzschuhmacher bei seinem Vater in La Haute-Frêne wohnt. Auch er heiratet eine Spinnerin, die einen Sohn zur Welt bringt: Baziel Drouin, der später ebenfalls Holzschuhmacher in La Haute-Frêne wird und eine Handschuhmacherin heiratet. Es zeigt sich also, dass bei den Drouins in La Haute-Frêne über drei Generationen Familien vorkamen, in denen der Mann Holzschuhmacher und die Frau Spinnerin oder Handschuhmacherin war. Jacques-Pierre Drouin steht in hohem Ansehen, seine Mitbürger machen ihn zum Gefreiten der Nationalgarde. 1863 erwirbt er in La Haute-Frêne ein Stück Land und ein Haus, 1873 gehört er zu den größten Steuerzahlern der Gemeinde. Seit den 1840-er Jahren wohnt im unmittelbaren Umfeld von Anne und Louis-François demnach eine Gruppe von Verwandten, die ihnen in jeder Hinsicht nahe stehen musste. Es besteht kaum Zweifel, dass sich Louis-François in La Haute-Frêne, wo sein Vater lange Zeit lebte, als Kind sehr wohl fühlte, zumal sich einer seiner Söhne, Pierre-Théodore, im Laufe der 1850-er Jahre ebenfalls als Holzschuhmacher in diesem Weiler niederließ.

Die Vettern und Kusinen Pinagot, also die Kinder von Onkel Louis-Sébastien, sind zahlreich. Es bereitet Louis-François sicherlich Kummer, als seine Kusine Louise-Rosalie im Alter von 19 Jahren stirbt. Die junge Spinnerin war nur wenige Monate älter als er. Ihr Bruder, Jean-Louis Pinagot, verlässt Origny-le-Butin schon in jungen Jahren und wird Holzfäller. Wir verlieren ihn aus den Augen. Die Kusine Anne-Françoise, geboren im Jahr 1809, lässt sich verführen. Mit 19 Jahren ledige Mutter, findet sie im Alter von 22 Jahren gleichwohl einen Mann, den Sohn einer Spinnerin aus La Perrière. 1853 ist ihr unehelicher Sohn als Holzschuhmacher in La Haute-Frêne eingetragen.

Die schillerndste Figur der Verwandtschaft ist jedoch die Kusine Angélique-Julienne-Agathe Pinagot. Auch im Elend tapfer, ist es ihr offenbar völlig gleichgültig, was die Leute über sie reden. Kusine Angélique ist 1812 geboren. Zunächst als Spinnerin tätig, wird sie Handschuhmacherin, als die Konjunktur es fordert. Sie kann weder lesen noch schreiben. Sieben uneheliche Kinder bringt sie zur Welt; offenbar gefällt sie den Männern. Und alle ihre Kinder überleben, denn Kusine Angélique ist eine Kämpferin.[9] Im Winter sammelt sie im schneebedeckten Wald Kleinholz; diese Art der Delinquenz wird ihr zur Gewohnheit. Wenn sie nicht bei ihrem Vater wohnt, dem Not leidenden Louis-Sébastien, der sie mitsamt ihrer Kinderschar aufnimmt, erledigt sie Spinnarbeiten für geschäftige Witwen.

Im Jahr 1833 bringt Angélique Jacques-Marin zur Welt, 1836 Louis, 1838 Louise-Marie, die ebenfalls ledige Mutter werden sollte – die Illegitimität scheint bei den Pinagots erblich zu sein –, bevor sie 1862 einen Weber heiratet. Nach Louise-Marie werden die Abstände zwischen den Geburten länger. Nach einigen Jahren Unterbrechung kommt 1844 Héloïse, 1846 Marie-Fortunée und 1850 Estelle-Léontine zur Welt. Zu diesem Zeitpunkt hatte sie das Haus ihres Vaters bereits verlassen und wohnte mit fünf ihrer unehelichen Kinder in einer eigenen Unterkunft.

Das herannahende Alter setzt ihrer Fruchtbarkeit langsam ein Ende. 1858 heiratet sie einen lese- und schreibunkundigen Bauern aus Chemilly, Louis-François Lorillon, ansässig in Les Hautes-Folies. Da er 16

Jahre jünger ist als sie, kann er unmöglich der Vater ihrer ersten Kinder sein, denn das älteste ist damals bereits 25 Jahre alt. Gleichwohl bekam die gebärfreudige Angélique einen Sohn von Lorillon – und zwar zwei Jahre vor ihrer Eheschließung.

Im Jahr 1861 lebt Kusine Angélique, nunmehr 49 Jahre alt, mit ihrem 33-jährigen Mann, ihrer Tochter Louise-Marie, deren 7 Monate altem Baby, ihrem 5-jährigen Sohn und einem Pflegekind in Les Querrières. In den folgenden Jahren zieht sie mit Lorillon ständig zwischen Les Querrières und Les Fourneaux um. Sobald ihre Kinder alt genug sind, um sich als Knecht oder Magd zu verdingen, bringt Angélique sie bei benachbarten Bauern unter.

Vetter Étienne, Angéliques Bruder, gibt dagegen eine vergleichsweise blasse Figur ab. Als Holzfäller und Bauer in Les Querrières tätig, heiratet er eine Spinnerin. Von Étienne wissen wir wenig, nur dass er sich in Les Querrières 1851 – 1852 ein kleines Haus bauen lässt und 1855 ein weiteres kauft. Wie viele dieser armen Holzarbeiter legte er Wert darauf, zumindest winzige Häuser sein Eigentum zu nennen. 1868, im Alter von 54 Jahren, wird er amtlich als arbeitsunfähig geführt. Das Ehepaar hat mehrere Kinder in die Welt gesetzt, Vettern und Kusinen zweiten Grades der Söhne von Louis-François Benoni, der als Tagelöhner-Fuhrmann in Les Querrières arbeitet, Virginie, eine Handschuhmacherin, die einen Holzschuhmacher heiratet, und der kleine Isaïe.

Außer diesen Vettern und Kusinen sind noch die Schwager und Schwägerinnen Pôté zu nennen, die Louis-François fast täglich trifft. Der zehn Jahre jüngere Jacques Pôté ist als lese- und schreibunkundiger Tagelöhner sein ganzes Leben zwischen den Weilern und allein stehenden Häusern der Gemeinde (La Basse-Croix, Les Vignes-de-la-Coudre, La Renardière usw.) unterwegs. Als sein Vater stirbt, nimmt er seine Mutter bei sich auf. Marin Pôté, im Jahr XI in Appenay geboren – lang bevor sich die Familie in Origny-le-Butin niederließ –, heiratet im Alter von 29 Jahren eine 63-jährige Witwe. Sein ganzes Leben bleibt er Fuhrmann auf Tagelohnbasis.[10] Er ist einer der wenigen Verwandten der Generation von Louis-François, die Lesen und Schreiben können.

Indes deutet vieles darauf hin, dass sich Louis-François seiner Schwägerin Anne-Louise Pôté am nächsten fühlte. Die Spinnerin, die 1881 im Alter von 87 Jahren stirbt, heiratet Julien Courville, einen lese- und schreibunkundigen Holzschuhmacher aus Saint-Martin-du-Vieux-Bellême, der fünf Jahre jünger und damit genau so alt ist wie Louis-François. Die beiden Schwestern Anne-Louise und Anne heiraten also beide einen 1798 geborenen Holzschuhmacher. Unmittelbar nach ihrer Hochzeit leben die beiden jungen Ehepaare eine Zeit lang in Les Vignes-de-la-Coudre in unmittelbarer Nachbarschaft. 1845 heiratet der Holzschuhmacher Pierre-Théodore, ein Sohn von Louis-François, eine Tochter von Anne-Louise und Julien Courville, die Spinnerin und Handschuhmacherin Marie-Louise. Louis-François und sein gleichaltriger Schwager Julien arbeiten als Holzschuhmacher fortan gemeinsam. Im Übrigen war Louis-François gewiss stolz auf diesen angeheirateten Verwandten, denn Julien war Gefreiter der National-garde von Origny-le-Butin. Anne-Louise blieb offenbar als einzigem Kind der Familie Pôté der soziale Abstieg erspart.

Von Louis-François' Ehefrau Anne wissen wir leider nicht viel. Am 9. Dezember 1796 in Appenay geboren, ist sie anderthalb Jahre jünger als ihr Mann. Kurz vor ihrer Heirat wird sie in La Croix, wo sie mit ihren Eltern seit 1808 wohnt, als Bäuerin bezeichnet. Ihr weiteres Leben gibt sie Spinnerin als Beruf an. Wer sich ein Bild von ihrem Äußeren machen möchte, muss sich mit einer Angabe zur Größe der Frauen ihres Milieus zufrieden geben. Nach der Volkszählung von 1855 lag die durchschnittliche Größe (wie auch der statistische Mittelwert) von 56 Arbeiterinnen aus Saint-Martin-du-Vieux-Bellême im Alter von über 20 Jahren knapp unter 1,55 Meter.[11] Über das Eheleben von Anne und Louis-François wissen wir nur, dass sie sich nicht trennten, keinen Skandal erregten und acht Kinder zeugten, die alle noch am Leben waren, als ihre Mutter am 1. Januar 1846 im Alter von 49 Jahren in ihrer ärmlichen Behausung in La Basse-Frêne am Rande des Staatswaldes starb.

Ihr ältester Sohn, der den Vornamen seines Vaters trägt, wird am 2.

Juli 1819 geboren. Da seine Eltern am 7. Juli 1818 geheiratet haben, kann von einer »Notehe« keine Rede sein. Der leicht kurzsichtige Junge misst als Erwachsener 1,63 Meter – für die damalige Zeit recht groß[12] – und lernt Lesen und Schreiben. Auch die Holzschuhmacherei beherrscht er, was ihm wahrscheinlich sein Vater beigebracht hat. Dennoch arbeitet der junge Mann 1841, als er 22 Jahre alt ist, als Knecht in Le Plessis, wo auch die älteste Courville-Tochter, seine Kusine Fine (Joséphine), als Magd angestellt ist. Bei seiner Heirat im Jahr 1843 kommt er abermals als Knecht in Hôtel-aux-Oiseaux unter, wo er mit einer vier Jahre älteren Magd zusammenarbeitet. Anschließend bezeichnet er sich, im selben Dorf, als Holzschuhmacher. Eine Zeit lang scheint das Ehepaar bei einer Tante der Frau zu wohnen.

1849 oder 1850 verlassen die beiden Origny-le-Butin und leben bis 1866 in Appenay. Am 1. November 1866 lässt sich Louis-François jun. mit seiner Frau in La Haute-Croix nieder, wo er mehrere Stück Land erworben hat; auf einem von ihnen ließ er sich ein Haus bauen.[13] Er steht kurz davor, in die Schicht der Notabeln aufzusteigen; wir werden darauf noch zurückkommen. Erleichtert wurde dieser gesellschaftliche Erfolg möglicherweise durch den Umstand, dass die Eheleute lediglich eine Tochter hatten. Marie-Hélène, das älteste Enkelkind von Louis-François, kam zur Welt, als die Eltern noch in Hôtel-aux-Oiseaux lebten. Bereits mit 46 Jahren wurde Louis-François also Großvater, und er wohnte bis an sein Lebensende nicht weit von seiner Enkelin entfernt.

Im Jahr 1823, als Anne und Louis-François vorübergehend in Saint-Martin wohnen – ein Lebensabschnitt, der im Dunkeln liegt –, kommt ihr zweiter Sohn Pierre-Théodore zur Welt. Von allen Söhnen ähnelt sein Werdegang dem seines Vaters am meisten. Bei der Musterung wird er für untauglich erklärt und muss daher keinen Militärdienst ableisten.[14] Im Alter von 22 Jahren heiratet er seine Kusine Marie-Louise Courville, die als Spinnerin und Handschuhmacherin arbeitet. Nachdem er eine Zeit als Tagelöhner in La Bonde gearbeitet hat, stellt er gemeinsam mit seinem Vater in La Basse-Frêne Holzschuhe her. Anschließend übt er diese Tätigkeit in Les Fourneaux und in La Basse-

Frêne bei seinem Großvater und seinem Onkel Drouin aus, beide ebenfalls Holzschuhmacher. Pierre-Théodore und seine Frau haben drei Kinder: Isaïe, Amandine-Olympe und Félicie-Estelle. Alle drei leben in La Haute-Frêne, wenige Hundert Meter von ihrem Großvater entfernt.

Der dritte Sohn, Eugène, wird 1825 in Hôtel-Migné geboren. Im Alter von 20 Jahren finden wir ihn als Knecht in La Gaucherie wieder, wo Kusine Fine Courville als Magd arbeitet. Mit Ausnahme von Pierre-Théodore bringen Louis-François und Anne ihre Kinder, sobald sie alt genug zum Arbeiten sind, bei benachbarten Bauern unter, die nicht zur Verwandtschaft gehören. Wie seine Brüder wird auch Eugène Holzschuhmacher. Obwohl die Musterung eine »konstitutionelle Schwäche« ergibt, muss er, weil er beim Losverfahren Pech hat, seinen Militärdienst im 72. Infanterieregiment in Versailles ableisten. Einen Ersatz für ihn zu stellen, konnten sich die Pinagots natürlich nicht leisten. Mit seiner Einziehung zum Militär verlieren wir Eugène, einen kräftigen Burschen von 1,67 Metern, aus den Augen.[15]

Marie-Louise Anne Pinagot, 1827 in Hôtel-Migné geboren, arbeitet als Handschuhmacherin im Haus ihrer Eltern, später ihres verwitweten Vaters, bis sie einen Holzschuhmacher aus dem Weiler heiratet. Louis-Pierre Renaud aus Saint-Martin ist jünger als seine Ehefrau und gehört zu der kleinen Gruppe, die Lesen und Schreiben kann. Das Ehepaar wohnt in einem Haus unweit von Louis-François und schenkt ihm fünf Enkelkinder.[16] 1861 nehmen die Renauds einen Säugling in Pflege. Darüber hinaus beherbergen sie den jüngsten Sohn Pinagots, Victor-Constant.

Die zweite Tochter, Françoise, 1830 in Hôtel-Migné geboren, lebt bei ihrem Vater, ohne zu heiraten. 1856 verlieren wir die Spinnerin aus den Augen. Möglicherweise hat sie später außerhalb der Gemeinde geheiratet.

Evremont, den vierten Sohn, erwartet ein tragischeres Schicksal. Obwohl der Analphabet, wie sich bei der Musterung herausstellt, eine »Sehschwäche« hat und von »schwacher Konstitution« ist, wird er für tauglich erklärt. Der 1,63 Meter große junge Mann kommt zum 5. Linienregiment in Boulogne, wo er im November 1854, kaum dass er eingezogen ist, stirbt.[17] Den Kummer des verwitweten Vaters kann man sich vorstellen.

Auch die dritte, 1837 geborene Tochter, Julienne-Philomène – benannt nach der im 19. Jahrhundert erfundenen hl. Philomène[18] –, lebt bis zu ihrer Heirat im Haus ihrer Eltern bzw. ihres Vaters. Die Handschuhmacherin lernt Lesen und Schreiben. 1859 heiratet sie nicht etwa einen Holzschuhmacher, sondern einen Weber aus Origny. Louis Bourdin, wie der junge Mann heißt, ist Sohn eines Tagelöhners. Anders als die übrige Familie lassen sich die beiden Eheleute im Zentrum der Gemeinde nieder. Aus ihrer Verbindung gehen zwischen 1860 und 1870 vier Kinder hervor.

Der 1841 letztgeborene Sohn, der kleine Victor-Constant, leidet ebenfalls an einer »konstitutionellen Schwäche«[19]. Da sein Bruder beim Militär stirbt, wird er ausgemustert. Der Holzschuhmacher, der sich zunächst in La Basse-Frêne, anschließend in Les Maisons-Neuves niederlässt, ist im Unterschied zu seiner Schwester Julienne-Philomène Analphabet. 1865 heiratet er eine Handschuhmacherin aus La Basse-Frêne, Tochter eines Tagelöhners und einer Handschuhmacherin, die wiederum in Appenay geboren ist, wo die mütterlichen Vorfahren ihres Ehemanns herstammen.

Diese Übersicht über die Familie und die weitere Verwandtschaft von Louis-François Pinagot macht deutlich, welches Wissen die Mitglieder dieser auf gegenseitigem Kennen beruhenden Gesellschaft übereinander haben mussten. Wir wollen daran einige Bemerkungen anschließen, in unsystematischer Reihenfolge. Die erste bezieht sich auf biologische Besonderheiten. Der Leser wird erstaunt festgestellt haben, welch hohes Alter viele dieser im Elend lebenden Menschen erreichten. Dass die Jüngeren in Gegenwart zahlreicher alter Familienmitglieder aufwuchsen, die wohl häufig in ihren Erinnerungen an alte Zeiten schwelgten, erleichterte gewiss die Weitergabe überlieferter Wertvorstellungen, Bräuche und Traditionen. Louis-François selbst, aber auch sein Vater, Großmutter Tafforeau, Großvater Cottin, Onkel und Tante Drouin, Onkel und Tante Pinagot, die Schwiegereltern Pôté und Kusine Courville überschritten alle – und manche bei weitem – die fünfundsiebzig. Das Nebeneinander von drei oder vier Generationen auf engem Raum prägt ganz wesentlich den Alltag dieser Menschen.

Die Mädchen und Frauen sind bei den Pinagots Spinnerinnen und/oder Handschuhmacherinnen, die Männer Holzschuhmacher, Holzfäller, seltener auch Bauern, alle jedoch mehr oder weniger Tagelöhner. Viele Jungen und einige Mädchen werden von ihren Eltern als Knecht bzw. Magd bei Bauern untergebracht. Alle Männer der Familie haben somit mehrere Tätigkeiten erlernt und können im Winter im Wald, im Frühjahr bei der Aussaat und im Herbst bei der Ernte als Tagelöhner arbeiten, ohne deshalb ihre eigentliche Tätigkeit aufzugeben.

Die starke soziale und berufliche Endogamie wird dem Leser nicht entgangen sein. Niemand kann sich hier seinem Milieu entziehen. Die Wahl des Ehepartners erfolgt immer wieder nach demselben Muster. Die Holzschuhmacher, Holzfäller oder Fuhrmänner, die fast alle zeitweise als Tagelöhner tätig sind, heiraten Spinnerinnen, die später auf die Handschuhmacherei umsatteln und die in ihrer Jugend manchmal als Magd gedient haben. Der Schwiegervater Louis Pôté und der Schwager Bourdin bilden als Weber hier ebenso eine Ausnahme wie der älteste Sohn, der sich als Erwachsener entschlossen der Landwirtschaft zuwendet. Kein Mitglied der Verwandtschaft, ob Mann oder Frau, steigt durch seine Heirat sozial auf.

Die geographische Endogamie war in dieser Familie ebenso ausgeprägt wie die soziale und berufliche. Bei den Pinagots wählt man seinen Ehepartner im nachbarschaftlichen Umfeld. Zwei Kinder von Louis-François finden ihr Glück vor Ort in La Basse-Frêne, und einer seiner Söhne sucht sich seine Ehefrau in La Haute-Frêne, nur wenige Hundert Meter entfernt. Indes handelt es sich bei den jeweiligen Ehepartnern oft um die Töchter oder Söhne von Zugewanderten. In den meisten Fällen ist die Ehefrau ein wenig älter als der Mann.

Kurz bevor Louis-François stirbt, leben mehr als fünfzig seiner Verwandten in Origny-le-Butin. Mit Ausnahme der Bourdins, die in der Gemeinde selbst leben, wohnen alle im Gemeindebezirk verstreut, die meisten in den waldnahen Weilern La Haute-Frêne und La Basse-Frêne – wo Louis-François den Großteil seines Lebens verbringt – sowie in La Haute-Croix und Les Querrières. In andere Weiler zieht ein oder eine Pinagot meist nur, wenn er oder sie von seinen bzw. ihren Eltern dort als Knecht oder Magd untergebracht wird. Eine Ausnahme bildet hierbei der älteste Sohn Louis-François, der in Appenay zu einem gewissen Wohlstand kommt. Der Familienkreis war also in geographischer Hinsicht sehr eng gezogen, und nur regelmäßige Besuche bei den Onkeln, Tanten, Vettern und Kusinen in La Perrière konnten ihn ein wenig erweitern.

Dass die zahlreichen Familienmitglieder einander sehr nahe standen, sowohl geographisch wie auch sozial und beruflich, und dass Heiraten zwischen Vettern und Kusinen keine Seltenheit waren, wirkte verbindend und erleichterte den Austausch von Diensten, den es zu berücksichtigen gilt, wenn man sich von der Lage und Stellung einer Person ein Bild machen möchte. Viele Tätigkeiten – die berufliche Ausbildung, der Transport von Holz und der *sommes* Holzschuhe, die Einfuhr der Ernte, das Ausleihen von Tieren, der Austausch von Arbeitsleistungen und landwirtschaftlichen Erzeugnissen – konnten innerhalb der Verwandtschaft abgewickelt werden. Bei der Aussaat im Frühjahr und bei der Ernte im Herbst half man einander ebenso wie in Zeiten der Lebensmittelknappheit. Gemeinsames Wildern konnte diesen Zusammenhalt nur stärken. Und verbindend wirkte auch, dass man stets die Ehre der Familie im Auge behielt, obgleich dieses Ehrgefühl hier nicht so ausgeprägt war wie in Regionen, in denen die autoritären Familienstrukturen der »Herkunftsfamilie« vorherrschten.[20]

Wenden wir uns nun dem Netz freundschaftlicher Beziehungen zu, innerhalb dessen weitere Beziehungsformen zum Tragen kamen. Eine kurze Bestandsaufnahme der Zeugen, die Louis-François, seine Eltern und seine Töchter und Söhne bei Hochzeiten, Geburten und Todesfällen hinzuzogen, soll hier genügen. Wir wissen zwar, dass manch ein

Zeuge nur zufällig auftrat und diese Ehre lediglich seinem Wohnsitz oder seinem sozialen Status verdankte, doch scheint dies bei den Pinagots sehr selten der Fall gewesen zu sein.

Zwei Modelle von freundschaftlichen Beziehungen zeichnen sich im zeitlichen Nacheinander ab.[21] Die Generation von Louis-François greift bei besagten Anlässen meistens auf in der Nachbarschaft wohnende Familienangehörige zurück, mitunter auch auf Arbeitskollegen, also Holzarbeiter. So bittet Louis-François den Holzschuhmacher Louis Bellanger aus Hôtel-Migné dreimal, als Zeuge aufzutreten, den Wagenbauer Louis Baveux aus Hôtel-aux-Oiseaux nur einmal. Ansonsten fragt man bei reicheren Bauern wie François Herbelin und Julien Boutier nach, die zum Teil im Gemeinderat sitzen – eine Wahl, die sich weniger aus freundschaftlichen Beziehungen erklärt, sondern vielmehr aus dem Bemühen um Respektabilität. Nur bei zwei von insgesamt vierzehn Anlässen werden Bewohner aus Origny selbst hinzugezogen; die beiden, César Buat und der Weber Nicolas Bosse, erscheinen als niedere Notabeln.

In der darauf folgenden Generation, bei der Hochzeit der Söhne und ten. Nur vier von insgesamt 21 Trauzeugen gehören zur Familie – drei Pôtés und ein Pinagot. Vierzehn weitere sind Leute aus Origny selbst. Der Bürgermeister César Buat und sein Sohn werden fünfmal gebeten, der Tabakhändler Félix de Bloteau und Nicolas Bosse zweimal, der Bäcker Louis Frénard und der Schneider Louis d'Aubert einmal, und auch ein Tagelöhner und ein Schnittholzsäger werden einmal als Zeugen hinzugezogen. Die verbleibenden drei Zeugen sind Bauern, die in der Gemarkung wohnen: Daboineau aus Hôtel-aux-Oiseaux, Louis-Tranquille Printemps aus Saint-Éloi und Chevallier von der Furt Richard.

Dieser Wandel lässt einen rückläufigen Einfluss der Eltern, eine freiere Wahl der jungen Leute und eine wachsende Bedeutung des Hauptorts von Origny erkennen. Das Bindeglied zwischen den beiden Modellen bilden die Beziehungen zu zwei befreundeten Familien, die in hohem Ansehen stehen: die Familie Bloteau und die Familie Buat.

Armand-Fidèle de Bloteau, einst Offizier der königlichen Armee und später Bürgermeister von Origny-le-Butin[22], tritt bei Louis-François' Hochzeit im Jahr 1818 als Trauzeuge auf. Dieses Datum liegt zwischen der Amtsenthebung und der Festnahme des ehemaligen Emigranten. Nachdem seine Familie sozial abgestiegen ist, bittet man Félix de Bloteau, die Rolle des Trauzeugen zu übernehmen. Die engste Verbindung aber besteht offenbar zu den Buats; hier fungieren sowohl der Vater als auch der Sohn und der Enkel als Zeuge. Dass César dabei am häufigsten gebeten wird, erklärt sich ganz einfach aus seiner gesellschaftlichen Stellung als Bürgermeister.

Die Untersuchung der Patenschaften in der zweiten Generation bestätigt die nachlassende Bedeutung der Verwandtschaft. Von den 26 Taufonkeln und -tanten der 13 in Origny getauften Enkelkinder Louis-François Pinagots gehört nur die Hälfte zur Familie: zwei Großväter, vier Onkel, drei Tanten, vier Vettern und Kusinen. Die anderen fünf Taufpaten und acht Taufpatinnen sind Nachbarn oder Freunde, die seit Beginn der 1860-er Jahre überwiegen.

Das Sexualleben von Louis-François und seiner Ehefrau bleibt – wie man sich denken kann – im Dunkeln. Die Eheleute scheinen zwar eine gewisse Geburtenkontrolle zu praktizieren, aber mit Gewissheit lässt sich das nicht behaupten, da wir nicht wissen, inwieweit das Tabu sexueller Abstinenz während der Stillzeit eingehalten wurde. Die kurzen Abstände zwischen den ersten Geburten zeigen, dass die Empfängnisverhütung zunächst nur begrenzt wirksam ist. Erst nach 1832 haben die Eheleute damit mehr Erfolg, denn zwischen der Geburt der letzten drei Kinder liegen jeweils rund vier Jahre. Nach 1841 bringt Anne Pinagot keine weiteren Kinder zur Welt, wobei zu berücksichtigen ist, das sie das Alter von 44 Jahren erreicht hat.

Kusine Angélique hätte keine sieben unehelichen Kinder zur Welt gebracht, wenn ihre jeweiligen Partner den *Coitus interruptus* praktiziert hätten. Aber da sie als leichtes Mädchen galt, schien es in den Augen ihrer Liebhaber wohl nicht gerechtfertigt, sich mit solchen Vorsichtsmaßnahmen zu belasten. Was uneheliche Kinder betrifft, so stellen die in Les Querrières wohnenden Pinagots einen Rekord auf. Angélique, ihre Schwester und ihre älteste Tochter werden alle drei Mütter, ohne verheiratet zu sein. Bei den anderen Zweigen der Familie findet sich derartiges nicht – mit Ausnahme der Beziehung zwischen dem Vater, Jacques Pinagot, und dessen Magd Marie Goisdieux. Neben der Verbindung zwischen Angélique und Lorillon ist dies bei den Pinagots das einzige Beispiel für eine Heirat, die auf die Geburt eines Kindes folgt.

Aber richten wir unser Augenmerk erneut auf Louis-François Pinagot. Er hat ein mühevolles Leben, das durch die acht Kinder, für die er im Alter von 43 Jahren sorgen muss, und den Tod seiner Frau vier Jahre später noch erschwert wird. Bei der Musterung allerdings hat er Glück, denn beim Losverfahren zieht er eine »Richtige« – die Nummer 55[23] – und kann daher bereits im Alter von 20 Jahren heiraten. Als die Jungvermählten in Hôtel-Migné wohnen, verschlechtert sich ihre Lage mit jedem Kind. Nach allem, was wir über die Einkommensentwicklung in der Holzschuhmacherei und Spinnerei wissen, ist anzunehmen, dass die Jahre 1830 bis 1832, als die Eheleute fünf bzw. sechs Kinder zu versorgen haben und der Älteste das arbeitsfähige Alter noch nicht erreicht hat, die schwierigste Zeit ist. In diesen Jahren wird Louis-François von den Behörden als hilfsbedürftige Person anerkannt.

Aber auch nachdem er nach La Basse-Frêne umgezogen ist, dauern die Schwierigkeiten bis ungefähr 1855 an. Seit 1846 muss Pinagot als Witwer allein für sieben Kinder sorgen, nur der Älteste ist bereits verheiratet. Allerdings geht ihm bei der Herstellung der Holzschuhe bereits sein dreiundzwanzigjähriger Sohn Pierre-Théodore zur Hand, während Eugène bei der Armee ist und die achtzehnjährige Marie sowie die fünfzehnjährige Françoise, beide Spinnerinnen, sich um die drei jüngsten Geschwister kümmern können. Die Jahre als Witwer sind für Louis-François gewiss nicht die schwierigsten.

Zwischen 1846 und 1861 nehmen seine Belastungen allmählich ab, seine Kinder werden unabhängig. Er kann sich ein Haus kaufen, in dem er allein lebt. Dennoch ist er alles andere als einsam, denn fünf seiner Kinder leben in Origny-le-Butin, drei davon ganz in der Nähe, in La

Basse- und in La Haute-Frêne, und dreizehn seiner Enkelkinder wohnen ebenfalls in der Gemeinde.

Es besteht freilich kein Anlass, ein idyllisches Bild zu malen. Zwar schlägt der Tod in seiner Nachkommenschaft nicht übermäßig zu – nur Evremont und Louis-François sterben zu seinen Lebzeiten –, aber seinen Söhnen wird immer wieder »konstitutionelle Schwäche« attestiert. Vier seiner Enkel im Schulalter stehen 1871 auf der Liste der hilfsbedürftigen Schüler, drei von ihnen lebten in seiner unmittelbaren Nachbarschaft in La Basse-Frêne. [24]

An Enttäuschungen mangelt es nicht in dieser Familiengeschichte. Bevor Louis-François stirbt, schafft mit Ausnahme des ältesten Sohns kein Familienmitglied den gesellschaftlichen Aufstieg. Allerdings sinkt auch keiner ab – wenn dies überhaupt möglich ist. Die Schulbildung der Kinder von Anne und Louis-François bleibt rudimentär. Mit Sicherheit wissen wir, dass zwei der Kinder – ebenso wie zwei Schwager – Lesen und Schreiben lernen und dass drei andere Analphabeten bleiben.

Versuchen wir, uns den Lebensabend von Louis-François vorzustellen, die Jahre zwischen 1871 und 1874, also die Zeit zwischen dem Abzug der Preußen[25] und dem doppelten Schicksalsschlag, der ihn zwei Jahre vor seinem Tod trifft. Viele seiner Nachkommen leben in seiner unmittelbaren Nachbarschaft, in La Haute- und La Basse-Frêne, in La Haute-Croix und in Origny selbst. Seine Kinder und Enkelkinder bewegen sich in einem durch Eheschließungen zwischen Vettern und Kusinen dicht gewebten Netz von Verwandtschaftsbeziehungen. Stellen wir uns vor, wie die Kleinen ihn besuchen, spielen und über die Felder tollen. Welche Beziehungen bestehen zwischen den Söhnen und Töchtern dieser armen Holzhandwerker und den Kindern der Bauern? Eine Antwort auf diese Frage zu geben ist unmöglich.

Wir wissen zwar, dass die Macht der Familie in der Normandie nicht so weit reichte wie in vielen anderen Regionen Frankreichs. Gleichwohl zeigt der in diesem Kapitel gegebene Überblick über die Familienverhältnisse von Louis-François Pinagot, dass der Familienkreis entscheidende Bedeutung für sein Leben besaß. Das Gewebe der zwischenmenschlichen Beziehungen, die Art der Gespräche, die Arbeit, aber auch die Ehre, der Ruf, die Art, wie man die Gemeinschaft des Weilers einschätzte und von ihr eingeschätzt wurde – all dies erweist sich als der Konfiguration einer sich schnell vermehrenden Verwandtschaft unterworfen. Hinzu kommt noch die affektive Geographie, strukturiert durch die Gruppenbildungen entlang des Waldrandes, und auch noch das privilegierte, vertraute und mit Freude verbundene Wegenetz, das so viele blutsverwandte Menschen noch enger verband. Jedenfalls dann, wenn Hass in der Familie die Verwandtschaft nicht in ein Schlangennest verwandelt hat. Das allerdings ist ziemlich unwahrscheinlich, denn nichts dergleichen deutete sich bei der Lektüre der Archivalien an.

# Kapitel 4

## DIE SPRACHE DES ANALPHABETEN

Wie Louis-François Pinagot aussah, wissen wir nicht, nur dass er mit 1,66 Meter für seine Zeit vergleichsweise groß war.[1] Um dies zu belegen, muss man ihn nur mit den Gemusterten der Jahrgänge 1802–1809 im Arrondissement Mortagne[2] und denen des Jahrgangs 1819 im Kanton Bellême[3] vergleichen. Die Listen des Losverfahrens seines Jahrgangs – von 1818 – sind leider verloren gegangen.[4] Aus diesem Grund besitzen wir auch keine Personenbeschreibung.[5] Andernfalls wären wir zumindest über seine Augen- und Haarfarbe und über eventuelle körperliche Gebrechen im Bilde. Wir wissen lediglich, dass er beim Losverfahren die Nummer 55 zog und damit offenbar Glück hatte – es sei denn, er wurde aus anderen Gründen vom Militärdienst freigestellt. Dass er nie eingezogen wurde, wird dadurch belegt, dass er 1818 im Alter von 20 Jahren heiratete.

Die gesundheitliche Verfassung seiner Altersgenossen erscheint, im Vergleich mit dem nationalen Durchschnitt, als zufrieden stellend.[6] Spezifische genetische Fehler, Mangelkrankheiten und Missbildungen sind in Bellême unbekannt. Von den 147 jungen Männern des Musterungsjahrgangs 1819 wurden nur 26 aus anderen Gründen als »mangelnder Körpergröße« vom Militärdienst freigestellt. Es gab nur einen Fall von »starker Kropfbildung«, einen Epileptiker und einen »Hinkfuß«. Zwei der jungen Männer waren taub, vier stotterten. Drei hatten einen Leistenbruch und drei andere einen verkümmerten Arm oder eine verkümmerte Hand. Ein einziger wies eine »Missbildung der Füße« auf. Die anderen wurden wegen Beinleiden, Krampfadern, Geschwüren, »Plattfüßen« oder »konstitutioneller Schwäche« freigestellt.

Mit Sicherheit wissen wir von Louis-François hingegen, dass er – wie aus zahlreichen Dokumenten, insbesondere den standesamtlichen Urkunden hervorgeht – weder lesen noch schreiben konnte, wie übrigens auch seine Ehefrau. Sein Vater Jacques Pinagot konnte dagegen mit seinem Namen unterzeichnen und wohl auch ein wenig lesen und schreiben. Die Gründe für diesen Rückgang des Bildungsniveaus von einer Generation zur nächsten liegen auf der Hand. Der Vater hatte seine Kindheit unter der Herrschaft von Ludwig XVI. in La Perrière verbracht; Louis-François, in den letzten Revolutionsjahren in Origny-le-Butin geboren, wuchs unter Bedingungen auf, die den Erwerb der Grundkenntnisse des Lesens und Schreibens erschwerten. Er hätte zwischen 1805 und 1811 die Schule besuchen müssen, was in dieser Zeit allerdings ziemlich schwierig war.[7]

Es ist recht unwahrscheinlich, dass in jenen Jahren in Origny Unterricht erteilt wird. Genau wissen wir dies allerdings nicht. Sicher ist nur, dass es 1819 »keine Schule in dieser Gemeinde gibt; die Kinder werden dem Dorflehrer von Chemilly anvertraut«[8] – was einen Schulweg von vier bis fünf Kilometern bedeutet. Überdies »wird die Schule durch die finanziellen Leistungen der Eltern unterhalten«, was den Sohn eines Halbpächters aus dem abgelegenen La Haute-Frêne vom Schulbesuch von vornherein ausschließt. Von den 71 schulpflichtigen Kindern aus Origny besuchen nur acht Jungen und vier Mädchen die Schule (17 Prozent). Die 59 anderen erhalten »keine Bildung«[9], wie das amtliche Schriftstück präzisiert. Ein diesbezüglicher Vergleich zwischen Origny-le-Butin und Chemilly zeigt gravierende Unterschiede, obgleich beide Gemeinden ungefähr gleich groß waren: In Chemilly besuchen 24 Jungen und 6 Mädchen die Dorfschule, das heißt 40 Prozent der 75 Kinder im Schulalter.

Stellt Analphabetentum zu Lebzeiten von Louis-François Pinagot einen Mangel dar, der sich negativ auf die Stellung des Einzelnen, auf sein Selbstwertgefühl und seine Selbstwahrnehmung auswirkt? Welche Bedeutung misst die Bevölkerungsgruppe, in der sich seine sozialen Beziehungen abspielen, dem Lesen und Schreiben bei? Die Antworten auf diese Fragen hängen davon ab, welchen Lebensabschnitt von Louis-François wir ins Auge fassen.

In seiner Kindheit und Jugend können die meisten Einwohner von Origny-le-Butin weder lesen noch schreiben. Louis-François unterscheidet sich in dieser Hinsicht kaum von den anderen Konskribierten seiner Gemeinde oder der Region Perche insgesamt.[10] Das Analphabetentum eines Tagelöhners und gelernten Holzschuhmachers, Sohn eines Fuhrmanns und Halbpächters, ist nichts Außergewöhnliches; und Louis-François leidet wohl kaum darunter. Verspürt er überhaupt den Wunsch zu lernen? Das ist mehr als ungewiss. Die Auffassung, dass Lesen und Schreiben von Nutzen sein kann, hat sich ja erst später durchgesetzt. Selbst die kleinen Notabeln von Origny, also die reichsten selbstwirtschaftenden Grundbesitzer, besitzen in seiner Kindheit ein kaum höheres Bildungsniveau als er selbst erwerben sollte.

Das Protokollbuch der Gemeinderatsverhandlungen liefert in dieser Hinsicht detaillierte Hinweise auf das Bildungsniveau von 13 der 15 größten Steuerzahler von Origny-le-Butin. Am 28. August 1804, als Louis-François zur Schule hätte gehen sollen, können fünf von ihnen weder lesen noch schreiben, zwei »können mit ihrem Namen unterschreiben«, und drei sind »des Lesens ein bisschen und des Schreibens sehr wenig« kundig. Michel Virlouvet »versteht sich gut aufs Lesen und ein wenig aufs Schreiben«.[11] Nur zwei »Notabeln« also besitzen gute Lese- und Schreibkenntnisse. Diese Untersuchung ist insofern interessant, als die Befragten nicht in ein vorgefertigtes Schema eingeordnet wurden. Das Ergebnis zeigt Nuancen, wie sie nur durch eine genaue Kenntnis der betreffenden Personen zustande kommen können.

Im Jahr 1872, vier Jahre vor Louis-François' Tod, hat sich die Stellung der Analphabeten innerhalb der Dorfgemeinschaft grundlegend gewandelt. Will man der Volkszählung dieses Jahres[12] Glauben schenken, sind die meisten Jugendlichen in Origny-le-Butin nunmehr des

Lesens und Schreibens kundig.[13] Von den Überzwanzigjährigen können hingegen nur 30 Prozent lesen und 16 Prozent schreiben.[14] Anders als bei den männlichen Jugendlichen ist der Rückstand der Frauen in dieser Altersgruppe sehr ausgeprägt.

Eine Untersuchung über die benachbarten Departements Cher und Eure-et-Loir zeigt, dass die Alphabetisierung in allen sozio-professionellen Gruppen ungefähr gleichzeitig voranschreitet, dass sie jedoch je nach Gruppe teils früher, teils später beginnt.[15] Bei den Tagelöhnern, Knechten und Mägden sind größere Fortschritte erst nach dem Tod von Louis-François zu verzeichnen. Dies lässt vermuten, dass er sich innerhalb seiner sozio-professionellen Gruppe bis an sein Lebensende durchaus wohlfühlt, dass zu Minderwertigkeitsgefühlen in dieser Hinsicht anscheinend kein Anlass besteht.

Offenbar hegt Pinagot jedoch den Wunsch, dass seine Kinder und Enkelkinder zur Schule gehen. Eine aufmerksame Analyse der Quellen ergibt, dass er seine Nachkommen unterrichten lässt, soweit es ihm möglich ist. Welchen Nutzen sie später daraus ziehen sollten, hing von den materiellen Möglichkeiten, ihrer Begabung und ohne Zweifel auch von ihrem Fleiß ab.

Die Geschichte der Schule in Origny erscheint recht zerfahren. Man improvisiert in mehreren Anläufen, was den Vorstellungen der staatlichen Schulbehörde zuwiderläuft, die ihre Auffassungen in mehreren amtlichen Rundschreiben deutlich macht. So gerät die Gemeinde im Vergleich zu den Nachbargemeinden rasch ins Hintertreffen.[16] Bis kurz vor dem Tod von Louis-François sträubt sich der Gemeinderat hartnäckig, ein Schulgebäude zu erwerben oder bauen zu lassen, und bis 1869 lehnt er auch alle sonstigen Bildungsausgaben ab. Daraus wird ersichtlich, dass die Dorfgemeinschaft, die ihre Passivität mit dem Verweis auf ihr materielles Elend rechtfertigt,[17] kein wirkliches Interesse an der Schulbildung besitzt.

Lange Zeit begnügen sich die Gemeinderäte mit den Diensten eines laizistischen und barmherzigen Fräuleins, um deren Diplome und Titel sie sich gar nicht kümmerten. Wichtig ist allein, dass die Frau keine großen Ansprüche stellt und sich mit dem bescheidenen Schulgeld der wenigen an Schulbildung interessierten Eltern zufrieden gibt. Diese Haltung, die sich mehrfach wiederholt, wird in der Gemeinde zur Gewohnheit. Die Gemeinderäte wollen denn auch erreichen, dass die Schulverwaltung diese im Grunde nicht den staatlichen Anforderungen entsprechenden Lehrerinnen duldet und nach Möglichkeit anerkennt. Die Beschäftigung von Ordensschwestern stand in Origny nie zur Debatte, da die Kirche ihre Anstrengungen bekanntlich auf größere Gemeinden konzentrierte. Als die Verwaltung versucht, einen Absolventen der *école normale* als Lehrer durchzusetzen – der natürlich wesentlich höhere Anforderungen gestellt hätte als ein barmherziges Fräulein –, stößt sie auf heftigen Widerstand.

Im Jahr 1836 zählt die Gemeinde 512 Einwohner und fällt damit in den Geltungsbereich der *loi Guizot*. Doch sie sträubt sich weiterhin. Mit ermüdender Einsilbigkeit erwidern die Gemeinderäte auf sämtliche staatlichen Anordnungen seit 1832, dass in Origny-le-Butin bereits eine Lehrerin tätig sei. Fräulein Suzanne Bouquet gibt seit spätestens 1828 Unterricht. Ihre Stellung basiert auf einer »Vereinbarung«[18] – wie alles, was die sozialen Beziehungen innerhalb der Gemeinde regelt. Die Lehrerin erhält eine Aufwandsentschädigung von den Eltern, die ihr »alle zusammen keine 160 Francs bezahlen«. Der Pfarrverweser »zahlt seit vier Jahren [seit 1828] 50 Francs Miete und die Steuern für das Haus, das er für den Unterricht der Kinder benutzt«.[19]

Einige Eltern eines Ortsteils von Saint-Martin-du-Vieux-Bellême – wahrscheinlich handelt es sich um Furt Chaîne – geben ihre Kinder ebenfalls in die Obhut von Fräulein Bouquet und schicken sie darüber hinaus zum Religionsunterricht nach Origny, wo sie selbst regelmäßig die Kirche besuchen. Angesichts dieser unverhofften Verstärkung fordern die Gemeinderäte diesen Ortsteil an ihre arme Gemeinde anzuschließen, allerdings ohne Erfolg.

Fräulein Bouquet ist bis 1850 in Origny als Lehrerin tätig. Sie hat damit eine ganze Generation unterrichtet, darunter auch die Kinder von Louis-François Pinagot. Allem Anschein nach ist sie in Origny beliebt. Schließlich stellt sie ja auch keine großen Forderungen. 1841 verlangt sie pro Monat und Kind nur einen Franc und unterrichtet elf Bedürftige kostenlos, darunter auch Françoise und Evremont Pinagot. Wenn man bedenkt, dass 247 Gemeinden im Departement Orne im Jahr 1835 keinen Lehrer hatten,[20] war die Bildungssituation in Origny zu Beginn der Juli-Monarchie besser, als es zunächst den Anschein haben mochte.

Im Jahr 1846, am Vorabend der schrecklichen Krise der Jahrhundertmitte, schätzt sich der Bürgermeister von Origny glücklich, dass »sich ein privat tätiges Fräulein [...] aus Barmherzigkeit der Lehrtätigkeit widmet und in dieser Gemeinde seit mehreren Jahren ohne Gehalt [und ohne kostenlose Wohnung] die Aufgaben einer Lehrerin wahrnimmt«.[21] Die Schule, wie man sie sich damals in Origny vorstellt, ist eine Institution, die auf Barmherzigkeit, Hingabe und Ehrenamtlichkeit beruht. Indes erhöht Fräulein Bouquet ihre Forderungen in jenem Jahr. Sie will mit ihrer Lehrtätigkeit nur dann fortfahren, wenn die »Gemeinde sie offiziell als Lehrerin anerkennt und ihr eine Aufwandsentschädigung von 60,84 Francs zuerkennt«.[22] Darüber hinaus verlangt sie 25 Francs für die Anschaffung eines Heizofens für das Klassenzimmer und 10 Francs für den Kauf von Büchern. Der Gemeinderat, der sich noch immer hartnäckig gegen die Anstellung eines Absolventen der *école normale* sträubt, kann sich bei der Verwaltung damit durchsetzen: Fräulein Bouquet wird endlich von der Schulaufsichtsbehörde anerkannt.[23]

Glaubt man dem Schulinspektor, der die Lehrerin 1850 überprüft, hat die ledige Dame einen einwandfreien Lebenswandel. Sie genießt die Wertschätzung der Eltern und ist fest ins Gemeindeleben eingebunden. Ihre Grundschule nimmt im Winter 15 Jungen und 15 Mädchen, im Sommer 7 Jungen und 10 Mädchen auf. Das durchschnittliche Schulgeld pro Monat und Kind liegt bei einem Franc, sodass die Lehrerin mit einem Jahresgehalt von 200 Francs weniger als ein Tagelöhner, aber mehr als eine Spinnerin verdient. Der Fleiß von Fräulein Bouquet steht außer Frage. Sie unterrichtet alle Jahrgangsstufen in einer Klasse. Die von ihr verwendeten Bücher sind amtlich genehmigt, doch werden ihre Fähigkeiten als gering eingestuft.[24]

In den folgenden Jahren, die zu den schlimmsten des Jahrhunderts gehören, findet in Origny kein Unterricht statt.[25] Am 16. Mai 1854 klagt der Bürgermeister, die Kinder der Gemeinde hätten keinen Lehrer, »was den guten Sitten und der Zivilisation sehr abträglich ist«. Er wünscht die Entsendung »einer Lehrerin, die für Origny besser geeignet ist als ein Lehrer«.[26] Seinen Schätzungen zufolge sind von den 50 Kindern der Gemeinde im Alter zwischen 6 und 15 Jahren derzeit nur 16 »zahlungsfähig«, und ob sie alle zur Schule gehen würden, hält er auch für fraglich. Wegen des schlechten Zustands der Wege könnten die Kinder auch nicht in den Nachbargemeinden zur Schule gehen. Die Enkelkinder von Louis-François, die in den elenden Weilern von La Basse- und La Haute-Frêne wohnen und deren Eltern zum Teil als hilfsbedürftig eingestuft werden, befinden sich damit in Bezug auf ihre Schulbildung in derselben misslichen Lage wie ihr Großvater ein halbes Jahrhundert zuvor.

Der Bürgermeister schlägt eine für Origny typische Lösung vor: »Früher gab es eine Lehrerin, die für ihre Wohnung selbst aufkam und sich mit dem Schulgeld zufrieden gab. Derzeit lebt in dieser Gemeinde ein Fräulein Charron – laizistisch, von guten Sitten und mit religiösen Grundsätzen –, die es gern übernehmen würde, wie ihre Vorgängerin zu unterrichten.«[27] Die Schulaufsichtsbehörde, meint er, soll diese Dame als Lehrerin anerkennen, bis die Gemeinde in der Lage ist, einen Lehrer unterzubringen und einen Unterrichtsraum zur Verfügung zu stellen.

Als der Bürgermeister seinen Antrag 1855 erneuert, leitet Fräulein Charron bereits eine Schule, über die nichts Näheres bekannt ist. Wie dem auch sei, die Schulaufsichtsbehörde schlägt nun einen bestimmteren Ton an, und der Unterpräfekt drängt den Bürgermeister, den staatlichen Anordnungen endlich Folge zu leisten. In den Jahren 1857/1858 öffnet in Origny eine neue Schule, die im ersten Jahr allerdings nur 9 Jungen und 6 Mädchen aufnimmt. Geleitet wird sie von Théodore de Bloteau,[28] der »großes Unglück« erlitten hat – welcher Art, wissen wir allerdings nicht. 1859 erkennt ihn die Schulaufsichtsbehörde als »vorläufigen Lehrer« an. Die Zahl der Schüler beläuft sich nun auf 15 Jungen und 4 Mädchen im Alter zwischen 7 und 13 Jahren.[29] Dennoch weigert sich die Gemeinde weiterhin, ihrem Lehrer eine Wohnung zu stellen, und zwar mit dem Argument, als Besitzer eines Tabakladens sei Bloteau ja nicht mittellos.

Am 5. November 1860 kommt ein Schulinspektor nach Origny.[30] Théodore de Bloteau – Katholik, verheiratet, »sehr ehrenwert« und »aufgrund seines schweren Schicksals der Anteilnahme würdig« – hinterlässt den Eindruck eines fleißigen Schulmeisters. Er genießt die Wertschätzung seiner Mitmenschen und ist fest ins Gemeindeleben eingebunden. Er verfügt über ein Jahreseinkommen von 526 Francs, davon 200 Francs festes Gehalt, 116 Francs aus den Schulgeldzahlungen der Eltern (1,25 Franc pro Kind und Monat), der Rest aus verschiedenen Quellen, zum Großteil wohl Einnahmen aus seinem Tabakladen. Doch ist er nicht Absolvent der *école normale* und besitzt auch keinen anderen Abschluss. Der Schulinspektor stuft ihn als »wenig fähig, aber voller Hingabe« ein. Théodore de Bloteau hat das Haus, in dem er den Unterricht abhält, für 60 Francs im Jahr gemietet. Die Räumlichkeiten sind nach Aussage des Schulinspektors ungeeignet und vernachlässigt. 13 Jungen und 20 Mädchen sitzen in dem 16 Quadratmeter großen Raum eng aufeinander. Das unzureichende Mobiliar ist in schlechtem Zustand. Natürlich missbilligt der Inspektor, dass Jungen und Mädchen gemeinsam unterrichtet werden und dass das Schulzimmer »nur einen Eingang für beide Geschlechter« besitzt. Glücklicherweise aber ist es mit einem Kruzifix, einem Bild der Jungfrau Maria und den Büsten von Kaiser und Kaiserin ausgestattet.

Im darauf folgenden Jahr erwirbt Théodore de Bloteau das Lehrerdiplom dritten Grades, doch die Schülerzahlen sinken: Nur noch 8 Jungen und 13 Mädchen besuchen seinen Unterricht. Es sollte das letzte Jahr dieser kurzlebigen Schule werden. Offensichtlich fand Lehrer Bloteau in Origny keinen so großen Anklang wie vor ihm Fräulein Bouquet – obwohl auch er aus der Gegend kam und kein Absolvent der *école normale* war.

Zwischen 1862 und 1870 hat Origny-le-Butin abermals keine Schule, sodass die Kinder der Gemeinde wieder nach Chemilly oder La Perrière gehen müssen. Nun endlich erkennt auch der Gemeinderat, dass diese Schulsituation auf Dauer untragbar ist. Die Mentalitäten in Origny haben sich gewandelt, und niemand spricht mehr davon, ein aufopferungsbereites Fräulein als Lehrerin zu verpflichten. Einstimmig ersuchen die Gemeinderäte den Präfekten mit Beschluss vom 1. Dezember 1869, »einen Lehrer zur Leitung der Schule zu bewilligen, die [sie] im Zentrum der Gemeinde *einzurichten* [was nicht heißt, zu erwerben oder zu bauen] gedenken«. Im Übrigen unterstreichen sie, dass sie auch »für Dienste im Rathaus« einen Lehrer brauchen, was die Gemeinde eine feste Gehaltszahlung von 50 Francs kostet.[31] Zum ersten Mal bewilligt der Gemeinderat eine solche Ausgabe.

Die Schule öffnet im Februar 1870, sieben Monate vor dem Untergang des Zweiten Kaiserreichs. In ihren Räumlichkeiten bringt man nun auch das Gemeindearchiv unter. Die Existenzberechtigung der Schule wird fortan nicht mehr in Frage gestellt. Für Kinder unter sieben Jahren beträgt das monatliche Schulgeld einen Franc, für die älteren 1,50 Franc.[32] Sieben bedürftige Kinder bezahlen kein Schulgeld, darunter Isaïe Pinagot und die Kinder Renaud. Während der letzten sechs Jahre seines langen Lebens kann Louis-François also mit Freude erleben, dass seine jüngsten Enkelkinder in Origny-le-Butin zur Schule gehen, wie einst seine Kinder. Zeit seines Lebens kommt der Prozess der Alphabetisierung nur zögerlich in Gang, sodass die einzelnen Familienmitglieder ein recht unterschiedliches Bildungsniveau erlangen.

Vermutlich zieht Louis-François, wenn er einen der wenigen für ihn wichtigen Texte zu entziffern hat, seinen Vater, eines seiner Kinder oder seiner Enkelkinder zu Rate; doch belegen lässt sich dies nicht. Es gibt gewiss auch Autodidakten, die sich von ihren in der Schule alphabetisierten Kindern unterrichten lassen und derart rudimentäre Lese- und Schreibkenntnisse erwerben; Louis-François jedoch gehört nicht zu ihnen. Höchstens hört er seinen Kindern oder Enkelkindern zu, wenn sie in der Spinnstube aus einem Buch oder einem Almanach vorlesen.

Denkbar wäre, dass er im Religionsunterricht und bei der Messe ein wenig Lesen und Schreiben gelernt hat. Das Pfarrarchiv, das darüber Auskunft geben und eine Vorstellung von Louis-François' Lerneifer vermitteln könnte, bleibt jedoch in dieser Frage stumm. Dass Louis-François regelmäßig den Religionsunterricht des Pfarrverwesers von Vaunoise besucht, nachdem die Filialkirche von Origny-le-Butin 1808 ihre Pforten schließt, ist wenig wahrscheinlich. Andererseits lässt er seine Kinder innerhalb der vorgeschriebenen Frist taufen; wir wissen, dass die beiden letztgeborenen, Julienne-Philomène und Victor-Constant, das Sakrament am Tage nach ihrer Geburt empfangen. Die Aufzeichnungen im Pfarrarchiv belegen, dass die Frist bei dreizehn seiner Enkelkinder eingehalten wird: Vier empfangen das Sakrament am Tage ihrer Geburt, fünf am nächsten, zwei am übernächsten Tag, Émil Renaud am dritten Tag und Auguste Bourdin am vierten Tag nach der Geburt.

In der Familie von Louis-François ruft man den Priester, wenn die letzte Stunde naht, was sich in diesem Milieu fast von selbst versteht. Onkel Cottin stirbt im Alter von 81 Jahren mit allen Sakramenten, ebenso Tante Catherine Pinagot. Schwiegervater Louis Pôté legt hingegen nur die Beichte ab, weil er – wie Pfarrer Pigeard versichert – »überrascht wird«. Der älteste Sohn Louis-François wird zwei Tage nach seinem Tod mit allen kirchlichen Sakramenten beigesetzt. Louis-François selbst empfängt zwar nicht die letzte Ölung, stirbt aber »mit dem Sakrament der Buße«. Grund dafür ist vielleicht, dass ihn der Sensenmann ebenso überrascht wie seinen Schwiegervater, was einen kurzen Todeskampf vermuten lässt.

Mehrere Anzeichen weisen darauf hin, dass die Familie Pinagot zwar die Übergangsriten bei Geburt und Tod respektiert, ansonsten jedoch wenig religiösen Eifer an den Tag legt. Nur 6 der 14 Enkelkinder von Louis-François empfangen die Erstkommunion, und nur ein Enkelkind, Amandine, empfängt das Sakrament der Firmung.

Weil sich Louis-François als Analphabet damit zufrieden geben muss, mündlich zu kommunizieren, ist es wichtig sich vorzustellen, wie er wohl gesprochen haben könnte. Glücklicherweise besitzen wir zu diesem Zweck einige Quellen, die aus der Zeit seiner Kindheit und Jugend datieren. Eifrig befolgt der Unterpräfekt des Arrondissements Mortagne, Delestang, die als Rundschreiben verbreitete Anordnung von Innenminister Montalivet, Material für die Untersuchung von Coquebert de Montbret zusammenzutragen, und macht sich daran, das Gleichnis vom verlorenen Sohn in die Volkssprache zu übersetzen.[33] Delestang nimmt dabei die Idee einer »Statistik der gesprochenen Sprache« auf, er wendet sich hilfesuchend insbesondere an den Bürgermeister von Bellême, der wiederum auf den Dorflehrer Beneuil zurückgreift.

Gewiss sollte man den Wert der Ergebnisse solcher Untersuchungen nicht überschätzen. Der Archivar Louis Duval kritisierte das Vorgehen bereits gegen Ende des 19. Jahrhunderts. Man hätte »sich nicht nur an die Städter, die zur Hälfte schon Bourgeois waren, wenden dürfen, sondern in direkten Kontakt mit den Bauern treten und sich mit ihrem Sprachgebrauch und vor allem mit ihrer gewohnten Aussprache vertraut machen müssen«.[34] Damit freilich sei Delestang, der bei der Rückkehr der Kaiserin aus Cherbourg im Jahr 1811 eine öffentliche Ansprache hielt, überfordert gewesen. Doch die Kritik ist zu hart. Die der Untersuchung zugrunde liegenden Materialien zeigen eine wirkliche Vertrautheit mit dem Sprachgebrauch des Volkes. Die Untersuchungsergebnisse stoßen bei den Gelehrten auf Interesse. Louis Duval, Verfasser einer dem Präfekten La Magdelaine zugeschriebenen Monographie über das Departement Orne, verarbeitet die Materialien in seinem *Glossaire du patois normand,* das in den *Mémoires de l'Académie celtique* erschienen ist. Und Dureau de la Malle, den wir bereits als gelehrten Brauchtumsforscher kennen gelernt haben, lässt es sich nicht nehmen, das *Vocabulaire* des Unterpräfekten Delestang im Jahr 1822 der *Académie des inscriptions et belles-lettres* vorzustellen.

Die von der napoleonischen Verwaltung in Auftrag gegebene Untersuchung wie auch andere Dokumente über die Mundart der Bauern im ornesischen Perche weisen bis zum Beginn der 1860-er Jahre immer wieder dieselben Deutungsschemata auf. Die Volkssprache gilt als »verstümmeltes Französisch«, und immer wieder bemängelt man die schlechte oder »fehlerhafte« Aussprache, den harten Akzent, der »dem Ohr unangenehm« sei, die »Entstellung der Worte« und die archaische Ausdrucksweise. Diese Fixierung auf sprachliche Verunstaltungen müssen wir freilich beiseite schieben, wenn wir uns anhand der Analyse jener »fehlerhaften« Sprachpraxis ein Bild davon machen wollen, wie die Leute in der Region von Bellême in den Jugendjahren von Louis-François Pinagot sprechen.

Zu Beginn seiner Untersuchung beschäftigt sich Delestang mit den Aussprachefehlern und »falschen Konstruktionen«, die dem Untersuchenden am meisten aufstoßen.[35] Dazu zählt etwa die Gewohnheit, ein Pronomen der ersten Person Singular mit einem Verb der ersten Person Plural zu verbinden: »J'avons, je faisons, j'allions.« Delestang zufolge ist diese Praxis bei den Bauern des Arrondissements allgemein verbreitet. Ebenso sehr fällt ihm der häufige Gebrauch der Verbindungen »as« und »ant« auf, obgleich dies im Widerspruch zum ersten Untersuchungsergebnis steht: »J'allas, je venas, je faisas, is venant, is demandant.« An die Stelle des Vokals »a« tritt häufig das Kompositum »ai«: *froumaige* statt *fromage; passaige* statt *passage.* Andererseits wird »ai« auch oft durch »a« ersetzt: *agu* anstatt *aigu.* »C« wird zum Beispiel in *croisée* oder *croix* zu »que« oder »ke«: *queroisée* oder *Keroisée, queroix.* »Che« wird zu »j«, zum Beispiel in *j'va* (cheval); »o« in *orée* wird zu »en«: *enrée. Veau, beau* und *eau* ergeben *viau, biau* und *iau,* und das »l« wird häufig mouilliert, beispielsweise in *bié (blé).*

Anhand dieser Beobachtungen können wir uns den Klang der Aussprache von Louis-François und seiner Umgebung in etwa vorstellen. Einen weiteren Zugang bieten die Worte, die bereits dem Unterpräfekten Delestang »unverständlich« waren: *gourer\** bedeutet *täuschen, betrügen; baiser\*\** wird im Sinn von *jemanden fangen* verwendet. Es würde natürlich viel zu weit führen, hier den volkssprachlichen Wortschatz insgesamt zu behandeln und die damals erarbeiteten Glossare zu refe-

---

\* Heute nur als reflexives Verb: *se gourer,* sich irren (AdÜ).
\*\* Eigentlich *küssen,* im heutigen Sprachgebrauch *ficken* (AdÜ).

rieren. Für unser Projekt haben sie sich jedoch als unverzichtbar erwiesen.

Greifen wir noch ein Beispiel heraus: die Bezeichnung des weiblichen Geschlechts. Eine Frau oder eine Mädchen ist eine *crêiature* (Geschöpf) oder eine *fumelle*[36] (Weibchen). Um genauer zu sein, und wenn man Abbé Fret[37] hier Glauben schenken darf, bezeichnet man in der Umgebung von Mortagne, Mauves und Pin-la-Garenne – nicht weit also von Origny-le-Butin – nur Mädchen als *créatures*. In anderen Kantonen des Perche spricht man von *kériatures* oder *criatures*. Eine *guenette* ist eine Frau mit schlechtem Lebenswandel.[38] Ein hübsches Mädchen heißt *gentrouillette;* doch wenn es sich in übertriebener Weise vergnügt, wird es zur *gigaleuse* – vor allem wenn es sich oft umarmen *(lichouaner)* oder gierig umarmen *(piaufrer)* lässt. Und wenn es *la gobine* (Gruppensex) liebt, ist es ein lasterhaftes Frauenzimmer.

Die Erforscher des regionalen Sprachgebrauchs beklagen auch die Trägheit der Sprachentwicklung, insbesondere die Weigerung, das metrische System in die Sprache einzugliedern; einer der vielen Widerstände gegen eine Vielzahl von Neuerungen, die durch den Geist der Aufklärung inspiriert sind und während der Revolution umgesetzt werden. Kann Louis-François Pinagot eigentlich zählen? Das ist wahrscheinlich, muss er doch wissen, wie viele Holzschuhe er herstellt. Wie misst er seine Umgebung, und welche Einschätzungen ergeben sich daraus? Glücklicherweise fällt es uns recht leicht, uns ein Bild von diesem Element seines »mentalen Werkzeugs« zu machen, um den klassischen Begriff Lucien Febvres aufzugreifen.

Betrachten wir zunächst die Landflächenmaße. Die Flurbucheintragungen in Origny basieren 1825 auf metrischen *arpents* (Morgen). Folgt man dem Verfasser einer Untersuchung über die örtlichen Gewohnheiten im Kanton von Bellême, die in den Jahren 1844 bis 1846 entstand, als Louis-François schon fast ein alter Mann ist, so berechnet man das Land immer noch in *perches* (50 Zentiar), *quartiers d'arpents* (12,5 Ar) und *arpents* (0,5 Hektar).[39] Ein *journal,* das heißt ein Tagwerk, misst in der Umgebung von Bellême 40 Ar, in der Nähe von Mamers 44 Ar. Ein weiteres Landflächenmaß ist die *hommé* (33 Ar), das Tagewerk eines Pflügers. Die *journée de fauche* (Mannsmahd) entspricht 25 Ar gemähter Wiese. Eine *toise de maçonnerie* (Klafter Holz) ist vier Meter lang, ein Meter hoch und 50 Zentimeter tief. Wie man sieht, hat sich das metrische System trotz des unveränderten Vokabulars bereits in die alten Landflächenmaße eingeschlichen.

Bei den Hohlmaßen hat sich diese stillschweigende Angleichung noch nicht durchgehend durchgesetzt. Der Scheffel entspricht zwar 50 Litern, aber die *meule de foin* (Schober Heu) wiegt 1,040 Tonnen. Die *corde de bois* (Stecken Holz) misst drei Fuß (1 Meter) in der Tiefe, acht Fuß (2,66 Meter) in der Länge und vier Fuß (1,33 Meter) in der Höhe, das sind 3,537 Ster. Eine *pipe* (Fass) Äpfel oder Cidre entspricht 12 Scheffeln, das heißt 60 Hektolitern. Wie groß indes ein *faix de col* oder *fardeau de bois* (Last Holz) und eine *somme* (mit Pferd oder Maultier transportierte Warenladung) ist, entzieht sich unserer Kenntnis. Für die Bevölkerung und die Waldarbeiter jedoch sind dies gebräuchliche Maßeinheiten. Und was es mit der *somme de sabots* auf sich hat, werden wir noch sehen.

Noch weniger ist uns über den Gebrauch des Geldes bekannt, da wir für den Perche nicht über ähnlich detaillierte Studien verfügen wie für die Landes und das Nivernais.[40] Diese Untersuchungen legen jedoch nahe, dass Louis-François Pinagot bei seinen seltenen Marktbeziehungen nur Scheidemünzen verwendet. Viel wichtiger für ihn sind die Praktiken der wechselseitigen Hilfeleistung und des Tauschhandels.

Wie groß ist der Kreis der Menschen, mit denen er eine echte Unterhaltung führen kann? Anders gesagt, mit wem kann jemand kommunizieren, der seine »Mundart« spricht? Man darf nicht davon ausgehen, dass eine Art zu sprechen alle anderen auschließt, dass einem Menschen nur eine Ausdrucksweise zur Verfügung steht. Im Alltag hat man Umgang mit Menschen unterschiedlicher sozialer Herkunft und muss sich mit ihnen verständigen. Daher ist die Fähigkeit weit verbreitet, sich auf verschiedene Sprechweisen einzustellen und Ausdrücke zu verstehen, die man selbst nicht verwendet. Dies macht es

Louis-François Pinagot möglich, sich auch mit gebildeteren Menschen zu verständigen.

Die Beherrschung der französischen Hochsprache – der korrekten Ausdrucksweise und der korrekten Aussprache – hindert nicht, dass man sich je nach Situation auch in der eigenen Mundart ausdrückt. Die sprachlichen Neuerungen, die über die Schule vermittelt werden, stören das Gespräch zwischen Angehörigen verschiedener sozialer Schichten oder Generationen in keiner Weise. Wer die französische Standardsprache ebenso beherrscht wie die Mundart seiner Region, kann damit spielerisch umgehen, um so seinen Gesprächspartner zu beeindrucken, und er hebt sich aus der Menge heraus. Es wäre irrig, von einem Verdrängungswettbewerb zwischen Hochsprache und Mundart auszugehen. Deshalb sollte man die allzu sehr vereinfachenden Statistiken der staatlichen Behörden – namentlich die berühmte Duruy-Enquete von 1864 – mit Vorsicht genießen, denn ihnen geht es nur um die Ermittlung von sprachlichen Höchstleistungen.

Der Inspektor des Arrondissements Mortagne hat dies in einem 1855 verfassten Bericht klar und deutlich zum Ausdruck gebracht. Natürlich finden sich auch hier die obligatorischen Klagen über »entstellte Ausdrücke« und die »schlechte, verkürzende Aussprache«. Dem Verfasser zufolge »gibt es im Arrondissement eigentlich kein Idiom und keine Mundart. Man spricht schlechtes Französisch. [...] Die ländliche Mundart reduziert sich auf einige verdorbene und entstellte Worte, die ihrer Herkunft nach zur französischen Sprache gehören und keineswegs unverständlich sind.« Doch sei es bedauernswerterweise »unmöglich, diese der Landbevölkerung und den Bauern vertraute Sprache«, die jedermann versteht und die überwiegende Mehrheit der Bevölkerung auch spricht, »wieder in Ordnung zu bringen«.

»Dies trifft um so mehr zu, als zahlreiche wohlhabende Pächter die Regeln der Sprache und der korrekten Aussprache zwar kennen, sich dieser Kenntnisse aber nur im Gespräch mit gebildeten Personen bedienen. Sie geben der Gewohnheit und dem tief verwurzelten Brauch ihrer Heimat nach und greifen auf die Mundart zurück, die sie im

Elternhaus seit ihrer Kindheit gesprochen haben. So stark ist diese Gewohnheit, dass der Landmann, wenn er zum Städter wird, seine Sprache zwar korrigiert und vervollkommnet, dass er aber, sobald er wieder Landmann wird, mit Pflug und Spaten zugleich auch sein altes Idiom wieder aufnimmt. In den Gemeinden mit den besten Schulen gibt es der Elite zugehörige Schüler, die ihre Sprache mit ihrem Lehrer, dem Pfarrer und einigen gebildeten Notabeln korrekt sprechen, die man aber nicht dazu bringen kann, sich mit ihren Eltern, ihren Hausbediensteten und ihren Kameraden in einem ebenso reinen Französisch zu unterhalten. [...] Um die Wahrheit zu sagen, führt Bildung beim Landmenschen nicht zu einer Besserung der Sprachgewohnheiten, denn eigentlich macht er davon nur beim Schreiben Gebrauch. « Die Grundschulbildung hat also »auf das Sprachverhalten außerhalb der Schule nur wenig oder überhaupt keinen Einfluss«.[41]

Mit Beginn der 1860-er Jahre erfährt die Bewertung der Volkssprache bei einem Teil der lokalen Eliten einen Umschwung. Diese Kehrtwendung, die im Perche vergleichsweise spät einsetzt, nährt sich aus dem Gefühl eines unwiederbringlichen Verlusts. Schon 1849 beklagt Édélestand Duméril: »Unsere Mundart verliert sich mit jedem Tag.«[42] Und Louis Duval stellt rund dreißig Jahre später eine deutliche »Abschwächung« fest. Aber das ist nicht eigentlich das Wesentliche. Im Jahr 1865 bemüht sich Achille Genty, dem »Perche-Idiom« bei den gebildeten Eliten Anerkennung zu verschaffen.[43] In seinen Augen handelt es sich bei dieser Mundart keineswegs um ein verdorbenes Französisch, sondern um die Überreste einer ursprünglichen Langue d'oïl, die älter sei als die Langue d'oïl des 11. Jahrhunderts und dem Lateinischen näher stehe als das Normannische.

Diese mit einer »alten gallisch-fränkischen Aussprache« in Zusammenhang gebrachte Ursprache sei unter dem Einfluss des normannischen Dialekts und des Französischen schließlich zu einem unklaren Mischmasch verkommen. Die Bewertung des Sprachverfalls kehrt sich hier um. Folgt man Achille Genty, müssten alle Bestrebungen fortan darauf abzielen, diese Ursprache wieder zu ermitteln und zu den allerersten Ursprüngen zurückzukehren. Der Perche und seine Landbevölkerung sehen sich hier zum wertvollen Laboratorium befördert, das durch seine isolierte Lage von den verderblichen Einflüssen des Französischen verschont blieb.

Dieser Aufwertungsversuch einer bisher verachteten Sprechweise gründet auf dem Willen zur Ästhetisierung. Achille Genty lobt in den höchsten Tönen das Werk seines Vaters (1770–1820), eines Hufschmieds und Autodidakten, der zwar nicht schreiben und kaum lesen konnte, der jedoch Genty[44] zufolge spontan entstandene, schöne Gedichte schuf. Achille Gentys Strategie besteht im Wesentlichen darin, das regionale Perche-Idiom so weit wie möglich von der normannischen »Mundart« abzugrenzen, die sein Vater nicht angenommen habe, obwohl er an einem Ort mit »nur unzureichender Perche-Identität« lebte.

Diese Bemühungen haben auf Louis-François Pinagot, der zu diesem Zeitpunkt als armer alter Mann noch immer in La Basse-Frêne lebt, wohl nicht den geringsten Einfluss, ebenso wenig wie alle anderen Versuche, eine vermeintlich bedrohte Perche-Identität zu festigen. Indes führt die Neubewertung der gesprochenen Sprache möglicherweise dazu, dass die Elite der Landbevölkerung in anderer Weise zuhört und sie dementsprechend auch anders wahrnimmt. Wie dem auch sei, die Konzeption eines als Ursprache verstandenen Perche-Idiom verschwindet offenbar ziemlich schnell wieder aus der Diskussion. Sie steht auf schwachem Grund und hat den Angriffen der gelehrten Philologie[45], die mit weniger abenteuerlichen Annahmen operiert, wenig entgegenzusetzen.

Schließlich sind die Inhalte der Gespräche zu untersuchen, die ja das Wesen der Konversation ausmachen. Wir benutzen bewusst den Begriff »Konversation«, denn dieser lässt sich nicht nur auf Salon, Verein und Kaffeehaus anwenden. Das Milieu, das uns hier interessiert, hat seinen eigenen Esprit, seine eigene Redegewandtheit hervorgebracht, die wichtige Merkmale bei der Definition des individuellen Temperaments und individueller Eigenschaften darstellen und die die Reputation sowie das Selbstbild der Menschen prägen.

In welcher Weise drückte sich Louis-François Pinagot also aus? War er gesprächig oder schweigsam? War er ein Dummkopf und Zielscheibe des Spotts seiner Mitmenschen, oder einer jener witzigen Unterhalter, die stets das passende Wort parat haben? Solche Fragen können wir nicht beantworten, sondern nur versuchen, die Wortwechsel nachzuempfinden, die sein Leben prägten. Vier typische Gesprächssituationen boten sich, um das eigene Konversationstalent unter Beweis zu stellen: Erstens, die zufällige Begegnung auf den Wegen oder im Anschluss an die Messe; in diesem Fall war das Gespräch stark ritualisiert und von Sprichworten durchsetzt. Zweitens, beim Handeln oder allgemeiner, bei »Vereinbarungen«, die im Stimmengewirr, im Lärm des Wirtshauses vorbereitet und abgeschlossen wurden. Drittens, der Besuch, in der Regel von Verwandten. Viertens, die Spinnstube und die Gespräche innerhalb der Familie. Auch das Schweigen, das besondere Gewicht des Ungesagten in diesem Milieu, welches stillschweigenden Botschaften eine hohe Bedeutung zumaß, darf nicht vergessen werden.

Am aussagekräftigsten für unser Thema sind zweifellos zwei dieser Gesprächssituationen. Wir wollen sie anhand von szenischen Darstellungen wiederbeleben, die Abbé Fret in Form von Einaktern in dem von ihm herausgegebenen Almanach *Le Diseur de Vérités* veröffentlicht hat. Dabei ist zu berücksichtigen, dass die kleinen Stücke, wie an der naiven Theatralisierung des Alltags leicht erkennbar, zur Unterhaltung geschrieben wurden. Angesichts seines breit gestreuten Publikums bedient der Autor sowohl Stadt- wie auch Dorfbewohner mit allerlei augenzwinkernden Hinweisen.

Doch besitzen diese Texte Eigenschaften, die sie für unseren Zweck geeignet erscheinen lassen. Sie haben wenig gemein mit der klassischen Komödie und ihren konventionellen Bauernfiguren, weil sie sich in erster Linie an die lokale Landbevölkerung wenden, dafür bestimmt, dass man sie etwa in der Spinnstube einander vorliest. Deshalb müssen die beschriebenen Alltagssituationen und Dialoge realitätsnah und glaubwürdig klingen. Auch kann angesichts der angezielten Leserschaft nicht mehr, wie in der klassischen Komödie, der Bauer Zielscheibe des Spotts sein. Die boshaften Anspielungen beziehen sich nun auf andere: den Pariser, Studenten, kleine Notabeln und den Bürgermeister. In den Einaktern des Abbé Fret erscheint der Bauer nicht mehr als lächerliche Figur; man kann höchstens noch über ihn schmunzeln. Abbé Frets Werk veranschaulicht also eindringlich, dass die oft voreilig getroffene Unterscheidung zwischen gelehrter Bildung und Volkskultur nicht haltbar ist. Indem sich der »Molière des Perche« an ein wohl sehr breit gefächertes Publikum wendet, das seine Stücke gewiss auf recht unterschiedliche Weise liest und deutet, und indem er die Regeln eines hoch angesehenen Genres für seine zum Vorlesen gedachten Volksstücke übernimmt, unterläuft er die überkommenen Grenzziehungen. Soziale Distanzen lösen sich bei Abbé Fret in subtile Unterscheidungen auf.

Zwei der oben angeführten Gesprächssituationen mögen als Beispiele genügen. Da ist zunächst der Familienbesuch, genauer, der traditionelle Besuch während der drei Tage vor der Fastenzeit, nach Abbé Fret ein »unvordenklicher Brauch«, der seit Beginn des 19. Jahrhunderts jedoch allmählich in Vergessenheit gerät. Die Szene spielt am 6. Februar 1837 unweit von Mortagne. Am Freitag zuvor wurde ein Schwein geschlachtet. Als die angekündigten Verwandten am verabredeten Tag »gegen halb Zwölf«[46] ankommen, wird zunächst ein Fass Cidre angezapft. An der Türschwelle nehmen die Männer ihre Jacke, die Frauen ihre Reisemütze ab. Alle tragen je nach Generation unterschiedene Sonntagskleider.[47]

Nachdem die Gäste das Haus betreten haben, umarmt man sich, gibt sich die üblichen drei Küsschen auf die Backe und beginnt das Gespräch, indem man einander mit der jeweiligen Verwandtschaftsbezeichnung anredet und damit überprüft, ob der andere einen noch kennt. »Ah, Tag mein armer Vater, meine arme Mutter; Tag mein Bruder, meine Schwester, mein Onkel, meine Tante, mein Neffe, meine Nichte, mein Vetter, meine Kusine, mein Taufpate, meine Taufpatin, mein Gevatter, meine Gevatterin usw.« Die häufige Verwendung des

Adjektivs »arm« unterstreicht die schwierigen Lebensbedingungen. Implizit bestätigt man damit einander, dass schon großer Mut dazugehört, dieses Leben zu meistern. Auch soll diese Anrede die Gefahren bannen, die unerwartetes Glück oder vorschnell verkündeter Reichtum mit sich bringen können.

Auf dieses wortreiche Durcheinander folgen die rituellen Begrüßungsformeln, mit denen man einander versichert, wie gern man zu Besuch kommt bzw. den anderen als Gast empfängt. »Na, wie geht's denn so? – Gut, und dir? – Nicht schlecht, danke! – Ach wie schön, euch zu sehen; ich hab' schon befürchtet, dass ihr bei dem schlechten Wetter nicht kommt. [...] Ach, meine armen Kinder, wenn's nicht ihr wärt, hätt' ich die Mühe nicht auf mich genommen.«

Die eigentliche Konversation beginnt mit der Erzählung der Reiseumstände, gefolgt von Bemerkungen über die vermutlich beschwerliche Rückkehr und die Uhrzeit oder den Tag der Abreise. Das Gespräch nimmt nun die Gestalt eines Spiels oder vielmehr eines Handels an, bei dem der Gast schließlich nachgeben und dem Vorschlag des Gastgebers zustimmen muss: »Passt dir diese Uhrzeit?« Stereotype Formulierungen der Unentschlossenheit und des Widerspruchs begleiten den Wortwechsel: »Aber ich will doch hoffen, dass ihr zumindest wartet, bis das Wetter ein bisschen besser ist! – Na, das können wir ja sehen. – Euch ist bestimmt kalt, ihr müsst ja ganz erfroren sein. Kommt schnell ins Warme! – Ach, so kalt, wie du glaubst, ist mir gar nicht. Beim Gehen wird einem doch warm, gelt?«

Nachdem die Dienstmägde einen kleinen Tropfen zum Warmwerden serviert haben, kann die Tischkonversation beginnen, in deren Verlauf die Gäste unablässig gebeten werden, doch noch »einen Bissen« zu nehmen, und wenn sie ablehnen, wenigstens »zum Kosten« aufgefordert werden. Während nacheinander Suppe, Würstchen und Wurst, Gegrilltes, Ragouts und gekochtes Fleisch gereicht und mit Cidre begossen werden, wendet sich das Gespräch allgemeineren Themen zu, die über das Alltagsniveau in der Spinnstube hinausgehen. Man macht sich über die Schönrednerei der »anderen« lustig, versichert einander, dass sie »das [uns Bauern] nicht weismachen können«, und beklagt, dass heute alles schlechter sei als damals.

Ist die soziale Stellung von Louis-François Pinagot ausreichend, damit er an solchen Festmählern teilzunehmen und sich einem solch strengen Ritual zu beugen vermag, das in Origny-le-Butin eher bei den Bauern – den Pächtern und selbstwirtschaftenden Grundbesitzern – üblich war als bei den Holzarbeitern? Es liegt in der Tat näher, dass er sich für gewöhnlich mit befreundeten Holzschuhmachern in der Dorfschenke zu einer Flasche Cidre trifft. Indes mangelt es in seiner umfangreichen Verwandtschaft keineswegs an Bauern, denken wir nur an seinen Vater, seinen Schwiegervater und seinen ältesten Sohn. Wir können also davon ausgehen, dass Louis-François Pinagot durchaus zu derartigen Familientreffen eingeladen wurde, zumal an den drei Tagen vor der Fastenzeit.

Dennoch dürfte für ihn die Konversation in der Spinnstube ein vertrauteres Vergnügen darstellen. Mit Ausnahme des Einzelgehöfts Hôtel-Migné, wo er einige Jahre wohnt, sind die Weiler, in denen er seine Kindheit (La Haut-Frêne) und seine zweite Lebenshälfte (La Basse-Frêne) verbringt, für diese Art von Gemeinschaftsleben wie geschaffen. Die Bebauung der Weiler, die Zahl ihrer Einwohner, deren ähnliche soziale Stellung, das Nebeneinander vieler Generationen, die annähernd gleiche Zahl von Männern und Frauen, die fast alle ein Handwerk ausüben, und die Gespräche der Spinnerinnen und Handschuhmacherinnen über ihre Arbeit – all dies trug wohl dazu bei, dass diese abendlichen Zusammenkünfte zumindest bis 1870 üblich sind. Dafür besitzen wir freilich keinen anderen Beweis als die Erzählungen außenstehender Beobachter.

»In jedem Dorf«, schreibt Abbé Fret in einem Einakter über eine abendliche Runde, »gibt es einen bestimmten Ort für die Spinnstube. Mitunter ist es ein Wohnhaus, im Allgemeinen jedoch der Stall, der dem wohlhabendsten und dem gastfreundlichsten Dorfbewohner gehört. Bisweilen kommen auch Leute aus den benachbarten Weilern, die keinen eigenen Versammlungsort haben. Sofort nach dem Abendessen, das gegen sechs oder sieben Uhr stattfindet, nimmt jeder etwas zu arbeiten mit und begibt sich an den gemeinsamen Arbeitsort *(laboratoire)*. Als einzige Beleuchtung dient im Stall ein Talglicht zu zehn oder sechzehn, im Haus für gewöhnlich eine Wachskerze, die an einem Zweig oder einem Stück Spaltholz in einer Ecke des Kamins befestigt ist.«[48] Auf diese Weise wird die Szene in ein »schwaches, fahles Licht« getaucht.

Im ornesischen Perche stellen die Männer und Jungen in der Spinnstube Körbe, Vogelscheuchen und so genannte *raisses,* längliche Körbe, her. »Die Jüngsten beschäftigen sich mit der Fertigung von Fangkörben oder Netzen, die bei Schnee und Nebel zum Vogelfang dienen. Die Frauen und Mädchen flicken die Kleider ihrer Ehemänner, ihrer Kinder und Brüder, schließlich ihre eigenen [man beachte die festgelegte Reihenfolge]; im Allgemeinen [dies trifft wohl auch auf Louis-François' Ehefrau zu] spinnen sie aber Leinen oder Hanf, entweder auf eigene Rechnung oder auf Rechnung eines Leinenfabrikanten«, und in diesem Fall wird das abendliche Beisammensein vom Geräusch der sich drehenden Spinnräder begleitet.

Die Spinnstube, die nur in der schlechten Jahreszeit, zwischen dem 15. September und dem 15. März, stattfindet, bildet einen ganz anderen Gesprächszusammenhang als der Familienbesuch. Die Konversation ist viel weniger dem Ritual der Gastfreundschaft unterworfen; man braucht sich mit seinen Äußerungen nicht so zurückzuhalten. Die Spinnstube ist ein Ort zum »Tratschen«, das heißt die Frauen kommen hier viel ungezwungener zu Wort. Spöttelei und Neckerei sind an der Tagesordnung; es wird nach Herzenslust gestichelt und gehänselt, bis an die Grenze des Erträglichen. Takt zählt hier nicht, man will den anderen »in Fahrt bringen«. Die jungen Leute entwickeln und prüfen hier ihren Witz, ihre Schlagfertigkeit, ihren sprachlichen Erfindungsreichtum und ihre Fähigkeit, eine fröhliche Stimmung herbeizuführen. Man stellt das Temperament und die Position von sich und den anderen auf die Probe. All dies zielt darauf ab, sich auf der impliziten Stufenleiter der Attraktivität zu platzieren.

In dem bereits erwähnten Einakter des Abbé Fret, der am Abend des 23. Dezember 1840 spielt, »zieht man Jeanneton wegen ihres gescheiterten Heiratsvorhabens mit Renot Guittard auf, der sie verließ, um die bei Maitre Guespin beschäftigte Marion Lamberde zur Frau zu nehmen«. Die junge Frau zeigt sich ihrem Spötter gegenüber schlagfertig: »Da hast du dir nun fast 20 Mädels angeguckt, fast im ganzen Kanton bist du herumgelaufen, und mehr als drei Jahreslöhne hast du ausgegeben, um hier eine *gloria* (Kaffee mit Schnaps), dort ein Glas oder eine Flasche Wein und all die Ringe und Goldnadeln zu bezahlen, und dabei bist du mit deinem verhunzten Körper, deinem Storchenhals und deinen krummen Haxen nicht weiter als am Anfang. Dreimal schon hast du mit drei Mädels angebandelt, und nicht eine hat dich gewollt.«

Während die Jugend ihr mit Boshaftigkeit durchtränktes Spiel der Verführung und des Werbens betreibt – das zeigt, welchen Freiraum die jungen Frauen im verbalen Schlagabtausch besitzen –, widmen sich die Erwachsenen ausgiebig dem Tratschen und Lästern. In der Spinnstube wie auch am Waschplatz[49] klären die Frauen, welche Reputation ihren Mitmenschen zukommt. Bei dieser Gelegenheit ist durchaus auch von Politik die Rede. Hier arbeitet man ebenso am Mythos wie an der schwarzen Legende Napoleons, die diesen allzu »ehrgeizigen« »Luzifer« ins Visier nimmt[50] – und Abbé Fret schildert uns die Argumente beider Seiten. Häufiger bespricht man jedoch aktuelle Vorfälle in der Region: den Ausbruch eines Brandes, eine Mordtat und dergleichen mehr. Lokale Ereignisse konkurrieren hier mit den kolportierten Geschichten und Erzählungen aus der Ferne. Im oberen Perche spielt man in der Spinnstube *giroflin*, das Teekessel-Spiel und *à défourner la galette*. Man stellt einander Rätsel, und übt die Lieder ein, die man bei der nächsten Hochzeit singen will, wobei die Spinnräder für einen Moment schweigen müssen.

Louis-François Pinagot hat sein ganzes Leben lang an diesen abendlichen Zusammenkünften teilgenommen. Wir müssten ihn, seine Frau und seine Kinder bei diesen Gelegenheiten lachen hören, spielen sehen, und verstehen, was sie über die Leute, Dinge und Ereignisse sagen.

Doch wir können, obgleich wir ihn nun so langsam kennen lernen, nichts weiter tun, als uns – mit einer gewissen Präzision – vorzustellen, wie der Rahmen dieses vertrauten und alltäglichen Vergnügens aussah, welche Geräuschkulisse herrschte und welchen Umgang mit Sprache man dort pflegte.

# Kapitel 5

# DER HOLZSCHUHMACHER, DIE SPINNERIN UND DIE HANDSCHUHMACHERIN

Die Jugend von Louis-François Pinagot liegt völlig im Dunkeln. Vielleicht bringen seine Eltern ihn zeitweise bei einem befreundeten Bauern unter, wie es in seinem Milieu häufig vorkommt; vielleicht tritt er in die Fußstapfen seines Vaters, als Fuhrmann, bevor er den Beruf des Holzschuhmachers erlernt. Wie dem auch sei, in jedem Fall übt die Tätigkeit seines Vaters einen prägenden Einfluss auf die Entwicklung des jungen Mannes aus.

Es gibt damals zwei Arten von Fuhrleuten. Die einen transportieren Güter von einer Stadt zur anderen und sind daher auf den großen Hauptstraßen unterwegs; die anderen begnügen sich mit Transporten auf kurzen Strecken. Zu letzterer Gruppe zählt Vater Pinagot. Er ist, auf Rechnung der Kaufleute von Bellême und vor allem seines Geburtsorts La Perrière, damit beschäftigt, allerlei Holz aus dem tiefen Wald zu holen: Langholz, Bretter, Bohlen, Rohdauben und auch sonstiges Holz. Am 6. September 1836 – Louis-François hat das väterliche Haus längst verlassen – wird Jacques Pinagot zu einer Geldstrafe in Höhe von zwölf Francs verurteilt, weil er drei Pferde über Nacht in einem Holzschlag mit zwei- und dreijährigen Bäumen weiden ließ. Er arbeitet in dieser Zeit als Fuhrmann für den Herrn Cavalier, einen Holzhändler von La Perrière, den »Besitzer des Holzungsrechts in dem Schlag, in dem die beiden genannten Pferde angetroffen wurden«.[1]

Angesichts der beruflichen Tätigkeit von Jacques Pinagot, damals in

La Haute-Frêne ansässig, ist anzunehmen, dass Louis-François den Wald und seine Wege, die Menschen, die in ihm zu tun hatten, die verschiedenen Formen des Forstfrevels, dessen sie sich schuldig machten, und ganz allgemein die Rituale und Praktiken, die ihr Leben bestimmten, schon in jungen Jahren kennen lernt. Zu Hause und in den Schlagflächen begegnet er Holzhändlern und Holzschuhmachermeistern, die Transporte in Auftrag geben. Zweifellos kann er gelegentlich erleben, wie sein Vater mit Bauern oder einfachen Holzschuhmachern, deren Material er bisweilen zu transportieren hat, eine jener geschäftlichen Vereinbarungen aushandelt. In seiner Jugend arbeitet Louis-François ab und zu wohl auch mit Holzfällern und Tagelöhnern zusammen, und sei es auch nur, dass er beim Beladen der schweren Karren seines Vaters hilft. Wahrscheinlich erhält er dabei ein nicht unerhebliches Trinkgeld, denn im Kanton Bellême ist es üblich, dass der Lieferant pro Stecken Holz 60 Centimes zusätzlich bekommt. [2]

Während der Kindheit und Jugend von Louis-François lässt Jacques Pinagot seine Wagen von zwei Pferden ziehen, wie wir mit Sicherheit wissen. So lernt der kleine Junge zweifellos, wie man mit Pferden umgeht, wie man sie im Zaum hält. In den Jahren 1812/1813 ist eines der Pferde ein Schimmel, das andere ein Brauner. 1818 besitzt Jacques zwei Pferde mit rotbraunem Fell. [3] Die Behörden versuchen zu diesem Zeitpunkt, Vorschriften zu Wagen und Wagenladung durchzusetzen. Der Präfekt des Departement Orne, La Magdelaine, legt darauf besonderen Wert. [4] Die neuen Bestimmungen untersagen Wagentransporte bei Tauwetter. Die Breite der Felgen und das Höchstgewicht von Wagen und Ladung sind genau festgelegt. Jeder Wagen muss ein Kennzeichen tragen; gewiss die erste Vorschrift dieser Art.

Aber die drastischen Maßnahmen erweisen sich, wie der Präfekt selbst einräumen muss, als nicht durchsetzbar. Die Behörden sehen sich hier – wie auch in allen anderen Bereichen, in denen sie aktiv werden – zu Toleranz genötigt. [5] Jacques Pinagot genießt daher wohl einen gewissen Freiraum. »Gelegentliche Transporte« von dicken Stämmen und schweren Steinblöcken sind erlaubt, solange man nicht die Hauptstraßen benutzt. Der Transport von Viehfutter und die Belieferung städtischer Grundbesitzer mit Lebensmitteln unterliegt ebenso wenig Beschränkungen wie die Einfuhr der Ernte. Die Verordnung vom 7. Juni 1814 verbietet den »Kärrnern und Fuhrleuten« lediglich, bei einer Strafe von 100 Francs, das »Beladen« und »Transportieren am Sonntag«. Doch ist es recht schwierig, die Einhaltung dieser Vorschrift in Origny-le-Butin zu überprüfen.

Ein Fuhrmann kann es durchaus zu einem gewissen Wohlstand bringen. Die Frachtgebühr im Departement Orne beträgt damals 1,60 Francs pro Tonne und fünf Kilometer Wegstrecke. Doch Jacques Pinagot braucht Gras für seine Pferde, und die Wiese seines Hofs reicht hierfür nicht aus. Also schickt er sein Arbeitsvieh ins Jungholz oder zum Grasen auf Waldlichtungen. Den Akten ist zu entnehmen, dass sich Jacques Pinagot dieses Vergehens neunmal schuldig macht.[6] Die Richter am erstinstanzlichen Gericht stufen ihn als »gewohnheitsmäßigen Wiederholungstäter« ein. Betroffen von diesem Vergehen ist der Forstbezirk von La Perrière, genauer die Unterbezirke La Mare Bouillie und Le Coin à la Poule, unweit von La Haut-Frêne.

Jacques Pinagot ist nicht der einzige Fuhrmann, der sein Pferdefutter auf diese Weise beschafft. Auch Clotet, ein Herr aus Saint-Martin-du-Vieux-Bellême, hat keine Hemmungen, seine Maultiere und Pferde jahrzehntelang in den benachbarten Wald zu schicken. Doch der Vater von Louis-François ist ein gerissener Bursche. In den ersten Jahren streitet er alles ab. Später muss er allerdings einsehen, dass er seine Richter nicht mehr täuschen kann. Am 15. Dezember 1812 beobachtet ein Forstaufseher, wie Pinagots Schimmel die Zweige einer jungen Eiche abfrisst.[7] Der Fuhrmann behauptet, das Tier sei »von Wölfen verletzt worden, die es verfolgt und gebissen haben«, und erbietet sich, dies zu beweisen. Bei der nächsten Gerichtssitzung legt er denn auch eine Bescheinigung des Bürgermeisters von Origny vor. Doch der Richter will seinen Argumenten nicht folgen. Die Bescheinigung »bestätigt zwar, dass mehrere Pferde und Maultiere der Grausamkeit dieser Tiere zum Opfer fielen«, aber sie belegt nicht, dass das Pferd von Jacques Pinagot »angegriffen und verletzt wurde«. Am 27. März 1813 überrascht der Forstaufseher die beiden Pferde des Fuhrmanns abermals in einem noch nicht einjährigen Holzschlag des Forstunterbezirks La Mare Bouillie beim Grasen.[8] Ihr Besitzer beteuert, »dass sie sich verlaufen haben und sich gegen seinen Willen dort aufhielten«. Im Übrigen »sei er auf der Suche nach ihnen gewesen, als der Forstaufseher« sie entdeckte. Am 17. Juni desselben Jahres versichert Jacques Pinagot erneut, dass seine beiden Pferde »ausgerissen sind und sich verlaufen haben«. Seine Argumentation klingt, angesichts der Nähe des Waldes, zwar plausibel, doch bei weiteren Vorfällen dieser Art zieht Pinagot es vor, Geständnisse abzulegen.

Wie man sieht, macht Jacques Pinagot mehr »von sich reden« als sein Sohn Louis-François, der unseres Wissens nie irgendeines Vergehens für schuldig befunden wird. Doch das erklärt uns nicht, warum er den Beruf des Holzschuhmachers wählte. Wir wissen nur, dass Vater und Sohn häufig Kontakt mit Handwerkern hatten, die im Wald von Bellême oder in dessen unmittelbarer Nähe arbeiteten, und dass Onkel Drouin in La Haute-Frêne als Holzschuhmacher tätig war.

Wie alle Jungen seines Milieus beginnt wohl auch Louis-François im Alter von zwölf Jahren zu arbeiten. Die Holzschuhmacher im Kanton arbeiten an den »schönen, langen Tagen« zwölf Stunden täglich, und zwar von fünf Uhr morgens bis sieben Uhr abends, mit zwei Stunden Unterbrechung für die Mahlzeiten.[9] Halten wir fest, dass die Handwerker, die in dieser Jahreszeit »gewöhnlich unter freiem Himmel arbeiten [...], den Regen nicht sonderlich fürchten«. Indes stellt sich eine Reihe von Fragen: Wo und unter welchen Bedingungen arbeitet Louis-François? In welche Art von Handelsbeziehungen ist er eingebunden? Diese Fragen sind jedoch wegen der Vielfalt der denkbaren Möglichkeiten, der Ungenauigkeit der Quellen und dem Nichtauftauchen der Holzschuhmacher in den Gewerbezählungen des Konsulats und des Ersten Kaiserreichs nur schwer zu beantworten.

Betrachten wir zunächst den Arbeitsplatz von Louis-François. Übt er seinen Beruf als Holzschuhmacher im Wald oder an seinem Wohnsitz in Hôtel-Migné und später in La Basse-Frêne aus? In zahlreichen Untersuchungen über das Leben der Holzschuhmacher werden ihre Hütten, Katen und Häuschen ausgiebig beschrieben. Und im Staatswald von Bellême, insbesondere in jenem Teil, der zur Gemarkung Saint-Martin gehört, sind solche einfachen Bauten durchaus zu finden. Postkarten des ausgehenden 19. Jahrhunderts haben sie für die Nachwelt festgehalten. Indes sollte man sich von späteren Inszenierungen und idyllischer Genremalerei nicht in die Irre führen lassen.[10] Zwar gibt es während des napoleonischen Kaiserreichs und der Restauration noch viele dieser Behausungen im Wald von Bellême, und in den Akten werden einige noch zu Beginn der großen Krise der Jahrhundertmitte erwähnt; doch in späterer Zeit ist nur noch selten von ihnen die Rede.

Im September 1846 mahnt Louis Riday, Holzschuhhändler in Saint-Martin-du-Vieux-Bellême, bei Louis-François' Schwager Julien Courville aus Origny-le-Butin dreißig Francs als Preis für zwölf Holzstangen an, die dieser ihm »im Wald für den Bau seiner Werkstatt« abgekauft habe.[11] Die so häufig beschriebenen Hütten besitzen, wenn es das Gelände zulässt, einen Holzboden und sind mit einem Kamin ausgestattet.[12] Im benachbarten Departement Sarthe besteht das Dach aus Besenginster. Zu Anfang des 19. Jahrhunderts arbeiten im Wald von Bellême stets mehrere Holzschuhmacher gemeinsam in der Hütte eines Verlegers oder Meisters. Ein Arbeitsplatz mitten im Wald, wo frisches Holz, wie es die Holzschuhmacher verwenden, stets greifbar ist, erspart schwierige und kostspielige Transportwege. In unmittelbarer Nähe der ungefähr 25 Quadratmeter großen Hütten liegt aufgeschichtet der Rohstoff Holz, daneben Haufen von Holzspänen, hier *calots* genannt.

Wie aus den Gerichtsarchiven hervorgeht, werden die Hütten auf verschiedene Weise genutzt. Man kann entweder nur tagsüber zur Arbeit kommen oder aber sich für die ganze Saison niederlassen. Die einen bringen ihre Frau und Kinder mit, die anderen wohnen dort allein. Ziemlich unwahrscheinlich ist jedoch, dass jene Holzschuhmacher, die aus den Weilern am Waldrand kommen, in den Hütten nicht nur arbeiten, sondern zeitweise auch wohnen. Allenfalls dienen sie ihnen tagsüber als Arbeitsstätte; im Gegensatz zu den wenigen Holzschuhmachern, die auf Wanderschaft vorbeikommen. Auch der häufig anzutreffende Fall, dass beide Eheleute arbeiten – der Mann als Holzschuhmacher, die Frau als Spinnerin –, lässt Zweifel aufkommen, ob sich die Familie, und sei es auch nur von Zeit zu Zeit, in der Waldhütte niederlässt, es sei denn, die Spinnerin übernimmt aus irgendeinem Grund vorübergehend das Ausschaben und die Endbearbeitung der Holzschuhe. Aber das ist wenig wahrscheinlich, da die Holzschuhmacherei im Wesentlichen eine von Männern ausgeübte Tätigkeit darstellt. Die Bezeichnung »Holzschuhmacherin« taucht erst 1835 auf, und die 1848 durchgeführte Gewerbe-Enquete führt für den gesamten Kanton von Bellême ganze »zehn Holzschuhschaberinnen« auf.[13]

Betrachten wir diese einfachen Bauten, wie sie in den Wäldern des Perche zu Beginn des 19. Jahrhunderts zu finden waren, etwas näher. Am 14. März 1819 durchsuchen Forstaufseher die Holzschuhmacherhütten im Forstbezirk Lignerolles.[14] In den Katen der Herren Lameray und Sieur Gervais, genannt Jeannet, »haben wir sowohl in der Hütte als auch auf dem Spanhaufen [...] die Menge von zwölf Stangen Grünbuche [...] [und] ebenso viele Stück frisch geschnittenes Stammholz gefunden«; die beiden Holzschuhmachermeister sind bei der Durchsuchung anwesend. Im selben Jahr wird ein Holzschuhmacher-Fabrikant aus Appenay gerichtlich verurteilt, weil er seine Hütte in einem dafür gesperrten Waldstück gebaut hat. Er versichert, dass er sie nach getaner Arbeit wieder abgerissen hätte.[15] Am 31. Oktober 1825 werden zwei Holzschuhmachermeister, der eine mit Wohnsitz in Tourouvre, dabei erwischt, wie sie den Eingang ihrer Hütten mit frisch geschnittenen Buchenzweigen abdecken.[16]

Diesen Holzschuhmachern dient die Hütte offensichtlich nur als Zweitwohnsitz. Am 24. September 1822 bemerken die Forstaufseher im Coin de la Poule (Origny-le-Butin), dass irgendjemand drei Grünbuchen unerlaubt gefällt, abtransportiert und unter Brombeersträuchern versteckt hat: »Wir gingen zu einer noch bestehenden Hütte

[...], in der der Holzschuhverleger (oder -meister) Nicolas Meslay wohnt, wo wir 22 Paar Holzschuhe aus grünem, frisch geschnittenen Holz [und] zwei Stück gespaltenes Rundholz für zwei weitere Paar Schuhe fanden, das, wie wir feststellten [...], von derselben Buche stammte. Vor der Tür besagter Hütte befanden sich zwei umfangreiche Haufen Späne vom Rundholz einer Buche, die einen Umfang von mindestens einem Meter besaß. Frau und Tochter wohnen ebenfalls in besagter Hütte. [...] Außerdem haben wir einen jungen Mann namens Guillain[17], für Meslay als Höhler tätig, und seine Tochter aufgefordert, sich umgehend zu entfernen und das Werkzeug mitzunehmen, worauf er Folge leistete [...].«[18] Der Holzschuhhändler Nicolas Meslay wohnt mit seiner Frau und Tochter hauptsächlich in La Perrière. Seine Wohnung wird am 8. Oktober durchsucht.

Manche Fabrikanten vom südlichen Waldrand von Bellême vergeben in dieser Zeit auch Aufträge an Holzschuhmacher, die nicht auf einer Waldlichtung, sondern zu Hause wohnen und arbeiten. Am 22. Januar 1836 fordert Auguste Clotet, Fuhrmann in Saint-Martin, von dem Holzschuhmachermeister Armand Chrétien jun. aus Bellême die Summe von 24,90 Francs, weil er im Auftrag von dessen Arbeitern mehrere Ladungen Holz zu diesen nach Hause gefahren hat.[19] Andere Holzschuhmacher arbeiten zu Hause auch auf eigene Rechnung, entweder allein oder zusammen mit einem Kollegen. Am 2. Februar 1824 greift Jacques Geslain, genannt Renotin, als Holzschuhmacher »auf eigene Rechnung« in Carouge tätig (in Saint-Martin, nahe Origny), einen Forstaufseher tätlich an, als dieser ihn daran hindern will, eine Grünbuche zu fällen.[20]

Am 31. Oktober 1854 inspiziert der Bürgermeister von Origny-le-Butin, François Herbelin, den Hauptort seines Gemeindebezirks. Dabei bemerkt er, dass auf dem Grundstück von Lemay ein Haufen Holzspäne unbewacht brennt. Dieser war von Maury, der bei Lemay als Holzschuhmacher arbeitet, auf Anordnung seines Meisters angezündet worden, nur drei Meter von der Hütte des besagten Lemay entfernt, »um Holzschuhe im Rauch zu trocknen«.[21] Dieser Bericht zeigt, dass »Hütte« gleichbedeutend mit »Werkstatt« verwandt wird und solche Verschläge auch mitten im Ort existierten.

Von höherer Aussagekraft als diese verstreuten Belege sind allerdings die Zeugnisse zeitgenössischer Beobachter. Am 1. Februar 1815 versichert der Befehlshaber der 4. Gendarmerielegion, die den Wald von Bellême überwacht, dass sich unter den dort tätigen Arbeitern 293 Holzschuhmacher befinden. »Sie arbeiten niemals, auch nicht gelegentlich als Holzfäller oder Waldarbeiter; sie sind vielmehr sesshaft und gehen ihrem Beruf zu Hause oder in einer benachbarten Hütte nach.«[22] Und viele Jahre später, 1867, heißt es von den Holzschuhmachern, die sich in diesem Wald mit Holz versorgen, dass sie »zu Hause arbeiten«[23].

Diese Bemerkungen stützen unsere Vermutung. Vieles spricht dafür, dass Louis-François seine Werkstatt – oder seine Hütte – in der Nähe seines Hauses eingerichtet hat, zumal während der langen Jahre, die er in La Basse-Frêne verbringt.[24] Da Louis-François einen Fuhrmann als Vater und einen Bauern als Schwiegervater hat, kann er das benötigte Holz problemlos transportieren. Am Ort finden sich mehrere Holzschuhmacher. Hinzu kommen die Nähe der Schläge, die Struktur seiner Familie, die vielfältigen Aktivitäten der Familienmitglieder. Überhaupt geht die Entwicklung in der ganzen Region dahin, dass sich die Holzschuhmacher aus dem Wald in die Weiler zurückziehen, um sich besser in die lokale Gemeinschaft integrieren zu können.

Wirklich sicher können wir uns in dieser Hinsicht jedoch nicht sein. Vielleicht arbeitet er als Junggeselle noch in einer Hütte im Wald und entschließt sich erst später, nachdem er eine Familie gegründet hat, die Werkstatt neben seinem Haus einzurichten. Wie dem auch sei, fest steht in jedem Fall, worin seine Arbeit besteht. Louis-François arbeitet stets in der Nähe eines ständig brennenden Feuers, in dessen Rauch die Holzschuhe getrocknet werden. Die bei der Arbeit abfallenden Holzspäne liefern das Brennholz. So richtig kalt wird es ihm vermutlich nie, auch wenn das Feuer, mit dem man die Holzschuhe trocknet, »ein Feuer ohne Flamme ist«.[25] Wir können uns das Aussehen seiner Werkstatt und seiner zwei Werkbänke vorstellen. Holzschuhmacher arbeiten in der Regel in der Nähe einer Lichtquelle, im Warmen. Im dunklen Teil der Werkstatt stapelt sich ihr Rohstoff, das Holz,[26] die fertigen Holzschuhe dagegen werden gut sichtbar aufgestellt. Bei gutem Wetter arbeitet der Holzschuhmacher vor der Hütte, inmitten der Rundhölzer und herumliegenden Holzspäne.

Seine Hauptsorge gilt der Qualität des Holzes. Dieses liefert ihm entweder der Meister oder der Fabrikant, für den er arbeitet, oder er kauft es allein oder zusammen mit anderen Holzschuhmachern – oft Kollegen aus demselben Weiler – selbst beim Holzschlag. Die meisten Holzschuhmacher sind gelegentlich auch als Holzfäller tätig und daher in der Lage, das Holz, das sie benötigen, selbst zu schlagen.[27] Anschließend muss der Meister oder Geselle mit einem Fuhrmann oder einem Bauern den Transport der Lang- und Rundhölzer aushandeln, ein Geschäft, das oft in einen komplexen Austausch von Arbeitsleistungen eingebunden ist. Am 4. Februar 1852 beobachtet der Forstaufseher, wie zwei Männer einem einspännigen Fuhrwerk auf einem »unerlaubten Weg« folgen. Der Wagen gehört Jacques Heuzé, einem Bauern aus Bellême. Der Holzschuhmacher Pierre Josse hat darum »ersucht«, »Holz für Holzschuhe, das er beim Holzschlag gekauft hat, zu transportieren«.[28]

Holzschuhmacher bevorzugen bestimmte Holzsorten: Birke ist leicht und billig, und die daraus hergestellten Holzschuhe sind im Sommer angenehm kühl, im Winter allerdings ein wenig kalt. Das ebenfalls leichte Erlenholz eignet sich für die Herstellung von offenen Holzschuhen. Holzschuhe aus Ulme sind weniger rutschig als andere. Und aus dem harten, festen Buchenholz werden die cremefarbenen Holzschuhe der Bauern gefertigt, die allerdings im Winter nicht sehr warm sind und bei schlechtem Wetter leicht Risse bekommen.[29]

Alles deutet darauf hin, dass Louis-François Pinagot, wie auch die anderen Holzschuhmacher des Staatswaldes von Bellême, vorwiegend in Buche und ansonsten in Birke arbeitet. Buche kommt in diesem Wald am häufigsten vor und entspricht den Bedürfnissen der Kundschaft. Wenn Holzschuhmacher aus Origny-le-Butin des Holzdiebstahls überführt wurden, dann geht es fast ausnahmslos um Buchenholz. Im Jahr 1834 schreibt der Präfekt, dass »das Gewerbe der Holzschuhmacherei und die Herstellung einer Vielzahl anderer Gegenstände Buchenholz erfordert«.[30] Nähere Auskunft über die Verwendung des Holzes erhalten wir von dem Verfasser des Umgestaltungsplans für den Wald von Bellême von 1858: »Wenn die recht zahlreichen Buchen eine Höhe von über zwanzig Meter erreichen und nicht die geringste Krümmung aufweisen, werden sie von der Handelsmarine aufgekauft [...], die anderen werden zu Kummetbügeln, Schaufeln, Geschirr und Holzschuhen verarbeitet. Letzterer Gewerbezweig verwendet Äste bis zu einem Umfang von 0,40 Meter [...]. Grün- und Weißbuchen, Birken und Erlen aus den Auslichtungen und Ausholzungen verarbeitet man zu Holzschuhen, sobald sie einen Umfang von 0,40 Metern (für Kinderholzschulze schon ab 0,25 Metern) erreichen [...].«[31] Diese Bäume werden bei abnehmendem Mond oder – besser noch – bei Neumond gefällt, weil in dieser Zeit der Saft zurückfließt.

Wie alle Holzschuhmacher arbeitet Louis-François in grünem Holz. Zu grün darf es aber auch nicht sein, da es sonst leicht Risse bekommt und bereift werden müsste. Der Holzschuh wird aus einem Rundholz gearbeitet, das mit Hilfe eines zwölf bis fünfzehn Zentimeter breiten und sehr dünnen Keils in Scheite – zumeist vier – gespalten wird. Damit die Holzschuhe beim Trocknen nicht springen, »schält man stets das Kernholz heraus«. Wie bei den Holzschuhmachern im Perche üblich, besitzt Louis-François mit Sicherheit zwei Werkbänke, die einander gegenüberstehen: auf der einen »erhält der Holzschuh seine äußere Form«, die andere dient »zum Festhalten des Holzschuhs während der Bearbeitung«.[32]

Die Herstellung des Schuhs besteht aus drei Arbeitsgängen. Zunächst wird das Rundholz grob behauen. Ein guter Arbeiter braucht neun Beilhiebe, um die Rohform eines Holzschuhs herzustellen und die Sohle herauszuarbeiten. In der Gegend von Bellême besitzt die dafür verwendete Axt einen langen, gebogenen Holzstiel, der sich am Ende verdickt, um das Handgelenk zu entlasten. Für bestimmte Rundungen verwendet man das gebogene Schnitzmesser oder Schadeisen, dessen Schneide im rechten Winkel zum Stiel steht.[33]

Für den zweiten Arbeitsgang wird der Rohschuh auf der Schnitzbank festgeklemmt. Der »Höhler« arbeitet mit Hilfe eines Bohrers zunächst ein senkrechtes Loch in die Rohform. Anschließend bringt er eine schräge Höhlung im bedeckten Teil des Schuhs an, erweitert die beiden Löcher mit Hilfe verschiedener, sehr scharfer Löffelbohrer und entfernt die Trennwand zwischen den beiden Höhlungen. Im Vorderteil schält er die Holzmasse bis einen Zoll (28 Millimeter) vor die Schuhspitze heraus. Zum Glätten und Modellieren des Innenraums verwendet er einen Schaber, der aus einer kurzen, scharfen, gebogenen Klinge besteht, die an einem langen, eisernen Stil mit Holzgriff befestigt ist. Der Handwerker muss »den Innenraum des Holzschuhs ausschaben, um sämtliche Unebenheiten zu beseitigen«.

Anschließend beendet er den Schliff der Schuhsohle, modelliert die Seiten, das Oberteil und den Absatz und gibt beiden Schuhen jene Ähnlichkeit, die sie als zusammengehöriges Paar erkennbar machen. Dazu verwendet er ein Zieheisen, das aus einer langen, scharfen Klinge besteht, die mit einem Holzgriff und am gegenüberliegenden Ende mit einem Haken versehen ist. Dieser Haken greift in einen Ring, der an der Schnitzbank befestigt ist. Danach bleibt noch die Feinarbeit und gegebenenfalls die Dekoration. Der Holzschuhmacher entfernt vorsichtig alle äußeren Unregelmäßigkeiten mit dem Zieheisen, verleiht dem Fußraum mit Hilfe des Fersenmessers seine endgültige Form und beseitigt mit dem Schaber alle noch verbleibenden Ecken und Kanten. Anschließend bringt er mit einem Holzbohrer an beiden Schuhe ein Loch an, um sie paarweise zusammenzubinden.

Das Trocknen dauert zwischen drei und fünf Monaten. Dabei verlieren die Holzschuhe die Hälfte ihres Gewichts und ein wenig an Volumen, was der Holzschuhmacher zuvor berücksichtigen muss. Während dieses Vorgangs bewahrt er sie, um Risse zu verhindern, an einer windgeschützten Stelle auf. Auf diese Weise wird nicht nur der geschlossene Holzschuh hergestellt, sondern auch der gepolsterte oder

mit einem abdeckenden Band versehene Holzschuh. Manche Holzschuhmacher – ob Louis-François dazugehört, wissen wir nicht – beherrschen auch die Herstellung leichter Sonntagsholzschuhe und fein
geschmückter, offener Heiratsholzschuhe.

Wie hat Louis-François diese verschiedenen und schwierigen Ar-
beitsschritte gelernt? Die beiden Möglichkeiten, diese Dinge zu lernen,
sind entweder die Weitergabe der Fertigkeiten vom Vater auf den Sohn
oder vom Meister auf den Lehrling. Möglicherweise hat Louis-François die Holzschuhmacherei seinen Kindern, vielleicht auch seinem
Schwager beigebracht, doch zunächst muss er diese Fertigkeiten einmal selbst erwerben. Zu diesem Zweck geht er in die Lehre, entweder
bei Onkel Drouin oder einem nicht zur Familie gehörigen Holzschuhmacher. Man kann wohl davon ausgehen, dass sein technisches Wissen,
seine Gestik und seine Körperlichkeit ganz entschieden durch seinen
Beruf als Holzschuhmacher geprägt waren. Dieser setzt eine gute
Kenntnis der verschiedenen Hölzer, ihrer Eigenschaften und Alters-
klassen voraus. Louis-François muss frisches Holz an seinem Geruch
einschätzen können, muss Beschaffenheit und Härtegrad der Stämme
beurteilen, Farbe und Maserung des Holzes berücksichtigen, die Redu-
zierung des Volumens während des Trockenvorgangs einkalkulieren
und die Qualität eines neuen Schuhs am Aussehen und am Klang erkennen.

Sein Handwerk erfordert den Umgang mit zahlreichen Schneide-,
Bohr- und Schabwerkzeugen unterschiedlichster Form – gerade, fein
zulaufende und gekrümmte. Angesichts der ständigen Gefahr, sich zu
schneiden, ist er wohl schon als Jugendlicher abgehärtet und daran
gewöhnt Schmerz zu ertragen. Sein Beruf lehrt ihn eine Reihe von
Gesten, die sich zweifellos auch auf sein Verhalten im Alltag niederschlagen. Er kräftigt sein Handgelenk, gewinnt Treffsicherheit und
schärft seinen Blick. Zeit seines Lebens muss er, Tag für Tag, unermüdlich eine dreidimensionale Form gestalten. Hat er sich auf einen
Arbeitsschritt spezialisiert? Ist er Behauer, Höhler, Abzieher? Wahrscheinlich beherrscht er alle drei Arbeitsvorgänge. Aber vielleicht ver-

teilt er die Aufgaben ja auch, wenn er in La Basse-Frêne mit einem seiner Söhne oder seinem Schwager zusammenarbeitet, je nach besonderem Geschick.

Welche Art von Holzschuh Louis-François fertigt, hängt wohl von seinem Auftraggeber ab. Angesichts der großen Nachfrage ist jedoch davon auszugehen, dass er vor allem schwere, geschlossene Holzschuhe aus Buchenstämmen herstellt. Ob er ausschließlich für einen Verleger arbeitet oder auch einen eigenen Kundenkreis vor Ort beliefert, lässt sich nicht mit Sicherheit beantworten. Möglicherweise erhält er Aufträge von Verwandten, Freunden oder Nachbarn aus Origny. In diesem Fall sind zusätzliche Kenntnisse vonnöten. Er muss genau wissen, wie die Füße seiner Kunden beschaffen sind, welche Maße sie haben, an welcher Stelle sie empfindlich sind oder eventuelle Missbildungen aufweisen. Die Holzschuhmacher der Dörfer kennen, wie man weiß, die Schuhgröße ihrer Kunden auswendig.

Wer Louis-François Pinagot verstehen will, muss sich vor allem auf jenes intuitive Erfassen verstehen, das wohl das seine ist, muss die engen Beziehungen zwischen dem Holzschuh und der ländlichen Lebenswelt nachvollziehen. Es kommt darauf an, das ländliche Leben zu verstehen, insbesondere die Bedeutung des Tragens von Holzschuhen. Beschäftigen wir uns also einen Augenblick mit der Frage, was dieses Schuhwerk im Rahmen der ländlichen Gesellschaft bedeutet und welche Rolle demzufolge der Holzschuhmacher in der sozialen Vorstellungswelt besitzt.

Der Holzschuh zwingt dem Träger eine Gestik, einen Körperrhythmus, eine Verhaltensweise auf. Er verbietet den lockeren Gang und das schnelle Rennen.[34] Der Holzschuh wiegt schwer; er hindert den Fuß daran, sich zu krümmen. Auf der anderen Seite gibt er ihm bei dem schlürfenden Gang, zu dem er nötigt, auf fast jedem Untergrund Halt. Er bewahrt ihn vor Stößen, Verletzungen und Verbrennungen, er schützt ihn gegen Wasser, Matsch und Schnee. Im Winter mit Stroh gefüllt, hält er warm; im Sommer kühlt der eingelegte leichte Farn. Der Holzschuh härtet die Hornhaut der Fußsohle und erlaubt im Gegensatz zum Lederschuh die Nacktheit des Fußes. Zudem dient er auch als Werkzeug. Wenn man umgräbt, stützt man sich auf den Holzschuh, und ein einziger Fußtritt reicht aus, um einen festen Klumpen zu zertreten.[35]

Der ländliche Raum hallt wider vom Klappern dieses Zeichens für die eigene Präsenz wie die der anderen. Beim Tanz schlägt der Holzschuh den Rhythmus und übertönt gegebenenfalls ungebetene Stimmen. Nicht zufällig räumt ihm das Volkslied einen breiten Raum ein. Der Holzschuh spart Zeit; im Gegensatz zum Stiefel, bei dem das Anziehen und mehr noch das Ausziehen umständlich sind, schlüpft man in den Holzschuh hinein, ohne sich bücken oder setzen zu müssen.[36] Außerdem ist er leicht zu säubern. Beim Gang in den Garten, zum Brunnen, in die Scheune oder den Stall macht man sich die Füße nicht schmutzig – falls man darauf überhaupt Wert legt. Bei Bedarf stellt der Holzschuh eine gefährliche Waffe dar, wie die schrecklichen Ereignisse des 16. August 1870 in Hautefaye[37] oder die Massaker im Departement Orne im Sommer 1792 zeigen; um nur zwei Beispiele unter vielen anderen zu nennen.

Der Holzschuh ist ein entscheidendes Identitätsmerkmal, das die Anwesenheit seines Trägers verrät. Vor der Tür abgestellt, signalisiert er einen unerwünschten Gast ebenso wie einen geliebten Menschen. Auf dem Land wird man »vom Geräusch seiner Holzschuhe angekündigt«. Am Rhythmus lässt sich vieles ablesen: der langsame Gang der Alten, der lebhaftere der jungen Leute, der schlürfende des Feldarbeiters, der müde von der Ernte heimkehrt. Unüberhörbar ist der Unterschied zwischen der geschäftigen Leichtigkeit der Frauenholzschuhe und der ruhigen Schwerfälligkeit der Männerschuhe. Das Klappern der Holzschuhe prägt mithin die Geräuschkulisse des ländlichen Raums ebenso wie der Arbeitsgesang, ebenso wie die vertrauten Stimmen, die man gar nicht verstehen muss, um sich durch ihre Präsenz in Sicherheit zu fühlen.[38] Als die Untere Normandie im Jahr 1830 von einer Reihe von Brandstiftungen heimgesucht wird, verurteilt das Gericht einen Verdächtigen zum Tode, weil einer der Zeugen versichert, er habe ihn am Geräusch seiner Schritte eindeutig erkannt.[39]

Die Holzschuhe bilden also einen vertrauten Bestandteil der ländlichen Welt, ohne Unterlass hat man ihr Geräusch im Ohr.[40] Man riecht sie, wenn sie im Rauch trocknen, man sieht, wie sie sich bei der Arbeit abnutzen und sich ihnen auf diese Weise Erinnerungen einprägen. Dieser Wert als Identitätsmerkmal erklärt, weshalb die Holzschuhe eines Verstorbenen mit geradezu religiöser Andacht behandelt und aufbewahrt werden. Mehr noch als die Kleider des Verstorbenen gelten sie als letzte Erinnerung an ein Leben.[41]

All dies dürfte Louis-François Pinagot mehr oder weniger deutlich wahrgenommen haben. Anders verhält es sich gewiss mit dem Symbolgehalt der Holzschuhe, den gebildete Beobachter aufdecken; dieses Wissen war nicht allgemein verbreitet. Indes muss man auch hier unterscheiden. Ohne Zweifel versteht Louis-François Pinagot, was die in der Sprache seines Milieus allgegenwärtigen Sprichworte über den Holzschuh sagen, insbesondere im Hinblick auf seine häufig evozierten erotischen Aspekte.[42] Die Berührung des nackten Fußes mit Stroh, Holz oder Farn gibt dem Holzschuh eine sinnliche Qualität. Seine Form – und die Art, wie man hineinschlüpft – erinnert an das weibliche Geschlecht und den Geschlechtsakt. Sich die Schuhe ausziehen zu lassen, heißt für eine junges Mädchen, sich dem männlichen Begehren hinzugeben, so wie wenn sie den Gürtel oder die Schürze ablegt.[43] »Seinen Holzschuh zerbrochen haben« bedeutet, die Jungfernschaft verloren zu haben. »Den Holzschuh wechseln« meint, eine Geliebte zu nehmen. Dieses Spiel der Analogien haben die Ethnologen ausführlich beschrieben.

Doch jenseits dieser spielerischen Ebene ist größere Vorsicht angebracht, wenn wir uns der Symbolisierung von Armut, Einschränkung und Unterordnung zuwenden. In den Augen der Eliten, allgemeiner, der Städter, symbolisiert der Holzschuh das Volk, und bei »Versammlung der Holzschuhe« denkt man hier an die Massenaushebung während der Französischen Revolution oder die royalistischen Aufständischen in der Vendée. Wie frühzeitig diese Assoziation auftritt, zeigt der *Trésor de la langue française*. Für soziale Aufsteiger symbolisiert der Holz-

schuh, den man selbst einst trug, die unterste Stufe der sozialen Stufenleiter.

Ich bezweifle allerdings, dass Louis-François ähnliche Vorstellungen
mit dem Holzschuh verknüpfte. Vieles deutet darauf hin, dass er den
Holzschuh als Symbol einer dynamischen Klasse wahrnimmt: die
Sorgfalt, mit der man sie schmückt, die Freude, mit der man sie bei
festlichen Gelegenheiten zur Schau trägt, die stolze Identifizierung mit
ihnen, als wären sie Wappen, der Aufschwung des Gewerbes der Holzschuhmacher, ihre wachsende Zahl, die freilich über lange Zeit im
Elend leben. Vor allem als die ländliche Gesellschaft der Normandie
und des Perche in den 1860-er Jahren den Höhepunkt ihrer Entwicklung zu erreichen scheint, muss es Louis-François Pinagot mit einem
gewissen Stolz erfüllen, dass er Holzschuhe herstellt, nach denen die
Nachfrage ständig ansteigt und die es den Bauern erlauben, sich von
ihren unbeschuhten Mitmenschen zu unterscheiden.

Stadt und Land verbinden mit dem Holzschuh zweifellos völlig
gegensätzliche Wertvorstellungen. Im städtischen Milieu symbolisiert
er soziales Scheitern. Er erinnert an die Provinz, er ist Gegenstand des
Spotts, der das ländliche Leben insgesamt trifft. Mit dem Holzschuh
bringt man alles das in Zusammenhang, was man abschätzig beurteilt.
Ganz anders auf dem Land: Hier regiert der Holzschuh, jedenfalls
in der Lebensspanne des bescheidenen Handwerkers Louis-François
Pinagot aus La Basse-Fresnaye.

Doch kommen wir auf die Lage des Holzschuhmachers in der
Gegend von Bellême zurück und betrachten wir seine Marktbeziehungen. Der wirtschaftliche Entwicklungsstand der gesamten Region lässt
sich als »Protoindustrialisierung«[44] beschreiben. Wir verwenden dieses
oft beschriebene Modell, obwohl man sich vor Begriffen hüten sollte,
die sich aus einer rückblickenden Analyse des Geschichtsverlauf nach
Maßgabe einer bereits eingetretenen Zukunft ergeben. Die Verleger
von Holzschuhen oder konzessionierten Holzschuhmachermeister haben ihren Sitz in Bellême, Saint-Martin, Mamers, La Perrière und einigen bescheideneren Flecken, wie Herr Lemay aus Origny-le-Butin,

den wir bereits kennengelernt haben. Diese konzessionierten Holzschuhmachermeister bilden eine verstreute, aber dennoch umfangreiche Gruppe. Im Jahr IX beziffert Delestang ihre Zahl im Arrondissement Mortagne auf 193.[45]

Die Holzschuhmacherei, die einen geringeren Konzentrationsgrad
aufweist als das Spinnereigewerbe, wird von Kaufleuten beherrscht.
Sie stehen mit den Meistern in engem Kontakt und bestimmen, welche
Art von Holzschuhen hergestellt wird. Wenn man Raymond Humbert
glauben darf, beschäftigt ein Holzschuhfabrikant im Departement
Orne zwischen fünfzig und sechzig Holzschuhmacher, ein Pariser
Kaufmann fünfundzwanzig Holzschuhmachermeister.[46] Dies ist jedoch nur als grobe Schätzung anzusehen, die die Verhältnisse bis in die
1860-er Jahre wohl ein wenig überzeichnet. Zuvor war die Konzentra-
tion noch nicht so ausgeprägt, wie das quantitative Verhältnis zwischen
den Holzschuhmachern am Wald von Bellême und den konzessionierten Meistern in den genannten Kleinstädten zeigt.

Wesentlich für uns ist hier vor allem, wie sich die Beziehungen zwischen Meister und »Arbeiter«[47] gestalten. Über das Arbeitsverhältnis
von Holzschuhmachern in den Waldhütten geben die Gerichtsakten
Auskunft. Am 13. September 1822 erscheinen der konzessionierte
Holzschuhmacher Pierre-Nicolas Germond aus Bellême und der
Holzschuhmacher René Faucon jun. aus Origny-le-Butin vor Gericht. Louis-François Pinagot ist zu diesem Zeitpunkt 24 Jahre alt,
und es ist anzunehmen, dass er sich in den Jahren zuvor, als er noch
Junggeselle war, in einer ähnlichen Situation befand. Faucon, so heißt
es, habe »sich mündlich verpflichtet, in der Werkstatt und auf Rechnung des besagten Germond im Wald von Réno Holzschuhe zu fertigen, zu einem Preis, der pro *somme* Holzschuhe vereinbart wurde, und
dies bis zur nächsten staatlichen Holzversteigerung«.[48] Nun habe sich
Faucon »unberechtigterweise entschlossen, besagte Werkstatt zu verlassen, um anderswo zu arbeiten«. Dies habe Germond »geschäftlich
geschädigt«, und deshalb fordere er, dass der Arbeiter unter »Andro-
hung einer Entschädigungszahlung in Höhe von 50 Francs« ver-

pflichtet werde, in seine Werkstatt zurückzukehren und die Arbeit wieder aufzunehmen.

Faucon behauptet dagegen, er sei keinerlei Verpflichtung eingegangen. Andernfalls hätte Germond ihm das übliche Handgeld gezahlt. Er räumt ein, dass »er tatsächlich ungefähr drei Monate in der Werkstatt [des Meisters] gearbeitet habe, doch sei er, als man ihm einen höheren Preis bot, woanders arbeiten gegangen«. Germond erinnert daran, dass sie sich vor fünf Monaten »auf einen Preis von sieben Francs pro *somme* einschließlich ein Franc pro *somme* in Wein geeinigt haben«. Indem Faucon die Werkstatt verließ, »hat er den Arbeiter, mit dem er zusammenarbeitete, um seine Arbeit gebracht«. Herr Chrétien, Holzschuhmacher in Saint-Martin-du-Vieux-Bellême, sei Zeuge der mündlichen Abmachung. Als Faucon bei Germond um Arbeit nachfragte, habe dieser gesagt: »Ich gebe meinen anderen Arbeitern sieben Francs für die *somme;* ich zahle dir denselben Preis.« Faucon »akzeptierte diese Bedingung und *legte sein Werkzeug nieder,* das er zur Werkstatt [von Germond] transportieren ließ«, wo er drei oder vier Monate arbeitete. Faucon wird schließlich zu einem Schadenersatz von fünf Francs verurteilt.

Am 1. August 1827 verklagt der konzessionierte Holzschuhverleger Louis-Julien Lemaire aus Bellême den ebenfalls in Bellême ansässigen Holzschuhmacher Julien Choplain bei Gericht. Nach Aussage des Klägers habe sich letzterer »ihm gegenüber zur Arbeit verpflichtet und dafür zehn Francs Handgeld in Wein erhalten und zusätzliche acht Francs pro *somme* Holzschuhe; und drei Monate nach dieser Vereinbarung hatte besagter Choplain die Werkstatt grundlos verlassen«.[49] Der Angeklagte wiederum behauptet, Lemaire »hat ihm keine Arbeit gegeben«. Er behalte die zehn Francs als Entschädigung für seine Arbeitslosigkeit. Außerdem habe er eine Esche fällen und mehrmals »Holz auf seinen Schultern zur Werkstatt tragen« müssen, wovon beim Anstellungsgespräch nie die Rede gewesen sei. Nichtsdestotrotz wird er dazu verurteilt, die zehn Francs für den Wein zurückzuzahlen.

Wenn Louis-François Pinagot in seiner Jugend und direkt nach seiner Heirat, als er in Saint-Martin lebte, in der Hütte eines Holzschuhma-

chermeisters gearbeitet hat, musste auch er solche Verpflichtungen eingehen bzw. solche Vereinbarungen treffen. Die Modalitäten dieser
mündlichen Abmachungen sind eindeutig: Meister und Arbeiter verständigen sich im Beisein eines Zeugen über den Preis für die zu ferti-
gende *somme* von Holzschuhen und die Höhe des Handgelds oder die
entsprechende Menge Wein. Nachdem sich der Holzschuhmacher verpflichtet hat, eine gewisse Zeit – bis zur nächsten staatlichen Holzversteigerung – unter diesen Bedingungen zu arbeiten, legt er sein Werkzeug nieder und bringt es – oder lässt es bringen – in die Hütte des
Fabrikanten, die im Wald oder in der Nähe eines Weilers liegen kann.
Der Meister ist nun verpflichtet, dem Arbeiter die Möglichkeit zu
geben, seine Arbeit zu verrichten. Die Vielzahl der Werkstätten erlaubt
es dem Holzschuhmacher, dem Fabrikanten nötigenfalls damit zu drohen, eine andere, besser bezahlte Arbeit anzunehmen. Einmal in der
Werkstatt des Meisters, bestimmt der Holzschuhmacher selbst, wie
viel er arbeiten und demzufolge verdienen will. Unter den Holzschuhmachern, die in derselben Hütte arbeiten, kristallisiert sich anscheinend
eine gewisse Spezialisierung und Arbeitsteilung heraus, in Behauer,
Höhler und Abzieher.

Als Louis-François in Hôtel-Migné und La Basse-Frêne lebt, arbeitet
er offenbar zu Hause, wie wir gesehen haben. Der folgende Rechtsstreit informiert über die ein wenig anderen Vereinbarungen zwischen
Fabrikanten und unabhängigen, bei sich arbeitenden Holzschuhmachern. Am 16. Juli 1819 erscheinen vor Gericht der konzessionierte
Holzhändler Jacques Evezard aus Bellême und der Holzschuhmacher
Mathurin Guillin, genannt Rustin, aus Courage, ein Weiler von Saint-
Martin nahe Origny-le-Butin, assoziiert mit Jacques Geslain, den wir
bereits kennen gelernt haben. Es ist anzunehmen, dass Louis-François
die beiden Arbeiter kennt, und dass er selbst ähnliche Arbeitsverpflich-
tungen eingegangen ist. »In der Hoffnung, Guillin würde für ihn arbeiten, schoss [Evezard] ihm unter Solidarbürgschaft des besagten Geslain
den Betrag von 90 Francs 80 Centimes vor; aber da sie diesen Betrag
nicht zurückzahlen konnten, hätten sie versprochen, dem besagten

Evezard zweieinhalb *sommes* Holzschuhe zu je 32 Francs zu geben, was 80 Francs macht, und dazu noch 27 Paar Holzschuhe zu 40 Centimes das Paar, was 10 Francs und 80 Centimes macht; woraufhin am 27. April 1818 jedoch nur eine *somme* Holzschuhe abzüglich ein Paar geliefert wurde; was 31 Francs und 60 Centimes macht, die von besagtem Betrag in Höhe von 90 Francs 80 Centimes abzuziehen sind. «[50] Evezard reklamiert demnach 59 Francs und 20 Centimes. Das Gericht erkennt diese Forderung an und verurteilt Guillin und Geslain zur Rückzahlung. Des Weiteren verurteilt es Guillin zur Zahlung von 18 Francs und 80 Centimes »als Preis für nicht getrocknete Holzschuhe«.

Die Vereinbarung gestaltet sich hier also wesentlicher einfacher als im vorangehenden Fall. Der Meister gibt eine Bestellung auf und schießt den entsprechenden Betrag vor, damit der Holzschuhmacher mit der Arbeit beginnen kann. Dieser verpflichtet sich zur Lieferung eines Endprodukts, das heißt fertiger, im Rauch getrockneter Holzschuhe. Die große Zahl von Fabrikanten und die Tatsache, dass jeder von ihnen heimarbeitende Holzschuhmacher finden muss, lässt vermuten, dass der einfache Holzschuhmacher angesichts der wirtschaftlichen Expansion des Gewerbes dem Arbeitsmarkt in dieser Zeit alles andere als hilflos ausgeliefert war. Im Übrigen belieferte der Meister seine Arbeiter bisweilen selbst mit Holz, was im soeben geschilderten Rechtsstreit offenbar jedoch nicht der Fall war.

Unter diesen Bedingungen ist nur schwer abzuschätzen, wieviel Louis-François Pinagot verdient hat. Im Jahr 1809 schätzt Louis Dubois den Preis einer *somme* Holzschuhe auf 48 Francs.[51] 1819 gibt der Händler dem Handwerker 40 Centimes für das Paar und 32 Francs für die *somme*. Dies würde auf einen Preisrückgang innerhalb dieser zehn Jahren schließen lassen. Ungewiss bleibt jedoch, ob es sich bei der *somme* in beiden Fällen um dasselbe Maß handelt; zudem bezieht sich die erste Schätzung möglicherweise auf den Verkaufspreis und nicht auf den Einkaufspreis des Händlers. Wie dem auch sei, mit diesen Angaben allein lässt sich der Gewinn eines Holzschuhmachers nicht kalkulieren, denn dazu müssten wir noch die Material- und Transportkosten kennen, zumindest für den Fall, dass der Fabrikant den Rohstoff nicht liefert. Die sieben oder acht Francs pro *somme,* die ein in einer Hütte angestellter Holzschuhmacher verdient, geben hier letztlich eine genauere Vorstellung vom Einkommen dieser Arbeiter. Indes müsste man noch genau wissen, wieviel Zeit die Herstellung einer *somme* beansprucht.

Angesichts der hier auftretenden Schwierigkeiten kann man verstehen, dass die Holzschuhmacher auch bei statistischen Untersuchungen in früher Zeit nicht berücksichtigt wurden. Die einzige genauere Angabe stammt aus dem Jahr 1834. Wie Odolant-Desnos versichert, fertigt ein Holzschuhmacher in der Orne damals fünfzig Paar Holzschuhe pro Woche »zu einem Paarpreis von zwanzig Centimes«,[52] was dem Arbeiter ein Tageseinkommen von 1,43 Francs verschafft. Leider wissen wir nicht, aus welcher Quelle Odolant-Desnos diese Angaben bezieht.

Die erste Schätzung des Tageseinkommens der Holzschuhmacher von Bellême und Saint-Martin stammt aus dem Jahr 1855.[53] Es liegt, je nach Arbeitseifer und Fertigkeit, zwischen 0,75 und 1,50 Francs, durchschnittlich bei 1,08 Francs. Damit verdient ein Holzschuhmacher ungefähr genauso viel wie ein Tagelöhner, nur dass er wahrscheinlich regelmäßiger Arbeit hat. Folgt man der Untersuchung, die die Bürgermeister der Orne 1862 unter Oberaufsicht der Friedensrichter und der Kommissare des Kantons durchführen, verdienen die Holzschuhmacher in Origny-le-Butin zwischen 1,75 und 1,25 Francs am Tag.[54] Fünf Jahre später, im Jahr 1867, schwankt das Tageseinkommen der Holzschuhmacher in und um Bellême zwischen 2 und 2,50 Francs.[55] Daraus ergibt sich, dass das Einkommen von Louis-François Pinagot unter dem Zweiten Kaiserreich deutlich zunahm, zumal gesichert ist, dass der Bürgermeister von Origny-le-Butin an der Erhebung von 1862 mitgearbeitet hat. In den letzten zehn Jahren des Regimes lag das Einkommen eines Holzschuhmachers deutlich über dem eines Tagelöhners.

Dieser Aufstieg erklärt sich aus der günstigen Konjunkturentwicklung. Die Nachfrage nach Holzschuhen nimmt in dieser Zeit erheblich zu, und der Markt erweitert sich. Wie der Verfasser einer 1858 durchge-

führten Untersuchung über den Wald von Bellême und seine wirt-
schaftliche Nutzung schreibt, »werden die Holzschuhe nach Paris
verkauft. Die überschüssigen Produkte des Hochwalds werden in der
Region verbraucht, in Mortagne, Bellême, Mamers, Nogent und
Le Mans«.[56] Auch »die Holzspäne«, merkt er an, finden »leichten
Absatz«.

Das wirtschaftliche Umfeld, in dem sich die Holzschuhfabrikanten
bewegen, trägt durchaus paradoxe Züge. Bis in die 1860-er Jahre leidet
die Wirtschaft im Perche darunter, dass der Übergang von der Protoindustrialisierung zur modernen Industrie nicht vollzogen wird.[57] Vor
allem in den ersten zehn Jahren des Zweiten Kaiserreichs verlagert sich
das Gravitationszentrum der ornesischen Industrie vom Haut-Perche
in die Bocage im westlichen Teil des Departements. Indes kommt es
vor dem Hintergrund dieses allgemeinen Misserfolgs paradoxerweise
zu einem Aufschwung der Holzschuhmacherei. Nun wird dieser Gewerbezweig erstmals in statistischen Untersuchungen berücksichtigt
und kommt damit sozusagen zu Ehren. Gleichzeitig stellt der Kanton
von Bellême einen Sonderfall dar: Aufgrund der Expansion der Holzschuhmacherei entwickelt sich »eine zeitlich verschobene Protoindustrialisierung«;[58] der Kanton industrialisiert sich. In der Geschichte, die
uns hier beschäftigt, ist eben alles eine Frage der Analyseebene.

Zeit seines Lebens wird Louis-François Pinagot von dieser günstigen
Konjunkturentwicklung gewissermaßen getragen, von den positiven
Auswirkungen dieser paradoxen Ungleichzeitigkeit, die mit der allgemeinen Deindustrialisierung der Region kontrastiert. Der Niedergang
der Holzschuhmacherei beginnt erst in den 1880-er Jahren, also nach
seinem Tod. Selbstverständlich entspricht diesem langfristigen Trend
in der Lebenswirklichkeit keineswegs eine lineare Aufwärtsentwick-
lung; wie das übrige Holzgewerbe durchlebt auch die Holzschuhmacherei schreckliche Krisen.[59]

Die positiven Auswirkungen dieser Ungleichzeitigkeit werden
durch den unerwarteten Aufschwung des Netzhandschuhgewerbes
weiter verstärkt. Der Haushalt von Louis-François Pinagot bekommt

in dieser Zeit eine Reihe gegensätzlicher Wirtschaftstendenzen zu spüren (wir werden noch darauf zurückkommen). Seine Ehefrau und seine ältesten Töchter, beide als Spinnerinnen tätig, sind Opfer der Deindustrialisierung. Der Niedergang des Spinnereigewerbes verringert das Einkommen der Familie, die wegen ihres Kinderreichtums sowieso schon am Rande des Elends lebt. Nach der Krise von 1846–1848 wandelt sich die häusliche Frauenarbeit im Zuge des Aufschwungs der im großen Stil betriebenen Filetstrickerei und Handschuhmacherei, die an die Stelle der allmählich absterbenden unsystematischen Heimarbeit treten. Diese günstige Konjunkturentwicklung spiegelt sich auch im Lebensstandard der Familie von Louis-François wider, wie er kurz nach dem Tod der Mutter bestand.

Der Aufschwung der Holzschuhmacherei und die wachsende Zahl der Holzschuhmacher konnten ihm nicht verborgen bleiben und mussten ihn davon überzeugen, dass sein Beruf im Gegensatz zu anderen auf einmal an Ansehen gewann. Hüten wir uns also vor der Annahme, er habe seine Tätigkeit als archaisch und minderwertig wahrgenommen und sich als Betroffener eines unvermeidlichen Niedergangs gefühlt. Denn ungeachtet des »statistischen Chaos'«[60] weisen alle verfügbaren Angaben über die Wirtschaftsentwicklung im Umkreis der Wälder des Haut-Perche und insbesondere am Südrand des Staatswaldes von Bellême[61] darauf hin, dass die Zahl der Holzschuhmacher bis zum Tod von Louis-François Pinagot ständig ansteigt.

Doch wäre es einmal mehr unzureichend, wenn wir nur seine Arbeit im Blick behielten, ist doch das Familienoberhaupt nicht das einzige Familienmitglied, das zum Lebensunterhalt beiträgt. Bis 1846 sind seine Frau und seine Töchter als Spinnerinnen gemeldet. Wie viele arme Frauen in Origny-le-Butin dieser Tätigkeit nachgehen – alleinstehende Mütter wie die Kusine Angélique, Witwen, im Stich gelassene Ehefrauen und die Töchter von Holzarbeitern – haben wir bereits gesehen. Ein Beispiel hierfür sind die Arbeiterinnen von La Basse-Frêne, die auf Rechnung der Verleger von Bellême nach alter Methode Hanf spinnen. Dabei liefern die Verleger den Rohstoff und nehmen das Endpro-

dukt ab.[62] Auch dieser Gewerbezweig hat seine Prosperitätsphase.
Wenn man dem Unterpräfekten Delestang Glauben schenken darf, arbeiten zur Zeit der frühen Kindheit von Louis-François im Kanton
von Bellême 4000 Frauen am Spinnrad. Die Gewerbezählung von 1811
hingegen verzeichnet für das gesamte Arrondissement Mortagne nur
noch 600 Spinnerinnen. Bis 1834 steigt ihre Zahl offenbar erneut auf
2000 an.[63]

Die Hanfspinnerei war für die meisten Frauen nur eine saisonale oder
gelegentliche, in jedem Fall aber zweitrangige Beschäftigung. Indes ist
auch bei dieser Feststellung Vorsicht geboten. Die Hanfspinnerinnen
gehen dieser »unvordenklichen« Arbeit während der kalten Jahreszeit
nach, wenn sie allein zu Hause sind. Im Durchschnitt spinnen sie nur
sechs Monate im Jahr, wie die Erhebung von 1812 ergibt.[64] Ähnliches
gilt für die Leinenarbeiterinnen im Norden des Arrondissements: Sie
widmen dieser Arbeit »so wenig Zeit, dass die Erzeugnisse dieses
Gewerbes keiner Erwähnung wert sind«.[65] Der Verfasser der Untersuchung fügt mit Blick auf die Arbeiterinnen der Gegend um Bellême
hinzu: »Es gibt jedoch einige, die das ganze Jahr hindurch spinnen.«
Gehört Anne Pôté als Frau eines landlosen Holzschuhmachers vielleicht zu dieser Gruppe?

Drei Möglichkeiten sind hier denkbar: Entweder, sie spann neben
der Hausarbeit das ganze Jahr über, oder sie benutzte das Spinnrad nur
gelegentlich und kümmerte sich ansonsten um die Endbearbeitung der
Holzschuhe, oder aber sie spann im Winter und arbeitete in der Erntezeit bei ihrem Vater oder Schwiegervater auf dem Feld. Diese zeitwei-
lige Beschäftigung musste sie reizen, da eine Erntearbeiterin viermal so
viel verdiente wie eine Spinnerin. Wie es sich in Wirklichkeit verhielt,
werden wir nie erfahren. Vielleicht haben die Mutter und die älteren
Töchter alle drei Möglichkeiten nacheinander oder abwechselnd reali-
siert.

Im Übrigen darf man nicht glauben, dass alle Spinnerinnen von
Origny-le-Butin für Verleger tätig sind. Manche arbeiten auch für
einen Familienangehörigen, einen Nachbarn oder einfach für einen

Kunden. Nicht wenige Mägde spinnen auf Rechnung ihres Herren, wenn sie nichts anderes zu tun haben.

Am 25. September 1823 verklagt die Magd Françoise-Marie Martin ihren ehemaligen Herrn Henri de Bloteau, Bauer in Origny-le-Butin, vor Gericht.[66] Louis-François muss die Tochter Martins gekannt haben, denn sie ist ungefähr in seinem Alter und arbeitet für einen Grundbesitzer, der seinen Vater zum Bevollmächtigten bestellt hat. Marie Martin fordert 21 Francs Bezahlung für das vorangehende und 10 Francs für das laufende Jahr. Sie berichtet, dass sie sich im September vergangenen Jahres bis zum Johannistag bei Monsieur de Bloteau für 39 Francs eingemietet habe; »dass sie sich, als die schwanger wurde, in das Haus der besagten Brodin zurückgezogen hat, wo sie ihr Kind gebar, dass sie drei Monate dort geblieben ist, dass sie, obwohl sie nicht mehr bei Herrn de Bloteau hauste, *für ihn spann* und von ihm ernährt wurde, dass De Bloteau jedoch, als sie am Johannistag abrechnete, ihr einen Monat von ihrer Bezahlung abzog«. Ihr Herr wiederum versichert, dass er ihr für die drei Monate nichts schulde, dass er ihr »aus Menschenliebe Spinnarbeit besorgt habe, dass er sie als Gegenleistung für diese kleine Arbeit bei der Witwe Brodin ernährt und für das Nötigste gesorgt habe«. Dieser Rechtsstreit, den das Gericht schließlich zugunsten von De Bloteau entscheidet, unterstreicht einmal mehr, wie komplex die Vereinbarungen zwischen den Dorfbewohnern sind.

Auch die Spinnerei ist Teil jenes vielschichtigen Tauschgefüges von Arbeitsleistungen, das die wirtschaftlichen Beziehungen in Origny-le-Butin bestimmt. Dies zeigt ein Rechtsstreit im November 1853, in den eine Schwägerin und ein Schwager von Louis-François verwickelt sind und der uns nebenbei auch über die Praktiken eines anderen Holzschuhmachers unterrichtet.[67] Louise Pôté, Frau des Holzschuhmachers Julien Courville aus Vigne-de-la-Coudre in der Gemarkung Origny-le-Butin, hat für Herrn Riboux, einen Bauern aus Plessis, für eine Bezahlung von 8,50 Francs acht Kilogramm Rohhanf versponnen. Riboux »gibt an, dass er durchaus 8,50 Francs für die Spinnarbeit schulde, aber dieser [der Holzschuhmacher Courville] ihm mindestens dieselbe

Summe schulde für die Feldarbeit«, die er auf zwei Parzellen von Courville verrichtet habe. Er habe sogar ins Auge gefasst, von dem Holzschuhmacher 10 Francs für diese Arbeit zu verlangen, doch »in dem Glauben, dadurch einen Prozess zu vermeiden, habe er in die Vermittlung durch ehrenwerte Persönlichkeiten, darunter der stellvertretende Bürgermeister der Gemeinde, eingewilligt«, um die beiden Forderungen gegeneinander aufzurechnen.

Courville wiederum versichert, er habe die Arbeit von mehreren Bauern in Anspruch genommen, darunter auch des Bürgermeisters von Origny-le-Butin, und alle hätten geschätzt, dass er Riboux nur 6 Francs schulde. Der Richter kommt schließlich zu dem Schluss, dass die beiden Arbeitsleistungen gleich viel wert sind und die gegenseitigen Forderungen sich daher aufheben. Es ist also durchaus denkbar, dass die Arbeit von Anne Pôté und ihren Töchtern mitunter gegen eine Fuhrladung Langholz oder Buchenstämme aufgerechnet wurde.

Eine Spinnerin verdiente geradezu lächerlich wenig. 1812 wird ihr Tageseinkommen auf 25 Centimes geschätzt,[68] knapp so viel, wie ein Kind in einer Manufaktur bekam. 1848 hatte sich daran nichts geändert. »Der Tageslohn einer Spinnerin, die zwölf Stunden an ihr Spinnrad gekettet ist, um genug zu essen zu haben, kann 20 Centimes nicht übersteigen«, während »eine Kleidermacherin, eine geschickte Schneiderin, ja selbst eine Wäscherin zusätzlich zu ihrer Kost zwischen 40 und 50 Centimes am Tag erhält«.[69] Im Jahr 1855 liegt der Lohn einer Spinnerin in Bellême und Saint-Martin immer noch bei 25 Centimes, während der einer Handschuhmacherin 65 Centimes erreicht.[70] Angesichts dessen versteht man, dass viele Frauen umsatteln.[71] Zwischen 1851 und 1861 nimmt die Zahl der Spinnerinnen in Saint-Martin um 45 Prozent ab, während die Zahl der Handschuhmacherinnen, die älter als 14 Jahre sind, um 70 Prozent ansteigt.[72]

Bereits in den Anfängen der Juli-Monarchie klagen die Staatsbeamten über den Niedergang der Spinnerei und die traurige Situation der Arbeiterinnen im Kanton von Bellême. Viele Spinnerinnen am Südrand des Staatsforsts leben in bitterster Not und müssen betteln gehen.

Als Beispiel sei an die Kusine Angélique, die Witwe Virlouvet und die Witwe Foussard erinnert, die in unmittelbarer Nachbarschaft von Louis-François wohnen. Vergessen wir nicht, dass auch seine Familie im Zuge des Niedergangs der Spinnerei in Not gerät. Indes kann man sich fragen, warum das so sein musste. Denn Vater Pinagot – Halbpächter, Fuhrmann und Bevollmächtiger eines kleinen Notabeln – entgeht offenbar der Not, und Vater Pôté gilt zu Beginn des Jahrhunderts als eine der führenden Persönlichkeiten von Origny. Dass sie ihren Sohn beziehungsweise ihre Tochter einem solch elenden Schicksal überlassen, mag erstaunen. Jedoch sollte man nicht vergessen, dass der Stern der Familie Pôté bereits damals zu sinken beginnt, wie die unglücklichen Lebensumstände des Bruders, Marin Pôté, zeigen; und Jacques Pinagot ist wahrscheinlich ein recht egoistischer Mensch, dem seine Magd und Geliebte mehr am Herzen liegt als seine Frau, die ihn verlässt, mehr auch als sein offenbar sehr fleißiger Sohn.

Im Anschluss an diese lange, schwierige Zeit um die Jahrhundertmitte bessert sich die Lage der Familie von Louis-François langsam. Die Zahl der Handschuhmacherinnen am Waldrand steigt auch weiter stark an. Allein im Kanton Bellême sind 1862 1 860 Handschuhmacherinnen registriert; 17 Werkstätten beschäftigen zwischen 29 und 475 Arbeiterinnen.[73] In Origny-le-Butin sind 35 Frauen und 14 Kinder in der Netzhandschuhmacherei tätig, darunter zwei Töchter von Louis-François, die »für die Fabrikanten in Bellême und Mamers arbeiten«. Im Jahr 1867 sind im gesamten Arrondissement 8 190 Frauen und 1 410 junge Mädchen als Handschuhmacherinnen gemeldet.[74]

Die Handschuhmacherei erfordert im Gegensatz zum alten Spinnereigewerbe »eine kontinuierlichere und nicht nur zeitweise Nutzung der Frauenarbeit«[75]. Die Arbeiterin darf in ihrer Tätigkeit nicht gestört werden. Das Herstellen von Handschuhen und Holzschuhen fügt sich problemlos ineineinander, bildet ein kohärentes System – was bei der Spinnerei nicht der Fall war. Wir haben es hier mit einem Prozess der Protoindustrialisierung zu tun, so wie Mendel ihn definiert hat. Allerdings umfasst die Produktionsgemeinschaft von Louis-François und seinen Töchtern zwei grundsätzlich verschiedene Tätigkeiten. Die Holz-schuhmacherei ist, so sehr sie auch prosperieren mag, ein Überbleibsel aus alten Zeiten, die Filetstrickerei hingegen ein moderner Industrie-zweig, in dem die Nachfrage von der Pariser Mode diktiert wird. In Paris sitzen die Auftraggeber, aus Paris kommt das Kapital, Paris ist der Absatzmarkt. Die Filetstrickerei bringt ein anderes Frauenbild zum Ausdruck als das alte Spinnereigewerbe, dem noch die älteren Frauen, vor allem die Witwen, nachgehen. Handschuh und andere Filetstrick-waren wecken Assoziationen an ein Leben in Luxus, während rauher Leinenstoff bestenfalls an die mühsam verdiente, ärmliche Aussteuer erinnert. Einen ähnlichen Wandel der Wunschvorstellungen und Phan-tasien drückt gegen Ende des 19. Jahrhunderts die rasante Vermehrung der Putzmacherinnen und Schneiderinnen aus.[76]

Nach und nach weicht das surrende Spinnrad der Filetnadel und dem Tischchen der Filetstrickerin. Die geräuschlose Herstellung von Hand-schuhen – mit und ohne Fingern – und Haarnetzen erleichtert die Kon-versation unter Frauen, fördert ihr freimütiges Sprechen.[77] Dass dies eine neue Stimmung in La Basse-Frêne hervorrief, ist leicht vorzustel-len.

Die Handschuhmacherinnen, die schon als Teil einer Industrie ange-sehen werden müssen, können ihren Forderungen besser Gehör ver-schaffen als die Spinnerinnen. Am 6. Januar 1855 nimmt die Polizei in Bellême neun Handschuhmacherinnen zur Feststellung der Personal-ien mit auf die Wache.[78] Am Vormittag »hatte sich im oberen Teil der Rue de Paris [...] eine erhebliche Menge versammelt«. Die Arbeiterin-nen beschimpften Frau Pontoise, »weil sie bei Monsieur Fribourg aus Paris darauf hingewirkt hatte, dass ihnen der Lohn je Handschuhpaar um 5 Centimes beschnitten wird«. Das Gericht gibt den Arbeiterinnen Recht und bezeichnet die Haltung der Klägerin als provokativ.

Der Fabrikant, der seine Anweisungen von einem Pariser Großhänd-ler erhält, ist für die Auswahl und den Kauf der Rohmaterialien verant-wortlich. Er liefert das Garn, das er zuvor sorgfältig abwiegt, und schreibt den Handschuh- und Netzmacherinnen vor, welche Modelle

sie zu fertigen haben. »Nach einem festgelegten Plan fährt er von Dorf
zu Dorf, wo er alle zwei bis drei Wochen in einem Café oder im Haus
einer seiner Arbeiterinnen ›empfängt‹.«[79] Als Zwischenglied fungieren
Faktoren oder »Unternehmerinnen«, die in den kleinen Orten wohnen
und mit den ländlichen Arbeitskräften in engerem Kontakt stehen. Der
Fabrikant nimmt das fertige Arbeitserzeugnis entgegen, bezahlt seine
Arbeiterinnen und überprüft bei dieser Gelegenheit Gewicht und Qualität der gelieferten Ware, bewertet die Fertigkeiten seiner Untergebe-
nen und setzt ihren Lohn entsprechend fest. Die kleinen Mädchen lernen die notwendigen Handgriffe in der Familie. Zuerst bereiten sie nur
die Filetnadeln für die Älteren vor, aber schon im Alter von acht bis
zehn Jahren verstehen sie sich auf die Herstellung des Netzwerks. In der
Familie von Louis-François Pinagot war es gewiss nicht anders.

Trotz der häufigen Klagen bringt die Handschuhmacherei der Landbevölkerung relativen Wohlstand. Nach Schätzungen von La Sicotière[80] verdient eine Arbeiterin 1864 zwischen 60 und 80 Centimes
am Tag, was in verschiedenen Untersuchungen weitgehend bestätigt
wird.[81] Die Abweichungen erklären sich vor allem aus dem Umstand,
dass die Handschuhmacherei eine qualifizierte Arbeit darstellt und der
Lohn sich daher nach den individuellen Fähigkeiten bemisst. Wie dem
auch sei, sämtliche verfügbaren Angaben deuten darauf hin, dass die
Frauen wohl weniger das Gefühl einer Einkommenserhöhung haben,
sondern sicher sein können, bereits zu Beginn dreimal soviel zu verdienen wie eine Spinnerin.

Berücksichtigt man überdies den Einkommenszuwachs aus der
Holzschuhherstellung, wird begreiflich, wie Louis-François Pinagot
und seine Kinder sich langsam aus der Not herausarbeiten können, in
der sie, zumal zu Anne Pôtés Lebzeiten, ihr Dasein fristen. Als die Kinder von Louis-François und Anne Pôté noch klein sind, beläuft sich das
Jahreseinkommen der Familie auf schätzungsweise 360 Francs, wovon
sieben Münder zu stopfen sind (313 Arbeitstage × 1,05 Francs = 329
Francs plus 156 Arbeitstage × 0,20 Franc = 31 Francs). Als Louis-François nach dem Tod seiner Frau mit zweien seiner Töchter zusammen-

lebt, die als Handschuhmacherinnen arbeiten, beträgt ihr Jahreseinkommen schätzungsweise 1 001 Francs, wovon nur noch drei Personen
zu ernähren sind (313 Arbeitstage × 2 Francs = 626 Francs plus 313
Arbeitstage × 2 × 0,60 Francs = 375 Francs).

Nach den Ergebnissen der Erhebung von 1848 »würde ein Vier-
Personen-Haushalt mit zwei kleinen Kindern [im Kanton von Bel-
lême] mindestens 500 Francs brauchen, um nicht betteln, stehlen oder
Hunger leiden zu müssen«.[82] Die meisten Arbeiterhaushalte erreichen
dieses Minimum nicht und ernähren sich von Käse, selbstgebackenem
Brot und dünnem Cidre. Auch Louis-François und seine Frau verdienen nach obiger Schätzung lange Zeit weniger, als sie zum Überleben
brauchen, und nutzen daher gewiss die Erntezeit, um auf dem Feld ein
Zubrot zu verdienen. Nach der Jahrhundertmitte verfügen Louis-
François und seine Kinder trotz des allgemein großen Elends in den
Jahren 1846–1855 über ein Einkommen, das sie der Not enthebt und
ihre Konsumgewohnheiten verändert. Die unglückliche Frau stirbt
zu früh, um von dieser günstigen Konjunkturentwicklung zu profi-
tieren.

Doch abgesehen von diesem neuerworbenen Wohlstand ändert sich
wohl auch die Stellung der Töchter innerhalb der Familie, und dies
nicht nur, weil sie mit einem verwitweten Vater zusammenleben. Der
durch die Handschuhherstellung bewirkte gesellschaftliche Aufstieg
der Mädchen und Frauen ist als allgemeines Phänomen deutlich genug,
um zeitgenössische Beobachter zu Klagen zu veranlassen. So äußert
beispielsweise der Unterpräfekt des Arrondissements Mortagne im
Jahr 1868: »Diese beiden Gewerbe [die Filetstrickerei und Handschuh-
macherei] verschaffen zwar den Familienmüttern einige finanzielle
Mittel, aber den glücklichsten Einfluss auf die Volksgesundheit und die
öffentlichen Sitten haben sie nicht. Die Mädchen ziehen diese unabhän-
gige Tätigkeit, obgleich sie geringer bezahlt ist, den harten Feldarbeiten und sogar der Hausarbeit vor, und da der Tageslohn nicht ausreicht,
suchen sie anderweitig – und allzu oft in einer liederlichen Lebensfüh-
rung – die finanziellen Mittel, die ihnen fehlen. Dies führt zu einer

Zunahme von Kindsmorden und unehelichen Geburten, zu einer wachsenden Zahl von Müttern im Kindesalter.«[83]

Diese neue Wahrnehmung der Wünsche von Jugendlichen, die von überbordenden Träumen und ihrem Hang zum Luxus ausgelösten Ängste machen die Entwicklung deutlich. Hätte Anne Pôté diese Veränderungen miterlebt, wäre die Distanz zu ihren Töchtern und Schwiegertöchtern gewiss weitaus größer gewesen als sie zwischen Louis-François und seinen jüngeren Söhnen ist, die wie er noch immer Holzschuhe herstellen.

# Kapitel 6

## DIE VERGNÜGEN DES ARRANGEMENTS

Die einzige Möglichkeit, um herauszufinden, was der Staatsforst von Bellême für die Menschen im Umfeld von Louis-François Pinagot über ihre berufliche Aktivität hinaus bedeutete, besteht in der Durchsicht der Gerichtsarchive. Leider verrät dieser Zugang zu den Wünschen und den Arten, sie zu befriedigen, nur etwas über diejenigen, die straffällig geworden sind. Doch deren Zahl ist in den uns interessierenden Forstbezirken gering, und die meisten von ihnen gelten als »Gewohnheitstäter«[1]. Louis-François Pinagot gehört nicht zu dieser Gruppe; sein Name ist uns bei unserer erschöpfenden Lektüre der Akten des erstinstanzlichen Gerichts und des Friedensgerichts nie begegnet. Gleichwohl kann eine aufmerksame Untersuchung dieser geringfügigen, völlig unbedeutend erscheinenden Vergehen uns verstehen helfen, welche Erwartungen die Menschen an den benachbarten Wald hegten.

Wenn man solche Wünsche und Praktiken nachzuzeichnen beabsichtigt, sollte man eine trockene Statistik der Delinquenz vermeiden.[2] Die dort geläufigen Klassifizierungen verbauen den Zugang zur Realität, ohne eigentlich über die Wirklichkeit der Beziehungen des Menschen zum Wald etwas auszusagen. Ebenso wenig konnten wir unsere Untersuchung freilich auf einige zufällig ausgewählte Einzelfälle beschränken. Wir haben uns daher entschlossen, uns auf die Verwandten und Freunde von Louis-François Pinagot und die Dörfer, die er aller Wahrscheinlichkeit nach regelmäßig aufsuchte, zu konzentrieren. Wir haben zusammengetragen, was ihm nicht verborgen bleiben konnte und die Menschen in seiner Umgebung beschäftigte; zumal er sich von dem einen oder anderen Vorfall gewiss persönlich betroffen fühlte, wenn nämlich die Reputation eines Familienmitglieds auf dem Spiel stand.

Der Kreis der Personen, die in der Gemarkung Origny-le-Butin und in den an die Gemeinde angrenzenden Forstbezirken[3] des Forstfrevels überführt werden, hält erwartungsgemäß keine Überraschungen bereit. Es handelt sich im Wesentlichen um Waldarbeiter, die noch die kleinsten Wege kennen und über das Kommen und Gehen der ihnen bekannten Forstaufseher bestens informiert waren. Straffällig wurden also in erster Linie Tagelöhner, Holzschuhmacher, »Holzer« *(bûcheur)*, Schnittholzsäger, Fuhrleute und Holzhändler. Die wenigen Bauern und Handwerker unter den Delinquenten traten in den meisten Fällen nur als Hehler, Kunden oder Nutznießer des Forstfrevels in Erscheinung, doch nahmen sie mitunter auch persönlich an diesen Unternehmungen teil.

Ebenso wenig Überraschungen bietet die Karte der betroffenen Dörfer. Sie verzeichnet natürlich La Haute- und La Basse-Frêne, aber auch La Haute-Croix, Les Hautes-Folies, La Haute-Roche, Les Querrières, Le Verger, Les Vignes-de-la-Coudre und andere Weiler, in denen die Waldarbeiter zu Hause sind. Manchen von ihnen, namentlich den Holzschuhmachern und Böttchern, dient das Holz aus dem Wald als Rohstoff. Die Witwen und alleinstehenden Frauen, die in diesen Dörfern leben, erwarten vom Wald, dass er ihr elendes Leben erleichtert. Die unmittelbare Nähe von Hoch- und Niederwald ermöglicht es, das Entwendete schnell und ungesehen nach Hause zu schaffen. Wer vom Forstaufseher verfolgt wird, findet im Wald leicht Zuflucht und Versteck. Nur wenige überführte Forstfrevler wohnen im Zentrum von Origny-le-Butin.

Die materiellen Vorteile, die die Not leidende Dorfbevölkerung aus dem Staatsforst zu ziehen sucht, sind eigentlich unbedeutend. So lässt man zum Beispiel seine Tiere heimlich im Wald grasen. Vor allem Fuhrleute, wie etwa Louis-François' Vater Jacques Pinagot, machen sich dieses Vergehens schuldig. Gelegentlich schicken auch Witwen und alleinstehende Frauen, die sich vielfach nur durch gelegentliches Betteln über Wasser halten können, ein oder zwei Ziegen oder einige Schafe in den Wald, manchmal unter der Aufsicht ihrer Kinder. So entdeckt Forstaufseher Rouzé am 18. Juni 1811 in einem fünfzigjährigen Waldbestand im Forstbezirk Châtelier vier Kühe, die von kleinen Kindern gehütet werden. Eine der Kühe gehört einem Schnittholzsäger, eine weitere dem Holzschuhmacher Lemay, und die beiden anderen sowie eine Ziege einem Bauern, der auch als Holzhändler tätig ist.[4] Die Forstfrevler stammen allesamt aus dem Weiler Gadet in der Gemarkung Saint-Martin-du-Vieux-Bellême. Von Interesse ist dieser für die lokalen Praktiken insgesamt wenig repräsentative Fall insofern, als er zeigt, dass sich auch manch ein Holzschuhmacher eine Kuh leisten kann. Der Vorfall deckt zudem auf, dass Ansätze zur Bildung einer Gemeindeherde bestehen, was einen wirklichen nachbarschaftlichen Zusammenhalt belegt.

Am 23. Juni 1818 wird die Witwe Fontaine, genannt Brodinne – der wir bereits begegnet sind und die wir noch näher kennen lernen werden –, »gegen sieben Uhr abends« in einem Waldstück mit fünfzehn bis sechzehn Jahre alten Bäumen im Forstbezirk Pissot mit sechs Schafen, sechs Lämmern und vier Ziegen gesehen, die »dort herumliefen und weideten, in der Obhut von besagter Fontaine, der Frau von Biardeaux [Holzschuhmacher] und den Söhnen von Boutier [Holzfäller] und Moisy [Bauer]«,[5] allesamt in Origny-le-Butin ansässig. Die Brodinne und die Biardeaux räumen zwar ein, dass sich ihre Ziegen im Wald aufhielten, versichern jedoch, dass sie dort nur eine Hecke abfraßen, die besagtem Cottin aus Le Pissot, dem Onkel und angeheirateten Großvater von Louis-François, gehört.

Am 18. Juni 1823 wird die Witwe Maillard aus Les Hautes-Roches, die wir ebenfalls noch näher kennen lernen werden, von Forstaufseher Dupuis auf frischer Tat ertappt, wie sie in einem siebenjährigen Waldbestand im Forstbezirk La Mare Bouillie – wo Jacques Pinagot oft seine Pferde grasen lässt – eine Ziege vor sich her treibt. Auf ihrem Rücken trägt sie einen »Sack voller Eichen- und Weißbuchentriebe«,[6] die sie gerade eben geschnitten hat.

Zudem versorgen sich diese Frauen – nur selten sind Männer an diesen Dingen beteiligt – im Wald mit Laub und Farn zur Einstreu im Stall, mit Gras und Eicheln zur Ernährung ihrer Tiere und vor allem mit Holz zum Heizen, wozu meist Reisig, seltener auch Holzabfälle von den Spanhaufen der Holzschuhmacher verwendet wird. Diese unrechtmäßig angeeigneten Erzeugnisse des Waldes tragen die Frauen auf dem Rücken gebunden nach Hause.

Während der Krise um die Jahrhundertmitte häufen sich diese Delikte. Am 17. Juni 1850 wird im Beisein des stellvertretenden Bürgermeisters Nicolas Bosse die Wohnung von Angélique Pinagot, damals in La Rigorière ansässig, durchsucht. Auf dem Speicher der Kindsmutter entdecken die Forstaufseher, unterstützt vom Wegewärter, zwei Traglasten abgerissener Zweige von einer windgefällten Buche. Angélique gibt zu Protokoll, dass sie das gestohlene Holz zum Heizen braucht.[7] Das Vergehen kostet sie 5,70 Francs, den Lohn von etwa zehn Arbeitstagen. Eines ähnlichen Vergehens macht sich Mélanie Barbet schuldig, die allein stehend in Les Querrières wohnt. Am 28. November 1850 beobachtet ein Forstaufseher, wie sie in einem vierundzwanzigjährigen Waldbestand im Forstbezirk Chêne Sale »grüne Zweige einer vom Schnee gefällten Eiche zu einer Traglast schnürt«, was sie 2,20 Francs kostet.[8]

Zu ähnlich jämmerlichen Vergehen sehen sich im Laufe desselben Winters einige Bewohner von La Basse-Frêne, die wir bereits kennen, gezwungen. Am 22. Dezember werden Anne Germond, die Witwe Cottin, die Witwe Bouquet und die unglücklichen Eheleute Lebouc – die Ärmsten des armen Weilers – auf frischer Tat ertappt, wie sie drei »Lasten Holz vom Schneebruch«[9] nach Hause tragen. Am 1. Februar 1851 wird die Witwe Bouquet abermals erwischt und zu einer Strafe von 5,60 Francs verurteilt – ein Vermögen für die arme Spinnerin, die nur 20 Centimes am Tag verdient.[10]

Aber nicht nur Holz wird unerlaubt gesammelt. Am 4. August 1812 beobachtet Forstaufseher Beaumont im Hochwald des Forstbezirks Vaugirard die Frau von Mouton, wohnhaft im Hauptort von Origny-le-Butin, beim Auflesen von Laub für »ihre Kühe und anderen Tiere«.[11] Drei Säcke hat sie damit gefüllt, was sie ein Bußgeld von 3 Francs und die Beschlagnahme ihrer Taschen kostet. Die Delinquentin besitzt, wie man sieht, Großvieh und gehört damit zu einer anderen sozialen Gruppe als die bisher genannten Frauen. Gleiches gilt für die Frau des Holzfällers Chevallier aus dem Weiler Croix-Chemin und die Frau des Bauern Louis Bosse. Der Forstaufseher überrascht die beiden an einem Tag des Jahres 1827 gegen vier Uhr abends »mit einer Traglast Gras, das sie mit der Sichel in einem sechsjährigen Holzschlag geschnitten hatten«.[12] Am 6. November 1844 beobachtet der Forstaufseher eine Holzschuhmacherfrau aus Saint-Martin beim Auflesen von Eicheln.[13] Das Ehepaar ist demzufolge in der Lage, ein Schwein zu halten.

Die meisten Forstvergehen betreffen indes die Beschaffung von Holz zum Bauen und Bearbeiten. Die heimlich gefällten Bäume oder abgehackten Äste dienen zum Bau von Hütten oder Wetterdächern, zur Anfertigung von Zaunpfählen für das eigene Grundstück oder aber zur Herstellung von Holzschuhen. Die Buchen, Eichen und Birken werden abgesägt oder »entehrt« – also ihrer Äste entkleidet. Am 29. Januar 1842 gibt der Forstaufseher zu Protokoll: »Wir haben gesehen, wie Pierre Landier, der minderjährige Sohn von Bauer Pierre Landier aus Gros Chêne [ein Vetter von Louis-François], eine stehende Eiche von einem Meter Umfang »entehrte«, indem er von oben nach unten sämtliche Hauptäste [mit einer Heppe] abhaute«.[14] Das Vergehen kostet ihn 37 Francs, das heißt den Lohn von mehr als einem Monat Arbeit.

Mitunter stehlen auch Frauen Holz, allein oder gemeinsam mit ihrem Ehemann. Am 27. Oktober 1819 werden die Brodinne (die Witwe Fontaine) und der Sohn von Holzschuhmacher Lemay dabei erwischt, wie sie mit einer Heppe zwei Äste einer stehenden Eiche von einem Meter Umfang abhacken und auf den Schultern nach Hause tragen.[15] Am 13. Juni 1823 »entehrt« die Brodinne im Forstbezirk Le Pissot abermals eine Eiche. Forstaufseher Dupuis überrascht sie dabei, zusammen mit ihrer Tochter, die mit dem Holzschuhmacher Mathurin Guillin verheiratet ist, einem »Gewohnheitsdelinquenten«, den wir bereits in der Hütte von Meister Duclos angetroffen haben. Die beiden Frauen entlasten eine stehende Eiche von 1,33 Meter Umfang und binden die Äste zu fünf Traglasten zusammen.[16]

Auch in der Familie Pinagot sind manche Frauen so resolut wie Brodinne. Die Mutter von Kusine Angélique und Ehefrau von Onkel Louis – die skandalumwobene Tante – lebt mit Maurermeister Loitron (oder Louatron) in wilder Ehe. Am 21. März 1823 beobachtet Forstaufseher Dupuis im Forstbezirk Coin à la Poule, wie Loitron mit der Axt einen Baum von zwei Metern Umfang fällt, »der ihm die Holzmenge von mindestens einer Pferdeladung einbrachte. In seiner Begleitung befand sich die Frau seines unmittelbaren Nachbarn Louis Pinagot [aus Les Querrières], die ihren Mann und ihre Kinder seit mehreren Jahren [in der Jugend von Louis-François] verlassen hat, um mit besagtem Louatron [oder Loitron] in wilder Ehe zu leben. Als letzterer uns erblickte, rannte er so schnell er konnte mit seiner Axt davon.«[17] Der Forstaufseher protokolliert die Straftrat im Beisein von Frau Pinagot und trägt ihr auf, »ihren Liebsten davon in Kenntnis zu setzen«.

Am 1. März desselben Jahres überrascht Forstaufseher Dupuis eine ebenso schlecht beleumundete Delinquentin: »Marie Louénard [Louanard oder Loinard], die Frau von Fleury, »in Schande« von ihrem Ehemann getrennt lebend, obwohl sie nicht geschieden ist [die Scheidung wurde sieben Jahre zuvor für ungültig erklärt]. Sie wohnt alleinstehend im oben genannten Pfarrhaus der Gemeinde Origny-le-Butin.«[18] An jenem Tag war sie »in den Wipfel einer Eiche« von einem Meter Umfang geklettert, und »haute die Äste beim Heruntersteigen ab«. Der Baum wurde dadurch »vollständig entehrt«. Frau Fleury war »wie ein richtiger Holzfäller ausgerüstet, mit einer Heppe, einem Gürtel und einem Haken auf dem Rücken«. »Wir haben sie aufgefordert, herunterzusteigen, woraufhin sie so tat, als würde sie gehorchen.«

Auch in regulären Verhältnissen lebende Ehepaare begehen Forstfrevel. Am 18. Februar 1844 entdeckt Forstaufseher Coquart, der einen guten Riecher besitzt, in einem hundertsechzigjährigen Hochwaldbestand im Forstbezirk Chêne Sale die in Les Ricordières hausenden Eheleute Mathurin Biard und Marie Chauvin. »Der Mann war gerade eben auf zwei Buchen geklettert und hatte einen Teil der Äste abgehauen.«[19]

Das Gros der Forstfrevler bilden die Holzschuhmacher. Sie brauchen Holz, und Louis-François hat sie gewiss seit seiner Kindheit bei ihren Vergehen beobachtet. Am 18. März 1812 fällen einige Holzschuhmacher aus Le Carouge in Begleitung der als Wäscherin arbeitenden Witwe Guillin eine Buche.[20] Am 28. April überrascht Forstaufseher Beaumont eine andere Gruppe aus dem Weiler La Croix (Haute oder Basse?). Der Holzschuhmacher Jean Biardeaux und der Köhler Louis Marchand haben in Begleitung des Holzfällers Pierre Chevallier aus Vignes-de-la-Coudre drei Buchen beschädigt. Bei einer Hausdurchsuchung im Beisein des Bürgermeisters von Origny-le-Butin findet man bei Marchand ein Bündel Holz, bei Biardeaux acht Stangen Espe und bei Chevallier eine Traglast Buche. Die Männer sind, wie immer in solchen Momenten, außer Haus, und die Frauen müssen der Obrigkeit Rede und Antwort stehen.[21]

Am 24. November desselben Jahres stellt Forstaufseher Beaumont im Forstbezirk Coin à la Poule fest, dass man in der Nacht zuvor zwei Weiden und zehn kleine Eichen gefällt hat. Unter einem Bett versteckt entdecken die Amtsträger bei Holzschuhmacher Dupont aus Hôtel-aux-Oiseaux eine grüne, »in Stücke gespaltene« Weide, die der Forstaufseher zweifelsfrei als eine der fehlenden Weiden identifiziert.[22] Im selben Jahr wird bei Tante und Onkel Drouin, Grundbesitzer in La Haute-Frêne, eine Haussuchung durchgeführt, bei der man »eine Traglast frisch geschnittener Buche« entdeckt. Eine weitere Traglast Buche findet die Obrigkeit bei Tagelöhner François Borel aus La Basse-Frêne.[23]

Nicht immer handelt es sich um solche Bagatelldelikte. Die Familie des Böttchers und Holzhackers Lorillon, eines Bekannten von Louis-François aus Les Hautes-Folies, geht nicht gerade zimperlich zu Werke.[24] Im Mai 1831 fällt Jean Lorillon eine Buche von einem Meter

Umfang. Am 19. Oktober 1839 sägt er mit seinem Sohn François vier Eschen ab. Am 19. Juli 1844 durchsucht der Forstaufseher in Begleitung des stellvertretenden Bürgermeisters Bosse die Räumlichkeiten des Holzhackers Pierre Lorillon und entdeckt beim künftigen Schwiegervater von Kusine Angélique in einer Scheune zwei windgefällte Eichen von 60 Zentimetern Umfang und 12–14 Metern Höhe sowie eine Buche, die er an der Rinde identifiziert.

Auch die Tagelöhner stehen nicht zurück. Am 15. März 1817 erwischt man die Frau von Tagelöhner Ricordeau dabei, wie sie »ihren Waschkessel mit frisch geschnittenem und gespaltenem Eichenholz beheizte«, und findet, hinter einer Truhe versteckt, »eine Pferdeladung derselben Holzart«.[25] Am 3. April 1828 fällen drei Tagelöhner aus dem Dorf La Bonde im Forstbezirk Chêne Sale eine Eiche von achtzig Zentimetern Umfang, spalten sie in Stücke und tragen das Holz nach Hause.[26] Am 11. Dezember stößt der Forstaufseher abermals im Forstbezirk Chêne Sale auf den Tagelöhner Pierre Renard aus Hôtel-aux-Oiseaux und den Zimmerer-Tagelöhner Pierre Guijason, »welche eine Buche von 1,35 Meter Umfang in Stücke zersägten und mit einer Axt spalteten, um das Holz leichter nach Hause tragen zu können«.[27] Dass diese selbsternannten Holzfäller gute Kameraden sind, kann man sich angesichts der gemeinsam begangenen Delikte vorstellen.

Der schlimmste Delinquent der Gemeinde, ein Tagelöhner, lebt in La Haute-Frêne. Am 12. März 1837 findet man bei ihm einundzwanzig Stück Spaltholz von einer Buche sowie drei Langhölzer – eines von zwei Metern Umfang –, die er im Forstbezirk Coin à la Poule geschlagen und im Feld, das an sein Haus grenzt, versteckt hat. Am 8. September fällt dieser Jean-Louis Ruffray mit einer Heppe eine Eiche und eine Weide. Am 7. Januar des folgenden Jahres beobachtet Forstaufseher Coquart, wie er sich mit seinem Werkzeug an einer Buche von achtzig Zentimetern Umfang zu schaffen macht.[28] Am 3. Februar 1839 findet man im unmittelbar benachbarten Haus von Jean Biardeaux unter dem Bett und neben dem Kamin drei frisch gefällte Weiden aus dem Forstbezirk Chêne Sale.[29]

Welche Beziehungen unterhält Louis-François, der selbst nie straffällig wird, zu solchen Nachbarn? Schätzt er sie? Wir haben keine Anhaltspunkte, um diese Fragen zu beantworten. Die Delinquenten gehen stets auf dieselbe Weise vor. Mit Säge, Axt oder Heppe ausgerüstet, fällen sie meist am Tag, gelegentlich auch in der Nacht, einen Baum oder hauen und sägen dessen Äste ab und verstecken das Holz bis zum Abtransport unter Sträuchern. Wenn der Moment günstig ist, tragen sie ihre Beute auf den Schultern oder auf dem Rücken nach Hause, möglichst ohne dabei Spuren zu hinterlassen. Anschließend verstecken sie das *corpus delicti* unter einem Bett, in einer Scheune, auf einem Acker oder in einem Tümpel.

Am 29. März 1836 legen Marin und Jacques Pôté, beide Schwager von Louis-François und damals im Dorf La Croix ansässig, rund zweihundertfünfzig Schritt vom Waldrand entfernt ein Depot von zehn Traglasten grünen und trockenen Holzes an. Der Forstaufseher entdeckt das Lager.[30] Am 13. August 1837 verhaftet der Forstaufseher den Schnittholzsäger Jean Coiffé und zwei seiner Söhne, als sie eine soeben gefällte und zerlegte Buche auf den Schultern nach Hause tragen.[31]

Der Forstaufseher hat die Aufgabe, den Straftatbestand aufzunehmen und eine Untersuchung einzuleiten. Wenn er den Delinquenten nicht auf frischer Tat ertappt, legt er sich auf die Lauer und wartet, bis dieser seine Beute abholt. Führt dies nicht zum gewünschten Erfolg, so sucht er den (schneebedeckten) Waldboden nach eventuellen Spuren der Delinquenten ab. Um den Heimweg der Diebe zu verfolgen, orientiert er sich an abgebrochenen Zweigen. Wenn er sich sicher ist, in welchem Dorf sie ihre Beute versteckt haben, durchsucht er im Beisein des Bürgermeisters oder dessen Stellvertreters alle in Frage kommenden Wohnungen, Betriebsgebäude, Grundstücke und Tümpel. Seine Hauptaufgabe dabei ist die »Identifizierung des Holzes«.

Mit bemerkenswerter Leichtigkeit erkennen die Forstaufseher die farblichen Nuancen und die Maserung der Baumstämme wieder. Um die Identität des Holzes eindeutig zu beweisen, wird das Diebesgut vor Ort mit dem Baumstumpf verglichen, wobei man überprüft, ob Farbe und Maserung übereinstimmen. Die mutmaßlichen Delinquenten weigern sich zumeist, dem Ortstermin beizuwohnen, weil sie von vornherein wissen, dass sie überführt werden. Diese Identifizierungsverfahren dürften für alle Historiker, die sich mit der Geschichte der Identität beschäftigen, von Interesse sein. Nicht wenige der Methoden der Spuren- und Indiziensicherung, deren Erfindung man vorschnell der Polizei des ausgehenden 19. Jahrhunderts zuschreibt,[32] werden bereits zu Lebzeiten von Louis-François von bescheidenen Forstaufsehern im Staatsforst von Bellême praktiziert.

Abschließend möchten wir diese Identifizierungsverfahren anhand einiger weiterer Fälle veranschaulichen. Beginnen wir mit einem Fall aus dem Jahr 1822, wenige Jahre nach Louis-François' Heirat. Am 2. September, gegen zehn Uhr vormittags, bemerkt eine Gruppe von Forstaufsehern in einem hundertvierzigjährigen Hochwald im Forstbezirk Coin à la Poule Indizien für zahlreichen Forstfrevel. Schon seit drei Monaten häufen sich diese Vorkommnisse. Dieses Mal wurden drei Buchen gefällt und abtransportiert. Die Täter haben die Baumstümpfe mit Erdreich, Moos und Laub bedeckt und Stechpalmen darauf gepflanzt, um ihren Diebstahl zu verbergen. Plötzlich kommt eine Frau, »beladen mit einer Traglast Holz«, aus dem angrenzenden Dickicht. Es ist die Schwägerin von Tante Drouin. »Böse Burschen haben uns eine schöne Buche gefällt, den Wipfel hab' ich hier, versichert sie. Das ist schon mein zweiter Gang, das Reisig hab' ich schon weggetragen, und jetzt trag' ich die Zweige weg; wenn Sie wollen, zeige ich Ihnen, wo ich den Wipfel gefunden hab', und den Baumstumpf zeig' ich Ihnen auch (wir haben mit Vergnügen ja gesagt) [...].«[33] Dies ist eine der wenigen schriftlich festgehaltenen Äußerungen eines – wenn auch entfernten – Verwandten von Louis-François Pinagot.

Die Forstaufseher kommentieren die Begegnung folgendermaßen: »Diese Frau, die wir als eine geborene Drouin und Ehefrau von Jean Coëfe wiedererkannt haben [die Forstaufseher kennen hier fast jeden], wohnt mit ihrer Mutter und ihrem Mann in Gütergemeinschaft im

Weiler La Frêne in der Gemarkung Origny-le-Butin und genießt keinen guten Ruf, was auch für ihre Familie gilt.« Am 3. September, gegen sieben Uhr morgens, führen die Behörden bei Witwe Drouin, ihrem Schwiegersohn Coëfe, ihrem ältesten Sohn Augustin – dem Onkel von Louis-François – sowie ihrer Tochter, der Witwe Biardeaux, eine Haussuchung durch. Auf einem Acker hinter dem Haus, das Coëfe und dem ältesten Sohn der Witwe Drouin gehört, finden sie Holz von besagtem Buchenwipfel. Weitere Teile liegen aufgestapelt im Haus, »andere dienen zum Abstützen der Apfelbäume, die voller Früchte hängen«. Weiterhin entdecken die Beamten einen abgesägten Buchenstamm von achtzig Zentimetern Umfang, den sie an der Rinde erkennen, wie sie versichern. Daneben liegen grüne Zweige aus dem Wipfel einer Eiche. Ein Wetterdach ist mit Holz aus dem Wald errichtet worden.

Anschließend durchsuchen Forstaufseher und Bürgermeister das Haus von Augustin Drouin und bitten dessen Frau – die Tante von Louis-François –, »ihre Privaträume zu öffnen«. In der Scheune entdecken sie eine grüne Espe aus dem Forstbezirk La Perrière sowie eine Traglast Weißbuchenäste, die für einen Zaun bestimmt sind. Auf einem nahe gelegenen Acker, der den Drouin-Geschwistern gehört, finden die Forstaufseher den Rest des Holzes, das innerhalb der letzten drei Monate aus dem Forstbezirk Coin à la Poule entwendet worden ist. Bei der Witwe Biardeaux bemerken sie ebenfalls ein neues Wetterdach. Auf einem ihrer Grundstücke hatte sie zwei Buchenlanghölzer, in ihrem Garten ein Eichenlangholz sowie zwei Espenbalken sorgfältig vergraben. »Die drei Frauen räumen ein, dass sie an den Straftaten beteiligt waren«; sie werden angewiesen, »ihre Ehemänner in Kenntnis zu setzen«.

»Zwei von ihnen vergossen Tränen und sagten[:] was für ein Unglück für uns, dass wir für Holz bezahlen müssen, das uns nicht gehört; wir wollen niemanden anzeigen, aber es stimmt nun einmal, dass es hier in der Gemeinde Leute gibt, die daraus Holzschuhe machen.« Der Forstaufseher denkt sogleich an Gervais Duclos und begibt sich zu dessen Haus. »Wir trafen auf Mathurin Guillin – den Schwiegersohn von Brodinne[34] –, einen Holzschuhmachergesellen, der das ganze Jahr über

für besagten Duclos arbeitet; und der gerade Holzschuhe fertigte aus
frisch geschlagenem Buchenholz, das wir an der Rinde erkannten,
denn die Holzschuhe waren noch nicht fertig.« Guillin behauptet, das
Holz gehöre seinem Meister; doch Duclos will davon nichts wissen. Er
versichert, »sein Arbeiter hat es diesen Morgen mitgebracht, um daraus einige Paar Holzschuhe für sich zu machen; der Arbeiter sagte: ja,
ich habe es heute morgen mitgebracht, um es selbst zu verarbeiten.
Aber ich habe es nicht aus Ihrem Wald geholt, ich habe es vom Feld der
Gustins (er meinte die Drouins, die nicht bei ihrem richtigen Namen
genannt werden).«

Diese Straftat, in die einige Verwandte von Louis-François aus La
Haute-Frêne verwickelt sind, führt uns die Wege vor Augen, die das
gestohlene Holz ging. Sie zeigt zudem, in welch schlechtem Ruf die
Drouins insgesamt, und nicht nur die beiden Gustins, standen. Dass
die Pinagots aus Les Querrières einen desaströsen Ruf genossen, hat
man bereits gesehen, wie auch, dass die Reputation von Vater Jacques
Pinagot kaum besser war. Dennoch deutet nichts darauf hin, dass trotz
all seiner Not Louis-François jemals eine solche zwar geringfügige,
aber schimpfliche Tat beging.

Kehren wir indes zum Alltag dieser armen Arbeiter zurück und
begleiten wir sie in den Wald. Aller listiger Vorsichtsmaßnahmen zum
Trotz wird die Frau von Veillard aus La Haute-Roche überführt. Am 29.
August 1835 durchsuchen die Behörden ihr Haus, und man entdeckt im
Strohsack ihres Betts drei Weiden sowie »drei weitere, unter Reisig ver-
steckt«. Dass es sich um gestohlenes Holz handelt, steht außer Frage.[35]
Jahre später, am 12. Juli 1843, beobachtet der Forstaufseher im Vaugi-
rard-Graben inmitten eines fünfunddreißigjährigen Waldbestandes
eine »Person, die auf der Schulter einen Baum davonschleppte, in der
Hand eine Heppe [...] Sie war mit einem etwas abgenutzten hellblauen
Hemd, einer Mütze aus weißem Baumwollstoff und einer Hose aus
schwarzem Tuch bekleidet und trug Holzschuhe.« Halten wir diese
Beschreibung fest, denn möglicherweise war auch Louis-François für
gewöhnlich derart gekleidet. Beim Näherkommen identifiziert der

Forstaufseher den Delinquenten als den Sohn der Witwe Massot. Der lässt den Baum fallen, schlüpft aus seinen Holzschuhen und ergreift die Flucht. Der Forstaufseher ruft ihn bei seinem Namen und stellt mit lauter, verständlicher Stimme den Straftatbestand fest. Die Holzschuhe, die Massot »an den Füßen trug, waren neu und frisch, ohne alle Schmutzspuren«.[36]

Die meisten Ermittlungserfolge kann Forstaufseher Coquart aufweisen. Am 10. April 1847 überführt er Bauer Louis Doguet aus Le Vieux-Hêtre, in dessen Scheune man »155 Dauben von einer frisch geschlagenen Eiche« findet, die seine Tagelöhner und sein Gesinde in der vorigen Nacht aus dem Wald geholt haben. Coquart erkennt den Baum an der »Farbe des Holzes, der Wellung des Umfangs und dem beim Schlag verwendeten Werkzeug«.[37]

Am 29. April 1847 folgt er den Spuren eines mit Pferden bespannten Fuhrwerks, das mit zwei Eichenlanghölzern aus einem hundertdreißigjährigen Hochwaldbestand im Forstbezirk Chêne Sale beladen ist. Er kommt an einer Baustelle vorbei, die in dieser Zeit großer Not als Arbeitsbeschaffungsmaßnahme eingerichtet wurde.[38] »Mit der Ausbesserung des Gemeindewegs besagter Gemeinde [Origny-le-Butin] sind beschäftigt Vater Louis Pinagot [ein Onkel], als Holzfäller in La Haute-Croix wohnhaft, und Sohn Étienne Pinagot [ein Vetter], ebenfalls Holzfäller, ansässig in Les Querrières.«[39] Beide denunzieren den Fuhrmann Charles Bouvet. Der Forstaufseher folgt der Spur. In der Höhe des Hofs La Croix ist der Wagen zeitweilig im Dreck stecken geblieben und hat anschließend den Weg nach Mamers eingeschlagen, wo das Holz schließlich entdeckt wird. Die einzigen von Onkel Pinagot und seinem Sohn überlieferten Worte bestehen somit aus einer Denunziation. In dieser Zeit der schweren Krise sahen es die beiden Notleidenden wohl nicht gern, wie sich ein Fuhrmann und der ihn begleitende »reiche« Bauer ungestraft bereicherten.

Der Forstaufseher gehört zum Alltag. Man kennt ihn, man geht ihm wohl auch aus dem Weg, und man erzählt einander von seinen Auseinandersetzungen mit ihm. Der eine oder andere zeigt seinen Mitmenschen zwar beim Forstaufseher an – Beispiele hierfür haben wir kennen gelernt –, doch manchmal geschieht dies nur, um sich selbst zu verteidigen. Anlass zu Streit zwischen den Bewohnern der Weiler gibt der Forstfrevel nach allem, was wir wissen, nicht. Schädigt es den Ruf, wenn man dabei erwischt wird? Das lässt sich mit gutem Grund bezweifeln. Es ist viel wahrscheinlicher, dass dieses Vergehen vieldeutige, ambivalente Gefühle auslöste.

Louis-François Pinagot lebt in einer ländlichen Gesellschaft, in der Ehre und Reputation sorgsam gepflegt werden und das Hin und Her von Geben und Nehmen, Streit und Arrangement den Alltag prägen.

Unter Arrangement verstehen wir sowohl die zwischen zwei Personen oder Gruppen getroffene Vereinbarung wie auch das Mittel zur Lösung von Konflikten, die vom Nichtfunktionieren dieser Vereinbarung ausgelöst werden.[40] In Origny-le-Butin wird die Zeit eines jeden in Anspruch genommen, ob als Magd oder Knecht, als Handwerker, als »Arbeiter« oder als Partner in anderer Hinsicht, und dies in manchen Fällen über lange Zeiträume hinweg. Die Frage, ob bei diesen Tauschbeziehungen der Naturaltausch, der Austausch von Arbeitsleistungen oder Geldzahlungen überwiegt, ist ohne Belang. Zu Lebzeiten von Louis-François Pinagot mischen sich alle diese Praktiken in einem permanent in Bewegung befindlichen System des Ausgleichs und der Verrechnung, das bei Bedarf der Streitschlichtung unterworfen wird. Ein Arrangement ist insofern eine gegenseitige Verpflichtung zweier Personen, die auf Dauer etwas miteinander zu verrechnen haben. Die Bedingungen des Austausches werden im Gedächtnis bewahrt, gelegentlich auch schriftlich fixiert.

Die Vereinbarung, sorgfältig durchdacht, besteht in einer gegenseitigen mündlichen Verpflichtung, die manchmal im Beisein eines Zeugen ausgesprochen, seltener schriftlich niedergelegt wird.[41] Sie bleibt stillschweigend, solange die betreffenden Praktiken unumstritten sind. Wenn es sich um eine Bestellung bei einem Handwerker handelt, ist die Vereinbarung das Ergebnis der Verhandlung über den Preis des gewünschten Produkts oder des Arbeitstags, wozu noch das »Trinkgeld«

für die Arbeiter kommt. Im Jahr 1836 treten zwischen dem Viehkastrierer Jacques Tertereau und dem Tagelöhner-Steinmetz Louis Simon aus Origny-le-Butin Unstimmigkeiten auf. Ersterer behauptet, er habe für Ausbesserungsarbeiten am Giebel einer Scheune »einen Preis von drei Francs je metrischem Klafter, zuzüglich der Getränke für die Arbeiter« ausgehandelt. Simon hingegen versichert, er habe »die Bezahlung nicht nach Klafter ausgehandelt, sondern nach Arbeitstagen«[42], wie schon seine Berufsbezeichnung anzeige.

Wir kennen diese Vereinbarung durch die Gerichtsakten, mit anderen Worten, weil sie nicht funktionierte. Allein dieser Fall lässt schon die Vielzahl möglicher Vereinbarungen erahnen. In den ersten beiden Dritteln des Jahrhunderts erweist sich die Skala als unbegrenzt. Wir haben bei dem Streit zwischen Riboux und der Frau von Courville, Anne-Louise Pôté, gesehen, dass sich zwei Personen darauf einigen können, dass bestimmte Feldarbeiten dem Wert der Arbeit einer Hanfspinnerin entsprechen. Doch lässt sich diese auch gegen einen Scheffel Korn oder ein Fass Cidre tauschen. Dies ist etwa, im Jahr 1828, der Fall bei einer Vereinbarung zwischen Henri-Charles de Bloteau und dessen Schwager, dem Tagelöhner Lehoux. Tatsächlich ist die Rechnung zwischen den beiden noch weitaus komplizierter. Lehoux fordert die Zahlung von 19,80 Francs für 33 Arbeitstage sowie einen Scheffel Gerste als Gegenleistung für ein von ihm geliefertes Fass. Charles de Bloteau behauptet, Lehoux schulde ihm 4,10 Francs für »verschiedene Lieferungen von Butter, Brot und anderen Dingen«, 8 Francs für seine Unterbringung und 16 Francs für die »sechzehntätige Arbeitsleistung seines Pferdes bei Feld- und Erdarbeiten«.[43] Woraufhin Lehoux erwidert, er habe das Tier nur zwölf Tage lang eingesetzt.

Mitunter dient die Arbeitsleistung als Wiedergutmachung für entstandene Schäden. Am 9. Februar 1849 fordert Grundbesitzer Louis-Jean Chartier aus La Mazur von seinem Nachbarn Louis Cabaret 5,25 Francs für Feldarbeiten, die er auf dem Stück Land, das er ihm verpachtet hat, nicht ausgeführt hat. Der Beklagte wiederum behauptet, »es sei mit Chartier vereinbart worden, dass er [Cabaret] – obwohl er sich durch mündliche Vereinbarung dazu verpflichtet habe – die fraglichen Feldarbeiten nicht verrichten würde, weil Chartier es sich vor Übertragung der Nutzungsrechte erlaubt habe, seine Ziege auf seinem [Cabarets] Feld grasen zu lassen, und die Entbindung von der Arbeitsverpflichtung als Schadenersatz für die von der Ziege angerichteten Schäden vereinbart worden sei«. Chartier streitet dies ab. Zwischen den Nachbarn kommt es zum Zerwürfnis, sodass sie sich die Nutzung des gemeinsamen Innenhofs streitig machen.[44]

Eine Vereinbarung kann sich auch auf einen einfachen Naturaltausch beziehen. Im Jahr 1837 kommen Tertereau und René Faucon überein, Gras gegen Mist zu tauschen. Tertereau hat Faucon »einen Teil des Grases von seinem Feld für drei Francs überlassen, unter der zusätzlichen Bedingung, dass Faucon ihm sämtlichen Mist liefert, den seine Kuh in der Zeit macht, in der sie das Gras frisst«. Nun hat Tertereau »einen Teil [dieses Grases] an sein Pferd verfüttert, wozu er sich, wie er behauptet, das Recht vorbehalten habe«. Faucon, der einen Franc bereits entrichtet hat, weigert sich, mehr als zusätzliche 1,25 Francs zu zahlen, da er der Ansicht ist, dass man den Preis des Grases (0,75 Franc), das von Tertereaus Pferd verzehrt wurde, von der ursprünglich vereinbarten Summe abziehen müsse; zumal er seinerseits »den Mist von seiner Kuh geliefert hat«.[45] Er bekommt Recht.

Mitunter werden Arbeitsleistungen – nicht nur Feldarbeit – mit der Lieferung von Lebensmitteln verrechnet. Im Jahr 1838 fordert Bauer Marin Desile aus Suré von dem Bauern und Wagner Jacques Hodent aus Origny-le-Butin die Summe von 6,40 Francs »für ein Viertelhundert Reißigbündel, die er ihm verkauft und geliefert hat«. Hodent entgegnet, er habe drei ganze und fünf halbe Tage bei Desile gearbeitet; »dies habe er notiert«. Der Kläger behauptet, der Beklagte habe allenfalls vier Stunden bei ihm gearbeitet, »um ein Brett zu spalten und einen Stützbalken auszubessern«. Hodent beharrt auf seiner Version und nennt Zeugen. Er habe sehr wohl »verschiedene Arbeiten für 6,25 Francs verrichtet, den Preis für die Kirschen, die er [Desile] verkauft hat, nicht eingerechnet«.[46]

Ein Wagentransport und eine Lebensmittellieferung entsprechen einander. Im Jahr 1836 transportiert Louis-Françcis' Schwager Marin Pôté unbehauene Bausteine nach La Basse-Frêne und vereinbart als Gegenleistung die Lieferung von einem Fass Apfelcidre.[47] Am 13. März 1846 fordert Fuhrmann René Clotet von Holzschuhmacher Jean Pôté aus Saint-Martin fünf Francs für einen Holztransport. Pôté entgegnet, er habe den fraglichen Wagen mit »Gras zum Abfressen bezahlt, und da der Herr Clotet sein Gras hat abfressen lassen, sei er mit ihm quitt«. Weil der Beweis dafür fehlt, bringen beide Parteien zur nächsten Gerichtssitzung Zeugen mit. Das Gericht muss entscheiden, ob Clotets Maultier tatsächlich auf der Wiese von Pôtés Vater gegrast hat und ob die Vereinbarung den Behauptungen des Beklagten entspricht.[48]

Einen weiteren Typus bildet der Naturaltausch von Lebensmitteln. Im September 1837 tauschen der Bauer Louis Dutheil und der Holzschuhmacher Pierre Plessis ein Fass Cidre gegen einige Paare Holzschuhe sowie vierzig Francs in bar.[49] Das Fass Cidre ist die größte Ausgabe, die ein Holzschuhmacher im Jahr zu bestreiten hat, sein Preis liegt zwischen dreißig und fünfzig Francs, dem Ertrag von gut einem Monat Arbeit.[50]

Man stößt auch auf komplexere Tauschvorgänge. Am 13. Januar 1854 fordert der Schneider und Kaufmann Louis Daubert aus Origny-le-Butin zwölf Francs von Witwe Trottier, Bäuerin in Chemilly, für Arbeitsleistungen sowie eine Warenlieferung. Die Witwe behauptet, dies sei durch »ein Lamm aufgewogen, das er vor ungefähr sieben Jahren von ihnen erhielt, und das nie in irgendeiner Rechnung aufgetaucht ist«. »Daubert erwidert, der verstorbene Ehemann der Witwe Trottier habe damals [für das Lamm] kein Geld annehmen wollen [...], und daher habe er, Daubert, eine entsprechende Gegenleistung in Form von Waren, die er als Schneider hergestellt hat, erbracht«; nicht mitgerechnet seien dabei die Kartoffeln, die er einmal geliefert habe, was die Witwe Trottier anerkennt.[51]

Es kommt auch vor, dass das Verleihen von Werkzeugen oder Arbeitsinstrumenten bei der Vereinbarung eine Rolle spielt. Am 25.

Juni 1847 fordert der Bauer Germain Bourdon aus Origny-le-Butin von dem Hufschmied Fouchet, ebenfalls in Origny ansässig, die geliehene Geldsumme von zwei Francs sowie eine kleine Hacke und eine Sichel zurück. Fouchet entgegnet, Bourdon schulde ihm 3,70 Francs »für verschiedene Arbeitsleistungen, und außerdem habe er dem Herrn Bourdon eine Karre geliehen, die [dieser] beschädigt habe«.[52]

Manchmal bilden wechselseitige Geldzahlungen, Arbeitsleistungen und Lebensmittellieferungen ein Geflecht von unentwirrbaren Rechnungen. Im Jahr 1826 verklagt Witwe Simon Brodin aus La Haute-Croix den im selben Weiler lebenden Tagelöhner Marin Guiot. Sie fordert von ihm 22,75 Francs, die sich wie folgt aufteilen: 15 Francs Miete für das Haus, »in dem er und seine Familie ein Jahr lang, bis zu vergangenen Allerheiligen, gewohnt haben«, 3,25 Francs an Geldschulden, »3,50 Francs für einen halben Hektoliter Gerste« und einen Franc »für das Verspinnen von Hanf«. Der Tagelöhner widerspricht dieser Darstellung: Er habe das betreffende Haus nicht für 15 Francs, sondern für 12 Francs gemietet; die Geldschulden in Höhe von 3,25 Francs hätten seine Frau und Witwe Brodin »unter sich geregelt«; und außerdem habe es sich die Klägerin »erlaubt, sich ohne sein Wissen eine kleine Schatulle anzueignen, die ein Kreuz, eine Silberring, eine Nadel und drei Münzen im Wert von 5,80 Francs enthielt«.

In Wahrheit hatte die Witwe Brodin den Tagelöhner und dessen Frau bei sich »in ihrer eigenen Wohnung« untergebracht. Frau Guiot hatte ihr die Schatulle anvertraut und sie gebeten, den Familienschatz »sowie ihre Wäsche und persönliche Habe«[53] in der Truhe zu verwahren. Der Streit gewährt Einblick in die Modalitäten eines Zusammenlebens, das schließlich im Zerwürfnis endet. Er zeigt, wie niedrig die Miete bei diesen armen Leuten war, die in ihren Austauschbeziehungen so wenig wie möglich von Geld Gebrauch machten. Und er belegt, dass auch ein armes Tagelöhnerehepaar einen bescheidenen Familienschatz besitzen konnte.

Im Jahr 1832 fordert der Bauer Lesault von dem Holzschuhmacher Louis Foreau zehn Francs für ein Schwein. Letzterer macht dagegen geltend, er habe Lesault vor über einem Jahr mehrmals seinen Wagen geliehen. »Erst kürzlich hat er ihm sein Pferd für das Ausbringen von Mist geschickt, das der Kläger einen Tag lang behalten hat; und außerdem hat er ihm ein Paar Holzschuhe zu 50 Centimes geliefert.«[54] Am 8. Juli 1831 fordert der Holzschuhmacher Jacques Beaufils von dem Kalkbrenner Guedon 10,75 Francs für eine Lieferung Erbsen und Kartoffeln, einschließlich einer Rückzahlung von Geldschulden. Guedon ist dagegen der Auffassung, Beaufils stehe bei ihm in Schulden, weil er »ihm einen Topf zerschlagen, seinen Cidre getrunken [...] [und] bei ihm gegessen hat und acht Tage lang von ihm verköstigt worden ist«.[55]

Kommt es nach einer Vereinbarung zum Konflikt, genauer: zum Rechtsstreit, müssen sich die Parteien auf irgendeine Weise einigen. An einem Tag im Januar 1850 verschafft sich der Tagelöhner Trouillard aus Hôtel-aux-Oiseaux Zutritt zum Feld »Origny«[56], Eigentum von Bauer Louis Doguet aus Vieux-Hêtre, einem Greis von achtzig Jahren. Dort »entwendete er mit Hilfe einer Trage eine große Menge Pferdeäpfel, die zur Düngung des Grundstücks dienten«. Bouillie, der Trouillard beschäftigte, habe zu ihm gesagt, er könne sich den benötigten Pferdemist auf dem Feld von Doguet besorgen, »letzterer habe nichts dagegen einzuwenden«. An dieser Stelle begegnen wir dem eigentlichen Kern der Beziehungen in diesem Milieu: Unter zwei Menschen, die miteinander Geschäfte machen und ihrer guten Beziehung gewiss sind, besteht keine Notwendigkeit, die Aussagen des anderen zu überprüfen.

Jedenfalls erhebt Doguet Klage und lässt den Täter zum »Gütertermin« vorladen. Trouillard »hat ihn aufgesucht, um sich bei ihm zu entschuldigen und ihn um ein *Arrangement zu bitten*«. Indes »gab es keinen Weg, sich zu arrangieren«. Dabei bot Trouillard Doguet »im Beisein mehrerer Personen an, bis zu einem Franc zu zahlen«, obwohl die Trage Pferdeäpfel seiner Meinung nach nicht mehr als 10 bis 15 Centimes wert war. Doguet lehnt das Angebot ab und erklärt: »Er wollte sich nicht gütlich einigen, weil er Trouillard für seine Unehrlichkeit bestraft sehen wollte.«[57] Der Richter gibt ihm jedoch nicht Recht. Angesichts des lächerlich geringen Wertes der Pferdeäpfel werde deutlich, dass es Doguet allein darum gehe, Trouillards Ansehen zu schaden.

Auch Geldzahlungen können, wie wir gesehen haben, offen stehende Rechnungen begleichen. Geldschulden sind häufig ein Element von Rechtsstreitigkeiten oder Arrangements, wenn auch nur selten das einzige. Der Wucher stellt auf dem Land vor allem um die Jahrhundertmitte eine der schlimmsten Plagen dar. Wie verheerend er sich im Departement Orne auswirkt, belegen die Berichte der höheren Verwaltungsbeamten. Seinen prägenden Einfluss auf die ländlichen Verhältnisse im Limousin haben wir an anderer Stelle geschildert.[58] Aber auch in Origny-le-Butin sind verzinsliche Darlehen nicht unbekannt. Sie werden mündlich verabredet oder aber schriftlich – in Form eines Schuldscheins – niedergelegt; wobei die Schriftform hier häufiger anzutreffen ist als im Limousin. In Louis-François' Milieu scheinen Gelddarlehen indes keine entscheidende Rolle zu spielen – aber vielleicht schweigen hier bloß die Quellen.[59] Fast immer sind dabei nur geringe Summen im Spiel, zumeist weniger als fünf Francs. Drei oder vier Arbeitstage reichen also aus, um die Schuld zu begleichen.

Bei unseren Nachforschungen sind wir, anders als im Limousin, niemandem begegnet, der wegen seiner Schulden in ein regelrechtes Knechtschaftsverhältnis geraten wäre. Auch für die Existenz von dörflichen Kapitalisten[60], die in der Lage gewesen wären, ihren Schuldnern ihren Willen aufzuzwingen, fanden wir keine Anzeichen. Im Allgemeinen ist der Geldgeber sozial ähnlich gestellt wie der Empfänger. Das Geld zirkuliert unter Holzschuhmachern, Tagelöhnern und armen Holzfällern. Pfändungen mit wirklich dramatischen Folgen haben wir in diesem Arme-Leute-Milieu nicht festgestellt. Allerdings gelten diese Bemerkungen nur für Origny-le-Butin, und namentlich für die Weiler am Waldrand. Dort war Eigentum in solch geringem Maß vorhanden – einige Werkzeuge, wenig persönliche Habe, ein Garten, ein altes Gemäuer, bei den Bauern bestenfalls zwei oder drei Hektar Land –, dass manche Fälle von Wucher möglicherweise keine Spuren hinterließen.

Doch gibt es einige Ausnahmen. Am 16. September 1842 verlangt ein Bauer aus Saint-Martin-du-Vieux-Bellême von dem Holzschuhmacher Combe hundertsiebzig Francs für einen am 1. März fälligen Schuldschein. Am 14. Oktober fordert ein »Bäderbetreiber« aus Bellême von dem Holzschuhmacher Jean-Baptiste Lesueur aus Origny zweiundfünfzig Francs für »geliehenes Geld«. Derselbe Lesueur klagt am 20. März 1846 bei dem Bauer Pierre Lesueur, genannt Chantpy, aus Chemilly die Begleichung eines Schuldscheins über hundert Francs ein.[61]

Die meisten Schulden, die Anlass zu einem Rechtsstreit geben, resultieren aus unbezahlten Warenlieferungen oder Lohnrückständen. Von Wucher kann in solchen Fällen keine Rede sein. Die Schulden bei einem Küster, Müller, Pferdehändler, Bäcker, Arbeiter, Tagelöhner oder im Wirtshaus erklären sich ebenso wie ausstehende Spielschulden aus dem Umstand, dass nur selten bar bezahlt wird und dass beim vorherrschenden Austausch von Gütern und Arbeitsleistungen notgedrungen immer Rechnungen offen bleiben.

Am 1. März 1822 fordert der Küster Étienne Rottier aus Origny von dem Grundbesitzer René Faucon 7,95 Francs »für Kerzen, die er ihm überlassen hat, für die Aushebung der Gräber für seine Frau und seine beiden Kinder sowie für seine Dienste bei deren Beisetzung«.[62] Der Friedensrichter beschließt, die Angelegenheit dem Bürgermeister zur »gütlichen Einigung« zu überlassen. Derselbe René Faucon[63], diesmal als »am Hauptort wohnhafter Tagelöhner« bezeichnet, sieht sich mit einer Forderung von acht Francs von Denis Manthé, ehemals Müller in Saint-Ouen-la-Cour, konfrontiert, dem Restbetrag »einer höheren Summe für Getreide, die dieser ihm *vor einigen Jahren* in der Markthalle von Bellême verkauft und geliefert hat«. Faucon gibt an, er erinnere sich nicht, diesen Betrag zu schulden. Am 5. Oktober 1821 fordert Bauer Pierre Épinette aus Chapelle-Souef von Louis-François' Vater Jacques Pinagot den Restbetrag von sechsunddreißig Francs »für ein Pferd, dass er ihm verkauft und geliefert hat«.[64] Am 19. Mai 1820 verlangt der Bäcker Jean Fleury aus La Perrière von dem Tagelöhner

Michel Loisnard aus Croix-Chemin (Gemarkung Origny-le-Butin) 34,20 Francs »als Preis für Brot«.[65] Letzteres Beispiel macht deutlich, dass durch nichtbezahlte Lebensmittel beträchtliche Schulden auflaufen konnten. Halten wir in diesem Zusammenhang auch fest, dass die Außenstände bei Kaufleuten aus den benachbarten Kleinstädten im Laufe der Jahrzehnte ständig anwachsen. Diese Ausweitung der Schuldengeographie zeugt von einem langsamen Wandel der Konsumgewohnheiten. Die Neuigkeiten- und Eisenwarengeschäfte ziehen nach und nach auch die armen Leute von Origny in ihren Bann.[66]

Am 9. Juli 1820 fordert der Tagelöhner und Maurer Toussaint Coursier von dem Maurer Jean Loîtron aus Les Querrières[67] – dem »Liebsten« der skandalumwobenen Tante – 23,50 Francs. Die Summe sei der Restbetrag des auf 36,30 Francs veranschlagten Lohns »für dreiunddreißig Tage Arbeit, die er mit ihm und auf seine Rechnung an verschiedenen Orten für 1,10 Francs am Tag verrichtet hat« – womit wir eine exakte Angabe über den Lohn eines Tagelöhners in Origny-le-Butin während der Restaurationszeit besitzen. Am 28. Februar 1834 verlangt der Schankwirt Jacques Lemarié aus Gué-de-la-Chaîne von dem Schnittholzsäger Jean Biardeaux, genannt Billard, aus dem Dorf Saint-Éloy in der Gemarkung Origny-le-Butin den Betrag von neun Francs, die er in Form von Getränken im Laufe eines Abends verspielt habe. »Biardeaux hat verloren und hätte also bezahlen müssen«, meint Lemarié. Nun kennt das Gesetz Spielschulden zwar nicht an, aber Biardeaux wird trotzdem dazu verurteilt, die Hälfte des Betrags zu bezahlen.[68]

Am 15. Juli 1853 verlangt Louis-François' Vetter Pierre Landier,[69] Weber in Origny, achtzehn Francs von Clément Dagron, wohnhaft in Vieux-Hêtre, weil er ihm sein Handwerk »gezeigt« hat. Dagron räumt ein, dass er für eine dreimonatige Lehrzeit sechsunddreißig Francs versprochen habe, doch da er nur zwei Monate bei Landier geblieben sei, habe er achtzehn Francs einbehalten. Das Gericht verurteilt ihn dennoch zur Zahlung von 12 Francs, weil es der Ansicht ist, dass der Lehrmeister dem Lehrling in den ersten Monaten erheblich mehr Zeit widmen müsse als später und ihm diese Zeit für seine eigentliche Arbeit fehle.[70]

Bei all den geschilderten Rechtsstreitigkeiten fällt auf, über welch lange Zeiträume sich die Parteien an die Vereinbarung und insbesondere an weit zurückliegende Schulden erinnern können. Louatrons Gläubiger klagt erst fünf Jahre nach dem Zustandekommen der Schulden, und Faucons Außenstände »liegen mehrere Jahre zurück«.

Im Hintergrund dieser Rechtsstreitigkeiten – eine Vereinbarung wird gebrochen, ein Schuldtitel nicht anerkannt, die persönliche Ehre auf eine als schwerwiegend empfundene Weise verletzt – zeichnet sich das *Zerwürfnis* ab. Wenn die Akteure den Eindruck gewinnen, dass sich ein dauerhaftes Ungleichgewicht in ihre Austauschbeziehungen eingeschlichen hat, dass der Ausgleich nicht mehr funktioniert, und dass ein Arrangement unmöglich ist, überwerfen sie sich miteinander. Dies heißt jedoch nicht, dass zwischen beiden Seiten nun irgendeine Form von Machtkampf ausbrechen würde.

Ein Zerwürfnis – für uns Ergebnis von Abneigung, schließlich von Hass – resultiert hier in erster Linie aus schwelenden Nachbarschaftskonflikten. Sein Motor besteht in der Kraft, die das Gefühl für Eigentum besitzt. Ein Zerwürfnis bildet sich Schritt um Schritt, in der Auseinandersetzung über Grundstücksgrenzen, Durchgangsrechte oder Beschädigungen.

Die Gerichtsarchive sind angefüllt von Rechtsstreitigkeiten über den Verlauf von Zäunen, Gräben und Böschungen. Sorgsam hegt und pflegt man in dieser Bocage-Landschaft seine »Dornensträucher«. Darüber braucht man nicht zu lächeln. Tatsächliche oder vermeintliche Übergriffe auf die eigene Hecke verursachen wirkliches Leid, bis hin zur Schlaflosigkeit. Man muss sich bloß vor Augen halten, welche Schwierigkeiten es bereitet, ein Stück Land zu erwerben oder zu pachten, wie winzig der Grundbesitz und das Pachtland sind und wie genau die Menschen die Parzellierung der Feldflur im Gedächtnis haben. Wir berühren hier einen Aspekt, der für die einzelnen Familien von ebensolcher Sensibilität ist wie die Kirchenglocke für das gesamte Gemeinwesen. Eine heruntergeschnittene Hecke, ein verschobener Grenzstein, ein streckenweise über das eigene Stück Land verlaufender Zaun, ein

Loch im »Dornengesträuch«, ein verbreiterter Graben oder eine be-
schnittene Böschung gelten als Signale eines Willens zur Usurpation,
wenn nicht gar zum offenen Angriff. Gegen all diese schweigsamen
Bedrohungen muss man seinen Besitz verteidigen. Zwar finden sich
diese Gefühle eher bei Grundbesitzern und Bauern, doch sind sie auch
einem Holzschuhmacher oder Tagelöhner nicht fremd, sobald er einen
eigenen Garten, ein Stück Land, ein Häuschen oder auch nur einen
Schweinestall erworben hat.

Der Bauer Jean Bourdon aus Le Plessis besitzt ein Grundstück
namens »Bretêche«, auf dem ehemals Wein angebaut wurde und das
nun als Acker dient. Das Feld grenzt unmittelbar an eine Parzelle des
Bauern Lejars aus Saint-Martin an. Im Februar 1819 hat Lejars »die
Abflussrinne zwischen den beiden Grundstücken zugeschüttet, das
dort wachsende Dornengesträuch beschnitten und beschädigt und sich
das entsprechende Holz zu seinem Vorteil angeeignet«.[71] Bourdon fordert ihn auf, »die Abflussrinne wieder auszuheben«.

Beide Parteien bringen ihre Zeugen bei, die erzählen sollen, woran
sie sich erinnern. Vater Bélanger, seit zweiundzwanzig Jahren Pächter
am Ort, versichert, auf der Seite des Klageführers sei schon immer ein
Dornengesträuch gestanden, während die Abflussrinne »auf der Seite
von Lejars« verlaufen sei. Louis Gouget hat achtzehn Jahre lang den
unteren Teil von Bourdons Parzelle bewirtschaftet. Soweit er sich erinnern kann, hat bereits Herr Ripoux, dem das von Lejars beackerte Land
gehört, versucht, sich den Grenzstreifen widerrechtlich anzueignen:
»Er hat seine Ackerfurchen ungefähr vier Fuß weit auf den Boden von
Bourdon vorgetrieben.« Indes habe er das usurpierte Stück Land wieder hergeben müssen, woraufhin die beiden Eigentümer vereinbart
hätten, zwischen ihren Grundstücken eine Abflussrinne auszuheben.
Auf der Seite von Bourdon, der sein Land brachliegen ließ, seien nach
und nach Dornensträucher gewachsen, obwohl niemand genau wisse,
wer sie gepflanzt habe. Ripoux wiederum behauptet, der Pächter, der
Bourdons Land vor drei oder vier Jahren bewirtschaftete, habe ebenfalls einen widerrechtlichen Aneignungsversuch unternommen: »Er

grub seinen Acker mit der Schaufel um und überschritt dabei die Grenze dessen, was ihm gehört.« Auch die weitere Zeugenvernehmung bringt kein eindeutiges Ergebnis. Jacques Trottier etwa erinnert sich, er habe gesehen, wie Lejars Dornensträucher pflanzte. Der Streit wird schließlich durch einen Schiedsspruch beigelegt.

Am 27. Oktober 1826 beschuldigt der Bauer Jean Nugues aus Vieux-Aîtres Jean Clinchamp aus Saint-Martin, er habe den Graben zwischen ihren beiden Grundstücken zugeschüttet und die angrenzende Böschung eingeebnet.[72] Im September 1846 verklagt Nicolas Bosse sen., ein kleiner Notabeln aus Origny, den Viehkastrierer Jacques Tertereau. Dieser habe sich erlaubt, die gemeinschaftliche Grenzhecke entlang seines Gartens auszureißen, was schließlich zu einem langandauernden Zerwürfnis führen sollte.[73] Am 22. Januar 1847 gegen ein Uhr nachmittags beschimpfen sich Bosse jun., von Beruf Weber, und Tertereau in aller Öffentlichkeit. Das Gericht lädt rund ein Dutzend Zeugen vor, darunter den Bäcker und Gastwirt Nicolas Filleul, einen Freund von Louis-François Pinagot.[74]

Betrachten wir einen Rechtsstreit, in den ein naher Verwandter von Louis-François verwickelt ist. Am 23. Mai 1849 nimmt sich der Sohn von Jean-Baptiste Lorillon aus La Haute-Folie – eine Familie, die wiederholt des Forstfrevels überführt wurde[75] – das Recht heraus, entlang des Grundstücks des Holzschuhmachers Julien Courville aus La Haute-Croix, eines Schwagers von Louis-François, eine Reisighecke zu ziehen, die »am einen Ende um 33 Zentimeter, am anderen um 30 Zentimeter über seine Parzelle hinausgeht«. Der Friedensrichter nimmt die Örtlichkeit in Augenschein und verfügt, dass Lorillon »das Geäst oder den Reisigzaun« innerhalb von vierundzwanzig Stunden zu beseitigen hat.

Durchgangsrechte sind angesichts der unendlichen Zersplitterung der Parzellen von allergrößter Bedeutung. Wer ein Durchgangsrecht verliert, kann unter Umständen sein Stück Land nicht mehr bewirtschaften, sein Vieh nicht mehr zum Teich oder zur Tränke führen, seine Ernte nicht mehr einfahren. Probleme mit Durchgangsrechten vergiften die Beziehungen zwischen Nachbarn. Ein Beispiel möge genügen: das mindestens achtzehn Jahre während Zerwürfnis zwischen Tertereau und der Familie Dolléans. Im Dezember 1824 legt der Viehkastrierer, Eigentümer des ehemaligen Pfarrhauses, einen Graben und eine Hecke an, die einer Bäuerin, der Witwe Dolléans aus Hôtel-Gaulard, den Zugang zu ihrem Grundstück verwehren.[76] Zwei Jahre später erreicht der Streit seinen Höhepunkt. Am 10. Mai überrollt die Witwe »mit den Rädern ihres Karrens eine junge Hecke und darüber hinaus das Getreide auf dem Grundstück Ouchette«, das Tertereau gehört. Sie behauptet, sie habe Durchgangsrecht, und ihr Nachbar habe am Wegesrand ein Loch gegraben und einen Haufen Steine hineingelegt, um »den Karren zu behindern«.[77]

Tertereau und Bauer Michel Dolléans aus La Renardière (Origny) teilen sich den Garten des ehemaligen Pfarrhauses, sodass letzterer ein Durchgangsrecht zum gemeinschaftlichen Teich besitzt. Um seinem Nachbarn zu schaden, hat Tertereau zehn Karrenladungen Erdreich in den Teich gekippt und ihn dadurch trockengelegt. Der Richter gibt ihm, nach der Zeugenvernehmung, nicht Recht. Im Mai 1838 endet die Auseinandersetzung mit einer neuen Vereinbarung: Dolléans und seine Tochter dürfen ihr Vieh über das Grundstück von Tertereau führen, und »der Herr Tertereau seinerseits wird am Zugang zum Teich ein Gatter anbringen [...], das auf einem Zapfen gelagert ist, zum Teich hin öffnet und an der Hecke des Herrn Tertereau anschlägt, mit einer Breite von zwei Metern«. Beide Parteien bekommen einen Schlüssel und haben das Gatter, dessen Unterhaltskosten »gemeinschaftlich« zu bestreiten sind, geschlossen zu halten.[78]

Ein weiteres Zerwürfnis veranschaulicht, welche Bedeutung die Nutzung des gemeinschaftlichen Innenhofs haben kann. Bei diesem Streit spielen sowohl Probleme des Durchgangsrechts und der Grundstücksabgrenzung als auch Sachbeschädigung eine Rolle. Im August 1825 umgibt Jacques Tertereau seinen Teil des gemeinschaftlichen Hofs mit einer 1,50 Meter hohen Mauer, verstärkt durch eine Hecke und Reisigbündel. Der Bauer Étienne Rottier aus dem Hauptort von Origny ist dadurch der Zugang zum Brunnen versperrt. Er fordert sein Durchgangsrecht ein. Damit stößt er auf den Widerstand von Tertereau und der Familie Dolléans, die in diesem Fall gemeinsame Sache machen.[79] Im Jahr 1829 spitzt sich der Streit zu. Am Ostersonntag fügen die beiden Gänse von Rottier und deren Küken Tertereaus Kohl Schaden zu. Tertereau zieht vor Gericht. »Seiner Aussage nach war der Herr Rottier anwesend und sah zu, wie die Gänse seinen Kohl fraßen.« Daher beschloss der Viehkastrierer, den Gänserich umzubringen, nahm aber aus Mitgefühl, wie er versichert, davon Abstand, auch die Gänsemutter zu töten. Rottier verlangt für seinen Gänserich Ersatz, und obwohl er Tertereau einen neuen Gänserich abkauft, wird er zu 50 Centimes Schadenersatz verurteilt.[80]

Dass sich die Bauern Chartier und Cabaret aus La Mazure im Februar 1849 überwerfen, wurde bereits erwähnt. Nun ist der Hof im Dorf ihr gemeinschaftliches Eigentum. Da sie sich nicht mehr verstehen, »vereinbaren sie am 21. Februar, diesen Hof gleichmäßig untereinander aufzuteilen [...], wobei jeder den unmittelbar an seine Gebäude angrenzenden Teil nimmt«. Sie beschließen, mehrere Experten hinzuzuziehen, »um die Teilung vorzunehmen«. Auch der Friedensrichter soll zugegen sein und »die Grenzsteine setzen«[81].

Die Nutzung eines Teichs kann zu einem Zerwürfnis Anlass geben. Dies ist im Mai 1849 der Fall, als sich der Grundbesitzer Louis-Charles Bailleul aus La Charpenterie und der Bauer Louis Bellanger aus La Trappe (zwei Weiler von Origny) überwerfen. Bailleul hält sich für »den Eigentümer eines Teiches im unteren Teil des Hofes« von La Trappe. Nun hat sich Bellanger ungefähr im September vergangenen Jahres »die Fische aus dem Teich angeeignet und sie herausgenommen; [er hat] den Teich ausgeschlämmt, ohne den Kläger um Erlaubnis zu fragen, und sich geweigert, ihm den ihm zustehenden Teil von Fisch und Schlamm [...] zu überlassen«.[82] Der Ausgang dieser Angelegenheit ist nicht bekannt.

Eine Beschädigung reicht aus, um ein Zerwürfnis zu bewirken. Am 16. November 1838 fordert der Holzschuhmacher René Cabaret aus

Chemilly von dem Bauern Pierre Landier aus Origny-le-Butin – dem wir schon wiederholt begegnet sind – zwanzig Francs für den Schaden, »den zwei seiner Kühe, ein Kalb und eine Ziege gegen Ende Oktober dieses Jahres auf einem seiner Felder angerichtet haben, wo Erbsen und Kartoffeln wuchsen und ein Haufen Äpfel lag«. Dies belegt, wenn es des Beweises noch bedurfte, dass sich ein Holzschuhmacher auch als Landwirt betätigen konnte. Landier erkennt den Schaden an. Herr Trottier, stellvertretender Bürgermeister von Chemilly, ist gekommen, ihn zu schätzen. Cabaret schlägt Landier bei dieser Gelegenheit erfolglos vor, als Kompensation »auf seinem kleinen Stück Feld zu arbeiten«. Schließlich bleibt dem Kläger keine andere Wahl, als den Schadenersatz in Höhe von zwei Francs zu akzeptieren, den der Beklagte ihm anbietet.[83]

Wie man sieht, wird zur gütlichen Einigung im Normalfall der Bürgermeister oder dessen Stellvertreter hinzugezogen. So auch im Fall des langandauernden Zerwürfnisses zwischen Tertereau und der Familie Dolléans, das bereits im April 1820 beginnt. Den Klägern zufolge hatte sich der Viehkastrierer das Recht herausgenommen, an einer Zwischenwand »Mist, Dungerde und Fäkalien bis zur Höhe dieser Wand aufzuhäufen, die dadurch beschädigt worden sei, sodass die angrenzenden Gebäude [Schweineställe] feucht geworden seien, was der Gesundheit der dort untergebrachten Tiere schade«. Der Richter verweist die Parteien an den Bürgermeister von Origny-le-Butin.[84]

Die geschilderten Streitigkeiten mögen völlig unbedeutend erscheinen. Doch nur wenn wir sie ernst nehmen, können wir uns ein Bild machen von den Abendgesprächen in den Hütten von La Basse-Frêne, können wir die Interessenschwerpunkte der Menschen in diesen kleinen Dorfgemeinschaften nachvollziehen und uns den nachbarschaftlichen Beziehungen annähern. Den psychologischen Anachronismus vermeiden bedeutet auch, den Menschen mit ihren Ängsten, Leiden und Streitigkeiten aufmerksam zuzuhören.

Das Wesentliche in allen diesen Dingen ist die Reputation. Die Ehre ist in dieser Region nicht erblich; man erwirbt sie und verteidigt sie gegen alle Angriffe, reale wie imaginäre. Es geht dabei nicht um die Zurschaustellung, man muss vielmehr die Fähigkeit zur Autonomie beweisen, muss unter allen Umständen die Selbstbeherrschung bewahren, unter dem steten Blick der Nachbarn.[85] Schon ein Schimpfwort oder eine kleine Anspielung, die dem eigenen Ansehen schaden könnte, reicht aus, um Gewalt zu provozieren. Natürlich haben wir es hier nicht mit einer Gesellschaft zu tun, die nach den Regeln der Herausforderung funktioniert. Die Angst, man könnte als feige gelten, scheint das Verhalten nicht maßgeblich zu prägen. Doch reagieren die Menschen im Perche in drei Bereichen dünnhäutig: in Fragen der persönlichen Ehre, der Ehre der Frauen und, in zweiter Linie, auch in Fragen der beruflichen Fähigkeiten. Wenn diese bezweifelt werden, ziehen sie vor Gericht, in der Hoffnung, die Justiz werde ihre Ehre retten. Bei Menschen, die in ihren Auffassungen und in ihrem gesellschaftlichen Leben einander sehr nahe stehen – wie dies in Origny-le-Butin der Fall ist –, verstärkt die Ehre die Zugehörigkeit zur Gruppe und lässt dennoch die Freiheit, sich von anderen zu unterscheiden und sich auf der Skala der Positionen einzuordnen.[86]

Seit sie Witwe ist, versichert Frau Maillard aus La Haute-Roche am 14. Juli 1820, werde sie von ihren Nachbarn, dem Tagelöhner Jean Massot und seiner Frau, »durch tausenderlei beleidigende Äußerungen und alle möglichen Schikanen unablässig gequält [...]; der Mann droht ihr, sie zu schlagen und ihr zu schaden«[87], die Frau habe sie »am elften dieses Monats gegen Abend auf dem gemeinschaftlichen Hof des besagten Ortes La Haute-Roche [öffentlich beschuldigt], sie sei ein durchtriebenes Luder und eine Diebin«, und hinzugefügt, sie könne das auch beweisen. Witwe Maillard zieht vor Gericht.[88]

Der Maulwurffänger François Maisonnier erhebt Klage gegen den Viehkastrierer Tertereau, weil dieser ihn am 4. November 1822 gegen acht Uhr morgens im Hof des ehemaligen Pfarrhauses als Räuber bezeichnet habe. Der Vorfall wird von einer Reihe von Zeugen bestätigt, darunter den Rottiers, die mit Tertereau ebenfalls zerstritten sind.[89]

Doch kehren wir nach La Basse-Frêne zurück. Im Dezember 1837 bricht dort zwischen dem uns schon bekannten armen Tagelöhner François-Marin Lebouc und dem Bauern Julien Bouquet aus La Croix ein Streit aus. Lebouc fordert von Bouquet fünfundzwanzig Francs, weil dieser ihn am achtzehnten des Monats »gegen ein Uhr nachmittags« in seiner eigenen Scheune als Dieb bezeichnet hat. Nach der Zeugenaussage zweier Tagelöhner im Alter von 72 und 75 Jahren aus Fresnaye, darunter Louis-François' Onkel François Cottin, war folgendes vorgefallen: Der Herr Bouquet verlangte von Lebouc an jenem Tag zwei Bündel Stroh zurück, die er ihm geborgt hatte. Lebouc weigerte sich unter dem Vorwand, Bouquet »habe seinen Handschuh in seinem Schrank eingeschlossen«. Bouquet sei wegen des Vorwurfs in Zorn geraten und habe Lebouc als Dieb beschimpft. Das Gericht weist die Klage mit der Begründung ab, die beleidigende Äußerung sei »in der Hitze des Gefechts« gefallen.[90]

Noch allergischer reagieren die Dorfbewohner, wenn die Sittlichkeit einer Frau in Frage gestellt wird. Wir beschränken uns hier auf Vorfälle, in die Holzschuhmacherfrauen verwickelt waren, um einen besseren Eindruck davon zu gewinnen, was ein Louis-François Pinagot bei solchen Gelegenheiten empfunden haben mag. Am 29. September 1837 klagt Holzschuhmacher François Brière aus Saint-Ouen-la-Cour den Bauern François Deschamps an, er habe seine Frau am vergangenen Freitag »gegen drei Uhr abends« ohne ersichtlichen Grund mit beleidigenden Äußerungen überhäuft. Zeugen bestätigen dies. Der sechsundzwanzigjährige Weber Pierre Dagonneau sah, »wie Deschamps zum Haus des Herrn Brière ging. [...] Aus Neugier ist er ihm gefolgt.« Er habe gehört, wie Deschamps »die Frau Brière mit den beleidigendsten und gröbsten Ausdrücken [bedachte] und ihr vorwarf, sie führe ein unmoralisches Leben, namentlich durch die Beziehung zu einem Hanfweber«. Weber Jacques-Louis Dagonneau wiederum habe gehört, wie Deschamps über Frau Brière sagte, »er selbst habe wiederholt Beziehungen zu ihr gehabt«. Die Eheleute haben ihn daraufhin als »Schweinehund« beschimpft. Deschamps entgegnet, die Brières hätten ihn in seinem Anstand verletzt und behauptet, »er lasse sich mit Frauen ein, die ihn viel Geld kosten«.

Frau Brière wiederum gibt an, Deschamps »kam bei ihr vorbei, während sie [wie viele Holzschuhmacherfrauen] spann, und beleidigte sie mit den Worten, sie lebe nur von Prostitution, habe von einem anderen Mann, dessen Namen er nicht nannte, ein Kind, und er selbst sei der Vater eines anderen ihrer Kinder«.[91] Wie sich im Laufe der Vernehmung herausstellt, hatten sich die Brières und Deschamps vor fünf Monaten schon einmal beleidigende Äußerungen an den Kopf geworfen. Gleichwohl wird Deschamps zu einer Geldstrafe verurteilt.

Gehen wir noch einmal nach La Basse-Frêne. Im Jahr 1850 erlaubte sich eine weitere Witwe Maillard »vor mehreren Personen und zu wiederholtem Mal, ja fast jeden Tag, insbesondere vergangenen Freitag [...] gegen neun Uhr morgens am Waschplatz von Carouge, die Frau Touchet eines sittlich verfehlten Lebenswandels zu zeihen, indem sie sie mit einer Frau verglich, die in dem Ruf steht, ein unsittliches Leben zu führen und eine Diebin zu sein«. Frau Touchet ist mit einem Holzschuhmacher aus dem Dorf verheiratet. Sie fordert fünfzig Francs Schmerzensgeld. Witwe Maillard streitet alles ab: Zwar sei »am Waschplatz von lasterhaften Frauen die Rede gewesen«, aber nie habe sie Frau Touchet als eine solche bezeichnet. Also befragt man die Zeugen. Drei von ihnen bestätigen, dass die Witwe am Waschplatz zur Klägerin gesagt hat: »Du bist wie die Brebi« – eine Frau aus Carouge –, »die *in der Gegend* einen schlechten Ruf besitzt«. Das Gericht verurteilt Witwe Maillard zur Zahlung von zehn Francs Schmerzensgeld an die Eheleute Touchet.[92] Dieser Rechtsstreit belegt erneut, welch zentrale Rolle der Waschplatz – und die Witwen – beim Zustandekommen der Reputation spielen.[93] Er zeigt auch, dass der exemplarische Vergleich dazu diente, eine Skala der Reputation zu erstellen.

Eine weitere inakzeptable Form der Beleidigung bildet die von Neid motivierte Infragestellung von Berufsehre und fachlicher Kompetenz. Die beiden Viehkastrierer Cornué aus Hôtel-aux-Oiseaux und Tertereau aus dem Hauptort von Origny haben sich völlig überworfen.

Glaubt man Cornué, wird er von Tertereau schon seit Jahren beleidigt. Am Donnerstag, den 1. Juni 1820 habe er ihn in Bellême in aller Öffentlichkeit als »Dieb, Schurke und Abschaum von einem Galeerensträfling« beschimpft.[94] Das Gericht hört zahlreiche Zeugen. Tertereau wird zur Zahlung von sechsunddreißig Francs verurteilt, eine beträchtliche Summe.

Wirtshausstreitigkeiten, bei denen es ebenfalls um die Verteidigung von Ehre und Ruf geht, enden oft in handgreiflichen Auseinandersetzungen. Dem Maulwurffänger François-Jean Maisonnier aus Origny sind wir bereits begegnet. Am 16. Februar gegen neun Uhr abends beschimpft er den Weber Rottier – auch ihn kennen wir bereits – in der Stube des Bäckers und Schankwirts Filleul als Dieb, woraufhin sich dieser »wutentbrannt auf ihn wirft, ihn zu Boden reißt und ihn beinahe geschlagen hätte, wenn die anwesenden Personen nicht dazwischengegangen wären«. Der Beklagte erklärt: »Rottier [hat] diese Rauferei provoziert, weil er wider seinen Willen darauf bestand, an seinem Tisch zu trinken.« Rottier behauptet, Filleul, der Hausherr, habe ihn dazu eingeladen, ein Glas Cidre am Tisch von Maisonnier zu nehmen. Maisonnier wird zu vierzig Francs Schadenersatz verurteilt.[95] Im Jahr 1836 sitzt der Maurer Simon, genannt Chatel, aus Origny-le-Butin bei Herrn Dolléans zu Tisch, als er sich plötzlich erhebt und Tertereau zu Boden wirft und ihm ins Gesicht spuckt. Wie man sieht, wird Tertereau von vielen verabscheut und wohl auch gefürchtet, obwohl er andererseits im Ruf steht, bösen Zauber aufheben zu können. Simon erklärt vor Gericht, Tertereau habe sich herausgenommen, seine Arbeit »schlechtzumachen«.[96]

Alles in allem scheinen gewalttätige Auseinandersetzungen in Origny-le-Butin eher die Ausnahme gewesen zu sein, zumal unter den armen Waldarbeitern. Man kann jedoch davon ausgehen, dass viele Handgreiflichkeiten nicht ans Licht der Öffentlichkeit gelangten, sondern vielmehr im Dunkel des Waldes ausgetragen wurden.[97]

Unsere Nachforschungen in den Gerichtsakten zeigen, dass Austausch, Abmachungen und Vereinbarungen nur innerhalb eines eng begrenzten Beziehungsnetzes zustande kommen. Vereinbarungen trifft man in den allermeisten Fällen mit seinen unmittelbaren Nachbarn im Weiler, ansonsten mit Bauern, Grundbesitzern oder Handwerkern aus dem Hauptort. Mit den Bewohnern der umliegenden Gemeinden tritt man allein beim Pachten von Land in vertragliche Beziehungen – abgesehen von den wenigen Tuchhändlern und Bäckern, die in Origny Kunden haben. Eine kursorische Durchsicht des Archivs von Bellême zeigt, dass die Leute aus Origny sich nur selten in die Angelegenheiten des Hauptorts des Kantons einmischen und auch ihre Streitigkeiten nicht dort austragen. Die Enge des Horizonts bedeutet jedoch nicht, dass die Konflikte in der Familie bleiben, ganz im Gegenteil: Rechtsstreitigkeiten zwischen Verwandten sind äußerst selten. Obwohl das Gerichtsarchiv nur vage Andeutungen in diese Richtung enthält, kann man davon ausgehen, dass mit Ausnahme schwerwiegender Fälle die meisten Streitigkeiten in Origny durch die Einigung der beteiligten Personen oder Familien im Beisein des Bürgermeisters oder dessen Stellvertreters als Schiedsrichter beigelegt werden.

Die Interpretation dieses Beziehungsnetzes erscheint ziemlich einfach. Im Unterschied zur Region Gévaudan oder den Baronien in den Pyrenäen sind breit angelegte familiäre Strategien in Origny-le-Butin unbekannt. Der Grund dafür liegt offensichtlich in der unterschiedlichen Familienstruktur. Von autoritären Familienmodellen wie dem *ostal* sind wir hier weit entfernt. Das provokative Gruppenverhalten und die schrecklichen Prügeleien, die sich die jüngeren Mitglieder der Familienklans im Südwesten Frankreichs liefern, sucht man in Origny-le-Butin vergebens. Ebenso unbekannt sind im Perche die blutigen Dorfschlägereien, die den Nordosten des Lot überziehen.[98] Nichts weist darauf hin, dass gerichtliche Klagen bloß als taktische Manöver im Rahmen umfassenderer Konflikte eingesetzt und instrumentalisiert würden, wie dies im Süden des Limousin noch zu Beginn der Juli-Monarchie üblich ist.[99] In Origny-le-Butin verfolgt man begrenztere Ziele. Die zerstreute Siedlungsstruktur, die extreme Zersplitterung des Grundbesitzes, das tiefe Elend, welches die Ambitionen begrenzt, und vor allem die relative soziale Homogenität führen zu einer gewissen Atonie des Alltags.

Deutlich abgegrenzte Netzwerke der Solidarität sind bei der Lektüre all dieser Streitigkeiten überraschenderweise kaum erkennbar. Wir hatten erwartet, dass sich die Holzschuhmacher oder die Bauern gegenseitig unterstützen, was aber nicht der Fall ist. Die Zeugenaussagen zeigen, dass sich die Freundschaften innerhalb dieses insgesamt homogenen Milieus nach dem Prinzip der Wahlverwandtschaften richten, dass Allianzen, Nachbarschaften und Berufsgemeinschaften kaum eine Rolle spielen. Um Macht geht es bei alldem, so weit wir sehen, nicht. In Origny halten sich die Pfarrverweser sehr im Hintergrund, und bei der Ernennung der Bürgermeister spielen Familien- oder Klanauseinandersetzungen keine Rolle.[100] Nur zwischen den Leuten des Feldes und denen des Waldes zeichnen sich gewisse Spannungen ab.[101]

Die ein oder andere der vorstehenden Bemerkungen mag mit unserer Analyseebene zusammenhängen. Was für Origny-le-Butin gilt, muss auf andere Landgemeinden des Haut-Perche nicht unbedingt zutreffen. Beschäftigt man sich aber zu sehr mit großen Ensembles, verliert man sehr leicht aus den Augen, wie sich das wirkliche Leben in diesen winzigen Gemeinwesen, den kleinsten territorialen Einheiten, gestaltete.

Was sich dem Beobachter von Origny aufdrängt, ist die Häufigkeit von Auseinandersetzungen, die sich an kleinen Anlässen entzünden: an der Grundstücksgrenze, der Hecke, dem Durchgangsrecht, Behinderungen durch abgestellte Gegenstände, Beschädigungen, dem Eindruck, man sei beim Tausch bestohlen oder durch die Worte eines anderen in seinem Ruf als Ehrenmann, guter Arbeiter oder geachteter Ehemann geschädigt worden. Eifersucht und Neid spielen in diesen Streitigkeiten merkwürdigerweise kaum eine Rolle; man will einfach nur in Frieden gelassen werden und keine Aggression erleiden. Ungeachtet der jeweiligen Position ist jeder stolz darauf, wenn er die Mühen des Daseins bewältigt, »ohne jemanden um etwas zu bitten«.[102] Louis-François Pinagot, der niemals von sich reden machte, kann als repräsentativ für die Mehrheit der Einwohner von Origny-le-Butin gelten. Die Gestalten, die sich bei den geschilderten Streitigkeiten abzeichnen: die listige Brodinne mit ihrem Schwiegersohn, dem Holzschuhmacher Mathurin Guillin, der abstoßende Viehkastrierer Tertereau, die aktive Witwe Maillard, die streitsüchtigen Rottiers, die Ruffrays und Lorillons sowie Louis-François' Verwandte Pinagot, Pôté und Drouin, deren Ruf ruiniert ist – sie können in dieser konfliktarmen, atonischen Gesellschaft wohl eher als Ausnahmen gelten. Diesen verschwundenen Menschen nachzuspüren, die ihre Erwähnung einzig dem Umstand verdanken, dass sie im Umkreis von Louis-François Pinagot lebten, war eine durchaus bewegende Erfahrung.

Hüten wir uns jedoch vor Mitleid und dem Risiko, uns durch die überlieferten Quellen den Blick verengen zu lassen. Die Bocage von Origny-le-Butin und der nahe gelegene Wald sind auch Orte gemeinschaftlicher Vergnügungen und Freuden, die aber leider nur schwer greifbar sind. Dennoch wollen wir dies nun versuchen. Die Männer, zumal die Holzschuhmacher, lassen es sich im Wirtshaus bei einer Flasche Apfelcidre wohl sein. Für das erste Drittel des 19. Jahrhunderts besitzen wir so gut wie keine Informationen über die Schenken in Origny-le-Butin. Hauptberufliche Schankwirte sind noch unbekannt, und die Handwerker, die neben ihrer eigentlichen Tätigkeit ausschenken, tauchen in den Volkszählungen und Gewerbeerhebungen nicht als Schankwirte auf. Von ihrer Existenz wissen wir daher nur aus dem ein oder anderen Rechtsstreit. Wie dem auch sei, die Schenken haben täglich geöffnet, ungeachtet gesetzlicher Verbote auch sonntags und in der Nacht.

Unter Napoleon setzt sich die Diözese von Séez für die Beibehaltung der religiösen Feste ein, die in der Revolution aufgehoben worden sind. Die Bevölkerung des Haut-Perche wehrt sich jedoch entschlossen gegen Maßnahmen, die jede Geschäftätigkeit an Sonn- und Feiertagen untersagen.[103] In Gemeinden mit weniger als 5 000 Einwohnern ist der Ausschank von Cidre, Schnaps und Kaffee sowie das Billardspiel während der sonntäglichen Gottesdienste zwischen acht Uhr und Mit-

tag verboten.[104] Im Oktober 1816 reichen die Schankwirte von Mou-
lins-la-Marche eine Petition gegen diese strenge Regelung ein. Im Jahr
1821 beklagt sich der Bürgermeister von Bazoches beim Präfekten,
»die Gottesdienste ziehen sich unendlich in die Länge«: Sie werden
»durch endlose Predigten und Bibellesungen hinausgezögert, das
Abendmahl beginnt halb vier und endet oft bei Sonnenuntergang«.[105]
Würde man die Verbote befolgen, bliebe den Männern keine Zeit mehr
zum Trinken. Ohne die weitere Duldung von Wirtshausbesuchen während des Gottesdiensts »würde das Gewerbe zugrunde gehen, und die
Gemeinde würde ins Elend stürzen«. Folgt man dem Bürgermeister,
der sich über die Langsamkeit des Dorfpfarrers von Bazoches beklagt,
entpuppt sich der Rhythmus, in dem der Pfarrer die Messe liest, in dieser Sache als entscheidend.

In Wirklichkeit aber zeigt sich der Präfekt des Departements Orne bis
auf wenige zaghafte Versuche, dem Gesetz Geltung zu verschaffen,
tolerant: »In einigen Dörfern ist es seit alters her Brauch, nur sonntags
zu verkaufen«, räumt er bereits 1814 ein.[106] So will er sich der Tradition
auch nicht entgegenstellen und verlangt von den Händlern nur, sie
mögen doch »während des Gottesdiensts einen gewissen Abstand zur
Kirche wahren«. Alles deutet also darauf hin, dass die Gesetze die Einwohner von Origny nicht daran hindern, auch sonntags während des
Gottesdiensts ins Wirtshaus zu gehen.

Nach der Gemeindeverordnung vom 29. April 1834 ist der Ausschank vor fünf Uhr morgens und nach neun Uhr abends – an Feiertagen nach zehn Uhr abends – untersagt.[107] Die Schankwirte lassen sich
indes nicht davon abhalten, auch außerhalb der vorgeschriebenen Zeiten Gäste zu empfangen, was ihnen immer wieder Bußgelder ein-
bringt. Der Bürgermeister und sein Stellvertreter achten persönlich
darauf, dass die Vorschrift eingehalten wird.

In der Nacht vom 19. zum 20. März 1843 wird der Schankwirt und
Bäcker François Filleul beim Ausschank erwischt und bestraft.[108] Am
16. März 1845 veranstalten in seiner Schenke zwei ortsbekannte Trinker
die ganze Nacht hindurch Lärm und Radau.[109] Filleul und die beiden

Betrunkenen werden zu drei Tagen Gefängnis verurteilt. Im Jahr 1851 überrascht der stellvertretende Bürgermeister Nicolas Bosse bei einem Rundgang um zwei Uhr nachts »mehrere Personen, die [bei der Witwe Filleul] tranken und sangen«.[110] Das Gericht zeigt sich unnachsichtig: Die Dame »hat sich schon mehrmals desselben Vergehens schuldig gemacht«. Die Schenke von Baptiste Lesueur wird nicht weniger überwacht. Am 18. April 1852 gibt Nicolas Bosse zu Protokoll, er habe um Mitternacht Lärm gehört und einen Gärtner aus Origny-le-Butin sowie drei Trinker aus Chemilly auf frischer Tat ertappt.[111] Im Jahr 1855 überrascht Bürgermeister Herbelin auf seinem »üblichen Rundgang zur Kontrolle der Cafés« den dreiundzwanzigjährigen Holzschuhmacher Modeste Bothereau bei Lesueur, gemütlich »am Kamin«[112] sitzend. Und Louis Frenard, ein Freund von Louis-François Pinagot, wird am 6. Juni 1855 dafür bestraft, dass er fünf Personen bei sich zu Hause mit Alkohol bewirtet hat.[113] Wie die »öffentliche Meinung« versichert, ist er im Dorf als Wiederholungstäter bekannt. Man sagt, dass er regelmäßig bis elf oder zwölf Uhr nachts ausschenkt.

Vor allem in Saint-Martin treffen sich die zahlreichen Holzschuhmacher gern im Wirtshaus. Am Sonntag, den 14. Februar 1836, betreten die Holzschuhmacher Jean-François Maumy und Kœnigsberg [sic] Brodin, beide im Zentrum von Saint-Martin ansässig, »gegen neun Uhr abends« die Schenke von Jacques Lenôtre, »um eine Flasche Cidre zu trinken«. Maumy beginnt herumzuschreien und »droht alles im Haus zu zerschlagen«. Die herbeieilenden Nachbarn sorgen für Ordnung und werfen die beiden Arbeiter hinaus. Maumy aber »verschafft sich erneut gewaltsam Zutritt« und randaliert weiter. Er wird zu fünf Tagen Gefängnis verurteilt.[114] Am 27. Juni 1852 sitzen bei Jacques Lenôtres Nachfolger, François Lenôtre, vier Holzschuhmacher, ein Schuster und ein Bauer nach elf Uhr abends gemeinsam um einen Tisch und trinken Cidre. Der Schankwirt rechtfertigt sich, es sei Feiertag gewesen, und da sei es doch egal, ob sich die sechs Handwerker bei ihm »unterhalten« oder, wie die anderen, »vor der Tür schlafen«.[115]

Die Ausgelassenheit der Jugend macht an der Wirtshaustür nicht halt. An einem Sommerabend gegen neun Uhr – es war der 7. Juli 1840 – beginnen fünf Jugendliche, darunter ein Holzschuhmacher, nach einem Wirtshausbesuch in Origny eine »Rauferei«. Drei der Jugendlichen stammen aus Saint-Martin. Nach Augenzeugenberichten haben sie im Dorf viel Lärm veranstaltet; der Krawall habe sich »bis tief in die Nacht« fortgesetzt. Rigot beschwert sich, die »Unruhestifter« hätten sein »Gerstenfeld verwüstet, einige Zaunpfähle niedergerissen und die Hecke beschädigt«. Einer der Randalierer habe den jungen Rottier »mit Steinen beworfen«, dieser habe sich in sein Haus flüchten müssen. Mehrere der Festgenommenen erweisen sich als Wiederholungstäter. Drei von ihnen müssen für fünf Tage ins Gefängnis.[116] Zwölf Jahre später werden Eugène Pinagot, ein Sohn von Louis-François, sowie die beiden Schnittholzsäger Loinard und der Zimmermann François Deschamp zu jeweils einem Franc Bußgeld verurteilt, weil sie »an einem Sonntag gegen neun Uhr abends in der Öffentlichkeit randaliert haben«.[117]

Solche Vorfälle führen zu der Frage, ob im Haut-Perche zu Lebzeiten von Louis-François Pinagot die tradierten Festlichkeiten der Jugend fortgeführt wurden. Schon früh sind diese Praktiken im Namen der öffentlichen Ruhe verboten worden, obgleich die einschlägigen Gesetze bis weit in die Juli-Monarchie hinein wenig Wirkung zeigen. Louis-François kann sich daher, im Gegensatz zu seinen Kindern, wohl ungezwungen diesen Manifestationen kollektiver Ausgelassenheit hingeben. Am 7. März 1824, als die Jugend von Louis-François bereits vorüber war, erklärt sich der Bürgermeister von Chapelle-Montligeon außerstande, die Erlasse zum Verbot von Karnevalsumzügen durchzusetzen: Dreißig Personen ziehen verkleidet durch die Gemeinde.[118]

Bereits einige Jahre später greifen die Behörden härter durch. 1835 beschließt die Forstverwaltung, gegen einen gewissen Volksbrauch in Tourouvre mit Entschiedenheit vorzugehen. »Seit unvordenklichen Zeiten – über zweihundert Jahre – hatte [sie] geduldet, dass sich die Bewohner der Gemeinde einige junge Bäume aus dem Staatsforst holen und auf den öffentlichen Plätzen aufstellten, auf denen am Johannis- und Peterstag [25. und 26. Juni] ein Feuer entzündet wurde.« In besagtem Jahr aber verweigert die Verwaltung ihre Zustimmung, doch die Jugendlichen lassen sich davon nicht beeindrucken.[119] In der Nacht schlagen sie im Perche-Forst drei Bäume. Mit Gewehr und Säbel bewaffnet, versuchen sechs Forstaufseher mit Gewalt, die Bäume »von dem Platz, auf dem sie aufgestellt waren«, zu entfernen. Ihr Chef wirft sogar einen glimmenden Holzscheit aus dem Freudenfeuer in die Menge hinein und befiehlt seinen Männern, den Säbel zu ziehen.

Nach einem mehr als einstündigen Gespräch müssen die Aufseher dem Druck der dreihundert versammelten Menschen weichen. Beim Verlassen des Platzes apostrophiert der Oberförster »mehrere Frauen mit den gröbsten Schimpfnamen, darunter Schl... und H...«. Der Bürgermeister erklärt dazu, es sei alter Brauch, auf dem Dorfplatz eine junge Weide oder eine kleine Espe aufzustellen und sie mit Blumen zu bekrönen. »Um diesen Baum geben sich die jungen Leute [...] einige Tage lang dem Tanz und dem freudigen Beisammensein hin; dieses Fest hat sogar etwas Religiöses an sich, und nie kommt es dabei zu Unruhen.«[120]

Würde man dies allen Gemeinden erlauben, argumentiert der Oberforstmeister auf seiner Inspektionsreise, würden die Wälder verwüstet. In zehn oder zwölf Gemeinden des Haut-Perche habe die Jugend die Behörden um Erlaubnis gebeten, eine Espe zu schlagen. In Tourouvre, klagt der Forstmeister, habe der Bürgermeister die Aufsässigen gar unterstützt, habe »mitgetanzt und ihnen bis tief in die Nacht hinein von seinem Cidre ausgeschenkt«. Von amtlicher Seite seien Wachen am Fuß des Baums aufgestellt worden, und dennoch hätten sich dieselben Vorfälle am 28. und 29. Juli (den Nationalfeiertagen) wiederholt. Einige der Aufsässigen seien in Mortagne inhaftiert worden. Doch der Bürgermeister »habe unverzüglich eintausend Francs Kaution für sie geschickt, sei ihnen an der Spitze eines Zuges mit Musik und Trommelwirbel entgegengelaufen und habe sie derart ins Dorf zurück begleitet, wo er der Menge abermals ein Trinkgelage ausgerichtet habe«.

Indes scheint solch einmütiger Widerstand gegen die Verbote der

Forstverwaltung bereits einer anderen Zeit anzugehören. In den folgenden Jahren werden Festlichkeiten des Volkes, sobald sie Lärm verursachen, wirksam verfolgt. Am 21. Februar 1845 stellt der Polizeikommissar von Igé einige junge Leute, die ohne Genehmigung des Bürgermeisters um zwei Uhr nachmittags mit zwei Puppen durch die Straßen der Gemeinde ziehen.[121] Nicht anders ergeht es dem Brauch des *charivari,* des plötzlichen Loslärmens, das anders als noch in Louis-François' Jugendjahren schon bald als Ordnungswidrigkeit gilt, wie folgender Vorfall zeigt, der sich im November 1851 unweit von La Basse-Frêne ereignet.

Am fünfundzwanzigsten dieses Monats versammelt sich im Weiler Hôtel-Chapet in der Gemeinde Saint-Martin gegen neun Uhr abends eine größere Menge Jugendlicher. Seit fünf Tagen *charivarisieren* sie den »besagten Couillet anlässlich seiner bevorstehenden Hochzeit«.[122] Der stellvertretende Bürgermeister eilt herbei und befiehlt den Jugendlichen – darunter vier Holzschuhmachersöhne, ein Tagelöhnersohn, ein Knecht und zwei berufslose Witwensöhne –, »die öffentliche Ruhestörung durch das beleidigende nächtliche Gebrüll und Gejohle« umgehend einzustellen. Die jungen Leute weigern sich, der Aufforderung des Gemeindevertreters Folge zu leisten, und gehen sogar so weit, das *charivari* unter dessen Fenster fortzusetzen. Schließlich sind sie davon überzeugt, kein Unrecht zu begehen. Das *charivari,* versichern sie, »ist eine Sache, die man auf dem Land recht häufig macht«. Doch im Zuge des neu aufkommenden Verständnisses von Lärmbelästigung,[123] persönlicher Ehre und öffentlicher Ordnung wird dieser einst weit verbreitete Brauch nach und nach zurückgedrängt.[124]

Wie bereits erwähnt, hat Louis-François Pinagot mit ziemlicher Sicherheit die ein oder andere Messe in der Region besucht. Eine recht originale Veranstaltung dieser Art findet, seit seiner Kindheit und bis ins Jahr 1848, alljährlich vom 2. bis 4. Juli am Waldrand statt, unweit der Weiler, in denen er nacheinander wohnt. Kaum denkbar, dass er bei diesen Festlichkeiten auf dem mit Ulmen bestandenen Dorfplatz und den Straßen von La Bruyère nicht zugegen war.[125] Die Menschen kommen in Scharen, und im Laufe der Jahre breiten sich die Festlichkeiten bis in den Wald hinein aus. Die Behörden dulden dies. Unter einer hundertfünfzigjährigen schattigen Eiche bringt man das Arbeitsvieh unter und bindet die Hunderte von Pferden fest. Zwei »Cidre-Zapfer« und drei Budenbesitzer bauen unter den Bäumen ihre Stände auf; dem Schatten verdankt die Messe ihren Erfolg. Neugieriges Volk strömt herbei und lässt sich an den bereitstehenden Tischen zu einem Glas Cidre nieder. Gewiss trampeln die ungeduldig scharrenden Pferde den Waldboden fest und verursachen Schäden an den Bäumen; der Grenzgraben zwischen Wald und Feld leidet unter den Hufen der Tiere, und die nahe gelegenen Hütten können aus Unachtsamkeit in Brand geraten. Doch die Menschen hängen so sehr an dieser Messe, dass sich die Forstverwaltung bis Mitte des Jahrhunderts gezwungen sieht, sie zu dulden.

Man kann sich ausmalen, wie es sich Louis-François im Schatten der Eichen in Gesellschaft der Holzschuhmacher von Saint-Martin bei einer Flasche Cidre gut gehen ließ. Und dennoch belegt kein Dokument, dass er diese fröhliche Veranstaltung, die von ihm aus nächstgelegene Messe, tatsächlich je besucht hat.

# Kapitel 7

# DIE AUSEINANDER
# GENOMMENE VERGANGENHEIT

Wie kann man eine Vorstellung davon gewinnen, auf welche Weise sich Louis-François Pinagot ein Bild der Vergangenheit entwickelt haben mag? Von historischem Wissen im eigentlichen Sinn kann bei ihm wohl nicht die Rede sein, weil das bedeutet hätte, dass er in seinem Geist die Elemente seines Wissens klar unterschiedenen Epochen, die den kontinuierlichen Strom der Zeit gliedern, zugeordnet hätte – es sei denn, man versteht unter historischem Wissen ein ungeordnetes Sammelsurium aus mündlich überlieferten Erzählungen und Ansichten, die sich dem oft erstaunlich guten Gedächtnis eines armen Analphabeten nach und nach eingeprägt haben. Man kann sich in der Tat vorstellen, dass die in der Spinnstube immer wieder erzählten Geschichten und belehrenden Sentenzen sich am Ende in seiner Vorstellung zu undeutlich als Abfolge wahrgenommenen Epochen fügten, allerdings ohne klares Bewusstsein einer Chronologie, ohne die wirkliche Fähigkeit, historisch zu denken.

So chaotisch dieses Wissen gewesen sein mochte, immerhin verlieh der räumliche Horizont, innerhalb dessen die gehörten Geschichten sich bewegten und in dem der analytische Bezugsrahmen von Louis-François sie verortete, diesem Wissen eine gewisse Ordnung und Struktur. Zu berücksichtigen ist hier der prägende Einfluss des Waldes und der Bocage von Origny, Louis-François' Analphabetentum und alles, was seine Interpretation der mündlich überlieferten geschichtli-

chen Zeugnisse bestimmt haben mag, nicht zuletzt seine soziale Zugehörigkeit, seine Stellung als armer Tagelöhner und Holzschuhmacher,
der in eine Bauernfamilie eingeheiratet hat.

Dies wirft eine Reihe komplizierter Fragen auf. Es ist wichtig, sie zu
stellen und über die Wege, sie zu beantworten, nachzudenken. Gemäß
welcher Vorstellung von Distanz, von zeitlicher Tiefe konnte ein solches Wissen entwickelt werden? Nach welchen Zeitrechnungen strukturierten sich die gehörten Geschichten? Bezogen sie sich auf die ökolo-
gische Zeit von Wald und Bocage oder auf die Geschichte von Familie,
Dorf, Nation? Wie waren die Erzählungen über die Vergangenheit im
Kopf von Louis-François mit der Markierung der ihm vertrauten
Räume verknüpft? Wie weit reichte sein Wunsch oder seine Fähigkeit,
die Geschichte von der Legende zu unterscheiden, wo doch zahlreiche
gebildete Zeitgenossen hervorheben, dass zeitgleich mit der Entstehung einer gelehrten Geschichtsschreibung die Legendenbildung im
bäuerlichen Milieu in der ersten Hälfte des 19. Jahrhunderts einen ungeheuren Aufschwung erlebte?

Über welche Kanäle fanden die Grundlinien dieses bruchstückhaften
Wissens von der Vergangenheit Verbreitung? Die üblich gewordene
Suche nach kulturellen Vermittlungsinstanzen verkürzt die Dinge insofern, als sie von dem Schema ausgeht, dass das Wissen von den Eliten zu
den Massen hinabfließt. So gerät aus dem Blick, dass Wissen und Einschätzungen oft über horizontale Übertragungsmechanismen weiter-
gegeben wurden, die ihre eigene Logik besitzen.

Es liegt auf der Hand, dass wir in all diesen Fragen auf Vermutungen
angewiesen sind. Wir werden daher gewisse Dinge einfach behaupten
müssen. Aber welcher Historiker kann schon darauf verzichten?
Zumal wenn er umgekehrt voraussetzt, dass alle Menschen ihre Epo-
che anhand der einschneidenden Ereignisse erfassen, deren Logik und
Interpretation von der Historikergemeinschaft vorabentschieden ist –
ein reduktionistisches Vorgehen, das es erlaubt, ein Wissen zu erarbei-
ten, das leicht zu begreifen und zu vermitteln ist. Ganz zu schweigen
von jenen Historikern, die – vielfach implizit – behaupten, dass alle, die

ehemals lebten, dies gemäß jener Hierarchie der Interessen und Neugierden taten, welche die ihre ist, oder die sich nur für diejenigen interessieren, denen sie dies unterstellen. Dies hat zur Folge, dass Massen von Menschen, die von anderen Wünschen umgetrieben, von anderen Gefühlen bewegt wurden und andere Dinge für unwichtig hielten, aus der historischen Darstellung ausgegrenzt werden.

Ich bezweifle zum Beispiel, dass die uns vertrauten Etappen der Französischen Revolution – die konstitutionelle Monarchie mit ihrer Konstituierenden, später Gesetzgebenden Versammlung, die Republik der Girondisten, Jakobiner, Thermidorianer, des Direktoriums und des Konsulats – den Vorstellungsrahmen bildeten, innerhalb dessen ein Louis-François Pinagot das ausgehende 18. Jahrhundert wahrnahm, vorausgesetzt, dass ihm der Einschnitt des Jahrhundertwechsels überhaupt bewusst wurde. Wahrscheinlich gestaltete sich die Sache für ihn viel schlichter als Aufeinanderfolge der Zeit der Könige und Grundherren, der Revolution und der Herrschaft Napoleons.

Wir wollen versuchen, eine umfassendere Perspektive zu entwickeln, um dieses Wissen genauer zu rekonstruieren. Wir werden Revue passieren lassen, wovon Louis-François *unserer Ansicht nach,* nach allem was wir von ihm wissen, höchstwahrscheinlich des Öfteren reden hörte. Wir werden dabei nicht chronologisch verfahren, sondern uns an einer Skala der abnehmenden Wahrscheinlichkeit orientieren.

Der Ansatz fordert von uns – und vom Leser –, dass wir uns mit Louis-François identifizieren und also *unser eigenes historisches Wissen dekonstruieren.* Er verlangt, dass wir das allzu Bekannte vergessen oder vielmehr in Klammern setzen, um uns von der Gewohnheit zu lösen, die Vergangenheit in globaler Perspektive oder nach Maßgabe von ideologisch geprägten Einschnitten zu deuten. Dieses historische Wissen wird freilich nicht völlig überflüssig; es ist vielmehr im Hinterkopf zu behalten, um daraus die – nach anderen Logiken zusammengesetzten – mutmaßlichen Ingredienzen des Wissens über die Vergangenheit entnehmen zu können, das wir Louis-François zuschreiben.

Kehren wir indes zur Frage zurück, welche zeitliche Tiefe im Bewusstsein von Louis-François vorstellbar war. Wie bereits erwähnt, lebten viele Angehörige der Familie Pinagot sehr lange. Eine ganze Reihe seiner Verwandten – sein Vater und seine in Origny lebenden Onkel und Tanten – hatte noch Erinnerungen an die letzten Jahre des Ancien régime. Nicht weit von ihm wohnten seine Großmutter und eine Großtante Pinagot, die die Mitte des 18. Jahrhunderts noch bewusst erlebt hatten. In seiner Kindheit und Jugend lebten im Dorf noch viele Alte, die vielleicht wiederholt von ihren Erinnerungen an die 1720-er Jahre erzählten und in ihrer eigenen Kindheit möglicherweise noch Augenzeugen von Ereignissen der 1640-er Jahre reden hörten. 1836, als Louis-François bereits ein Mann in den mittleren Jahren war, lebten in Origny noch immer sechsundzwanzig Personen (dreizehn Männer und dreizehn Frauen), die 1789 bereits über zwanzig Jahre alt waren. Kurzum, die Zeit, die wir als Ancien régime bezeichnen, war Louis-François durch eine Reihe anzunehmender Erzählungen gewiss vertraut, obgleich wir nicht wissen, welche einschneidenden Ereignisse dieses Vergangenheitswissen strukturierten.

Was mag ihm über diese Zeit der Könige und Grundherren zu Gehör gekommen sein? Eine interessante Frage für jeden, der die Geschichte der beiden Kaiserreiche und der konstitutionellen Monarchie in Origny-le-Butin verstehen will. Leider entzieht sich die Sache unserer Kenntnis. Das Beschwerdeheft *(cahier de doléance)* des Pfarrbezirks ist verloren gegangen. So muss man sich den einhundertvier erhaltenen Beschwerdeheften des Departements zuwenden.[1] Manche der darin aufgeführten Beschwerden sind für den Fachhistoriker derart banal geworden, dass wir mit an Sicherheit grenzender Wahrscheinlichkeit davon ausgehen können, auch für Origny damit nicht falsch zu liegen. Im Anschluss an Revolution, Kaiserreich und Restauration schätzte man das Jahr 1789 selbstverständlich anders ein als während der Revolution, aber die Menschen können sich besser als man gemeinhin annimmt merken, wie sich ihre Beurteilung bestimmter Ereignisse im Laufe der Zeit wandelt.[2] Und ich bin überzeugt, dass die Einwohner von Origny-le-Butin sich sehr wohl an ihre Gefühle im Jahr 1789 erinnern konnten, auch wenn sich ihr Urteil in den folgenden Jahren geändert haben mag.

Auch gegen Ende des Ancien régime galt der König in der Region, die einmal das Departement Orne werden sollte, als Respektsperson, was manche Verhaltensweise jener Männer und Frauen erklärt, die das 19. Jahrhundert noch erlebten. Die Daseinsberechtigung von Adel und Klerus als Erstem und Zweitem Stand wurde nicht eigentlich in Frage gestellt. Mit aller Entschiedenheit kritisierten die Verfasser der Beschwerdehefte allerdings die Privilegien und die Maßlosigkeit der Grundherren. Die Texte offenbaren eine unleugbare Feindseligkeit gegenüber den Mönchsorden, deren Abgabenforderungen am Rand des Staatsforsts von Bellême sehr drückend wirkten. Die Kritik der Beschwerdeführer richtete sich gegen den Zehnten, den die meisten reformiert, nicht aber abgeschafft sehen wollten.[3] Kritisiert wurden auch die indirekten Steuern, insbesondere die Salzsteuer, ein Hauptpunkt der Beschwerdehefte. Höchstwahrscheinlich bilden diese wenigen Punkte die Hauptlinien der rückblickenden Einschätzung der Zeit der Könige und Grundherren, wie sie in der Umgebung von Louis-François verbreitet war.

Die zehn Jahre vor Louis-François' Erwachen zur bewussten Weltwahrnehmung waren das Jahrzehnt der Französischen Revolution. Wir müssen also versuchen uns vorzustellen, was ihm darüber zu Gehör gekommen sein mochte, wobei wir vom Wahrscheinlichen zum Möglichen fortschreiten wollen.

In den ersten Lebensmonaten von Louis-François, an die er noch keine Erinnerungen haben kann, war die Gegend um Bellême Schauplatz einer Reihe dichter Ereignisse. Es ist höchst unwahrscheinlich, dass diese gewalttätigen Episoden während seiner Kindheit nicht immer wieder in den Gesprächen der Erwachsenen auftauchten. Wir haben hier das am wenigsten bestreitbare Element jenes Wissens, das wir zu rekonstruieren suchen. Die Rede ist von den Banditen, den »Chouans«, vom zweiten Krieg gegen die Chouans, der vom September 1799 bis zur Hinrichtung des Marquis de Frotté am 18. Februar 1800 dauerte. Die Einnahme von Bellême und La Perrière durch die Legion des Perche im Januar 1800 bilden die aufsehenerregendsten Episoden dieser Dramen, die sich in der Nähe von Origny-le-Butin abgespielt haben.

An dieser Stelle müssen wir eine kurze Erläuterung einfügen, die sich aus einer anderen Deutung der Tatsachen ergibt als der, zu der ein Louis-François Pinagot Zugang haben konnte. Die Ereignisse, die sich unmittelbar vor seiner Geburt und während seiner ersten beiden Lebensjahre in der Orne abspielen, bilden die zweite Phase der revolutionären Bewegung. Mit Beginn des Jahres III endet die Zeit der aufgebrachten Massen, die von 1789 bis 1793 andauerte. Seither findet eine extreme Auflösung der Volksbewegungen statt. »Die Grenze zwischen Protesthandeln und böswilligem Treiben, zwischen Subsistenzrevolte und Lebensmitteldiebstahl, Raub und Chouannerie *verschwimmen.*«[4] Unterschiedliche Konflikte überlagern einander, beherrscht von der realen oder eingebildeten Präsenz der Banditen. Jedes bemerkenswerte Ereignis wird, zumindest in der amtlichen Rhetorik, negativ gedeutet. Die Zeit der Banden beginnt, geprägt von ebenso konfuser wie allgegenwärtiger Unruhe und Bedrohung, eine Abfolge von Ereignissen, deren »idealisierte geistige Rekonstruktion«[5] extrem schwierig ist.

In Ansätzen fasste die Chouannerie schon im Juli 1795 im Haut-Perche Fuß.[6] Doch war die Region am ersten Krieg gegen die Chouans nur insofern beteiligt, als die Chouans einige Male versuchten, Partisanen auszuheben. In den Jahren 1796 und 1797 bleibt es in der Gegend um Bellême ruhig; nur einige Banden streifen hier und da umher. Der eigentliche Bruch ereignet sich im September 1799, als einige – wie immer als Banditen bezeichnete – Chouans, die sich im Staatsforst von Bellême versteckt halten, dem ehemaligen Konventsabgeordneten Dugué d'Assé, nunmehr Mitglied des Rats der Alten *(Conseil des Anciens),* auf den Leib rücken. Sie durchsuchen sein Haus und verfolgen ihn bis in den Hochwald, wo acht von ihnen unter den Schüssen der Gendarmerie und der Nationalgarde fallen und sechs weitere in Gefangenschaft geraten. Am 7. September verfügt das Direktorium in den

Kantonen Mesle, Mortagne und Bellême den Einsatz der *Garde mobile,*
da »sich die Banditen dort in gutbewaffneten Banden zu 300–400
Mann zeigen: Sie plündern Kutschen und Steuergeldtransporte aus,
schlachten Republikaner ab, setzen deren Häuser in Brand, fällen Freiheitsbäume, schlagen Telegrafenmasten und bedrohen die Staatsbe-
diensteten mit Flamme und Eisen [...]«.[7]

Einige Wochen später beginnt der zweite Krieg gegen die Chouans,
in dem auch der Perche in den Brennpunkt der Kampfhandlungen
rückt. Bis dahin wurde die Region von den Militäroperationen nur am
Rande berührt. Die Chouans im Maine standen mit denen der Unteren
Normandie über die Wälder von Perseigne, Bourse und Écouves in
Verbindung. Um die Straße von Paris nach Brest zu überqueren, nutz-
ten sie die Deckung des Waldes von Ménil-Brout, nur wenige Kilometer westlich des Haut-Perche gelegen. Dies sollte sich nun ändern. Von
Oktober bis Jahresende durchstreifen mehrere Banden auch die Kantone Tourouvre, Mauves, Nocé und Longny. Im Januar 1800 greift die
Perche-Legion unter Leitung von Chandelier in die Kampfhandlungen
ein. Im Maine ausgehoben, operiert sie beiderseits der zwischen den
Departements Orne und Eure-et-Loir verlaufenden Grenze. Die
Legion entwaffnet die Bevölkerung, verbrennt die amtlichen Register
und Papiere, fällt die Freiheitsbäume und verwendet sie als Brennholz,
zerstört die hier und da noch gebliebenen Altäre des Vaterlands, wirbt
junge Männer an und erhebt Abgaben. Sehr bald jedoch stößt sie auf
die schlagkräftigen Truppen unter Befehl der Generäle Guidal und
Merle, während die eingeschüchterten Gemeinden und die verschreckte
Nationalgarde nur schwachen Widerstand leisten.

So wird die Gegend um Bellême Schauplatz ständiger Truppenbe-
wegungen. Erstmals »erzittert«[8] die Region unter einer von außen her-
einbrechenden Gewalt, von ganz anderer Qualität als die sporadischen
Unruhen, die die ländlichen Gemeinwesen in der Vergangenheit er-
schüttert haben. In den letzten Dezembertagen des Jahres 1799 und den
ersten drei Januarwochen 1800 zieht die Legion zwischen den Hauptor-
ten des Kantons hin und her, verfolgt von den republikanischen Trup-

pen, die einer bewaffneten Auseinandersetzung offenbar lange Zeit ausweichen.

Am 19. Januar um neun Uhr morgens zeigen sich zwei Kolonnen, insgesamt 400–500 Mann, am Stadtrand von Bellême. Sie tragen »uniforme Kleidung: kurze Jacke, graue Hose, hoher runder Hut, Kokarde und weißer Federbusch«.[9] Die Nationalgarde der Stadt stellt sich ihnen zunächst entgegen, tritt dann aber doch den geordneten Rückzug an. Entschlossen, der Belagerung standzuhalten, verbarrikadieren sich fünfzig Gardisten im Gemeindehaus. Sie nehmen die Angreifer unter Feuer und töten drei Chouans; sieben weitere werden verletzt. Wutentbrannt bringen ihre Gegner daraufhin »eine gewisse Zahl von Frauen und Kindern in ihre Gewalt, treiben sie vor sich her und nähern sich, mit Stroh und Reisigbündeln versehen, dem Rathaus«.[10] Dort drohen sie, das Gebäude in Brand zu stecken und die Verteidiger auszuräuchern, was die Gardisten schließlich dazu bewegt, die Waffen zu strecken.

Bevor sich die Chouans gegen vier Uhr nachmittags zurückziehen, zerreißen sie zahlreiche standesamtliche Urkunden und andere »staatliche Papiere«. Von der verschreckten Bevölkerung lassen sie sich mit Krawatten, Taschentüchern, Schuhen und Geld versorgen, doch ihr Verhalten bleibt insgesamt recht moderat.

Ganz anders am 21. Januar, als die Stadt am frühen Vormittag abermals von 800–900 Mann besetzt wird. Diesmal ist Bellême den Angreifern wehrlos ausgeliefert; die »Patrioten« haben die Flucht ergriffen und verstecken sich im Wald. Nachdem die Chouans in der Erlöserkirche die Messe gehört und den Altar des Vaterlandes zerstört und auf die Straße geworfen haben, plündern sie die Häuser bekannter Republikaner. Sie lassen sich Waffen aushändigen und fordern Abgaben ein, wobei sie ersatzweise auch Uhren, Silber und Wäsche akzeptieren. Im Laufe des Nachmittags schlagen sie eine von General Guidal befehligte Kolonne zurück und verfolgen sie auf der Straße nach Mamers. Tags darauf verlässt die Legion die Stadt im Morgengrauen und zieht in Richtung Ferté-Vidame, bevor sie erneut den ornesischen Perche, genauer: die Städte Longny und Tourouvre, heimsucht. Bis zu ihrer Zerschlagung nahe Mesle und Mortrée taucht sie in Bellême nicht mehr auf. Im Laufe dieser Ereignisse im Monat Nivôse des Jahres VIII wird auch La Perrière, der Hauptort des Kantons, zu dem Origny-le-Butin gehört, drei Tage lang von »Banditen« besetzt, deren Zahl der Bürgermeister auf 400 veranschlagt. Fogt man dem Gemeindeoberhaupt, so »begingen sie alle Verbrechen, Diebstähle und Plünderungen, derer sie nur fähig sind«.[11]

Was drang von diesen Ereignissen bis nach La Haute-Frêne vor, wo die Familie Pinagot aus La Perrière seit zehn Jahren lebte? Gewiss machte man sich angesichts der ständigen Bedrohung große Sorgen, aber welcher der Parteien die Sympathie der Dorfbewohner galt, ist schwer zu entscheiden. Wir wissen jedoch, dass die Leute vom Land die städtische Nationalgarde in dieser Region nicht sonderlich mochten, da die Bauern und Waldarbeiter des Öfteren mit ihr aneinandergerieten. Andererseits lässt sich bezweifeln, dass die Einwohner von Origny, zumal die armen Leute am Waldrand, überhaupt über die Anwesenheit von Soldaten erfreut waren, ganz gleich zu welcher Seite sie gehörten. Höchstwahrscheinlich reagierte die Dorfbevölkerung auf die gewaltsamen Vorfälle in ihrer Nähe, an denen sie keinen Anteil hatte, vorwiegend mit Angst und Ablehnung. Die späteren gerichtlichen Klagen gegen die Soldaten von Guidal und vor allem die »Banditen« untermauern diese Vermutung. Zu bedenken ist dabei allerdings, dass die Versuchung groß war, unter Berufung auf angeblich erlittene Schäden ein paar Francs zu erschwindeln.

Auf der Liste der kriegsgeschädigten Gemeinden ist Origny-le-Butin nicht verzeichnet. Möglicherweise war der Flecken, in gewisser Distanz von den Hauptstraßen gelegen, nie wirklich besetzt worden; vielleicht wurde er nicht einmal Opfer eines kurzzeitigen Einfalls des einen oder anderen Lagers. Indes ist das Schweigen der Listen allein kein stichhaltiger Beweis. Um Schadenersatz zu erhalten, musste man einen Antrag stellen; und dies war für die unbedarften Verwaltungsbeamten der winzigen Orte eine schwierige Aufgabe. Der Bürgermeister des Kantonhauptorts La Perrière beispielsweise stieß mit seinen Forderungen später auf taube Ohren, weil er den Antrag nicht gestellt hatte. Dass Origny-le-Butin keinerlei Schäden erlitten haben soll, ist wenig wahrscheinlich, wenn man bedenkt, dass der Schaden in der angrenzenden Gemeinde Chemilly auf 1 860 Francs geschätzt wurde.[12]

Unterpräfekt Delestang verweist auf den »häufigen und wiederholten Durchmarsch [der Banditen] durch die Kantone Belesme, La Perrière... [und andere], die Diebstähle und Raubtaten, die sie bei den Einwohnern dieser Gegenden begingen, das Unrecht, das sie ihnen zufügten, indem sie sie vertrieben und zwangen, ihre Behausungen der Ausplünderung zu überlassen«. Nicht zu vergessen »die Entführungen mit Lösegelderpressung, denen zumal die Käufer von Nationalgütern zum Opfer fielen, der ständige Durchmarsch der Truppen, die sie [die Banditen] verfolgten und überall suchten und die von der Bevölkerung mit Nahrungsmitteln, Wäsche und Schuhen versorgt werden mussten, und schließlich all das Unheil, das ein solch verhängnisvoller Krieg mit sich bringt«. Wie immer man eine Darstellung einschätzen mag, die dazu bestimmt ist, die Regierung zu rühren – so bestärken Delestangs Ausführungen doch unseren bisherigen Eindruck. Halten wir des Weiteren fest, dass die Region nicht sogleich zur Ruhe kam: Noch am 2. August 1800 vermeldet man in der Gegend von Mortagne Banditenüberfälle und in La Perrière eine versuchte Entführung.[13]

Louis-François war damals zwei Jahre alt. Wie gesagt, es lässt sich bezweifeln, dass in den Erzählungen, die ihm über diese Ereignisse später zu Ohren kamen, die städtische Nationalgarde, die Armee oder gar die Legion in einem günstigen Licht erschienen. Im Übrigen mochten die Menschen in diesem Elendsmilieu, motiviert durch die negative Erinnerung an die militärischen Ereignisse, mit denen die Revolution zu Ende ging, das autoritäre Vorgehen des Ersten Konsul durchaus gutheißen.

Die Erinnerungen, die sich an die Elendsunruhen in der Gegend knüpften, waren sicherlich anderer Natur. Nicht so blutig zwar, nicht so aufsehenerregend wie ein Truppendurchmarsch oder militärische Kampfhandlungen waren sie, doch gingen diese Ereignisse die vom

Hunger getriebenen Menschen in den armen Gemeinden wirklich etwas an. Es besteht kein Zweifel, dass diese Unruhen bei den Pinagots
und den Waldarbeitern in Origny-le-Butin und Saint-Martin-du-Vieux-
Bellême oft Gesprächsgegenstand waren, zumal die Holzschuhmacher
an vorderster Front mitgemischt hatten.

Wir wollen hier nicht die Geschichte der Volksunruhen in der Orne
nachzeichnen, wo die Wogen zwischen 1789 und 1795 höher gingen als
in den meisten anderen französischen Departements.[14] Ein kurzer
Überblick soll genügen. Schon in den ersten Tagen des Jahres 1789,
noch bevor also die revolutionäre Bewegung des Sommers auf dem
Land beginnt und die Große Furcht um sich greift – die in der Gegend
von Bellême sehr stark ist –, brechen im Haut-Perche Subsistenzrevolten aus, die in den folgenden sechs Jahren immer wieder aufflammen
sollten. Von ausschlaggebender Bedeutung dafür ist nach übereinstimmender Auffassung der Historiker die Wirkung des Modells einer auto-
nomen ländlichen Gesellschaft, ebenso wie die lange Protesttradition
der bäuerlichen Gemeinden, deren Milizen gerne alte Rechnungen
begleichen. Die ersten Wahlen in der Orne führen zur Errichtung einer
ländlichen Demokratie, die das Erbe der Dorfversammlungen des
Ancien régime antritt.[15] Diesen fast unmerklichen Übergang von der
Einwohnerversammlung zur Munizipalverwaltung hat Dr. Jousset
gegen Ende des 19. Jahrhunderts am Beispiel von Saint-Martin-du-
Vieux-Bellême nachgezeichnet.[16] Die lebhaften Feste der Revolutions-
zeit schweißten die Dorfgemeinschaft, die angesichts ihres Elends
leicht zu begeistern war, fester zusammen.

Die Waldarbeiter im Staatsforst von Bellême bewahrten gewiss eine
lebhafte Erinnerung an diese gewaltsamen Episoden, denn stets waren
sie dabei, wenn ein Schloss geplündert, ein Kornwucherer misshandelt, der Markt gestürmt und Lebensmittel unter Gewaltandrohung
angeeignet wurden. Louis-François Pinagot hat die Geschichten des
erlittenen Elends und der schließlichen Gegenwehr sicherlich mit der
Muttermilch aufgesogen, auch wenn er sich wohl kein klares Bild vom
zeitlichen Ablauf der Ereignisse machen konnte.

Im Umkreis von Laigle (Orne) und Ferté-Vidame (Eure-et-Loir) brechen die Unruhen bereits im Februar aus. Vier Monate später erreichen sie die Gegend um Bellême. Am 17. Juni ziehen die Waldarbeiter mit Äxten, Sicheln und einigen Gewehren bewaffnet in die Stadt und eilen dem Volk der Vororte zu Hilfe.[17] »Besagter Pöbel wird durch die Verstärkung von ungefähr 300–400 Holzfällern[18] unterstützt, die *in der Stadt das Gesetz machen* wollen.« Die Aufrührer »werden von einem Reiter in gelber Uniform mit rotem Revers, den Säbel an der Seite, angeführt«. Er hat sie im Wald zur Revolte aufgestachelt und zu ihnen gesagt, »er sei ihr Vater und würde sie unterstützen«. »Gemeinsam mit einem Rechtsanwalt der Stadt stellte er den Fuhrleuten Passierscheine aus, während die Offiziere von Bellême dienstverpflichtet« wurden, das Getreide von fünf Kornhändlern aus der Umgebung von Mortagne, das die Aufständischen abgeladen hatten, »zu einem von den Verbrauchern festgelegten Preis« zu verkaufen.[19]

Am 23. und 24. Juli, dem »verrückten Donnerstag und Freitag«, erfasst die Große Furcht auch den Perche. Mamers, acht Kilometer von Origny-le-Butin entfernt, lebt in Angst und Schrecken. Städtische Boten verbreiten Panik in der Region. Wie sie versichern, sind die Banditen auf der Straße von Saint-Cosme nach Bellême unterwegs.[20] Aber anders als zur gleichen Zeit in der hügeligen Bocage weiter westlich plündern die Bauern im Perche einstweilen noch keine Schlösser.

Doch aufgeschoben ist nicht aufgehoben. Die Verwüstung der Adelsresidenzen im Bezirk Mortagne im September 1792 steht den Aktionen, die drei Jahre zuvor im Westen stattfanden, in nichts nach.[21] Mit Mistgabeln, Gewehren, Hellebarden, Äxten, Böttcherbeilen und Zieheisen bewaffnet, marschieren am 16. September rund zweihundert Abgesandte eines Dutzends Gemeinden zum Schloss Grimonnière (La Ferrière-au-Doyen), fünfunddreißig Kilometer von Origny-le-Butin entfernt.[22] Als sie die lehnsherrlichen Rechtstitel nicht finden können, treten sie Türen und Fenster ein und zerschlagen das Mobiliar. »*Die Holzschuhmacher gaben die Befehle:* ›Meine lieben Leute, jetzt heißt's zuschlagen. Plündert und knebelt alles!‹ Oder auch: ›Meine Herren, die

Freiheit ist da, wir müssen uns an die Arbeit machen und dieses Haus plündern.‹«[23] Die Verwüstung dauert mehrere Tage. Der Taubenschlag wird in Brand gesetzt, die Mühle zerstört. »Man tötete die Tauben, trank den Wein, zerschlug die Flaschen, fällte die Bäume.« Dieser Vorfall ist für uns insofern interessant, als er abermals verdeutlicht, dass die Waldarbeiter in diesen Volksbewegungen an vorderster Front mitwirkten und insbesondere die Holzschuhmacher mit ihren fürchterlichen Werkzeugen eine führende Rolle spielten.

Im November überziehen die Holzfäller des Waldes von Vibraye und die Glaser von Montmirail (Sarthe) den Perche mit einer Welle von Gewalt. Eine »Horde Banditen« zeigt sich in Bellême und Rémalard. Die Nationalgarde stellt sich ihnen entgegen und macht mehrere Gefangene.[24] Im August 1793 flammen die Unruhen erneut auf, diesmal auf dem Markt von Mamers. Mehrere Sansculotten-Kommandos führen eine Bestandsaufnahme der Getreidevorräte der ortsansässigen Grundbesitzer durch. Am 28. November sieht sich auch Bellême bedroht. Eine bewaffnete Bande aus Ferté-Bernard und Nogent zieht gegen die Stadt und fordert die Herausgabe der Steuereinnahmen. Die Stadtoberen haben zwar vier Kompanien Nationalgarde zur Verfügung, fordern aber dennoch Verstärkung in Mortagne an, um »die Stadt vor einem *möglichen Marsch der Waldarbeiter* zu schützen«.[25]

Vom Winter 1794/1795 bis zur folgenden Ernte herrscht tiefste Not. Ein Verwaltungsbeamter des Bezirks Mortagne schreibt: »Ich habe Menschen Gras essen sehen [...], bis aufs Skelett abgemagerte Männer, eine herzzerreißende Szenerie.«[26] Vom 23. bis 25. Ventôse des Jahres II belagern zahlreiche Frauen das Gebäude der Bezirksverwaltung und das Gemeindehaus von Mamers: »Lumpen seid ihr! Wegen euch mussten wir *Haferbrot* essen zu fünfundvierzig Sols der Zwölfpfünder. Uns reicht's!« Tags darauf werden Lebensmittel verteilt.[27] »Zu Beginn des Monats Germinal geraten die Gemeinden im Umkreis des Perche-Waldes in Aufruhr. Mit Gewehren, Pistolen, Zieheisen und anderen Werkzeugen bewaffnet zieht die Bevölkerung von Hof zu Hof und nimmt das Korn mit.«[28] Sie treten die Türen ein und requirieren. Bei der Suche nach den Anführern werden ein Dachdecker, ein Holzschuhmacher und ein Hufschmied verhaftet, die als Wortführer der Aufständischen auftreten.

Louis-François Pinagot hat seine Kindheit unter Menschen verbracht, die an diesen Unruhen möglicherweise beteiligt waren. Er hat über diese Holzschuhmacher, vor denen ganz Bellême, aber auch die armen Getreidebauern in der Nachbarschaft sich so sehr fürchteten, gewiss viele Geschichten gehört. Die Feindseligkeit gegenüber der Stadt und den städtischen Behörden, der Wunsch, über den Markt zu bestimmen, und der Hass auf die Kornhändler und -wucherer bilden eine Gefühlslage, die noch bis in die Mitte des Zweiten Kaiserreichs lebendig ist. Die Erinnerung an das Elend während der Revolution stellt die zahlreichen Lebensmittelunruhen, die das Leben von Louis-François Pinagot geprägt haben, in den Kontext der »langen Dauer«.

So wahrscheinlich es ist, dass Louis-François vom Krieg der Chouans im Haut-Perche und von den Subsistenzrevolten unmittelbar vor seiner Geburt und seinem Bewusstwerdungsprozess erfuhr, so sehr beruht das nun Folgende auf bloßer Vermutung. Wie wir an anderer Stelle ausgeführt haben, verursachte die Einziehung der liturgischen Gegenstände durch den Staat, die in den kleinen ländlichen Pfarrbezirken als Symbole und Erbe der Gemeinde galten, bei der Dorfbevölkerung großes Leid.[29] Besonders lebhaft scheint dieses Gefühl in der Gegend um Bellême gewesen zu sein. Bei der Wiedereröffnung der Kirchen im Jahr 1795 kommt es zu stürmischen Demonstrationen der Frauen. Entschlossen, den Patriotismus der gewählten Gemeindevertreter umzupolen, wenden sie sich an die – ausschließlich mit Männern besetzten – Munizipalbehörden und die Bezirksverwaltung und klagen die Rückgabe der liturgischen Gefäße, der Messgewänder und des Kirchenmobiliars ein. Das heißt jedoch nicht, dass man der zivilrechtlichen Konstitution des Klerus im Haut-Perche sonderlich feindlich gesinnt wäre.[30] Ganz im Gegenteil, der Anteil der staatlich vereidigten Pfarrer erreicht hier außergewöhnliche 58,3 Prozent.

Dieser stürmische Protest in einer anfangs prorevolutionären Region mag erstaunen; doch wie die Historiker seit längerem herausgearbeitet haben,[31] konnten gerade jene Bevölkerungsgruppen die heftigsten Gegenreaktionen zeigen, die ursprünglich am leidenschaftlichsten für die revolutionäre Sache eingetreten waren – weil eben ihre Enttäuschung entsprechend groß war. In dieser Angelegenheit müssen wir das Gefühl der Enteignung mit all dem in Beziehung setzen, was wir über die Bindung an das eigene Mobiliar, die Wäsche und das Familiensilber, ja überhaupt über die empfindliche Reaktion der Menschen in der Bocage des Perche auf jedweden Übergriff auf persönliches oder gemeinschaftliches Eigentum wissen. Hinzu kommt der Wunsch, weiterhin Gottesdienst zu feiern und die religiösen Traditionen aufrechtzuerhalten, wie sich bereits im Dezember 1792 zeigte, als sich die Bevölkerung für die »Bruderschaften der Barmherzigkeit«[32] einsetzte.

Am 27. Ventôse des Jahres III (17. März 1795) versammeln sich die Frauen von Saint-Martin-du-Vieux-Bellême auf dem Dorfplatz, um gegen die Schließung ihrer Kirche, die Zerstörung der hölzernen Friedhofskreuze und der Kirchenglocken sowie die Entführung des Kirchenschatzes nach Bellême zu protestieren. Sie fordern die »Wiederherstellung des Kircheninneren«[33] und begeben sich zum vormaligen Bürgermeister Thoumelin, »damit er ihnen sage, wer sie *verwüstet* habe«. »Anschließend bitten sie Herrn Thoumelin, den Bürger Bourgis, der der Bürgermeister ist, sowie den Gerichtsschreiber unter Gewaltandrohung [...], mit ihnen zur Bezirksregierung in Bellême zu gehen, um die Herausgabe des Kirchenschmucks zu fordern.« Doch die Amtsträger weigern sich.

Mehr Glück haben die Bürgerinnen von Saint-Germain-de-la-Coudre.[34] Am selben Tag um sieben Uhr morgens versammeln sie sich und ziehen zum Gemeindehaus, wo sie die Tür aufbrechen. Von halb sechs bis halb acht läuten die Glocken ununterbrochen. Die Frauen beabsichtigen nach Bellême zu gehen, um die Rückgabe des Kirchenschmucks zu fordern, den die Kommunalverwaltung dorthin bringen ließ. Zu diesem Zweck verlangen sie eine amtlich beglaubigte Liste aller entwendeten Gegenstände. Die Gemeindebeamten erklären sich schließlich bereit, der Forderung nachzukommen, wollen jedoch zunächst das Geläute abstellen. Aber eine große Gruppe von Frauen verstellt ihnen den Weg zur Tür des Glockenturms, sodass sie sich wieder zurückziehen müssen.

Ähnliche, sogar heftigere Szenen spielen sich an den folgenden zwei Tagen in Nocé ab. In großer Zahl laufen die Frauen herbei, steigen auf den Glockenturm und läuten die Glocke gegen den Willen der Gemeindevertreter. Auch sie fordern die Rückgabe des »Kirchenschmucks und -silbers und allgemein alles, was die Gemeindeverwaltung verwüstet und nach Belesme geschafft hat«. Sie »haben die Glocke so stark geläutet«, liest man in dem von einem Mann geschriebenen Bericht, »dass der Klöppel zerbrach, was uns ein bisschen Ruhe verschaffen wird«.[35]

Am 19. März ringen sich die Gemeindevertreter von Saint-Martin-du-Douet dazu durch, vom Bezirksdirektorium die Herausgabe der Messgewänder, der liturgischen Tücher und des Kirchenmobiliars zu fordern, um, wie sie schreiben, »uns den schmerzhaften Anblick, wie sich die Frauen zusammenrotten, zu ersparen«. In Céton ziehen die Frauen am 1. Germinal zum Gemeindehaus und zwingen die Kommunalvertreter, sie nach Bellême zu begleiten, um die Rückgabe des Kirchenschmucks zu verlangen. Seit acht Tagen laufen die Frauen auf dem Dorfplatz zusammen, schreibt der Bürgermeister von L'Hermitière, der sich so bedroht fühlt, dass er sich nicht mehr zum Gemeindehaus wagt. »Sie haben die Kirche mit vielen Dingen neu ausgestattet [...], von denen sie behaupten, es seien die Möbel *ihrer* Kirche.« In den Gemeinden Saint-Fulgent und Vaunoise, in unmittelbarer Nachbarschaft von Origny-le-Butin, werden die »Freiheitsbäume« von Frauen gefällt.

Schließlich ziehen Gruppen von Frauen aus den *meisten* Gemeinden des Bezirks »unter aufrührerischem Geschrei« nach Bellême. Die Aufständischen dringen in jene Geschäfte ein, die die Tücher und den Schmuck aus ihren Kirchen zum Verkauf anbieten, und nehmen alles mit. Am 7. Germinal kommt es in Bellême zu einem Massenauflauf von Frauen, die ihren Forderungen unter Verweis auf ihre bisherige

Gesetzestreue Gehör zu verschaffen suchen. In der Hauptstadt des Departements befürchtet man eine Ausweitung der Bewegung.

In Orginy-le-Butin blieb es anscheinend ruhig, kaum verwunderlich bei einer solch winzigen Gemeinde. Was wir jedoch von Saint-Martin und Vaunoise wissen, legt die Vermutung nahe, dass die Frauen von Origny nicht anders fühlten als ihre aufständischen Geschlechtsgenossinnen. Die starke Bindung der Dorfbevölkerung an ihre Kirche und die Sorgfalt, mit der sie Gebäude und Läutwerk unterhielten, obwohl ihre Gemeinde den Status einer Pfarrei und Filialkirche verloren hatte, bestätigen uns in dieser Annahme. Die Vermutung liegt nahe, dass die Frauen in der Umgebung von Louis-François in der Spinnstube häufiger auf diese Widerstandsaktionen zu sprechen kamen, Aktionen, die mehr über Frauenrollen und Geschlechterbeziehungen in der Bocage des Perche aussagen als viele der oft beschriebenen, aber nicht sicher nachgewiesenen Volksbräuche.

Wenden wir uns am Ende dem schrecklichsten aller Ereignisse zu: dem Mord an dem aus La Bénardière stammenden Priester Louis-François Charles du Portail am 19. August 1792 in Bellême. So überraschend der Vorfall ist, so wenig steht fest, ob er in der Kindheit von Louis-François in La Haute-Frêne Gesprächsgegenstand war. Wir verlassen hier den Bereich des Wahrscheinlichen und betreten die Sphäre des Möglichen. Im Sommer 1792 war das Departement Orne Schauplatz unerhörter Gewalttätigkeiten. Von den dreiundsechzig Mordtaten, die Pierre Caron landesweit zählt, ereigneten sich allein neun im Departement Orne.[36] Eine klassische Deutung dieser Vorfälle stammt von Paul Nicolle: Die Morde in der Orne seien Vorläufer der Septembermorde in Paris und Ergebnis derselben mentalen Konjunktur. Einige junge Männer, von der Massenaushebung betroffen, beschließen unabhängig voneinander, bevor sie in den Krieg ziehen, die inneren Feinde zu liquidieren. Sie leben in ständiger Angst vor einem Adelskomplott, in der Furcht, der Feind könnte ihnen zuvorkommen. Wie die Patrioten wollen auch sie die Gunst der Stunde nutzen, um alte Rechnungen zu begleichen. Hass, Rachsucht, Angst und Enttäuschung

wegen wiederholter Fehlschläge münden in der Suche nach Sünden-
böcken. Geradezu prädestiniert dafür erscheinen Adlige und vor allem
eidverweigernde Priester, die das Volk beständig gegen die neue Ordnung aufzuwiegeln suchen.

Christine Peyrard schlägt eine differenziertere Erklärung vor. Angesichts der Ohnmacht der Lokalbehörden in Bellême beschließen Bürger vom Land, spontane Volksjustiz zu üben und kurzen Prozess zu
machen. Zu diesem Zweck greifen sie nach dem Vorbild der kleinen
Gemeinde Ballon auf Karnevalspraktiken zurück. Mit den September-
morden in Paris einen Monat später bestehe keine Verbindung; in Bellême fehle jene durch Gerüchte aufgeladene Atmosphäre, wie sie einen
Monat später die Hauptstadt prägen sollte.[37] In Wirklichkeit lassen sich
die Vorfälle im Perche nicht allein mit einer kurzzeitigen Konjunktur
erklären, die Täter standen in einer langen Tradition. Ohne Beachtung
dieser »langen Dauer«, ohne Berücksichtigung einer vergleichenden
Geschichte des Massakers, der Hinrichtungsarten, der Zurschaustellung von Schmerz und der Entstehung der empfindsamen Seele, ohne
Bezugnahme auf einen das Ende des Ancien régime prägenden anthro-
pologischen Prozess lassen sich die Morde von 1792 nicht angemessen
interpretieren, wie wir an anderer Stelle näher ausgeführt haben.[38]

Doch das ist hier nicht unser Thema. Vielmehr stellt sich Frage, ob
Louis-François Pinagot vom Mord an Abbé du Portail gehört hat, und
wenn ja, wie man in seiner Umgebung auf diese Tragödie reagiert
haben mochte. In diesem Zusammenhang müssen wir kurz auf das
Geschehen im Vorfeld der Tat eingehen. Die Stadt Bellême, die als einzige Bezirkshauptstadt im Departement keinen Club besaß, war bereits
am 14. Juli durch eine Volksversammlung in Aufruhr geraten. Einige
»Holzschuhmacher und Holzfäller des Waldes sowie die Mitglieder der
Nationalgarde von Vieux-Bellême[39] hatten die Mitglieder des Direktoriums beschimpft, die Scheiben der Häusern eingeschlagen und die
Türen mit Säbelhieben traktiert«.[40] Sie fühlten sich gedemütigt, weil
man sie dieses Jahr nicht eingeladen hatte, den Sturm auf die Bastille
und den Jahrestag der Föderation zu feiern.

Am 19. August versammeln sich die Nationalgardisten des Kantons[41], um das Gesetz vom 22. Juli über die Ergänzung der Streitmacht zu vollstrecken, das die Einführung einer allgemeinen militärischen Dienstpflicht vorsieht. Die Operation, die im Beisein von Vertretern der Lokalbehörden und von Aushebungskommissaren[42] stattfindet, beginnt um sieben Uhr morgens und verläuft bis ein Uhr mittags ohne Zwischenfälle. Dann wird sie bis vier Uhr unterbrochen, und jeder geht in aller Ruhe zum Mittagessen. Um drei Uhr entsteht großer Lärm. Auf dem Marktplatz hat sich eine zahlreiche Menschenmenge versammelt, die die Zugangsstraßen kontrolliert. Die Menge stürmt das Haus von Abbé du Portail. Der damals zweiundfünfzigjährige Priester, der sich 1787 nach Bellême zurückgezogen hat, ist kein Staatsbeamter und insofern von dem Eid befreit, den die revolutionäre Zivilkonstitution des Klerus vorsieht. Aus seiner Ablehnung dieser Institution macht er im Übrigen keinen Hehl. Im Mai 1791 verlangt er von dem bereits staatlich vereidigten Dorfpfarrer von Serigny, den Eid noch auf seinem Sterbebett zu widerrufen, und droht, andernfalls werde er ihm die letzten Sakramente verweigern. Äußerst schlecht versteht er sich auch mit dem Pfarrer der Erlöserkirche von Bellême, der in seinen Augen nur ein Eindringling ist.

Nachdem die Fenster und Türen des Hauses zertrümmert sind, vergreift sich die Menge am Mobiliar. Manche schrecken auch nicht davor zurück, die achtzigjährige Mutter des Priesters zu schlagen. Schließlich entdeckt man Abbé du Portail auf dem Speicher, wo er sich versteckt hält. Er wird gepackt und zur Erlöserkirche geschleift. Einige Gemeindebeamte und Gendarmen versuchen zu intervenieren, doch die Menge drängt sie zurück. Der Pfarrer, fordert sie, soll den in der Zivilkonstitution des Klerus vorgesehenen Eid leisten. Als er sich weigert, zerschmettert man ihm mit Holzkloben und Stöcken den Kopf und gibt ihm mit einem Säbelhieb den Rest. Unter dem Ruf »Es lebe die Nation!« fordern die Aufständischen die Umstehenden auf, den Leichnam zu schlagen, um damit ihren Bürgersinn unter Beweis zu stellen. Schließlich wird der Leichnam enthauptet und der Kopf, auf eine

Stange gespießt, durch die Straßen der Stadt getragen. Eine Horde Kinder, den Leichnam des Unglücklichen hinter sich herschleifend, folgt dem Zug.

Nachdem man den Kopf an allen Fenstern vorbeigetragen hat, befestigt man die Stange auf einem Karren vor der Tür des Wirtshauses, in dem die Mörder bei einer Flasche Cidre bei Tisch sitzen. Sie rühmen sich, einen »schönen Coup« gelandet und gut gearbeitet zu haben. Glaubt man indes den Mitgliedern des Bezirksdirektoriums, so »provozierte der Jammer, der dem empfindsamen Mann im Gesicht geschrieben stand, sozusagen von selbst den Mord«, während sein ohnmächtiges Schluchzen auf die »Barbarei der Tiger« antwortete. Die Aufständischen vergreifen sich an den Häusern von rund zwanzig Bürgern, denen sie Sympathie mit dem Adel vorwerfen, und stellen die baldige Zerstörung der ganzen Stadt in Aussicht. Der Bürgermeister wird unter Gewaltanwendung an den Ort des Mordes geführt, während die übrigen Honoratioren der Stadt die Flucht ergreifen.

Die Nacht setzt den Ausschreitungen ein Ende. Am nächsten Morgen reden die größten Heißsporne noch immer davon, ihre Art von Justiz fortzusetzen, aber die Leute aus den benachbarten Gemeinden, die der Bewegung ihre Durchschlagskraft verliehen hatten, sind nach Hause gegangen, während sich die Behörden wieder gefangen haben und in der kleinen Stadt Bellême erneut Ruhe und Ordnung herstellen.

Aber erst nach dem Thermidor lösen sich die Zungen. Zweiunddreißig Personen werden angezeigt, gegen fünfzehn zieht der Anklageausschuss ein Strafverfahren in Betracht. Neun Angeklagte kommen vor das Strafgericht, fünf davon werden freigesprochen, die anderen am 30. Frimaire des Jahres IV (21. Dezember 1795) amnestiert.

Der vorstehende Bericht stellt die Ereignisse in Form einer linearen Erzählung dar, die das Ergebnis der Arbeit von Historikern ist. Ein ganz anderes Bild von den Ereignissen machte man sich wohl in den Dörfern La Haute- und La Basse-Frêne. Dabei ist zunächst zu berücksichtigen, dass die Geschichte der Revolution in der Region nur bruchstückhaft bekannt war. Die Region Perche, »von der Bildung her eine der rückständigsten Provinzen Frankreichs, hat nur wenig zur Geschichtsschreibung beigetragen«,[43] klagte der aus Bellême stammende Dr. Jousset im Jahr 1878.

Im Departement Orne, wo die Wiege von Hébert, Valazé und Charlotte Corday stand, zumindest aber im Haut-Perche, wurde die Erinnerung an die Revolution bis ins ausgehende 19. Jahrhundert von den Anhängern der Gegenrevolution monopolisiert, die sich in ihren Darstellungen vom Geist des Abbé Barruel leiten ließen. Schon 1838 legte Abbé Fret in seinen *Antiquités et chroniques percheronnes* eine Version des Geschehens vor, die aller Wahrscheinlichkeit nach jener Darstellung entsprach, die der regionale Klerus im Kaiserreich und während der Restauration in Umlauf gebracht hatte. Wir werden darauf zurückkommen.

Angesichts der sich wandelnden Einstellung zum öffentlichen Blutvergießen ist kaum anzunehmen, dass die kannibalische[44] Tat von Bellême in den nachfolgenden Jahrzehnten auf große Zustimmung stieß – auch nicht bei der Bevölkerung am Waldrand, die ihr anfangs wohl eher positiv gegenüberstand. Dass der Mord nun allgemein Abscheu erregte, verurteilte mögliche Augenzeugen oder Mittäter in Louis-François' Umfeld zweifellos zum Schweigen.

So konnte der Klerus seine Version der Ereignisse ungehindert darstellen, das heißt, das Opfer als Christusfigur in Szene setzen. Genau dies unternimmt Abbé Fret, der uns den Tenor der erbaulichen Geschichten anzeigt, die über die Tragödie kursierten. Dass Jean-Baptiste du Portail lieber starb, als den geforderten Eid zu leisten, stilisiert ihn in bewegender Weise zum Märtyrer. Der Dorfpfarrer von Champs, der sich nach eigenem Bekunden auf Augenzeugen stützt, versichert, du Portail sei von einem seiner Söhne verraten worden, den er stets gut behandelt hatte. Dieser »neue Judas«, dieses »Ungeheuer«,[45] als Schneider in Bellême tätig, war noch am Leben, als Abbé Fret zur Feder griff. Als letzter Überlebender der Tragödie »schleppt er sich durch sein welkes Leben, gepeinigt von schrecklicher Not und von allen Einwohnern der Stadt verabscheut«. Sein langes Leben scheint von Gott dafür bestimmt, dass er als lebendes Zeugnis dient.

Abbé Fret erinnert daran, dass Louis François Charles du Portail, nachdem man ihn seiner »betenden, schluchzenden, weinenden, seufzenden« achtzigjährigen Mutter entrissen und wie Jesus auf die Straße, sein bescheidenes Golgatha, geschleppt hatte, niedergeschlagen und enthauptet wurde. Anschließend beschreibt der Herausgeber des *Diseur* eine Szene, die die Historiker Paul Nicolle und Joseph Grente nicht erwähnen: »Als der Kopf vom Leib abgetrennt war, befahlen der infame M. und seine Mitstreiter einem aus Pin-la-Garenne stammenden unglücklichen Metzger, den der Wein benebelt und erhitzt hatte, seinen Arm in den Leichnam des Opfers zu senken und ihm das Herz herauszureißen.« Der Mann fürchtete um sein Leben und tat, wie ihm geheißen. Die Eingeweide wurden, wie der Kopf, auf eine Stange gespießt und durch die Straßen von Bellême getragen. Schließlich warf man die »grauenerregende Trophäe [...] in den Hof der Schenke zum Schwarzen Pferd, wo der Schankwirt, der arme Joseph d'Arimathie, die Reste des Märtyrers aufhob und, sobald es ihm möglich war, angemessen beisetzte«. Den Metzger aber befiel eine schreckliche Krankheit, an der er bald darauf starb.

Wir wollen uns hier nicht weiter mit der Deutung dieser »Kannibalenszene« befassen und verweisen dazu auf die Ausführungen von Paolo Viola.[46] Für uns ist nur wesentlich, dass diese Version der Ereignisse aus der Feder eines Zeitgenossen von Louis-François durchaus mit der Darstellung der Ereignisse übereinstimmen könnte, die ihm gelegentlich zu Ohren gekommen sein mochte.

Im Hinblick auf Aufruhr, Gewalt und Blutvergießen waren dies wahrscheinlich die wesentlichen Ereignisse der zehn Revolutionsjahre, die in Origny-le-Butin im Gedächtnis haften blieben. Nicht ausgeschlossen ist aber auch, dass sich die eine oder andere der Erzählungen, anhand derer sich Louis-François Pinagot Wissen über die Vergangenheit aneignen konnte, auf vielleicht weniger außergewöhnliche, dafür aber erfreulichere Vorfälle bezog.

In Vieux-Bellême, der bedeutendsten und lebendigsten Nachbargemeinde von Origny-le-Butin, deren Bevölkerung zum Großteil aus

Holzschuhmachern bestand, war das Föderationsfest am 14. Juli 1790 offenkundig ein Tag der Freude, ebenso wie der 6. Februar 1791, als die drei Gemeindepfarrer im Rahmen einer feierlichen Zeremonie den Eid auf die neue Kirchenverfassung leisteten. Denken wir auch an die Wahlversammlungen und an die Freudenfeuer anlässlich der Einnahme von Toulon am 20. Nivôse des Jahres II (9. Januar 1794) oder anlässlich der Aufstellung eines Baums der Brüderlichkeit – eine einundsechzig Fuß hohe Pappel, gekrönt von einer Trikolore – auf dem Waffenplatz der Gemeinde am 30. Ventôse (20. März).[47] Aber auch an düsterere Ereignisse mochte man sich in der Spinnstube erinnern, an die Requirierungen beispielsweise, oder an die Massenaushebungen.

Das sind nun schon eine Menge Vermutungen. Weitere ließen sich problemlos hinzufügen. Man könnte zum Beispiel die Hypothese aufstellen, dass während der Kindheit von Louis-François Pinagot jakobinisches Erbe in den Hinterköpfen so mancher Einwohner der Gemeinde Origny-le-Butin rumorte. So befanden sich unter den Mördern von Abbé du Portail drei Waldarbeiter aus Saint-Martin-du-Vieux-Bellême, darunter auch der furchterregende Zimmerman Deschamps, genannt »Bacanal«, der im Dorf La Carouge unweit von La Haute-Frêne lebte.[48]

Alles in allem scheint diese Hypothese jedoch sehr unwahrscheinlich, angesichts der geographischen Verteilung und sozialen Zusammensetzung der Volksvereine während der Revolution[49] und des fast völligen Verschwindens der Republikaner unter der Restauration. Auf die Archivdokumente aus den ersten drei Jahrzehnten des 19. Jahrhunderts kann man sich dabei jedenfalls kaum stützen; auch wenn wir auf diese Frage im Zusammenhang mit den Ereignissen des Frühlings 1815 noch einmal zurückkommen müssen.[50] Nicht ausschließen lässt sich hingegen, dass Louis-François von zufälligen Bekannten oder Arbeitskollegen andere Versionen der Revolutionsereignisse zu hören bekam als jene, die ihm die Kirche, Familienmitglieder oder Nachbarn vermittelten.

# Kapitel 8

## DIE INVASIONEN

Das Leben von Louis-François Pinagot, von seiner Jugend bis ins hohe Alter, hat sich abgespielt zwischen zwei Invasionen und Besatzungen von ungleicher Dauer. Zweimal tauchten Feinde auf und ließen die große, auf europäischer Ebene stattfindende Geschichte im vertrauten Raum der Dorfgemeinschaft spürbar werden. Zweimal nötigte die feindselige und von Gewalttätigkeit begleitete Präsenz von Menschen, die ansonsten unbekannt geblieben wäre, zur Auseinandersetzung mit anderen Logiken als denen, die die alltägliche Wahrnehmung der Mitmenschen und Dinge bestimmten. Die Invasion von 1815 hat den damals kaum siebzehnjährigen jungen Mann gewiss dauerhaft geprägt. Auf andere Weise erlebte der dreiundsiebzigjährige Greis von September 1870 bis März 1871 erneut schreckliche Wochen. Für viele Franzosen seiner Generation bildeten die beiden Invasionen zwei entscheidende Erfahrungen, zwei wichtige Lebenseinschnitte. Wer ihnen nicht die größte Aufmerksamkeit widmet, der kann die Geschichte dieses Jahrhunderts nicht verstehen.

Zweimal hatte die Bevölkerung in der Gegend um Bellême es mit den Preußen zu tun; von daher versteht man, dass die Preußen den Feind schlechthin verkörperten. Man hat viel über das Deutschlandbild im Frankreich des 19. Jahrhunderts geforscht; zahlreiche niveauvolle Arbeiten beschäftigen sich mit der Sicht der Eliten.[1] Indes hat es nicht den Anschein, dass man in der Gegend um Bellême um ein differenziertes Bild bemüht war. Als ich mich zu Beginn der 1940-er Jahre, nach zwei weiteren Kriegen zwischen Frankreich und Deutschland, in der Region aufhielt, belauschte ich zufällig ein Gepräch einiger sehr alter Frauen, die sich angesichts der abermaligen Besatzung durch deutsche Truppen daran erinnerten, wie die Preußen siebzig Jahre zuvor plötzlich auf ihrem Bauernhof standen. Dies zeigt, wie tief sich das Ereignis in ihr Gedächtnis eingegraben hatte.

Die von der Invasion des Jahres 1815 handelnden Dokumente – seien es Lebenserinnerungen oder Briefwechsel – betreffen andere Milieus als das der armen Arbeiter am Rande des Staatsforsts von Bellême. Sie unterrichten uns über Adlige, die auf ihrem Landsitz Zuflucht suchten, und über die Bürger in den umliegenden Kleinstädten, bei denen die Erfahrung der Besatzung einen nachhaltigen Eindruck hinterließ. »Ich war damals ein kleiner Junge von zwölf Jahren«, schreibt Dr. Jousset im Jahr 1887. »Ich erlebte die Ängste in unserer Familie, und dieser Eindruck ist selbst nach zweiundsiebzig Jahren nicht erloschen.«[2] Die Archivbestände der Besatzungszeit, die von Berichten über Vorfälle und Klagen überquellen, sowie die Briefe des Knechts Marin Rousseau an seinen Herrn Noël Périer de Villiers, dessen Schloss La Gallardière er hütete,[3] geben uns indes eine Vorstellung davon, was einem Louis-François Pinagot unter diesen schwierigen Umständen zu Gesicht und mehr noch zu Gehör gekommen sein mochte.

In der Gegend um Bellême tauchten die Preußen am 17. Juli 1815 auf, nachdem sie das Departement Eure-et-Loir durchquert hatten.[4] Rund zwei Monate später verließen sie die Orne wieder. Der am 22. September beschlossene Rückzug begann, je nach Regiment, zwischen dem 24. und 27. desselben Monats. Der Haut-Perche war von der Besatzung stärker betroffen als die drei anderen Arrondissements. Das Quartierverzeichnis vom 1. August 1815 gibt einen Eindruck von der unterschiedlichen Besatzungsdichte in den einzelnen Ortschaften. In Mortagne hatten an diesem Tag 600 Preußen Quartier bezogen, in Bellême waren es 400, in Tourouvre und Rémalard jeweils 250, und in Longny 350. Darüber hinaus war die Region Durchmarschgebiet für

40000 Mann. Angesichts dieser Zahlen sind die verzweifelten Hilferufe des Unterpräfekten La Morélie nur allzu verständlich: »Wenn Sie mir nicht zu Hilfe eilen«, schreibt er an den Vicomte de Riccé, »kann ich die Lage nicht mehr halten.«[5]

Von den drei im Departement eingerichteten Hauptmagazinen, in denen die für die Besatzungstruppen requirierten Erzeugnisse lagern, befindet sich eines in Bellême, ein anderes in Mortagne.[6] Das Krankenhaus von Bellême ist voller kranker oder verletzter Deutscher. Die Anordnungen der Preußen sind von unerbittlicher Härte. Nachdem der Präfekt versucht hat, die seinem Departement auferlegten Abgaben in Höhe von 4259000 Francs herunterzuhandeln, verlangt Krüger am 31. Juli die Vorlage eines umfassenden Kassenberichts innerhalb von zwei Stunden. Er fordert die sofortige Aushändigung der Departements-Kassen und eine Aufstellung über sämtliche Steuereinnahmen.[7] Die Unterbringung der Truppen wird in Saint-Cloud bereits am 5. Juli in allen Einzelheiten geregelt – die Art der Schlafstätten ebenso wie die Vorschrift, die Soldaten mit Fleisch und Gemüse zu bekochen. Dass zu Ehren der deutschen Offiziere Festessen zu geben sind, macht das Maß der Demütigung voll.

Angesichts dieser Umstände kann man sich die Gefühle der Bevölkerung unschwer ausmalen. Nur wenige Einheimische haben direkt mit den Preußen zu tun; die anderen – und dazu gehören wohl auch die Einwohner von La Haute-Frêne – sind auf deren Berichte angewiesen. Indes ist es sehr gut möglich, dass Jacques Pinagot und sein Sohn durch ihre Tätigkeit als Fuhrleute mit den Besatzern in Kontakt kamen. Von massenhaften Vergewaltigungen oder Morden seitens der Preußen ist nirgendwo die Rede. Gesprächsgegenstand sind vielmehr unbedeutendere Ereignisse,[8] in erster Linie die Ausplünderung von Privatpersonen. Die Preußen können der Versuchung nicht widerstehen, Wäsche aus den Schränken und Wein aus den Kellern mitgehen zu lassen.

Die Plünderung der umliegenden Schlösser hinterlässt den nachhaltigsten Eindruck, zumal die Preußen die Pächter der Grundbesitzer zwingen, ihnen ihre Karren zum Abtransport der Beute zu überlassen.

Am 31. Juli wird das Schloss Viantais (Bellou-sur-Huisne) verwüstet; der Schaden beläuft sich auf mehr als 20 000 Francs. Die Preußen nehmen Geld, Schmuck und Wäsche aus Schränken und Truhen, aber auch Bücher aus der Bibliothek, Gravüren und Kunstsammlungen mit. Sie zerschlagen die Spiegel und zerstören die mechanischen Instrumente.[9] Dasselbe Schicksal ereilt das Schloss La Pelleterie in Bivilliers und das Schloss La Gallardière nahe Mortagne, Besitz der Périer de Villiers.

»Im Haus haben sie einigen Schaden angerichtet«, schreibt Marin Rousseau an seinen Herrn. »Dabei habe ich sie zuvorkommend empfangen; ich habe ihnen Wein, Geflügel und Wurst serviert, wonach ich geschickt habe, und auch Brot. Es hat alles nichts genützt. Als sie weiterzogen, haben sie fünfundzwanzig Scheffel Hafer mitgenommen.« Zum Glück »haben sie nicht von Ihrem Schnaps und auch von keinem Ihrer Liköre getrunken, sie haben nur einfachen Rot- und Weißwein getrunken, aber keinen Burgunder und auch keinen Bordeauxwein«. Außerdem konnte Marin die Pfirsiche und Birnen im Obstgarten retten. Er hat sie lieber eingesammelt, »als dass sie sie auffressen«. Wie er versichert, »wurden im Allgemeinen alle besseren Häuser heimgesucht. [...] Das Haus von Valdieu wurde sämtlicher Wäsche beraubt, sie haben der Hausherrin nur das Kleid und das Unterkleid gelassen, das sie trug.«

»Die Preußen nehmen Betttücher, Handtücher und Hemden mit«, schreibt die im Schloss La Pelleterie residierende Gräfin von Tredern. »Diejenigen, die ich seit zwei Tagen beherberge, haben vollbeladene Wagen.« Apodiktisch fügt sie, ohne dass wir ihre Quelle kennen, hinzu: »Die Russen und die Engländer benehmen sich weit besser als die Deutschen.«[10] Der Graf von Orglandes hat in den Stallungen seines in Igé nahe Origny-le-Butin gelegenen Schlosses von Lonné einhundert Pferde zu ernähren – eine derart schlechte Behandlung ist nicht ohne Bedeutung. Dass auch Adlige zu Opfern der Preußen werden, widerlegt die gängige Meinung, der Adel mache mit dem Ausland gemeinsame Sache.

Ebenso wie diese Diebstähle mussten die gastronomischen Ausschweifungen der Besatzer die arme Bevölkerung des Haut-Perche empören, die gerade eine Zeit großer Entbehrungen, um nicht zu sagen: des Hungers durchlebt hatte.[11] In der Tat lassen sich die Preußen Festessen von pantagruelischen Ausmaßen servieren. Vom 26. August bis zum 10. September bezieht Blücher in Alençon Quartier. Die ihm zu Ehren ausgerichteten Gastmahle in der Präfektur kosten das Departement nicht weniger als 1800 Francs, nicht mitgerechnet die Festmahle beim Bischof von Séez. Und auch in Bellême sucht der Bürgermeister die Sieger am 3. und 26. August mit einem Bankett zu beschwichtigen, wobei die Tafel am 3. August achtzig Gedecke zählt.

Hinzu kommt das rücksichtslose und überhebliche Verhalten der Besatzer. Die Preußen vertragen es schlecht, dass sie sich nicht verständlich machen können. Dadurch verschärft sich der rüde Ton ihrer Anordnungen, gefolgt von Pfiffen, Schlägen mit der flachen Säbelklinge, dem Gewehrkolben oder dem Stock, wenn sie ihrem Gegenüber nicht gar eine Flasche ins Gesicht schleudern. Den Soldaten, die man mit ausgesuchter Höflichkeit als Offiziere bezeichnet, bereitet es sichtlich Freude, die Franzosen zu demütigen.[12] In der Nachbarschaft des Schlosses La Gallardière, berichtet Marin Rousseau, »haben sie die Leute, bei denen sie wohnten, fast durchweg geschlagen, die meisten sind davongelaufen«. In La Poterie »sind fast alle in den Wald von Lizardière schlafen gegangen, nachdem man sie gehörig geschlagen hatte«. »Wie Sie sehen«, schließt Marin Rousseau seinen Brief vom 27. August, als er Vorbereitungen trifft, um hundertfünfzig Mann und hundertachtzig Pferde zu beherbergen, »wir sehen keiner guten Woche entgegen.«

Es ist wenig wahrscheinlich, dass Louis-François, der in La Haute-Frêne im Schutz des Waldes lebte, derlei Misshandlungen am eigenen Leib erfuhr. Das Wichtigste war, dass man weitab von einer Hauptstraße lebte, und daher stehen die Chancen gut, dass Origny-le-Butin nie die Kränkungen kennen lernte, die, nach Angaben des dortigen Bürgermeisters, die kleine Gemeinde Ménil-Brout an der Königsstraße Nr. 12 erlitt.[13] Doch es ist anzunehmen, dass man sich von den Plünderungen, Saufereien und Brutalitäten der Preußen auch in den Dörfern am Waldrand von Bellême erzählte.

Der Haut-Perche lag auf dem Rückzugsweg der Besatzungstruppen. Am 25. September quartierte sich der Führungsstab der 14. preußischen Brigade in Bellême ein. Das 1. Regiment der pommerschen Landwehr zog sich an diesem Tag über Saint-Martin, Saint-Ouen-la Cour und Éperrais zurück und kam daher in der Nähe von Origny-le-Butin vorbei. Tags darauf durchquerte das 12. Regiment der schlesischen Landwehr Saint-Martin-du-Vieux-Bellême und zog weiter nach Nocé. Kurz, man kann mit Sicherheit davon ausgehen, dass Louis-François die Preußen zu Gesicht bekam und ihren Rückzug beobachten konnte.

Als die Preußen gegen Ende seines Lebens erneut auftauchten, waren sie für ihn keine Unbekannten mehr. Ganz bestimmt musste er bei dieser erneuten Invasion an die Vergangenheit denken, und man kann sich leicht vorstellen, wie er in der Spinnstube in La Basse-Frêne, umringt von seiner Familie, von seinen Erinnerungen erzählte. Jedenfalls ist Louis-François diesmal direkter betroffen als im Jahr 1815. Vom 22. November 1870 bis zum 16. Januar 1871 ist die Gegend um Bellême Schauplatz heftiger Kämpfe. Die Preußen beziehen für lange Zeit Quartier, und Origny-le-Butin wird besetzt. Ihre Anwesenheit drängt sich Louis-François' Augen, Ohren und Nase nun weit intensiver auf als ein halbes Jahrhundert zuvor.[14]

Wie zahlreiche andere Regionen wird auch das Departement Orne im Sommer 1870 von einer großen Dürre heimgesucht. Die normalerweise grüne Normandie ist zur Zeit völlig vertrocknet, schreibt der Präfekt am 1. Juli.[15] Die Viehzüchter haben kein Futter mehr, sie schlachten ihr Vieh oder versuchen es zu verkaufen. Um ein Massensterben zu vermeiden, erlaubt die Forstverwaltung den Bauern, ihr Vieh zum Grasen in die Schonungen zu schicken. Die Weizenernte einen Monat später fällt im Unterschied zur Gersten- und Haferernte sehr gut aus, doch unglücklicherweise fehlt es den Bauern an Arbeitskräften. So steht ein Teil der Ernte am 1. August noch auf dem Feld, obwohl »alle mit Hand anlegen, Alte, Frauen und Kinder greifen zur Sichel, denn es gilt keine Zeit zu verlieren«.[16] Dass Louis-François den Bauern von Origny unter diesen misslichen Umständen aushalf, ist mehr als wahrscheinlich.

Der vom Präfekten als »instinktiv« und »traditionell« bezeichnete Hass auf die Preußen erhält durch die Erzählungen der Alten von ihren Erinnerungen an die Invasion – zumal der ehemaligen Soldaten, die unter Napoleon tatsächlich gekämpft haben – weitere Nahrung. Im Departement Orne erwartet man einen kurzen Krieg. Man denkt, dass er blutig wird und hofft, dass wegen seiner Kürze niemand »ruhmlos an Krankheiten stirbt, denen in lang andauernden Feldzügen mehr Menschen zum Opfer fallen als dem feindlichen Feuer«. Der Krimkrieg und der Krieg in Mexiko ist noch in lebhafter Erinnerung.

»Nie zuvor hat sich die nationale und patriotische Gesinnung mit solcher Begeisterung in jeder Hinsicht kundgetan«, versichert der Präfekt am 1. August 1870. »Noch nie folgten die Soldaten dem Gestellungsbefehl mit solcher Bereitwilligkeit.« Am Tag der Mobilmachung »begleitete [eine Menschenmenge] unsere tapferen Soldaten zu den Sammelplätzen«. Doch dann relativiert der Präfekt seinen überschwenglichen Bericht: »Der Gestellungsbefehl zur mobilen Garde« sorgte für einige Unruhe; die Angehörigen empörten sich: »Sie waren bislang der Auffassung, dass der Zweck dieser Institution eher moralischer denn realer Natur sei.« Dass niemand einen Stellvertreter vorschicken durfte, hat die Gemüter indes wieder etwas beruhigt, weil dies die staatliche Absicht deutlich machte, die Gleichheit der Bürger zu respektieren.

Im Übrigen stellt der Präfekt im Departement Orne Anfang August 1870 fest, was auch aus vielen anderen Regionen Frankreichs[17] bekannt ist: »Trotz ihres im Allgemeinen wenig kriegerischen Gemüts«[18] schließt sich die Bevölkerung »der allgemeinen Bewegung mit ungewohntem Elan an«. Die »Parteien treten« hinter der nationalen Gesinnung »zurück«. Der Bischof von Séez weist seine Pfarrer an, »öffentliche Gebete für Frankreich und die Armee« abzuhalten. »Jeder ist begierig auf Neuigkeiten«; unermüdlich kommentiert man die eingehenden Depeschen.

In Origny scheint man indes zurückhaltender zu reagieren als im übrigen Departement, zumindest der Haltung der Jugend nach zu urteilen. In der Gemeinde meldet sich nur ein junger Mann als Kriegsfreiwilliger.[19] Vierzig Jahre später zählt man hier nur elf Veteranen des französisch-preußischen Kriegs; nur einer hat eine Auszeichnung erhalten.[20] Die Gemeinde errichtet kein Kriegerdenkmal, was angesichts dessen nicht verwunderlich ist. Im Jahr 1911 bezeugt auf dem Friedhof von Origny kein Grab die blutigen Kämpfe.[21]

Die Kriegsbegeisterung der Bevölkerung lässt bekanntlich schnell nach.[22] Die sechs Monate zwischen dem Fall des Kaiserreichs am 4. September und der Unterzeichnung des Vorfriedens von Versailles sind eine aufgewühlte, ereignisreiche Zeit: Die mobile Garde und die *Francs-Tireurs* beziehen Quartier, der Feind marschiert ein, der Bewegungskrieg mit seinen sich ständig verändernden Fronten beginnt, Besatzung, Plünderungen und Requirierungen folgen.

Für den Haut-Perche verfügen wir für diese bewegte Zeit nur über wenige Archivdokumente und ein paar Lebenserinnerungen. Marie de Semallé, eine neunzehnjährige Adlige, die seit Mai dieses Jahres mit ihrer Mutter und ihren Großeltern auf Schloss Feugerets in der Gemarkung Chapelle-Souef residiert, führt, zum Glück für die Nachwelt, ein außergewöhnlich detailliertes Tagebuch. Die Aufzeichnungen gewähren uns Einblick in die Kriegswahrnehmung von Zivilisten, die etwa zehn Kilometer von Origny-le-Butin entfernt wohnen.[23]

Marie de Semallé bewegt sich in einem Milieu, das sich von La Basse-Frêne grundlegend unterscheidet. Auf Schloss Feugerets liest man alle verfügbaren Nachrichten, um die Ereignisse besser zu verstehen. Tag für Tag bringt der Postbote Briefe von entfernteren Verwandten. Der ortsansässige Adel stattet regelmäßig Besuche ab. Ständig sind die Bediensteten zwischen den Adelssitzen unterwegs, um Botschaften zu überbringen. Die Herrschaften auf Schloss Feugerets unterhalten enge Beziehungen zu angesehenen Bürgern von Bellême, zu Dr. Jousset, zu dem Notar Aunet sowie zu Geistlichen. Ihr religiöser Eifer veranlasst sie, sich um die Verwundeten zu kümmern und regelmäßig zum Gottesdienst und zu den öffentlichen Gebeten in den Ort zu gehen. Gelegentlich gewähren sie Flüchtlingen Unterschlupf, von denen man über das Verhalten des Feindes erfährt. Auch preußische Offiziere quartieren sich wiederholt auf Schloss Feugerets ein. Marie de Semallé erfährt und sieht also viele Dinge, die einem Louis-François Pinagot verborgen bleiben müssen.

Mit Trauer denkt sie an ihr geliebtes Pariser Quartier zurück, das von den Feinden belagert wird. Sie studiert Landkarten. Mehrere ihrer Verwandten stehen als Offiziere im Feld. Marie de Semallé hat Deutsch gelernt. Begeistert liest sie die *Messiade* von Klopstock und verschlingt Madame de Staëls *Über Deutschland,* um die deutsche Kultur besser zu verstehen. Sie sieht den bewaffneten Konflikt in einem umfassenderen Zusammenhang, der außerhalb der Wahrnehmungsmöglichkeiten eines armen Holzschuhmachers liegt. Immer wieder legt sie eine spontane Kriegsbegeisterung an den Tag, motiviert durch die Weigerung, das Vaterland gedemütigt zu sehen, und durch die Befürchtung, die bisherigen Opfer könnten vergeblich sein. So verfällt sie bei der Nachricht des Waffenstillstandes in tiefste Traurigkeit. Dass die Einwohner von La Basse-Frêne diese Gefühle teilen, ist durch nichts belegt.

Und dennoch erweisen sich Maries Aufzeichnungen für uns als sehr nützlich. Ihr Bericht ist unerwartet präzise, das dicht geschriebene, fortlaufende Tagebuch schildert eine Vielzahl kleiner Dinge und Ereignisse. Es hält unzählige Beobachtungen und kursierende Gerüchte fest, und es unterrichtet uns sogar über die Geräuschkulisse. Das Tagebuch gibt einen Eindruck wenn nicht von den Gefühlen, so doch von den möglichen Wahrnehmungen eines Louis-François Pinagot und lässt erahnen, welche Inhalte die Gespräche hatten, die er bei Treffen oder Zusammenkünften mitbekommen haben mag. Das Gefühl der Beschleunigung des Daseins, bewirkt durch die Intensität des Geschehens, zwingt uns zu einer chronologisch sehr präzisen Darstellung.

In den Wochen zwischen Anfang August, als die ersten Niederlagen bekannt werden, und Ende November wartet man begierig auf jede Neuigkeit und bereitet sich auf die Ankunft des Feindes vor. Was der Analphabet Louis-François Pinagot in dieser Zeit empfindet, ist für uns kaum vorstellbar.

Auf Schloss Feugerets treffen Zeitungen aus ganz Frankreich ein, aus Le Mans, aus dem Westen und Süden, nicht zu vergessen die ausländischen und die Pariser Zeitungen, die mit dem Ballon transportiert werden. Zugleich sind Gerüchte im Umlauf. Am 21. September notiert Marie de Semallé, dass man aus Angst vor preußischen Spionen Bäume und Absperrungen nach eventuellen Signalen absucht.

Um den Vormarsch des Feindes aufzuhalten, beginnt man am 23. September mit der Errichtung jener »Barrikaden«, über die Octave Mirbeau seinen Spott ausschüttet.[24] An diesem Tag dringt erstmals Kanonendonner bis nach Schloss Feugerets vor. Von nun an fühlt man sich vom Krieg unmittelbar bedroht.

Jetzt beherrscht die mobile Garde die Szenerie. Das 4. Orne-Bataillon, am 4. August in aller Eile in Mortagne aufgestellt, ist am 17. September einsatzbereit und geht am 20. Oktober in Bretoncelles in Stellung.[25] Am 20. November hat es Feindkontakt, am 1. April 1871 wird es in Theil aufgelöst. Von den 1 200 eingezogenen Männern sind an diesem Tag nur noch 700 am Leben. Das 4. Orne-Bataillon der mobilen Garde besitzt offenbar eine schlechte Führung und ist unzureichend ausgerüstet.

Am 9. Oktober notiert Marie de Semallé die Anwesenheit der mobilen Garde. »Sie lagern überall«, vor allem im Wald, wo sie – wie Marie am 16. Oktober hinzufügt – »in großen Hütten aus Birkenholz hausen, in denen einhundert Mann Platz finden«. In der Tat opfern die Behörden den Wald und lassen dort primitive Behausungen errichten, damit die Soldaten der örtlichen Bevölkerung nicht zur Last fallen. Manche Gardisten quartieren sich gleichwohl bei Privatleuten ein.

Am 26. Oktober wird erstmals die Ankunft des Feindes angekündigt, doch zeigt er sich nicht. Am 20. November strömen die Gardisten

in einem »unbeschreiblichen Durcheinander«[26] von Bretoncelles nach
Nocé zurück und weiter nach Bellême, wo sie am 21. November gegen
zehn Uhr abends anlangen. Am folgenden Tag verlassen sie die Stadt
gegen sieben Uhr morgens und marschieren nach Pervenchères, anschließend Richtung Perseigne-Wald, bevor sie sich nach Sillé-le-Guil-
laume und Mayenne zurückziehen. Gerüchte gehen um, die Befehlshaber hätten die Truppe verraten oder seien desertiert. Es heißt, manche
Offiziere hätten den Aufenthalt in Bellême genutzt, um nach Hause zu
flüchten. Am 22. November erblickt Marie de Semallé den Haufen in
La Chapelle-Souef. Unterwegs trifft sie auf »zweihundert armselige
Gardisten, die müde, durchnäßt und kaum bewaffnet mit ihren Wagen,
ihrem Brot und ihrer Munition wohl aus Nogent kamen«. Auch Bellême ist voll von ihnen. Sie sind »völlig entkräftet«; in der Stadt fehlt es
an Lebensmitteln.

Am selben Tag gegen zehn Uhr abends ziehen die Preußen, singend
und mit Fackeln in der Hand, in Bellême ein. Sie befehlen, alle Haustü-
ren zu öffnen und die Fenster zu beleuchten. Bereits am folgenden Tag
ziehen sie in Ruhe weiter, der Loire-Armee entgegen. Maries Großvater versichert, einige hätten die Straße nach Mamers eingeschlagen, um
nach Le Mans zu marschieren. Wenn dem so ist, ziehen sie für einige
Kilometer an der Gemarkungsgrenze von Origny-le-Butin vorbei.

Mit den Ereignissen am 22. und 23. November beginnt im Kanton
ein neuer Kriegsabschnitt. Erzählungen von Augenzeugen, die die
schwarz uniformierten, mit Pickelhaube bewehrten Preußen in Bellême zu Gesicht bekommen, machen auf dem Land die Runde. »Die
Straßen waren voll«, berichtet Maries Großvater, »man kam nicht
durch, ohne die Preußen anzustoßen, ohne sie zu berühren.« Ein riesi-
ger Haufen beschlagnahmter und unbrauchbar gemachter Gewehre
vor der Bürgermeisterei zeugt von der Entwaffnung der Bevölkerung.
Als die Ankunft des Feindes verkündet wird, flüchtet ein Gutteil der
Stadtbewohner in den Wald. Manche versuchen in aller Eile, ihre wert-
vollsten Möbel zu verstecken. So ist es nicht unwahrscheinlich, dass
Louis-François Pinagot an diesen beiden Tagen, dem 22. und 23. No-

vember, mit dem ein oder anderen verängstigten Städter aus Bellême in Kontakt kam.

Von nun an sind die Preußen für jeden sichtbar auf den Straßen um Bellême unterwegs. Auf Schloss Feugerets sieht man am 25. November einen Trupp vorbeiziehen. Es ist denkbar, dass sich Louis-François an diesem Tag dasselbe Schauspiel bietet. Fünf Kavalleristen reiten die Straßen entlang, schreibt Marie. »Nachdem wir die ersten bemerkt hatten, kamen zehn Minuten später fünf weitere, und dann ein Regiment zu Fuß und zu Pferd, schließlich Karren und Fuhrwerke mit Fleisch und Gewehren beladen. Alle beobachteten sie durchs Fernglas [Louis-François besaß gewiss keines] [...]. Das war schon ein wenig beängstigend, sich in der Nähe dieser Männer zu befinden«, fügt die junge Frau hinzu. »Einige grüßten, andere waren verletzt, alle hatten ein frisches, rosiges Gesicht, viele waren noch sehr jung. Ihre im Allgemeinen vierrädrigen Fuhrwerke waren leer und mit Planen bedeckt. Alles war schmutzig und elend. Sie gingen ziemlich schnell.«

In diesen Tagen verstummt das Gespräch in den Dörfern und Städten nicht mehr. In La Chapelle-Souef wie wohl auch in Origny-le-Butin ist nur noch vom Plündern und Stehlen *der* Preußen die Rede. »Bei der Post [in Bellême] kommt nichts mehr an, weder Telegramme noch Briefe.« Es ist die Zeit, in der das Spektakel des Krieges unmittelbar erlebt wird, die Zeit der persönlichen Erfahrung mit dem Feind, der gelebten Geschichten. Das gesprochene Wort steht wieder unanfochten im Vordergrund. Man kommt sich über Klassenschranken hinweg näher und tauscht seine Erfahrungen aus. Im Anschluss an die Messe und den Vespergottesdienst erzählt man einander die letzten Neuigkeiten. Am 28. November, schreibt Marie, »haben wir uns im Dorf wieder unterhalten, und jeder erzählte von seiner Flucht, von seinen Ängsten«. Entgegen allen Befürchtungen und ungeachtet ihrer Gewohnheit, große Feuer zu entzünden, haben die Preußen »nichts niedergebrannt«.[27] Niemand wirft ihnen Vergewaltigung oder Mord vor. Gewiss war am 24. November ein armer Mann nach La Chapelle-Souef gekommen und hatte behauptet, die Feinde »nehmen junge Männer mit«; aus diesem Grund »ist er geflüchtet, ebenso wie ein Dutzend anderer«. Aber dieses Gerücht scheint sich nicht gehalten zu haben.

Die Berichte über Plünderungen reißen hingegen nicht ab. Voller Mitleid zählt Marie die Opfer aus Bellême und La Chapelle auf. »Dem Malar haben sie sein ganzes Holz verbrannt, nur seinen Kirschschnaps haben sie ihm gelassen.« In Bellême »liegt überall auf den Straßen Hafer und Fleisch herum«. Dem Clinchamps haben sie seine »Stiefel, sein eingemachtes Obst, Hafer, Butter und Strümpfe gestohlen«. Am 27. November notiert Marie, »dem Rhodeau haben sie seine Hemden gestohlen« und der »Mutter Le Sueur ihre Kuh«. Die Preußen »haben bei Herrn Guérin drei große Gläser Schnaps getrunken« und »der Mutter Charron drei Brotlaib gestohlen«. Am 3. Dezember erfährt Marie bei einem Besuch in Bellême, dass bei Mademoiselle Gislain »Kaffee, Schokolade und Stricksachen dran glauben mussten«. Bei Monsieur Morice haben die Preußen Tuch mitgehen lassen. Nur den Schwestern zollen sie Respekt. Schließlich pflegen die Nonnen im Krankenhaus die vielen Verwundeten.

Berichte von auswärtigen Familienangehörigen ergänzen, was man mit eigenen Augen sieht und von Freunden oder Nachbarn hört. Am 29. November erfährt Marie, dass bei einem ihrer Onkel fünf Offiziere logieren, die ihm »eine schöne Wolldecke, Reitstiefel, zahlreiche Schuhe und verschiedene Liköre gestohlen haben. [...] Einfach unglaublich«, fügt die junge Frau hinzu, »was die Deutschen an Fleisch und Wein verdrücken.« Diesen Eindruck hatten schon die Zeitgenossen des Krieges von 1815.

In den anderthalb Monaten zwischen dem 23. November 1870 und dem 8. Januar 1871, als die Preußen zum zweiten Mal in Bellême einfallen, herrscht ein unglaubliches Durcheinander. Man muss schon seine Fantasie in Gang setzen, um sich auch nur ansatzweise ein Bild von den damaligen Zuständen zu machen. Die gesamte Einwohnerschaft des Haut-Perche scheint blind umherzuirren wie nur Fabrice auf dem Schlachtfeld von Waterloo. Die Herrschaften auf Schloss Feugerets bemühen sich, die Kampfhandlungen zu verfolgen. Sie beugen sich über

Landkarten und stürzen sich auf die wenigen Depeschen, die in dieser Zeit eintreffen. So erfahren sie am 4. Dezember, dass die Pariser Truppen einen Ausfallversuch unternommen und die Preußen am 6. Dezember abermals Orléans besetzt haben. Über die Ereignisse auf dem regionalen Kriegsschauplatz besitzt man jedoch kaum Informationen. In Bellême bemüht man sich aus Angst, der Feind könnte zurückkommen, nicht aufzufallen und untersagt jegliches Glockenläuten.[28]

Im Laufe dieser sechs Wochen wechseln die preußischen Truppen sämtlicher Waffengattungen, die französische mobile Garde und die *Francs-Tireurs* ständig die Stellungen. Wo heute der eine, ist morgen der andere. Es herrscht starker Frost, und am 9. Dezember fällt reichlich Schnee. In Origny-le-Butin beschließt der Gemeinderat, eine Baustelle als Arbeitsbeschaffungsmaßnahme zu eröffnen,[29] denn jeder zweite der einhundert arbeitsfähigen Männer, die zu diesem Zeitpunkt in der Gemeinde wohnen, ist ohne Beschäftigung; die anderen leben in äußerster Armut. Zu diesem Elend kommen nun auch noch die Pocken, die in der Region zu wüten beginnen.

An Gesprächsstoff fehlt es nicht. Das Verhalten des Feindes ist weiterhin Thema Nummer eins. »Wir haben uns abermals über den Aufenthalt der Preußen in Bellême unterhalten; wir werden uns wohl ewig darüber unterhalten«, notiert Marie de Semallé am 22. Dezember. Hin und wieder sieht man einige Preußen in der Nähe biwakieren oder vorbeimarschieren. Am 8. Dezember schreibt Marie: »Wir hatten die Freude, mit Mama nach Theil zu gehen [...]. Den ganzen Tag über strömten die Preußen die Straße entlang und baten um Essen und Trinken. Sechshundert haben sich im Schloss einquartiert, einiges Vieh vor dem Tor erschossen, das blutige Fleisch in die hübschen Kammern hinaufgetragen und dort gekocht.« Am 23. Dezember galoppiert in Sichtweite von Schloss Feugerets ein Trupp Kavalleristen vorbei, und in La Chapelle-Souef werden zwanzig Ulanen gesichtet. Zu Weihnachten fallen zwölf preußische Soldaten ein, um Stroh zu requirieren. Sie drohen, den Ort niederzubrennen, wenn ihrem Verlangen nicht innerhalb von drei Tagen stattgegeben wird.

Ungeachtet dieser wiederholten Einfälle geht die mobile Garde in Stellung, und frisch eingezogene Soldaten marschieren zu ihrem Einsatzort. Am 14. Dezember passiert eine führungslose Hundertschaft aus Theil den Ort La Chapelle-Souef. Zwei Tage später halten Gardisten der Perche-Einheit Wache auf Schloss Feugerets. Am 23. Dezember begegnet Marie zwei Gardisten und einem *Franc-Tireur,* die sich im Ort niedergelassen haben. Am selben Tag werden in der Gemarkung zweimal preußische Kavalleristen gesichtet. Am 26. Dezember ist Bellême voller französischer Soldaten. »Auf den Straßen, nichts als Gardisten«, notiert Marie tags darauf. »Man sieht sie überall, und auch einige *Francs-Tireurs* aus dem Süden, die schlechtes Französisch sprechen und federbesetzte Tirolerhüte tragen.« Am 1. Februar beziehen auf Schloss Feugerets Gardisten aus Alençon und La Ferrière Quartier. »Wir haben ihnen am Abend Obst, Brot und Cidre gebracht, und Maria ist mit vierzehn von ihnen zum Gebet gegangen.«

Die eigentliche Neuigkeit ist der massenhafte Zustrom von *Francs-Tireurs.* Glaubt man P. Pitard, einem Gardisten des 4. Orne-Bataillons, requirieren diese Männer ohne Scheu. Als Fremde empfinden sie, anders als die einheimischen Soldaten, keine Skrupel gegenüber der einheimischen Bevölkerung. Marie de Semallé bestätigt dies. Am 8. Januar 1871 schreibt sie: »Amilly wurde von Lepuski [sic] verwüstet, ruiniert, zugrunde gerichtet – ist das nicht schrecklich: von Franzosen. In La Chapelle [-Souef] befinden sich zweihundert Mann von den *Francs-Tireurs.*« Am folgenden Tag requirieren sie hundertfünfzig Pfund Brot. Sie befinden sich auf dem Rückzug. »In La Chapelle haben wir dreihundert Mann gesehen, in Reih und Glied aufgestellt, den Tornister auf dem Rücken, mit allen möglichen Uniformen: grün gekleidete *Francs-Tireurs, Francs-Tireurs* aus Bordeaux, graue Hose mit roten Streifen [...], Zuaven.« Der Dorfpfarrer beherbergt fünf Soldaten von Garibaldi sowie den Militärgeistlichen, einen Amerikaner. Der Hauptmann entschuldigt sich für das Benehmen seiner Truppe. Zwei seiner Männer seien am letzten Samstag füsiliert worden.[30]

Nun wird der Kanton selbst zum Kriegsschauplatz, und die Besatzung ist diesmal nicht nur von kurzer Dauer. Am 8. Januar dringt der Schlachtenlärm bis nach Schloss Feugerets vor. »Der Kanonendonner war so zu hören, wie ich ihn noch nie zuvor gehört hatte«, notiert Marie am folgenden Tag. Die Zivilisten sind durchaus in der Lage, den Waffenlärm zu analysieren: »Preußische Kanonen, französische Kanonen, Maschinengewehr und Gewehrsalven waren zu hören. Es wurde an der Barrikade, auf der Straße nach Nogent, in La Renardière, La Bulardière, La Barre [...] und in Couasme gekämpft.« Zwei Offiziere und sieben Soldaten bitten auf Schloss Feugerets um Aufnahme. Völlig entkräftet haben sie das Schlachtfeld verlassen.

Am 8. Januar ziehen die Preußen, nach den Kämpfen in der Nähe der Gehöfte La Bulardière und La Barre, erneut in Bellême ein.[31] Sie besetzen die öffentlichen Plätze, das Rathaus, die Post und die Telegrafenstation und dringen in zahlreiche Häuser ein. »Es ist nicht möglich, sich eine besser durchdachte, komplexere und vollständigere Besetzung vorzustellen«, schreibt Dr. Jousset.[32] Mit dem Zustrom der Soldaten breiten sich die »zusammenfließenden« oder »schwarzen Blattern« aus.

Sämtliche Hauptorte und größeren Weiler in der Umgebung von Bellême füllen sich mit Preußen.[33] In Sérigny, wo einige *Francs-Tireurs* Widerstand leisten, zerfetzen sie den priesterlichen Ornat, zerschlagen das Mobiliar und benutzen mehrere Häuser als Pferdeställe. In Gué-de-la-Chaîne flüchtet die Bevölkerung nach der Ermordung eines Preußen in den Wald. Auch Origny-le-Butin beherbergt am 13. und 15. Januar einige Besatzer.[34] Am 15. Januar ziehen die Preußen aus Bellême über Igé nach Mamers weiter, aber schon drei Tage später kommen andere. Am 31. desselben Monats notiert Marie, ihr Großvater habe in Bellême rund fünfzig Husaren gesehen, »groß, stolz und anmaßend«. Die lokale Bevölkerung kann sich auf diese Logistik keinen Reim machen. Bis auf wenige Ausnahmen ist unterschiedslos von *den* Preußen die Rede. Die Kämpfe dauern bis zum Abend des 16. Januar, hin und wieder hört man Kanonendonner. »Auf dem Weg zum Vespergottesdienst«, berichtet Marie am 16. Januar vom Vortag, »konnte man die

Kanonen furchtbar laut aus Richtung Mamers und leise aus Richtung Nogent hören.« Hier werden wir daran erinnert, dass sich der Krieg für die Zivilbevölkerung in erster Linie als Landschaft von Geräuschen darstellt.

In den letzten beiden Januarwochen werden auf dem Markt von Bellême zahlreiche Gerüchte und Falschmeldungen kolportiert. Nachrichten, die uns aus heutiger Sicht völlig abwegig erscheinen, machen die Runde, und niemand weiß, ob er ihnen, eingekreist von Feinden, Glauben schenken soll. Da Informationen über das Kampfgeschehen außerhalb des Haut-Perche fehlen, da alle auf Entscheidungen warten und von unerwarteten Siegen träumen, sind der Fantasie keine Grenzen gesetzt. Bereits am 17. Januar verbreitet sich, wie Marie de Semallé notiert, die beruhigende Falschmeldung, »die Preußen haben höhere Verluste als wir«. Am Morgen des 24. Januar schreibt sie: »Oh, welch herrliches Erwachen!« Eine Depesche mit glücklichen Nachrichten ist eingetroffen: »Prinz Albert verletzt, Bourbaki in Mülhausen, Versailles ist blockiert, P. Karl auf dem Rückzug, Garibaldi, Vinay und Ducrot siegen in Melun, Sieg bei Meudon. 40 000 Preußen außer Gefecht.« Doch am Abend notiert Marie traurig: »Unsere schönen Neuigkeiten sind falsch.« Bis zum Ende des Krieges konnte man, wie solche Aufzeichnungen zeigen, auf ein glückliches Ende hoffen.

Unterdessen sind erneut Geschichten über die Plünderung von Schlössern im Umlauf, zumindest in den Kreisen des Adels. In Boissy soll ein ehemaliger Kutscher den Preußen das Versteck verraten haben, in dem man die wertvollen Gegenstände in Sicherheit wähnte. Er hat ihnen das Silber, die Wäsche und den Wein gezeigt. Im Schloss Viantais, das die Preußen 1815 schon einmal verwüstet haben, soll ein Sachschaden von schätzungsweise 40 000 Francs entstanden sein. Voré wird geplündert; die Preußen entwenden Silber, Wäsche, Wein – immer ist von diesen drei Dingen die Rede –, aber auch Zigarren, Zucker und Medikamente. In der Dordogne verdächtigen die Bauern den Adel im August 1870 der Komplizenschaft mit den Preußen. Sie befürchten, der

Feind könnte ihre Dörfer niederbrennen und die Schlösser verschonen. Die Erfahrung von 1815 und das Verhalten der preußischen Truppen in den Jahren 1870 und 1871 haben derartigen Gerüchten im Perche offenbar von vornherein das Wasser abgegraben.

Die Neuigkeit des Waffenstillstands scheint die Herrschaften auf Schloss Feugerets erst am 3. Februar gegen Abend erreicht zu haben, obwohl sie bisher offenbar besser informiert waren als die Bauern in der Nachbarschaft. Bereits am Morgen »ist von Waffenstillstand die Rede«. »Die Festungen wurden dem Feind übergeben«, schreibt Marie am Abend: »Ein einundzwanzigtägiger Waffenstillstand ist unterzeichnet, die Armee, die Pariser mobile Garde entwaffnet, die konstituierende Versammlung wird am 8. gewählt und tritt am 15. in Bordeaux zusammen.« Diesmal stimmen die Neuigkeiten. Sie stammen von Notar Aunet aus Bellême, der Louis, dem Dienstboten von Schloss Feugerets, ein Schreiben mit den entsprechenden Informationen ausgehändigt hat, mit dem dieser nun von Herrensitz zu Herrensitz eilt. Wie langsam sich die Nachricht verbreitet, ist schon erstaunlich, wenn man bedenkt, dass sie Dr. Jousset zufolge den Hauptort des Kantons bereits am 30. Januar erreicht hat.[35]

Dennoch bleibt man auf Schloss Feugerets misstrauisch. Am folgenden Tag, es ist ein Samstag, bringt Maries Großvater aus Bellême die Neuigkeit mit, dass »man in der Stadt nicht so recht weiß, ob man an den Waffenstillstand glauben soll«. Was für die Städter zutrifft, gilt erst recht für die Bauern. Am Mittwoch, den 8. Februar, dem Tag der Wahlen zur konstituierenden Versammlung, berichtet Marie, dass »man im Kanton Theil über den Waffenstillstand und die Wahlen nicht Bescheid wusste«. Das mag ein wenig übertrieben sein, entscheidend ist aber, dass es ihr nicht unwahrscheinlich schien. In diesem südlichen Kanton kursierten, nachdem zuvor beruhigende Gerüchten die Runde gemacht hatten, nun höchst schwarzmalerische Neuigkeiten, bei denen sich Lüge und Wahrheit unentwirrbar vermischten: »Man sagt, Jules Favre und Trochu seien tot und Bourbaki habe Selbstmord begangen.« Auf Schloss Feugerets treffen erst am 13.

Februar genauere Informationen über die Situation im belagerten Paris ein.

Die Hoffnung auf ein baldiges Kriegsende bleibt. »Alle reden ständig vom Frieden«, notiert Marie am 24. Februar, »aber keiner glaubt daran.« Sechzehn Tage nach den Wahlen herrscht in der Gegend um Bellême noch immer Ungewissheit. Für Marie ist die Sache erst am 4. März klar. An jenem Tag sieht sie, auf dem Rückweg von Schloss Dorceau, »in Bellême Preußen in großer Zahl, schreiend, singend, brüllend, was uns an den Frieden glauben lässt«.

In Maries Tagebuch und wohl auch in den Gesprächen auf Schloss Feugerets finden die Preußen auf zweierlei Weise Erwähnung. Die einfachen Soldaten sind hässlich, schmutzig, brutal. Am Sonntag den 19. Februar kehrt Marie in Begleitung ihrer Großmutter in einer kleinen Kutsche von Schloss Dorceau zurück. Unterwegs treffen sie auf viel Artillerie, Infanterie und Kavallerie. »Da waren sie, mit ihren Pickelhauben, ihren Fahnen, ihren Kanonen; auf der Straße lagen überall Zeitungen, Papierfetzen, Essensreste.« Am 6. März ist Marie in Chapelle-Souef. »Sie saßen herum, rauchten ihre langen Pfeifen, kämmten und unterhielten sich und tranken den Cidre direkt aus der Karaffe.« Beim Gottesdienst saß ein Preuße »zwischen Mama und mir. Er war ziemlich hässlich, ziemlich schmutzig.«

Das einzige, was Marie an diesen Männern gefällt, ist ihre Musik. »Wir haben abermals in Appenay das Signalhorn gehört«, notiert sie am 7. März, »und auf der Straße von Igé nach Bellême vernahmen wir einige harmonische Töne richtiger, schöner Musik.« Doch schon am folgenden Tag sieht sie dreizehn Soldaten des Zugs, die völlig betrunken sind. Die Straße nach Bellême ist voller Preußen. »Heute Vormittag war nur schwarz zu sehen, heute Abend nur weiß. Die Soldaten der Landwehr in schwarzer Uniform waren nebenbei bemerkt ziemlich schmutzig und sangen, aber schlecht.« Auch Louis-François Pinagot konnte monatelang solche Szenen beobachten und diese Geräuschkulisse wahrnehmen; aber ob er sie mit denselben Maßstäben bewertete, ist mehr als ungewiss.

Mit den preußischen Offizieren kann man, in Maries Augen, schon
eher verkehren als mit den einfachen Soldaten. Die Offiziere aus der
Nähe zu beobachten, hatte Marie genügend Gelegenheit. Am Sonntag, den 26. Februar besetzen die Preußen Schloss Feugerets. »Um
sieben Uhr war Abendessen, man unterhielt sich über Musik, Literatur, Wagner, den sie bewundern, den Dom von Magdeburg [ihrer
Heimatstadt], Köln [...]. Sie haben die deutschen Bücher begutach-
tet, die Bildbände, und um neun Uhr haben sie sich zurückgezogen.
Sie sind entzückt und überrascht, dass wir ihre Sprache sprechen.
Dank dieses Umstands haben sie nichts gefordert und nichts mitgenommen [...]. Unser Obst hat ihnen ausgezeichnet geschmeckt. Sie
tragen schwarze Uniform und ihre allseits bekannte Pickelhaube.«
Am Dienstag, den 7. März halten sich fünf weitere preußische Offiziere auf Schloss Feugerets auf. »Mein Gott, sind sie groß«, notiert
Marie. »Sie sprechen ausgezeichnet Französisch.« Wie ihre Vorgänger
betrachten auch sie nach dem Abendessen die Gravüren und deutschen Bücher – und bewundern das Obst. Am 9. März wiederholt
sich die Szene mit anderen Offizieren. »Sie haben über Literatur und
Musik gesprochen und die Bücher angeschaut.« Tags darauf kommt
der Briefträger mit einem Bündel liegen gebliebener Briefe, achtund-
siebzig Stück auf einmal. Der Briefverkehr mit der Hauptstadt ist
wiederhergestellt.

In Origny-le-Butin, das am 24., 25., 27. und 28. Februar erneut
besetzt wird, ist es an der Zeit, Schadensbilanz zu ziehen.[36] Die Besatzung war hart in der Gegend von Bellême. Zu dem Verbot, eine Waffe
zu tragen, zu den Requisitionen, der Überwachung des Briefverkehrs
und der Behinderung des Handels und des Personen- und Güterver-
kehrs trat ein Mangel an Arzneimitteln wie auch an Münzgeld.[37] Auf
dem Land befürchteten manche die Rückkehr der Assignaten.[38]

Die Bürgermeister des Kantons, die sich am 21. Februar 1871 in Bellême versammeln, versuchen erfolglos, sich gegen die auferlegte Son-
dersteuer zu wehren. Auch die Gemeinderäte und die Hauptsteuerzahler
machen hier und da Anstalten, sich den Forderungen der Besatzungs-

behörden zu widersetzen. In Origny-le-Butin gibt man jedoch am 1.
März jeden Widerstand auf.[39] Die in der Gemeinde entstandenen Schäden verteilen sich nach einer Schätzung vom 27. November 1871 wie
folgt: 1268 Francs in requirierten Naturalleistungen, 632 Francs an
Geldabgaben, 2456 Francs an Besatzungskosten (Unterbringung und
Fuhrleistungen, Diebstähle und Plünderung).[40] Das macht insgesamt
4356 Francs, eine beträchtliche Summe, wenn man bedenkt, dass sich
die Jahreseinnahmen der Gemeinde 1860 auf 988 Francs belaufen und
auch 1873 erst 2401 Francs betragen.[41] Ein Vergleich mit den Schadens-
meldungen aus den anderen Gemeinden des Kantons stützt im Übrigen
die Vermutung, dass sich die Gemeindevertreter von Origny-le-Butin
einmal mehr recht ungeschickt angestellt und es nicht verstanden haben,
alle erlittenen Verluste geltend zu machen.

Nach der endgültigen Schadensaufstellung vom 25. Januar 1872 bot
die Gemeinde im Laufe des Krieges 1439 Männern und 537 Pferden
Unterkunft und erbrachte Fuhrleistungen von insgesamt 19 Arbeitstagen.[42] Auf der Liste der Personen, die unter der preußischen Besatzung
zu leiden hatten, finden sich mehrere Verwandte von Louis-François:
sein Sohn Louis Pinagot aus La Croix, sein Schwager Julien Courville
aus La Haute-Folie, sein Schwiegersohn, der Holzschuhmacher Léon
Renaud aus La Basse-Frêne und sein Vetter ersten Grades, der Bauer
Étienne Pinagot aus La Rigorière.

Louis-François verlebt als zweiundsiebzigeinhalbjähriger Greis also
nochmals acht schreckliche Monate, geprägt von Trockenheit, großer
Kälte und einer Pockenepidemie. Die Unterbrechung seiner Arbeit, die
Anwesenheit der Preußen, die Belastungen durch die Besatzung, die
dadurch hervorgerufenen Sorgen und wohl auch die traurige Erfahrung der Niederlage verdunkeln sein hohes Alter. Wenigstens hatte er
unter seinen Nachkommen keine Toten zu beklagen. Im Übrigen lebt
er allein und hat keine größeren Bedürfnisse. Sein Sohn Louis, 1871
zum Gemeinderat gewählt, genießt einen gewissen Wohlstand, zumindest in den Augen seiner Mitbürger. Man kann also davon ausgehen,
dass sich Louis-François in dieser schwierigen Zeit vor allzu großem

Elend und Unglück geschützt fühlt. Über seine seelische Verfassung jedoch wissen wir nichts. Wie Dr. Jousset, ein Gegner jedes Revanchedenkens, 1880 schreibt, ist der »Schrecken des Preußen noch frisch in Erinnerung und wird von Generation zu Generation bewahrt werden«.[43] Wie empfand ein Mann, der zweimal miterleben musste, wie diese Fremden – andere kannte er nicht – in seinen Lebensraum eindrangen, diesen Schrecken?

# Kapitel 9

# »DIE UNVERSCHÄMTHEIT
# DER ARMEN«*

Nachdem wir versucht haben, uns ein Bild davon zu machen, wie Louis-François' Leben in seiner eigenen Wahrnehmung in den Lauf einer Geschichte eingeschrieben war, werden wir uns jetzt mit den Ereignissen befassen, die sein Leben prägten. An erster Stelle stehen hier selbstverständlich seine Heirat, die Geburten und Tode in seiner Familie, wobei wir leider nicht einschätzen können, wie sich diese glücklichen und tragischen Episoden auf seine Persönlichkeit ausgewirkt haben. Unsere bisherigen Bemühungen um ein Verständnis von Louis-François führen uns zu der Annahme, dass mehr als alles andere die Erfordernisse des unmittelbaren Überlebens seinem Leben seinen Rhythmus gaben. In den schlimmen Krisenzeiten, die er wiederholt durchzustehen hatte, nahmen die elementaren biologischen Erfordernisse wohl all seine Aufmerksamkeit und all sein Tun in Anspruch. Dies alles sind bloße Vermutungen; doch diese scheinen uns vernünftiger, als den Lebensverlauf von Louis-François Pinagot und die Ausarbeitung seiner Erinnerungen chronologisch auf die aufeinander folgenden Regierungsformen zu beziehen.[1]

Der Zufall hat uns zu einem armen Holzschuhmacher geführt, der sein ganzes Leben in der ärmsten Region eines der am wenigsten prosperierenden Departements Frankreichs verbrachte. Alle Präfekten der

---

* Unterpräfekt des Arrondissements Mortagne, 24. Januar 1847

Orne haben die besondere Situation der Gegend um Bellême stets hervorgehoben. Zwischen dem mutmaßlichen Beginn der Berufstätigkeit von Louis-François Pinagot im Alter von zwölf Jahren (Ende 1810) und dem Frühjahr 1856, als er ein alter Mann zu werden begann, wütete der Hunger am südlichen Rand des Staatsforst von Bellême insgesamt neunzehn Jahre lang. Neun davon fielen in die Zeit, als Louis-François, damals offiziell als Notleidender geführt, seine Familie zu ernähren hatte; es waren die Jahre 1828 bis 1832, 1839 und 1846 bis 1848.

Ich bedaure diesen Zufall insofern, als ich immer wieder darauf hingewiesen habe, wie sehr die Geschichtsschreibung über das 19. Jahrhundert durch falsches Mitleid verzerrt zu werden droht. Über Elend redet man, es hinterlässt Spuren, Wohlstand hingegen nicht. Wie gebannt starren die ausnahmslos männlichen Verfasser der Quellen, die gewählten Vertreter und Verwaltungsbeamten aller Art – ob Bürgermeister, Gendarm, Präfekt oder Staatsanwalt – auf das Elend, das sie zu überwachen und zu mildern suchen. Bei der Lektüre ihrer Aufzeichnungen läuft man daher Gefahr, die Schwierigkeiten des damaligen Alltags zu überschätzen und die immerhin möglichen Freuden zu übersehen. Indes gibt es an den Tatsachen nichts zu rütteln: Louis-François Pinagot war fast unablässig von Not und Hunger bedroht und nur allzu oft davon betroffen.

Die wechselhafte Geschichte des Elends ist wohl bekannt. Eine ganze Historikergeneration hat die Preis- und Einkommensschwankungen untersucht; wir werden uns mit diesen Mechanismen hier nicht noch einmal beschäftigen. Richten wir unser Augenmerk vielmehr auf die arme Bevölkerung von Origny-le-Butin und den angrenzenden Gemeinden. Die rund 2000 Waldarbeiter des Staatsforsts von Bellême müssen sich mit ihrem mageren Lohn zunächst einmal Getreide beschaffen, da sie im Gegensatz zu ihren Mitmenschen selbst keines anbauen. Diese Tatsache macht den Besitzenden und leitenden Beamten Angst. Sie fürchten das bisweilen aggressive Betteln der stets in Gruppen auftretenden Holzfäller, Schnittholzsäger und Holzschuhmacher umso mehr, als das Betteln immer wieder von Lebensmittelunru-

hen begleitet ist, die in der Region einst sehr häufig waren[2] und nun, im
19. Jahrhundert, in leicht veränderter Form wiederaufleben.[3]

Diese periodisch wiederkehrende Bedrohung zwingt die Verwaltung
zur politischen Regulierung des Elends, deren Leitlinien und zögerliche
Umsetzung wir im Folgenden darstellen wollen. Die Lokalbevölkerung schätzt die spontane Wohltätigkeit, die im Rahmen der Bekannt-
schaft durch direktes Geben und Nehmen erfolgt. Die organisierte
Wohlfahrt der Wohltätigkeitsbüros und -komitees hingegen stößt zunächst auf Ablehnung, doch sie kann sich Schritt für Schritt durchsetzen. Grundlage der Armenpolitik sind die immer präziseren amtlichen
Erhebungen. Die Identifizierung, Registrierung und Zählung der Armen bedarf einer Masse an Dokumenten – Pässe, Armen- und Bettler-
ausweise, kommunale und kantonale Tabellen und Fragebogen –, die
die Arbeit des Historikers sehr erleichtern. Im Zuge dieser Politik wird
die Bewegungsfreiheit der Armen je nach Ausmaß der Krise auf ihr
Departement, ihren Kanton oder gar ihre Gemeinde beschränkt. Hinzu
kommt eine Palette von Zwangsmaßnahmen gegen Personen ohne
Papiere, die von der Verhaftung bis hin zur Rückführung an die Grenze
des jeweiligen Verwaltungsbezirks reichen. Ihre logische Vollendung
findet diese Politik 1865 im Verbot der Bettelei im Departement Orne.[4]

Gleichzeitig unternimmt die Verwaltung Anstrengungen, ein Netz
von Wohltätigkeitsbüros und -komitees aufzubauen, um die Verteilung
der Hilfe zu organisieren und sie an die einzelnen Gemeinden jedes
Kantons je nach Belastung weiterzuleiten. In diesem Zusammenhang
finden öffentliche Arbeiten (atelier de charité) Verbreitung, die den Ge-
meindevertretern geradezu als Allheilmittel gelten. In schweren Krisenzeiten wird mitunter auch die Armee eingesetzt, letztes Mittel zur
Aufrechterhaltung der öffentlichen Ordnung. Von sozialer Ausgrenzung kann jedoch keine Rede sein. Die karitativen Einrichtungen und
die Wohltätigkeitskomitees sind vielmehr bemüht, die Bindung des
Armen an seine Familie, seine Nachbarn, den Pfarrer, die Gemeindevertreter und andere Mitglieder der Gemeinde aufzuerhalten. Die
Beschränkung der Freizügigkeit zielt, als Ordnungsmaßnahme, sicher-

lich auf den Schutz des Eigentums, sie zeugt jedoch auch vom Willen des Staates, die Besitzenden in die Verantwortung zu nehmen, der Entwurzelung der Armen zu begegnen und den persönlichen Austausch zwischen Personen zu ermöglichen, die keine statistische Erhebung oder persönliche Besuche brauchen, um über die Situation eines jeden Bescheid zu wissen.

Nach Auskunft der Verwaltungsbeamten sind Lebensmittelunruhen am südlichen Rand des Staatsforsts von Bellême durchaus üblich – jedenfalls häufig genug, um eine Tradition zu begründen. »Ich habe mich sogar zu der Bestätigung hinreißen lassen«, schreibt der Präfekt La Magdelaine, »dass [die Waldarbeiter] 1788 ein Schwadron Kavallerie zurückgeworfen haben, das man gegen sie einsetzte«, um den ungehinderten Transport von Lebensmitteln sicherzustellen.[5]

Auch unter dem Konsulat finden die Unruhen kein Ende. Am 22. Floréal des Jahres X (12. Mai 1802) – Louis-François ist knapp vier Jahre alt – hält eine Gruppe von Frauen aus Saint-Martin, begleitet von einigen mit Mistgabeln und Gewehren bewaffneten Männern, den Karren eines Kaufmanns an und nötigt ihn, die ungefähr dreißig Brote, die er transportiert, zu einem ihm vorgeschriebenen Preis zu verkaufen. Anschließend bringen die Unruhestifter einen mit Weizen beladenen Karren in ihre Gewalt und »schieben ihn zum Gemeindehaus«, um die Ladung dort verteilen zu lassen.[6] Diese Vorgehensweise erscheint den Beteiligten im 19. Jahrhundert als derart legitim, dass sie von der Gemeindeverwaltung erwarten, sie werde ihre Initiative gemäß den Prinzipien der moralischen Ökonomie gutheißen. Doch die Gendarmerie von Mortagne und Bellême rückt an und stellt, unterstützt von einer Abordnung Kavallerie, die öffentliche Ordnung wieder her. Der Präfekt lässt den Weizen in den Hauptort des Arrondissements überführen und fordert fünfzig Dragoner an, die in Saint-Martin stationiert werden. Die Gemeinde muss die Opfer der Tat entschädigen.[7] Am 1. Prairial (21. Mai) werden die Schuldigen verhaftet.[8] Um zu verstehen, weshalb der Staat derart entschieden reagierte, muss man sich in Erinnerung rufen, dass der zweite Krieg gegen die Chouans eben erst beendet war.

Das Departement Orne erzeugt weniger Getreide, als es verbraucht; die Differenz wird aus den benachbarten Departements, insbesondere aus Eure-et-Loir eingeführt. Im Jahr 1811 wird Paris als Markt indes attraktiver. Im Frühjahr 1812, als es wieder einmal gilt, die Zeit bis zur nächsten Ernte zu überbrücken, beginnen fünf lange, von »Sorgen, Entbehrungen und Leid« geprägte Monate. Im Verlauf des Sommers richtet La Magdelaine von tragischen Passagen durchzogene Lageberichte an seinen Minister. »Eine erhebliche Zahl von Armen ist gezwungen, seine Nahrung aus Kleie und mehr oder weniger abscheulichen Gräsern zu bereiten, und sie schätzen sich schon glücklich, wenn sie diesem wenig nahrhaften Gemisch ein wenig Butter oder Milchprodukte beifügen können.«[9] »Man hat Weizen, Roggen und Buchweizen mit Gerste, Hafer, Bohnen, Erbsen und Wicken vermischt. Mitunter rührt man auch einen Teig aus Kleie und gemahlenem Gemüse an, der sich zur Brotzubereitung jedoch als völlig ungeeignet erwies. In einigen Kantonen bereitet man ersatzweise einen Brei aus Hülsenfrüchtenmehl oder Kleie mit grünem Gemüse oder auch aus Milchprodukten mit Gräsern zu.«[10] Im August entspannt sich die Lage, aber der folgende Winter erweist sich erneut als schwierig.

Obwohl das Volk erkennbar »in Gärung gerät«, kommt es zu keinerlei Unruhe. Der Präfekt, der so manches »Ereignis« befürchtet hat, führt die Ruhe auf Resignation zurück. Weitere Gründe für diese Atonie mögen in der Strenge des napoleonischen Regimes wie auch in der internationalen Konjunktur liegen. Verbreitet hingegen ist das Betteln in Gruppen. Im Arrondissement Mortagne ziehen Banden von fünfzehn, zwanzig, ja fünfundzwanzig Personen umher und verlangen »auf unverschämte Weise Almosen«.[11]

In den Amtsstuben der Präfektur gibt die Krise Anlass zu intensivem Nachdenken. La Magdelaine macht die Steuern, die im Mai 1811 wieder eingeführt wurden, verantwortlich.[12] Er beklagt den übermäßigen Anteil von Wald- und Grünflächen in seinem Departement, das nicht genügend Getreide erzeugt, um die Bevölkerung zu ernähren. Er überlegt, wie man den Armen am wirksamsten helfen könnte, und unterstreicht, dass in den Dörfern bisher nur »spontane Wohltätigkeit« existiert. Während der Krise im Sommer hat der Bauer »viel Mitgefühl für die Armen gezeigt«. »Auf dem Land leben die Armen verstreuter« als in der Stadt, und hier hat der Reichtum »das Herz der Pächter und Grundbesitzer, die genug für ihren Unterhalt ernten, noch nicht verhärtet«. Diese Menschen »sind der Natur näher [...], der Anblick von Elend rührt sie tiefer an, und sie gucken nicht auf ein Stück Brot«. Dank der Hilfe seiner Nachbarn kann der Arme »mit den Almosen des einen und den Almosen des anderen die Zeit bis zum Ende seiner Not«[13] friedlich überbrücken. Wenn sie den Wohltätigkeitsbüros etwas spenden soll, zeigt die Lokalbevölkerung indes einen »unüberwindbaren Widerwillen«.

»Jeder handelt nach seinen jeweiligen Gefühlsbindungen, aus Gründen der Verwandtschaft, der Nachbarschaft, der Meinung, vielleicht auch aus Eigenliebe. Er will sein Almosen geben, wann und wie es ihm beliebt, und er weigert sich hartnäckig, es einer Zwischeninstanz zur Verteilung anzuvertrauen. Mir ist bekannt, dass man die staatlichen Maßnahmen zur strafrechtlichen Verfolgung von Bettelei dadurch zu umgehen sucht, dass man die Armen ins Haus bittet, um ihnen dort die Hilfe zuteil werden zu lassen, die man für sie bestimmt hat. Des Weiteren ist mir bekannt, dass die Pfarrer und Pfarrverweser unzutreffenderweise glauben, dass sich die staatliche Verwaltung bei dieser Art von Hilfe herauszuhalten habe.«[14] »Einige wohlhabende oder reiche Grundbesitzer haben an gewissen Tagen bei sich zu Hause Brot, Mehl, Gemüse oder Geld verteilt.«[15] Dabei handelt es sich mehrheitlich, wie etwa in Igé oder Chapelle-Souef, um Adlige.

Wer Almosen gibt, dem sind die staatlichen Erhebungen verhasst. Wie La Magdelaine schreibt, wurden »die ersten Untersuchungen über die von Privatpersonen ausgeteilten Almosen [von den befragten Personen zwar] willkommen geheißen und jeder beeilte sich, alle Fragen zu beantworten«. Aber die anschließenden amtlichen Erhebungen sorgen für Unruhe, und man »bereute es, dass man bei den ersten Untersuchungen bereitwillig Rede und Antwort gestanden hatte«, denn man befürchtete nun die Einführung einer »Armensteuer«. Der Präfekt schließt mit einer Bemerkung zur Gefahr von Erhebungen: Sie »richten mehr Unheil als sonst etwas an, wenn man sie übertreibt; vorsichtshalber sollte man es den Befragten anheimstellen, ob sie Auskunft geben wollen oder nicht«.[16]

Indes existiert die »organisierte Wohltätigkeit« durchaus, wenn auch erst in zaghaften Ansätzen. In den Kleinstädten des Departements werden Lebensmittel und Rumford'sche Suppen ausgeteilt. Seit dem 16. April 1812 sind im Kanton Bellême vier Sparöfen in Betrieb, einer davon in Saint-Martin. Sie liefern täglich insgesamt 1 146 kostenlose Portionen, nicht mitgerechnet die Portionen fürs Armenhaus und jene, die man zu einem Preis von sieben bis sechzehn Centimes erstehen kann.[17]

Die Rumford'sche Suppe widerspricht den Essgewohnheiten der Landbevölkerung und verletzt ihre Würde. »Es heißt, die Armen mögen keine Suppe und wollen lieber Brot«, berichtet der Präfekt. Deshalb betteln sie lieber, als beim Sparofen anzustehen.[18] Allerdings trägt die Krise von 1812 zur Veränderung der Essgewohnheiten bei, sie nötigt zeitweilig dazu, Brot durch Gemüse, Kartoffeln und Milchprodukte zu ersetzen.[19]

Wie sehr auch die soziale Vorstellungswelt, in der die Beziehungen auf dem Land als Idyll auftreten, in die Schriften der Verwaltungsbeamten Eingang gefunden haben mag – wir können jedenfalls davon ausgehen, dass Louis-François Pinagot und sein Vater das benötigte Brot gegebenenfalls von Verwandten oder Nachbarn bekamen. Dass sie auf diese Unterstützung zurückgreifen mussten, ist allerdings recht unwahrscheinlich. Ein Fuhrmann, der nebenher ein kleines Stück Land bewirtschaftete, konnte sich sicherlich selbst ernähren, zumal die öffentlichen Infrastrukturarbeiten, die der Staat in der Krise in Auftrag gab, in erster Linie den Unternehmern und Fuhrleuten zugute kamen.[20]

Dies gilt in der schrecklichen Krise der Jahre 1817 und 1818 zweifelsohne auch für Louis-François. Das Jahr 1816 bringt eigentlich eine ausreichende Ernte, doch da der Reifungsprozess des Getreides sich verzögert hat, ist die Ernte »zum Großteil eingefahren worden, bevor die Garben trocken genug waren«. Das Korn »verdarb noch vor dem Dreschen« und erbringt daher weniger Mehl als gewöhnlich.[21] Angesichts der Teuerung, die sich im Frühjahr 1817 ankündigt, »schränken die Pächter die Feldarbeiten auf den Kreis ihrer Familienmitglieder ein und *schicken die Tagelöhner nach Hause*«. Infolgedessen »verhungert die Klasse der Armen«, schreibt der Präfekt. In den ersten Maitagen durchstreifen Banden von Hungerleidern das Land. »Um nicht Schaden an Leib und Leben zu nehmen, beeilen sich die Pächter, ihnen soviel Brot zu geben, wie sie verlangen, und oft geben sie [die Hungerleider] sich das Almosen mit eigener Hand.«[22]

Die Erzeuger – die man hier als Pächter bezeichnet – wollen ihr Produkt nur noch an Kornhändler verkaufen. Die Holzfäller und Holzschuhmacher des Staatsforsts von Bellême, die zu ihnen »mit Bargeld versehen« kommen, weisen sie ab.[23] Am 5. Mai bringt eine Gruppe von Tagelöhnern, allesamt notleidende Familienväter, einen mit Getreide beladenen Wagen in ihre Gewalt und schafft ihn zum Rathaus.[24] Der Eigentümer des Karrens besitzt keinen entsprechenden Gewerbeschein, der Fuhrmann führt keinen »Wagenbrief« mit sich, und der Wagen selbst trägt kein Nummernschild. Das Getreide gehört einem Schankwirt aus Saint-Cosme (Sarthe), den man schon seit langem beschuldigt, »sich an der Substanz des Volks zu mästen«. Obwohl der Bürgermeister das Vorgehen der Hungerleider nicht gutheißt und sich der Verteilung der Wagenladung widersetzt, ereignet sich am Abend desselben Tages ein weiterer Vorfall dieser Art.

Drei Tage später kommt es auf dem Markt von Bellême zu weitaus heftigeren Unruhen. Gegen ein Uhr nachmittags »zog eine große Zahl von Waldarbeitern« in die Stadt. »Sie marschierten in Reihen, nach Berufszugehörigkeit, und waren mit dicken Knüppeln bewaffnet. Man hörte einen *Befehl* [Hervorhebung i. O.], und ohne die Obrigkeit zu beschimpfen, ohne eine einzige aufrührerische Parole gingen sie auf den Marktplatz und brachten diesen, ohne dass man es hätte verhindern können, in ihre Gewalt. Sie legten den Weizenpreis fest, und die

verschreckten Händler beugten sich ihrem Willen. Sie nahmen eine
beträchtliche Menge Korn mit, hielten alle Getreidetransporte an und
misshandelten einen Kornhändler [...]. Es heißt, die Regierung sei in
diesem Tumult mit keinem Wort verunglimpft worden; *wenn man kein
Brot hat,* sagten sie, *fürchtet man das Gefängnis nicht; macht mit uns, was ihr
wollt* [Hervorhebung i. O.] [...]. Da sie das entwendete Korn heim-
bringen mussten, zerstreuten sie sich gegen Ende des Tages.«[25] Im
Laufe der Nacht werden sechs von ihnen, darunter eine Frau, festgenommen und in die Gefängnisse des Hauptorts des Arrondissements
eingeliefert. Die Nationalgarde verweigert ihre Mithilfe. Der Präfekt
befürchtet, die Unruhen könnten auf die Holzfäller des Waldes von
Tourouvre und auf die Schmiede von Randonnay übergreifen.

In Mortagne geht unterdessen das Gerücht um, die Waldarbeiter
schickten sich an, die Gefangenen zu befreien. Es heißt, sie hätten *die
kleine Daube* geschlagen. Darunter versteht man »das Aneinanderschla-
gen von Dauben oder gewölbten Holzlatten, was einen erheblichen
Lärm veranstaltet, der vom Echo zurückgeworfen wird [...]. Daraufhin sind die Holzhändler in den Wald gegangen. Durch die Drohung,
ihnen nie mehr Arbeit zu geben, und durch vernünftige Vorhaltungen«
ist es ihnen gelungen, den Aufruhr zu bändigen.[26] Die Behörden treffen
sogleich geeignete Maßnahmen zur Überwachung der potenziellen
Unruhestifter. Der Vicomte de Riccé weist den Unterpräfekten des
Arrondissements Mortagne an, er soll »die Auktionskommissare für
die Holzschläge im Wald von Bellême [zu sich bestellen], sich die
Arbeiterlisten vorlegen lassen, für jeden Einzelnen ein Leumundszeug-
nis verlangen, sie zu laufender Berichterstattung verpflichten und
ihnen zu verstehen geben, dass sie für allfällige Zusammenrottungen
der Arbeiter zur Verantwortung gezogen werden«.[27]

Des Weiteren beauftragt der Präfekt die Friedensrichter, Bürgermeister und Dorfpfarrer, innerhalb der nächsten drei Tage eine Armenzählung durchzuführen.[28] Der Vicomte de Riccé denkt über Möglichkeiten der Armenunterstützung nach und fasst dabei zunächst ins
Auge, »die wohlhabenden Einwohner je nach ihrem Vermögen zur

Aufnahme einer Anzahl von Armen«[29] zu verpflichten. Schließlich entscheidet er sich aber doch, die Wohltätigkeit im Rahmen der Kantonsbehörden zu organisieren. Die Bürgermeister werden angewiesen, den Armen ihres Kantons Hilfe zukommen zu lassen und die dadurch entstehenden Lasten je nach den Ressourcen der Gemeinden unter sich aufzuteilen.

Niemand darf fortan seine Gemeinde verlassen, um anderswo betteln zu gehen. Die Bürgermeister müssen Bettelausweise ausstellen, die den Besitzer berechtigen, »bei Personen, die den [Wohltätigkeits]büros nichts geben wollen«, um ein Almosen zu bitten.[30] Alle arbeitsfähigen Männer sind gehalten, sich unter Vorlage einer entsprechenden Bescheinigung beim Leiter der öffentlichen Arbeiten zu melden. Jeder arbeitsfähige Arme, der diese Arbeit ablehnt, gilt als Landstreicher und damit als Delinquent. Die Bürgermeister müssen die Bettler ihrer Gemeinde darauf hinweisen, dass sie die Orne nicht verlassen dürfen. Fremde Bettler aus anderen Departements werden verhaftet und bestraft. Er sei entschlossen, so der Präfekt, »jede Invasion von Armen« aus anderen Departements zu unterbinden.[31] Insbesondere fordert er die ihm unterstehenden Bürgermeister auf, »alle Bettler aus Eure-et-Loir abzuweisen«.

Gegen Ende Juni fallen die Preise wieder und die Krise geht dem Ende zu. Dem Bürgermeister von Saint-Martin zufolge betteln die Arbeiter des Waldes von Bellême jedoch noch im August und September, was ungewöhnlich ist: »Viel Volk strömt auf die Felder, auf denen man mit der Ernte beschäftigt ist, um nach dem Binden der Garben die übrig gebliebenen Ähren aufzulesen. Man hat große Mühe, die Leute zurückzuhalten und sie daran zu hindern, die Schwaden auszuplündern, bevor der Bauer sein Werk verrichtet hat.«[32]

Im Januar 1818 werden die Ergebnisse der Armenzählung veröffentlicht.[33] Die Zahl der arbeitsfähigen Armen beträgt 1709 im Kanton Bellême und 39 in der Gemeinde Origny-le-Butin, darunter 11 Familienväter, 18 Frauen, 4 Jungen und 6 Mädchen im Alter von über 12 Jahren. Arbeitsunfähige Arme gibt es im Kanton 2053, in Origny 53, darunter 7 Familienväter, 4 Frauen, 16 kleine Jungen und 26 kleine Mädchen. Der Anteil der Armen an der Gesamtbevölkerung der Gemeinde beläuft sich auf 22 Prozent. In Saint-Martin-du-Vieux-Bellême liegt dieser Anteil noch höher.

Der Bürgermeister von Origny-le-Butin, Germain Bourdon, spricht in einem Brief an den Präfekten von »86 Armen«, darunter »30 Arbeitsfähige«, 42 Kinder, 7 »bettlägerige Personen« und 7 Witwen. Er sendet einen Hilferuf aus: »Ich habe immer wieder um wohltätige Spenden gebeten; ich habe an Zwangsabgaben und freiwilligen Almosen nur ein Drittel dessen erhalten, was wir bräuchten, um die Bettelei in unserer Gemeinde abzustellen [...], und wir sind außerstande, all unsere Armen zu ernähren.«[34] Im Jahr 1817 hat die Gemeinde täglich zweiundzwanzig Kilogramm Brot an die Armen verteilt. Die Gemeinde Vaunoise, fügt Bourdon hinzu, »hat der unsrigen auf Geheiß des Präfekten täglich zehn Kilogramm Brot geliefert, wie es der Verteilungsplan des Kantonausschusses vorsieht«.[35] Von den »Armen [...] werden in diesem Winter wahrscheinlich sieben bis acht arbeitsfähige Männer keine Arbeit finden«.

Der Bürgermeister von Bellême bezeichnet die Lage in fünf Gemeinden des Kantons als »geordnet«.[36] Durch freiwillige Brotspenden können die »arbeitsunfähigen Armen ausreichend unterstützt werden«, und wo es keine öffentlichen Infrastrukturarbeiten gibt, finden die arbeitsfähigen Armen bei wohlhabenderen Einwohnern Beschäftigung. In vier Gemeinden, darunter Origny-le-Butin, sind »ähnliche Regelungen« in Vorbereitung. Alle diese Gemeinden brauchen also Unterstützung von außen. Doch besteht auch Anlass zu Optimismus: Der Bürgermeister von Saint-Martin vermerkt, dass »etwas wohlhabendere Einwohner und Bauern« zusätzlich zu den behördlichen Verteilungsmaßnahmen »ihren nächsten Nachbarn Brot [...] und sogar Suppe geben«.[37]

Die Jahre zwischen 1828 und 1832 sollten ebenfalls eine sehr schwierige Zeit werden, zumal für den mit einer Spinnerin verheirateten Louis-François Pinagot, der eine große Schar von kleinen Kindern zu ernähren hat. Besonders betroffen sind abermals die Arbeiter des Waldes von Bellême. Im Dezember 1828 ist dies die Region des Departements, die dem Präfekten zufolge den meisten Anlass zur Sorge gibt. Eine »Menge Frauen hat keinen anderen Beruf als die Bettelei. Sie belagern alle Wagen, die [in die Stadt] hineinfahren.« Die meisten von ihnen stammen aus Saint-Martin. Häufig »mietet sich eine ganze Familie [aus dieser Gemeinde] in Bellême in einer elenden Kammer ein, um das Recht zu haben, die Einwohner und Reisenden mit ihren frechen und häufig anmaßenden Bitten zu belästigen«. »Schon haben sich diese Truppen in Bewegung gesetzt und in den benachbarten Dörfern damit gedroht, Gewalt anzuwenden, wenn man ihnen kein Brot gibt.«[38]

Im Mai 1829, als es abermals gilt, die Zeit bis zur nächsten Ernte zu überbrücken, verschlimmert sich die Lage. Die in Gruppen umherziehenden Bettler schrecken selbst vor offenen Drohungen und Misshandlungen nicht mehr zurück. Schon deshalb bleibt dieses Jahr in lebhafter Erinnerung. In Courcerault werden ein Grundbesitzer und seine Frau »grausam [...] mit Stöcken verprügelt«.[39] In Ceton wird eine aus drei Männern, drei Frauen und einem zwölfjährigen Kind bestehende Gruppe von Bettlern aus den Departements Eure-et-Loir und Sarthe von den Einwohnern festgenommen. Die Bande hat einen Kleinbauern misshandelt, der ihnen statt Brot nur Cidre geben wollte. Um sich gegen die Faustschläge zu verteidigen, hat »der Herr« dem betreffenden Bettler einen Gewehrschuss in den Schenkel »verpasst«.[40] Am 27. April versichert der königliche Staatsanwalt dem Justizminister, überall im Arrondissement seien gefährliche Banden unterwegs. Besondere Sorgen machen ihm die Arbeiter des Waldes von Bellême, die, »obgleich es ihnen an Arbeit nicht mangelt, entschlossen scheinen, ihre Werkstätten zu verlassen, sich in Banden zusammenzuschließen und umherzuziehen«.[41]

Der Winter nach der Julirevolution von 1830 erweist sich als ebenso schwierig, diesmal allerdings wegen fehlender Arbeit. Im Januar 1831 schreibt der Präfekt, die Lage in den Kantonen Mortagne und Bellême spitze sich dramatisch zu.[42] Ein Jahr später geraten die Arbeiter des Wal-

des von Bellême abermals in große Not. Präfekt Clogenson engagiert
sich gegenüber seinem Minister für die Gemeinde Saint-Martin, seiner
Ansicht nach die »beklagenswerteste im Departement Orne«: »Betteln
ist für mindestens ein Viertel der Bevölkerung die normale Einkom-
mensquelle, und mehr noch als die Stagnation der Handelsgeschäfte
hat die Teuerung ihr Elend seit einigen Jahren auf die Spitze getrieben.«
Dies treffe auch auf die »umliegenden Gemeinden [zu], wohin die bet-
telnde Bevölkerung von Saint-Martin zu gehen sich gezwungen sieht,
um an das öffentliche Mitleid zu appellieren«.[43]

Um dieser als explosiv eingeschätzten Lage Herr zu werden, weist
der Staatsanwalt die Gendarmerie bereits 1829 an, »alle Versammlungen von Bettlern oder Leuten, die sich dafür ausgeben, aufzulösen«
und »jeden zu verhaften, der ohne Erlaubnis des Eigentümers ein Haus
betritt«.[44] Im November 1830 ersucht der Präfekt die Bürgermeister
darauf zu achten, dass »*gemeindefremde* Landstreicher und Bettler, insofern sie einen Pass haben, an ihren Wohnsitz zurückgeführt oder, wenn
sie ohne Papiere sind, dem königlichen Staatsanwalt vorgeführt werden«.[45] Alle Bettler müssen eine Bescheinigung ihres Bürgermeisters
mit sich führen und dürfen die Gemeinde, in der sie ihren Wohnsitz
haben, nicht verlassen.

Neu im Vergleich zur vorhergehenden Krise ist der verstärkte Einsatz von öffentlichen Arbeiten, die der Präfekt Clogenson am 3. November folgendermaßen beschreibt: »Ich verstehe darunter teils Erdarbeiten per Hand, teils Erdtransporte per Fuhrwerk, teils Abrissarbeiten,
die einzigen Tätigkeiten, die in der schlechten Jahreszeit fortgeführt
werden können und die dem System der öffentlichen Arbeiten besonders angemessen sind.«[46] Wir gehen gewiss nicht fehl in der Annahme,
dass auch Louis-François Pinagot in den langen Jahren der Krise, die
die Region heimsuchte, auf einer dieser Baustellen gearbeitet hat.

Der Bau von Barrikaden in Bellême im September 1839 stellt den
einzigen gewaltsamen Vorfall in Louis-François' vertrauter Umgebung
dar, an dem keine Auswärtigen beteiligt waren. Der Zusammenstoß
war eine stadtinterne Angelegenheit. Die Waldarbeiter sind davon

weniger direkt betroffen, obwohl sich die Episode in einem der schwierigsten Lebensabschnitte des armen Holzschuhmachers ereignete. Sie gibt Aufschluss über die Lage in den Faubourgs der kleinen Stadt, in der Louis-François zweifellos häufig zu tun hat.

Die wirtschaftliche und politische Krise der letzten zehn Jahren der Juli-Monarchie verschont auch das Departement Orne nicht. Am 18. und 19. September 1839 gerät der Hauptort in Aufruhr. Rund einhundert Menschen bringen im oberen Teil der Rue Saint-Blaise ein Fuhrwerk in ihre Gewalt. Ähnliche Vorfälle ereignen sich in Mortagne und wenig später in Rémalard. Schwerwiegender sind die Ereignisse in Bellême.[47] Am 19. September hält die Menge im Faubourg de Sainte-Lorette einen Getreidekarren an. Der Unterpräfekt beschließt, die Gendarmerie-Brigaden von Mortagne, Theil und Rémalard nach Bellême zu beordern, wo er selbst am folgenden Tag in Begleitung des Staatsanwalts eintrifft. Der Befehlshaber der Nationalgarde lässt ihn wissen, dass man auf seine Truppe nicht zählen könne. Auf einer Versammlung im Rathaus weigern sich die Offiziere, gegen die Armen vorzugehen. Der Menschenauflauf vor dem Rathaus wird von der Gendarmerie aufgelöst.

Gegen zwei Uhr nachmittags muss der Unterpräfekt feststellen, dass er sich über die im Faubourg wieder eingekehrte Ruhe zu früh gefreut hat, denn erneut wird ein Kornkarren aufgehalten. In Begleitung einiger Gendarmen begibt er sich zu Fuß an den Ort des Geschehens. »Auf der Höhe der Straßen nach Rémalard und Nogent-le-Rotrou angekommen, fand ich eine aus zahlreichen Karren gebildete Barrikade vor [...]. Da ich befürchtete, hinter uns könnte mit den Karren, die auf der Kreuzung standen, eine weitere entstehen [...], ließ ich die Barrikade von der Gendarmerie beiseite räumen [...]. Im selben Augenblick warf sich eine aufgebrachte Menge, mit fünfeinhalb Fuß langen Hebestangen bewaffnet, auf uns, um die Zerstörung [der Barrikade] zu verhindern.« Der königliche Staatsanwalt wurde »von drei Personen bedrängt [...]; ich eilte ihm zu Hilfe und befreite ihn«.[48] Ein Gendarm wird am Kopf getroffen und bricht zusammen. Der Unterpräfekt beugt sich über ihn und setzt ihn wieder auf, doch da erhält er selbst einen heftigen Schlag in die Magengrube. Der herbeigaloppierenden Gendarmerie gelingt es schließlich, die Amtspersonen zu befreien. Der Karren kann seinen Weg fortsetzen.

Auf dem Rückweg, fügt derselbe Augenzeuge hinzu, »fanden wir am selben Ort erneut eine Barrikade vor. Ich ordnete an, sie beiseite zu räumen [...], und die Abräumarbeiten verliefen ohne weitere Zwischenfälle.« Doch kaum haben Präfekt und Staatsanwalt die Kreuzung passiert, da »prasselte ein Hagel von Kieselsteinen, wie sie zum Straßenbau verwendet werden, auf sie nieder«. Einige Gendarmen werden getroffen. Als die Amtspersonen wieder im Zentrum von Bellême angelangt sind, versperren mehrere Barrikaden »aus umgekippten Karren, die mit Seilen und Eisenketten aneinander gebunden waren«, die Straßen nach Nogent und Rémalard.

Unterdessen feuern zahlreiche Frauen die Aufständischen an. Eine von ihnen soll nach Auskunft des Staatsanwalt gesagt haben, »sie müsse ihre Kinder töten, weil man sie verhungern lassen will«. Einem jungen Augenzeugen, Student der Philosophie, fallen diese Frauen besonders auf. Ihm zufolge stritten sich vor allem Mütter mit dem Staatsanwalt. Eine der Aufständischen habe erklärt, man sollte »ihn an den Füßen aufhängen«. »Einige Männer gingen daraufhin noch weiter: Man sollte ihn totschlagen, dann wär' die Sache erledigt. Andere Männer und Frauen riefen daraufhin: Tötet ihn! Tötet ihn! Wir müssen uns diesen Schuft vom Halse schaffen! Er ist für den Abtransport des Weizens verantwortlich.«[49]

Auch am 21. September ist noch keine Ruhe eingekehrt. In Bellême beratschlagt die Menge, ob sie nach Mortagne marschieren soll, um die am Vortag Festgenommenen zu befreien und den Abtransport des auf den dortigen Markt gebrachten Getreides zu verhindern. Man verabredet, wie man sich gemeinsam gegen nächtliche Verhaftungen wehren wird: Die Anordnungen zur Vorführung können nicht »zur Ausführung kommen«.[50] Man organisiert nächtliche Patrouillen, um eventuelle Weizentransporte aus der Stadt zu verhindern. Am folgenden Tag legt sich der Aufruhr. Eine Kompanie Voltigeure nimmt rund zwanzig Verhaftungen vor. Als der Prozess im Oktober zu Ende geht, sind die Geschworenen nach Ansicht des Staatsanwalts viel zu nachsichtig.[51] Die Angeklagten, sieben Frauen und dreizehn Männer, werden größtenteils freigesprochen, mit Ausnahme desjenigen, der den Gendarm niedergeschlagen hat, und eines der Aufrührer, die den Staatsanwalt angegriffen haben.[52] Sämtliche Angeklagte sind als Handwerker im Faubourg von Bellême tätig.

In jenem Jahr besaßen Louis-François Pinagot und seine Ehefrau eine Kuh. Meine Überraschung war groß, als ich dies – spät erst – im Pfarrregister entdeckte, das von Pfarrer Pigeard mit Anmerkungen versehen wurde. Diese rätselhafte Kuh bringt unsere bisherige Einschätzung der Lage von Louis-François ein wenig durcheinander. Die erwähnte Urkunde ordnet die Familie Pinagot-Pôté zwar in die zweite Klasse der Pfarreimitglieder ein – jene, die ein Stück Vieh besitzen –, aber sie ist die einzige in dieser Kategorie, die als »arm« bezeichnet wird. Dies bestätigt, dass die Familie zu Recht auf der Armenliste eingetragen ist. So erweist sich der Besitz einer Kuh als Merkwürdigkeit.

Indes besaß Louis-François Pinagot wohl nicht das nötige Bargeld, um das Tier käuflich zu erwerben. Gewiss ist er im Rahmen einer Vereinbarung mit einem Bauern an eine Kalbe gekommen. Unwahrscheinlich ist auch, dass er sich die Pacht einer Wiese zur Ernährung seiner Kuh leisten konnte. Vielleicht graste sie auf den wenigen Gemeindewegen und – ebenfalls gemäß irgendeiner Vereinbarung – auf der Wiese eines Nachbarn. Wie dem auch sei, das Tier, das jährlich 1 665 Liter Milch gab, versorgte die Eheleute und ihre fünf Kinder in Notzeiten mit Butter und Käse. In guten Jahren erleichterte wohl der Verkauf eines Kalbs das Überleben der Familie, deren Einkommen ja unterhalb der Subsistenzgrenze lag.

Die Jahre 1846, 1847 und 1848 gehörten zu den schlimmsten, die Louis-François Pinagot, gerade eben Witwer geworden, erlebte. In dieser Zeit war der einzige Lichtblick für ihn, dass mehrere seiner bei ihm wohnenden Kinder das arbeitsfähige Alter erreicht hatten. Die Wirtschaftskrise um die Jahrhundertmitte ist umfassend erforscht und diskutiert worden. Wir wollen uns hier lediglich mit ihren Erscheinungsformen in La Basse-Frêne und ihren Auswirkungen auf die dortige Bevölkerung beschäftigen. Bereits im Oktober 1846 hält es der Unterpräfekt für dringend nötig, in der Region von Bellême öffentliche Arbeiten anzuordnen.[53] Im Folgemonat beklagen sich die Bürgermeister von La Perrière und Origny-le-Roux über den Zustrom von Bettlern. Am 7. November kommt es in Ménil-Brout zu Unruhen. Im Januar 1847, als es unter der Bevölkerung in Buzançais brodelt und ganz Frankreich von Lebensmittelunruhen überzogen wird,[54] erreicht das Elend im Bellêmois extreme Ausmaße. Von allen Regionen des Departements ist diese Gegend abermals am härtesten betroffen. Nach Angaben des Präfekts beläuft sich der Anteil der Armen an der Gesamtbevölkerung des Kantons auf zwanzig Prozent. Noch höher liegt der Prozentsatz in Saint-Martin-du-Vieux-Bellême.

Am 24. Januar klagt der Unterpräfekt des Arrondissements Mortagne über die »Unverschämtheit der Armen«. In La Perrière und Bellavilliers haben sich »Banden aus zwölf bis fünfzehn Arbeitern, die bei den öffentlichen Arbeiten einen Franc pro Tag verdienen und deren Frauen und Kinder von den Wohltätigkeitskomitees allwöchentlich Unterstützung empfangen, mit Knüppeln bewaffnet«[55] und sind zwei Tage lang von Gemeinde zu Gemeinde gezogen. Am 27. Januar bittet der Präfekt, höchst beunruhigt, um die Entsendung von zwei Kompanien Infanterie und einem Trupp Kavallerie nach Mortagne und Bellême.[56] Wie schon 1829 streifen die Armen übers Land, wogegen nur die Kavallerie etwas ausrichten kann. Nach Ansicht des Unterpräfekten spitzt sich die Lage nicht deshalb zu, weil es an Arbeit fehlt, sondern weil die Waldarbeiter mit Betteln mehr verdienen als mit Arbeiten. Die Zahl der Arbeitslosen im Arrondissement belaufe sich auf höchstens 400, während weitere 1 500 Arbeiter lieber in Gruppen betteln würden, als ihrer Arbeit nachzugehen.[57]

Wie die anderen Einwohner von La Basse-Frêne bekommt auch Louis-François Pinagot die Auswirkungen der Krise diesmal unmittelbar zu spüren. Die Gemeinde Origny-le-Butin hat sechsundachtzig Arme[58] zu unterhalten – auf einer Gemeinderatssitzung ist gar von einhundertsieben die Rede[59] –, das sind achtzehn beziehungsweise vierundzwanzig Prozent der Gesamtbevölkerung. Damit gehört die Gemeinde zu den von der Krise am stärksten betroffenen Kommunen des Kantons. Origny-le-Butin kann »seine Armen nicht unterhalten«, klagt der Unterpräfekt. »Ich habe allen Anlass zu der Annahme, dass diejenigen, die keine ausreichende Hilfe erhalten, in den benachbarten Gemeinden betteln gehen.«[60] La Basse-Frêne bildet ja, wie wir wissen, das Epizentrum des Elends im Gemeindebezirk.

Origny-le-Butin »ist zur Hälfte von Armen bevölkert, die vom nahe gelegenen Wald von Bellême angezogen werden und die mit Brot versorgt sein wollen; die Gemeinde gewährt einhundertsieben Armen Unterstützung; sie hat dafür nur achtundfünfzig Kilogramm Brot pro Woche zur Verfügung«.[61] Nötig wären aber dreihunderteinundzwanzig Kilogramm, die Differenz darf die Gemeinde aus dem Schulfonds bestreiten. Zusätzlich fordert der Bürgermeister die Organisation von öffentlichen Arbeiten. Die Nachbargemeinde Vaunoise scheint, angesichts einer Armenquote von fünfzehn Prozent, diesmal außerstande, Origny-le-Butin auszuhelfen.[62] Das in der Gemeinde herrschende Elend wird auch sichtbar an der hohen Sterblichkeit jener Kinder, die bei Ammen untergebracht sind. Zwischen 1840 und 1848 werden auf dem Pfarrfriedhof einunddreißig dieser »kleinen Pariser« beigesetzt.

Im folgenden Frühjahr stürzt die Krise der Industrieproduktion die Gegend abermals ins Elend, insbesondere die Holzschuhmacher. Die Meister sehen sich genötigt, ihre Arbeiter zu entlassen, »weil sie sich das nötige Geld, um produzieren zu lassen, nicht beschaffen und die Ware auf dem Markt nicht absetzen können«.[63] In Saint-Martin-du-Vieux-Bellême sind hundertfünfzig Personen beschäftigungslos, darunter hundertdreißig Holzarbeiter. In Origny-le-Butin haben fünfzehn Holzarbeiter keine Arbeit. Angesichts der Gesamtzahl der Holzarbeiter in der Gemeinde kann man davon ausgehen, dass in dieser Zeit auch Louis-François arbeitslos war.

Dennoch widersetzt sich der Gemeinderat dem Beschluss der Präfektur vom 9. Dezember 1847, ein Wohltätigkeitsbüro – der Bürgermeister spricht von »Almosenbüro« – einzurichten. Origny besitze
nicht die dafür nötigen Mittel, und um das Unglück voll zu machen,
»ist der Pfarrverweser, der in dieser Hinsicht die größte Stütze war, seit
mehr als einem Jahr krank«, sodass er »drei Viertel seiner Zeit nicht seinen Aufgaben nachgeht« und »die Einnahmen der Kirche daher versie-
gen«.[64] Im Übrigen hat die Gemeinde 4000 Francs für die Errichtung
eines kleinen Turms für die Kirchenglocken ausgegeben. Der alte Glockenturm war abgerissen worden, weil er »die Kirche Erschütterungen
aussetzte«.[65] Aus all diesen Gründen sträubt sich der Gemeinderat
gegen eine Zwangsabgabe zugunsten der Armen, wünscht jedoch,
dass der mit der Ausbesserung der öffentlichen Wege beauftragte
Unternehmer nur Arbeiter aus der Gemeinde einstellt.[66]

Endloses Elend wütet auch in den Jahren 1853, 1854 und 1855. Die
Lebensmittelteuerung bereitet den Waldarbeitern Angst und Sorgen.
Bereits im Oktober 1853 ziehen trotz Verbots wieder Bettler übers
Land.[67] In Saint-Martin-du-Vieux-Bellême liegt die Zahl der Armen
zwischen 800 und 1000, das ist mehr als ein Drittel der Einwohnerschaft. Ein rauher Winter steht bevor. Der Gemeinderat, der im Februar 1854 von »absolutem Elend« spricht, hält an seiner bisherigen
Position fest und weigert sich weiterhin, Mittel für öffentliche Arbeiten
freizugeben. Stattdessen bittet er um Erlaubnis, die für die Anmietung
oder den Bau eines Schulgebäudes vorgesehenen Gelder zur Armenunterstützung verwenden zu dürfen, und ersucht die übergeordneten Instanzen um weitere finanzielle Zuwendungen für den Kauf von Lebensmitteln.[68]

Nach Auskunft des Unterpräfekten fließen die Almosen »weit spär-
licher« als 1847. Die Schwierigkeiten infolge der Krise nach Ausrufung
der Republik 1848, die 45-Centimes-Steuer und »die Entwertung aller
Eigentumswerte« mögen für die nachlassende Großzügigkeit der Wohlhabenderen ebenso verantwortlich sein wie die in der ersten Hälfte des
Jahres 1848 angedrohten Plünderungen, die man den Armen nicht ver-

gessen hat.[69] Folgt man der im Jahr 1854 durchgeführten Armenzählung im Arrondissement Mortagne, so scheint die Zahl der Notleidenden jedoch ein wenig zurückgegangen zu sein.[70]

Im Winter 1854–1855 sehen sich in Origny-le-Butin erneut viele Einwohner zum Betteln gezwungen, und der Gemeinderat ersucht abermals um Unterstützungsgelder.[71] Die Menschen beginnen über die anhaltende Lebensmittelteuerung zu murren. Im Oktober 1855 sind noch immer siebenundfünfzig Personen, das heißt zwölf Prozent der Bevölkerung, auf der Armenliste der Gemeinde eingetragen. Zwei Monate später zwingt der harte Winter abermals zur Einstellung der Waldarbeiten im Forst von Bellême.[72] Der Präfekt ersucht den Innenminister vergeblich um Hilfe für die arme Region. Erst im Frühjahr 1856 normalisiert sich die Lage wieder.

Louis-François Pinagot ist nun siebenundfünfzigeinhalb Jahre alt. Er denkt an den Kauf eines kleinen Hauses, wo er den Rest seiner Tage verleben will. Tiefes Elend bleibt ihm fortan erspart. Durch die Modernisierung der Landwirtschaft, die Erleichterung des Warenumschlags und die Entstehung eines nationalen Markts verändern sich die wirtschaftlichen Bedingungen. Dass die Holzschuhmacher nun überraschenderweise erheblich mehr verdienen als zuvor, dass das Spinnen durch das Handschuhmachen abgelöst wird und schon bald eine breite Landflucht einsetzt, mildert die Not in La Basse-Frêne.

Mit dem Zweiten Kaiserreich geht eine Welt zu Ende. Der Rückgang der Bettelei ermöglicht einen veränderten politischen Umgang mit dem Problem. 1865 sieht der Präfekt die Zeit gekommen, jegliches Betteln im Departement Orne zu untersagen, und verleiht seinem Entschluss mit Erlass vom 3. Februar Rechtskraft. Wie er versichert, werden die »wirklich Armen« fortan unterstützt, während die »gewohnheitsmäßigen Bettler wieder eine Arbeit aufgenommen haben«.[73] Als flankierende Maßnahme zu dem vom Innenminister gebilligten Bettelverbot wird beschlossen, die Wohltätigkeitskomitees straffer zu organisieren und in jeder Gemeinde eine Armenliste zu führen. Darüber hinaus ergeht an die Dorfpfarrer und Pfarrverweser der Aufruf, die Armenunterstützung vorsichtiger zu verteilen.

Mit dem Krieg von 1870 beginnt abermals eine schwierige Zeit, jedoch von ganz anderer Art. Und wenn Louis-François Pinagot darunter zu leiden hat, dann sicherlich nicht so nachhaltig wie unter den endlosen Hungersnöten, die sein bisheriges Leben geprägt haben. Indes sollten wir über diesem Leid nicht vergessen, dass Louis-François nicht nur ein armer Holzschuhmacher war, sondern auch Pfarreimitglied und Staatsbürger. Unter diesem Blickwinkel wollen wir uns ihm im Folgenden nähern.

## Kapitel 10

# DAS PFARREIMITGLIED, DER NATIONALGARDIST UND DER WÄHLER

Der schrittweise Aufbau einer Staatsbürgerschaft nimmt die Aufmerksamkeit der Politikhistoriker, insbesondere der Spezialisten des 19. Jahrhunderts, in der Regel fast ganz gefangen.[1] Worin besteht die Relevanz dieses Themas für einen Louis-François Pinagot, einen armen Analphabeten und durchschnittlichen Einwohner von La Basse-Frêne? In gewisser Weise lässt sich der Bezug durchaus herstellen. Louis-François lebt in einer Zeit der langsamen Durchsetzung eines Grundrechts der Demokratie, des allgemeinen Männerwahlrechts, und die Tatsache, dass man am Rand eines Waldes wohnt, schließt einen noch nicht aus der politischen Debatte aus. Einige Hundert Kilometer von Origny-le-Butin entfernt, gelingt es den Holzfällern im Departement Cher, sich auf vielerlei Arten und über Jahrzehnte hinweg in einer Weisc kollektiv auszudrücken, die man durchaus als politisch ansehen kann.[2]

Was aber können wir von Louis-François Pinagots Überzeugungen wissen? Besitzen wir die Mittel, um das System seiner Vorstellungen von Macht und die Art der Beziehungen und des Austauschs, die er mit den Machthabern gepflegt haben mag, zu ermitteln? Wie sah seine politische Vorstellungswelt aus? Können wir auch nur die einfache Frage beantworten, ob er sich je für Diskussionen interessiert hat, die den lokalen Rahmen und die vernetzten, aus zwischenmenschlichen Beziehungen gewobenen Gemeinschaften, in denen er lebte, überschritten?

Hat er sich auch nur mit den Diskussionen befasst, die in seiner eng begrenzten Lebenswelt geführt wurden?

Es sind nur winzige Spuren, die den Versuch erlauben – oft nur durch Induktion –, eine zögerliche Antwort auf diese verschiedenen Fragen zu geben. Aber dies gilt für fast alle Menschen dieser Zeit. Die Analyse der politischen Debatten, der Strategien und Wahlergebnisse wird niemals die individuelle Haltung jener beleuchten, die ihre Meinung niemals öffentlich zum Ausdruck gebracht haben, das heißt: die Gesamtheit der breiten Bevölkerung, abgesehen von den wenigen, die man hochtrabend als kulturelle Vermittler bezeichnet.

Die Ermittlung der politischen Meinung der Bevölkerung stellte bereits die hohen Verwaltungsbeamten des 19. Jahrhunderts vor schwierige Probleme. Ihre Erhebungen erscheinen uns heute unsystematisch, und der wissenschaftliche Wert ihrer Berichte würde uns äußerst gering erscheinen, wenn wir nicht wüssten, dass selbst die gelehrteste Geschichtsschreibung auf solchen ungewissen Grundlagen aufbaut.

Wenn wir uns der vergangenen Wirklichkeit auch nur annähern wollen, müssen wir uns zunächst einmal mit der Methode dieser Wissensproduktion auseinandersetzen und einen Blick werfen auf die schüchternen Anfänge dieser Politikwissenschaft, auf deren Ergebnissen die Geschichtsschreibung aufbaut. Eines ist sicher: Die Politikwissenschaft hat sich ausgehend von territorialbezogenen, sozialen und politischen Vorstellungswelten entwickelt, deren Bindemittel, ein latenter Neohippokratismus, eine wenig präzise Theorie der Temperamente bildete. Dieses Wissen verdient unsere Aufmerksamkeit, und das ist keineswegs ironisch gemeint. Das Bemühen, die Logiken seiner Konstruktion aufzudecken, darf nicht dazu führen, dieses Wissen völlig über Bord zu werfen. Scharfsinnige Beobachter haben sich in dieser Wissensform bewegt, haben genaue Beobachtungen und kluge Einsichten in diese Systematik gebracht. Der territoriale Bezug ihrer Darstellungen fördert bedeutsame Kontinuitäten zu Tage. Im Übrigen sind es dieselben Strukturen der Vorstellungswelt, die sowohl den Blick und die Feder der Beobachter lenkten, als auch die tieferen Schichten der Gesellschaft und die kollektiven Verhaltensweisen durchwirkten.

Im Folgenden wollen wir also betrachten, mit welchen Augen die Präfekten der Orne, die Unterpräfekten des Arrondissements Mortagne und ihre Zuträger – die Gendarme, Polizisten und Notabeln – die Bevölkerung in ihrem jeweiligen Zuständigkeitsbereich wahrnehmen. Mit Erstaunen stellt man dabei fest, dass die Scharfsinnigsten unter ihnen bereits unser Gefühl der Ohnmacht teilen. Dass sie vor einer undurchdringlichen Wirklichkeit stehen, räumen sie bereitwillig ein und bedauern höheren Orts, dass sie im Grunde über kein zuverlässiges Informations- und Messinstrumentarium verfügen. Zu solch mutigem Eingeständnis findet sich indes nur eine Minderheit bereit.

Am 12. Juni 1828 streckt der Präfekt Séguier die Waffen. Er weigert sich, den Anordnungen der ministeriellen Rundschreiben Folge zu leisten und Berichte über die »Geisteshaltung« der Bevölkerung zu verfassen. Seine Beweggründe legt er in einem Brief an den Innenminister dar: »Euer Exzellenz wissen durchaus, dass ich nicht über die nötigen Gelder verfüge, um eine Geheimpolizei zu unterhalten, deren Agenten sich in die verschiedenen Gesellschaftsschichten einschleichen könnten, um mir über die Meinungsäußerungen dieser oder jener Personen sowie über Vorfälle, die die öffentliche Stimmung auf tausenderlei Weise verändern können, Bericht zu erstatten. Nur durch meine Verwaltungsbeamten und eigene Beobachtungen ist es mir mithin möglich, diesbezügliche Informationen zu sammeln. Dass wir auf diese Weise nur sehr unvollkommen über die Denkweise von Personen, die vielleicht regierungsfeindliche Prinzipien verstreten, informiert sein können, steht außer Zweifel. Ich dachte daher, dass regelmäßige Berichte für Euer Exzellenz nicht von großem Nutzen wären, da ein jeder nur den Inhalt der vorhergehenden wiederholen würde.«[3]

Mit seiner unverblümten Haltung handelt sich der Präfekt Séguier eine scharfe Rüge ein. Also greift er in seinem Bericht vom 22. Oktober 1828 zum Stereotyp – die einfachste Art, der Anordnung des Ministers Genüge zu tun. Weitschweifig verbreitet er sich über den ruhigen, gemäßigten und passiven Charakter der Bevölkerung in seinem Zuständigkeitsbereichs, obwohl die Orne im Jahr 1792 Schauplatz heftigster Massaker und zumindest die Bocage Ort der schrecklichsten Chouans-Aufstände war. Indes könnte man argumentieren, dass hier durchaus kein Widerspruch vorliegt: Die physische Gewalt der Rebellion lässt sich als Ausdrucksweise von Menschen deuten, die eben nicht über jene rhetorischen Fähigkeiten verfügen, welche die Beteiligung an der politischen Diskussion erfordert und die der Ausdurck »Geisteshaltung«[4] suggeriert.

Séguier versichert mit Blick auf sein Departement: »Meinungsunterschiede gibt es hier wie andernorts auch, doch mit der Mäßigung, die der hiesigen Bevölkerung eigen ist. Jeder hat seine Zeitung und räsonniert ein wenig wie sein politischer Führer, aber all dies geschieht mit Ruhe, sodass es Meinungsaustausch ohne Auseinandersetzung gibt. In den Zirkeln sind fast keine politischen Diskussionen zu hören, und wo solche stattfinden, hört man Andersdenkenden leidenschaftslos zu und antwortet ihnen, ohne sich zu erhitzen.«[5]

Am 20. Dezember fügt Séguier hinzu: Das Departement »Orne gehört zu jenen Departements Frankreichs, die in dieser Hinsicht die wenigsten Schwankungen aufweisen. Neben dem phlegmatischen Charakter seiner Einwohner tragen viele andere Dinge dazu bei, es in diesem Zustand zu verhalten, den sich die Verwaltung nur wünschen kann«.[6]

Und dann weitet sich die tiefschürfende Analyse zum Abgrund: Mortagne sei nur eine »reg- und leblose Stadt«,[7] bewohnt von Rentiers. Wir begegnen hier Balzacs Schema der Provinzstadt: eingerostet, fixiert auf die Vergangenheit, ein Theater der Langsamkeit, in dem die Zeit stillzustehen scheint.[8] Doch so sehr Séguier dem Ansinnen seines Ministers resigniert Folge leistet, so wenig verlässt ihn der Zweifel an seiner Tätigkeit: »Die Nachrichten, die ich hier und da sammle, sind so sehr von der Sichtweise der jeweiligen Informanten geprägt und so unstimmig, dass ich ständig zwischen Skepsis und Zuversicht hin- und her geworfen bin.«[9]

Unstimmigkeit und Parteilichkeit fallen hier, im Anfangsstadium der politischen Nachrichtenbeschaffung, so deutlich ins Auge, dass jede Synthese nur trügerisch erscheinen kann. Wirklich interessant an diesem Ansatz ist allein das Bemühen, die einzelnen Informationen, die scharfsinniges Beobachten und aufmerksames Zuhören zusammengetragen haben, systematisch zu ordnen.

Im Folgenden wollen wir die Ebene der Analyse wechseln und uns mit den Berichten der Unterpräfektur Mortagne befassen, die mutmaßlich ein wirklichkeitsnäheres Bild der öffentlichen Meinung bieten. Da sich diese Verwaltungseinheit mit dem Teil des Departements deckt, der zur Region Perche gehört, steht die Beobachtung hier unter dem Eindruck der typologisierenden Bilder des Perche, deren Erarbeitung wir nachzuzeichnen versucht haben.[10] Eine territorialbezogene, soziale und historische Vorstellung vom Perche dient der Erklärung der politischen Zustände hier zur Grundlage. Auf Departementebene ist dieser Bezug auf die Region nur schwer möglich, weil die Orne mehrere Regionen überschneidet. Eine quantitative Untersuchung ist nicht nötig, um diesen Mechanismus nachzuweisen, denn wir sind bei der Lektüre der zahlreichen Berichte auf keinen einzigen gestoßen, der die im Folgenden wiedergegebenen Stereotypen in Zweifel zieht. So schreibt der Unterpräfekt Chartier-Desrieux am 30. September 1834: »Die Einwohner des ehemaligen Perche sind kühl und friedlich; sie lassen sich leicht führen, sofern man ihre Interessen respektiert. Sie lieben die Freiheit, aber nicht um sie zu missbrauchen; sie wünschen politische Rechte eher um sie zu besitzen, als um sie zu nutzen.« »Sie sind zu keiner Art von Begeisterung fähig. Die Parteimänner würden hier wenig Nahrung für ihre Leidenschaften finden.«[11]

Viele Jahre später, am 24. April 1853, schreibt einer seiner Nachfolger: »Die Bevölkerung des Arrondissements Mortagne ist im Allgemeinen kühl, gleichgültig, ohne politische Initiative. Sie ist einerseits ehrlich, nüchtern und besonnen, andererseits egoistisch und antriebsarm, und so ist sie im Guten wie im Schlechten nur schwer in Bewegung zu setzen. Von ihrer Heimatliebe und ihren Privatinteressen ganz und gar in Anspruch genommen, beschäftigt sie sich wenig mit Politik und allgemeineren Belangen. Allein die Interessen des Departements und ihrer Gemeinde erregen ihre Anteilnahme, und so bildet eine ordentliche Verwaltung vor allem in dieser Gegend das sicherste Mittel, um das Ansehen der Regierung zu sichern und die öffentliche Stimmung für sie einzunehmen.«

»Recht gebildet und mit einem langsamen, aber hartnäckigen Verstand begabt, ist der Perche-Bewohner zu sachlich eingestellt, um sich zu hohen Ideen zu erheben, was er im Übrigen dadurch aufwiegt, dass er sich wunderbar aufs Geschäft versteht. Man mag ihm vorwerfen, es fehle ihm an Freimut; nie sagt er alles, was er denkt, nie beginnt er mit der Obrigkeit einen offenen Streit, aber wenn er böswillig wird, legt er ein Beharrungsvermögen an den Tag, das selbst den entschlossensten Willen ermüden würde. Man kann ihm ferner vorwerfen, er sei rechthaberisch, mache sich ein diebisches Vergnügen daraus, sich geschickt am Rande der Rechtmäßigkeit zu bewegen, und habe schließlich einen eingeborenen Widerwillen gegen jegliche Neuerung.

Politisch ist der Perche-Bewohner übertrieben vorsichtig, er fürchtet stets, sich zu kompromittieren, und greift den Ereignissen daher nie vor. Bei bedeutenden Geschehnissen wartet er ab, bis Frankreich insgesamt sich geäußert hat, bis von außen ein Anstoß kommt, der ihn in seiner Unbekümmertheit zwingt, Partei zu ergreifen.«[12]

Wie man sieht, steht die Arbeit der Verwaltung nun im Vordergrund. Sie soll der Öffentlichkeit nicht nur passiv den Puls fühlen, sondern aktiv auf sie einwirken, soll »die öffentliche Stimmung für sich einnehmen« und missliebigen »Einflüssen entgegen arbeiten«. Nur darin besteht der Unterschied zwischen der Juli-Monarchie und dem Zweiten Kaiserreich, denn ansonsten sind auch hier sämtliche Schemata versammelt: Langsamkeit, Hartnäckigkeit und Bodenständigkeit, *»positive Geisteshaltung«* und Vorsicht, nicht zu vergessen das Ergebnis von alldem: ein ausgeprägtes Beharrungsvermögen.

Die Konstruktionslogik derartiger Diskurse und der Zusammenhang dieser Geographie der Temperamente sind bekannt. Und wenn man sich heute gerne darüber lustig macht, so vergisst man, dass diese Vorstellungen nicht nur postuliert wurden, sondern auch verinnerlicht waren, sodass man nicht mehr genau weiß, ob sie die Verhaltensweisen widerspiegeln oder allererst ins Leben riefen.[13]

Diese zugleich politische und territorialbezogene Vorstellungswelt wird durch ein weit verbreitetes Vorstellungssystem überlagert, welches von der Aufteilung der Bevölkerung in »Klassen« ausgeht. Bereits am 30. Dezember 1817 behauptet der damalige Unterpräfekt des Arrondissements Mortagne, Blondel d'Aubers, kategorisch: »Gemeingeist herrscht praktisch nur in der *räsonnierenden Klasse* der Gesellschaft. In ihr gibt es keinerlei feststehende Standpunkte, diese schwanken ebenso sehr wie die Börsenkurse. Zwei Drittel des Jahres richten sie sich am Kompass der Tagesereignisse aus, heute an den Debatten in den beiden Kammern. Dieselben Debatten und dieselben Sorgen herrschen in der Deputiertenkammer ebenso wie in den Salons, und dies ist ein unbestreitbarer Beweis für die Unabhängigkeit der Meinungen. Letztere sind notwendige Wirkungen einer konstitutionellen Regierung, und diese Wirkungen können der nationalen Gesinnung nur zum Vorteil gereichen [...].«[14]

»Ich gehe nun zur Klasse der Bauern, zu der des Volkes über [...]. Sie lässt sich führen und sieht alles Gemeinnützige nur mit den Augen anderer. Nicht so verhält es sich indes bei allem, was ihrem Eigennutz förderlich oder abträglich sein könnte; da reißt sie der Egoismus aus ihrer gewöhnlichen Gleichgültigkeit, und sie macht sich große Sorgen, ob die Abgaben dieses Jahr dieselben sein werden wie im vergangenen und ob der Kriegsdienst ihr viele Kinder oder Arbeiter entreißen wird. Allein, die Meinung dieser Klasse ist als gut zu bezeichnen; sie ist ruhig, gehorsam und nicht im Geringsten überspannt.«[15]

Die vorstehenden Zitate veranschaulichen eine gängige Überzeugung der höheren Verwaltungsbeamten der Normandie. »Gemeingeist« ist nur in der aus unterscheidbaren Einzelpersonen bestehenden »räsonnierenden Klasse« zu finden, die die Ereignisse verfolgt, begierig ist auf Informationen und fähig sich zum Gemeinwohl zu erheben.

Den Gegensatz dazu bilden die trägen und potenziell gewalttätigen Massen, die den Prozessen des politischen Lebens unzugänglich und in ihrer Meinung unabänderlich festgefahren sind. Zwischen dieser schwerfälligen Masse und den räsonnierenden Köpfen, auf denen das Funktionieren des Verfassungsstaats beruht, befinden sich »die extremen Klassen«,[16] die »aus Gewohnheit unzufrieden« sind. Dem Gemeinwohl, der *res publica,* unzugänglich, lässt sich das *Volk*[17] von Gerüchten, also von inkohärenten Unwägbarkeiten leiten, die in keinerlei direktem Zusammenhang mit den parlamentarischen Debatten stehen. Dies macht jede Analyse dessen, was man im Volk denkt, nicht nur unmöglich, sondern lässt ein solches Unterfangen sogar lächerlich erscheinen.

Der Unterpräfekt schreibt am 18. April 1835: »Die Stimmung der Massen, die mit den langsamen und mitunter mühevollen Arbeiten der Landwirtschaft beschäftigt sind, schwankt so sehr, dass selbst das geübteste Auge kaum zu schlüssigen Ergebnissen käme. Die in Industrie und Handwerk tätigen Bevölkerungsgruppen hingegen sind aufgrund der Vielseitigkeit ihrer Erzeugnisse geistig regsamer.«[18] Dass sich die Langsamkeit der bäuerlichen Arbeit und die lokale Begrenztheit des Marktes für bäuerliche Erzeugnisse in einer beschränkten Meinung niederschlagen, dass die soziale Unbeweglichkeit der Bauern mit der Unbeweglichkeit ihrer Gedanken einhergehen soll, umschreibt nur den geläufigen Gegensatz zwischen Kopf- und Handarbeit.[19] Die Massen »beschäftigen sich recht wenig mit politischen Theorien und Systemen«, resümiert der Präfekt Derville im Jahr 1835.[20] Diese Beschreibungen sind durchaus ernst zu nehmen, da auf der sozialen Vorstellungswelt, aus der sie hervorgehen, auch die Fähigkeit der Menschen gründet, sich eine Meinung zu bilden, Informationen aufzunehmen und sich zur Teilnahme an der öffentlichen Diskussion berechtigt zu fühlen.

Was geht aus alldem für das Leben von Louis-François Pinagot hervor? Eine Menge, wenn wir uns auf den damals starken Einfluss jener Stereotypen beziehen und uns auf den Scharfsinn der Beobachter verlassen; recht wenig, wenn wir berücksichtigen, dass die Zeitgenossen nur über bescheidene Erhebungsmethoden verfügen, dass sie bestehenden Vorstellungsmustern folgen und der Meinung der breiten Bevölkerung nur wenig Beachtung schenken.

Dennoch ist dies die wichtigste Spur, die wir haben, und daher bleibt uns nichts anderes übrig, als von dieser schwachen Basis ausgehend durch Induktion, Deduktion und Intuition Erkenntnisse zu gewinnen und Louis-François jene Züge zuzuschreiben, die der breiten Bevölkerung des Perche ganz allgemein zugeschrieben wurden. Die persönliche politische Meinung unseres Holzschuhmachers bleibt uns verschlossen. Wir können lediglich über die Bedinungen der Möglichkeit ihrer Herausbildung nachdenken und zusehen, ob er an den seltenen Wahlen zu seinen Lebzeiten teilnahm oder nicht. Wir haben keinen Hinweis darauf gefunden, dass er an gewalttätigen Protesten beteiligt war. Da er diese Ausdrucksmöglichkeit nicht wahrnahm, können wir nur annehmen, dass er diesen Protesten aufgrund seiner sozialen Nähe zu den Beteiligten wohl mit Sympathie begegnete (wobei das Argument der sozialen Nähe nicht viel mehr ist als ein wenig überzeugendes euklidisches Postulat der sozio-politischen Geschichtsschreibung). Denkbar ist auch, dass er sich an den lokalen politischen Debatten beteiligte.

Verfolgen wir also die Spur des Staatsbürgers Louis-François Pinagot. Ginge es nur um die Ausübung von Rechten, müssten wir unsere komplizierte Jagd im Jahr 1848 beginnen, als Louis-François an der Schwelle des Alters steht. Zuvor beteiligte er sich an keiner Wahl, abgesehen von der Wahl der Offiziere und Unteroffiziere der Nationalgarde seit 1830. Indes gehört zur Staatsbürgerlichkeit auch die Ausübung von Pflichten, und im Übrigen entsteht staatsbürgerliches Bewusstsein ebenso durch die Beobachtung jener, die Rechte besitzen und ausüben. Unter diesem Blickwinkel wollen wir den Faden im Jahr 1815 aufnehmen, als Louis-François Pinagot ein Jugendlicher von sechzehn, siebzehn Jahren war und sich sein Wahrnehmungskreis wohl über den Kreis von Familie und Nachbarschaft ausweitete.

Wir können bei ihm unausgesprochene Ängste vor einer ungewissen

Zukunft vermuten. Während der Herrschaft der Hundert Tage muss er seine drohende Einziehung zum Kriegsdienst fürchten, dem er sich bei einer Fortdauer des Kriegs schwerlich entziehen kann. Vielleicht fasst er sogar die Möglichkeit ins Auge, den Gehorsam zu verweigern, obgleich die Orne nicht zum Kernbereich der Verweigerung gehört. Jahr für Jahr kann sich der Präfekt La Magdelaine glücklich schätzen, dass die Rekrutierung in seinem Departement auf keinen nennenswerten Widerstand stößt. Und von den vierhundertvierundsiebzig Deserteuren, gegen die er 1811 die mobile Garde einsetzen muss, stammten nur einundsiebzig aus dem Arrondissement Mortagne.[21]

Im Jahr 1815 erlebt Louis-François Pinagot, dass die Männer das allgemeine Wahlrecht erhalten. Sechzehn Jahre später, bei den Wahlen im April 1831, mag er sich an diese Zeremonie zurückerinnern. Ist er bereits alt genug, das lokale Echo der nationalen Politik zu verstehen, deren im Jahr 1815 so zahlreichen Wechselfällen zu folgen und die großen Zusammenhänge zu begreifen? Um diese Fragen zu beantworten, müssen wir einen Blick auf die politische Situation vor Ort werfen und die »öffentliche Stimmung« in jenem schrecklichen Jahr betrachten. Während der ersten Restauration blieb es im Departement Orne im Allgemeinen ruhig, mit Ausnahme einiger Unruhen wegen der indirekten Steuern, was in einer Region, in der Trinken und Politik eng zusammengehören, nicht überrascht.[22] Nur das Ende der Herrschaft der Hundert Tage ist von recht heftigen royalistischen Aufständen geprägt, die in den ländlichen Gemeinden des Perche jedoch kaum Widerhall finden.

Am 24. Juni nötigt im Anschluss an den Vespergottesdienst eine aufgeregte Menge den Bürgermeister von Gacé, die Trikolore vom Glockenturm zu entfernen. Tags darauf trägt zwischen sieben und acht Uhr eine Gruppe Jugendlicher im Alter von vierzehn bis fünfzehn Jahren das Lilienbanner durch die Stadt. Gegen neun Uhr abends versammeln sich dreihundert Menschen, die mit dem Ruf »Es lebe der König! Es lebe die Lilie!«[23] bis zwei Uhr morgens durch die Straßen ziehen. Wie La Magdelaine notiert, kamen viele der Demonstranten »gerade aus der Schenke und waren betrunken« – eine Abqualifizierung des Geg-

ners, die im gesamten 19. Jahrhundert üblich war. In den folgenden
Stunden greift die Bewegung auf die benachbarten Gemeinden über.

Tags darauf vergreift sich in Vimoutiers eine Gruppe von sieben- bis
achthundert Menschen an den Hoheitszeichen des Kaiserreichs, die die
Stadtmitte schmücken.[24] Auch hier wird die Trikolore eingezogen und
zerrissen. Anschließend trägt die Menge das Lilienbanner durch die
Straßen und befestigt es an der Spitze des Glockenturms. Dieser Rück-
griff auf klassische Bräuche breitet sich in die benachbarten Gemeinden
aus. In Séez kommt es zu Schlägereien, die Bocage gerät in Aufruhr.
Auf dem Glockenturm der Kirche von Sérigny weht das Lilienbanner.[25]
Da der Ort in unmittelbarer Nähe von Origny-le-Butin liegt, ist es sehr
gut möglich, dass der junge Louis-François Pinagot Zeuge dieser auf-
gewühlten Stimmung wird.

Doch es gibt noch viel deutlichere Vorfälle. Gegen Ende des Jahres
versucht der Marquis de Puisaye, Mitglied der Pairs-Kammer, in der
Gegend von Bellême und Rémalard eine »königliche katholische
Armee« auszuheben. Der Versuch scheitert kläglich. Dem Präfekten
zufolge reicht dies allerdings aus, bei der Bevölkerung dieser Kantone
die Überzeugung zu erwecken, »ein Bürgerkrieg stünde unmittelbar
bevor«, »den einen zufolge gegen König und Obrigkeit, den anderen
zufolge gegen die Jakobiner«.[26] So beleben die Ultraroyalisten mit
ihren »Machenschaften« erneut das Gespenst der Chouannerie. In der
Gegend um Bellême ist die Öffentlichkeit bloß »verwirrt« und besorgt, in anderen Regionen hingegen wütet der »weiße Terror«. Dass
wir heute wissen, wie unbegründet diese Befürchtungen waren, sollte
uns nicht dazu verführen, ihre damalige Bedeutung zu unterschätzen.

Zwischen diesem schrecklichen Jahr 1815 und dem Fall der Bourbonen im Jahr 1830 ereignet sich nicht viel, abgesehen von den Subsis-
tenzunruhen von 1817[27], die das Vertrauen in die Stabilität des Regimes
und der Dynastie untergraben und in der Gegend um Origny-le-Butin
dem Gerücht Nahrung geben, man verkaufe Frankreich ans Ausland.[28]
Dies dürften die Ereignisse von nationaler Tragweite gewesen sein, die
für Louis-François Pinagot die bemerkenswertesten in diesen Jahren

waren. Welche anderen politischen Entwicklungen könnte er in diesen 15 Jahren wahrgenommen haben?

Er ist nun in einem Alter, in dem er sich mit der Möglichkeit seiner Einziehung zum Militärdienst auseinander zu setzen hat. Wie sieht die Lage in der Region aus? Den begeisterten Berichten des Präfekten zufolge verläuft die für den 10. September 1818 anberaumte Einberufung von achtzigtausend Männern der Wehrdienstjahrgänge 1816 und 1817 ohne den geringsten Zwischenfall. Mit »vorbildlichem Gehorsam« und in aller Stille unterziehen sich die Betroffenen dem Losverfahren. Besonders unterwürfig verhalten sich die jungen Männer in den Kantonen des Arrondissements Mortagne.[29] Auch die am 28. April 1819 durchgeführte Musterung der vierzigtausend Männer des Jahrgangs 1818, zu dem Louis-François Pinagot gehört, gestaltet sich problemlos. »Ohne zu murren« leisten die jungen Männer des Departements dem Gestellungsbefehl Folge.[30] Der Unterpräfekt des Arrondissements Mortagne ist hoch zufrieden. Auf der Präfektur notiert man sogar eine »merklich bessere Haltung der Öffentlichkeit gegenüber dem Rekrutierungsgesetz [vom 10. März 1818] als noch im Vorjahr«.[31] Bereits damals war das Gesetz sehr gut aufgenommen worden, und die jungen Männer haben seither die Überzeugung gewonnen, dass es den Gleichheitsgrundsatz sichert.

Eine Aktennotiz des Präfekten La Morélie vom 7. August 1819 mag einen Eindruck davon vermitteln, wie Louis-François reagiert haben könnte: »Bei der Verkündung der einstweiligen Schließung der Kontingentliste brach unter den jungen Leuten Jubel aus, und der Ruf ›Es lebe der König‹ mischte sich immer wieder in ihr Freudengeschrei.«[32] Grund zur Freude hatte Louis-François Pinagot durchaus, denn mit der Losnummer 55 hatte er eine »Richtige« gezogen, wenn er denn nicht aus anderen Gründen vom Militärdienst freigestellt wurde.[33]

Indes sollte man dem Enthusiasmus der Präfekturbeamten mit einem gewissen Misstrauen begegnen. So erfahren wir etwa aus einem Bericht vom 23. September 1819, dass zweihundertzwanzig junge Männer der Jahrgänge 1816 und 1817 desertiert sind.[34] Die Bürgermeister erhalten Anweisung, die Kriegsdienstverweigerer ausfindig zu machen. Doch da sie für deren Verhalten durchaus Verständnis haben, spiegeln manche vor, von Deserteuren in ihrer Gemeinde sei ihnen nichts bekannt, während andere soweit gehen, den Gesuchten Pässe auszustellen, damit sie in die Stadt gehen können. Nur wenige Deserteure können verhaftet werden, und kaum einer taucht doch noch bei seiner Einheit auf.

Die im gesamten Königreich am selben Tag gefeierten Souveränitätsfeste[35] sind das wirksamste Mittel, um den Charakter des neuen Regimes und Ereignisse von nationaler Tragweite erlebbar zu machen. Noch in den abgelegensten Gegenden wird der Todestag des »Märtyrer-Königs« würdig begangen, wobei die Dorfpfarrer und Pfarrverweser von der Kanzel herab das Testament des unglückseligen Ludwig XVI. verlesen. Darüber hinaus feiert jede Gemeinde das »Königsfest«, den Namenstag von Ludwig IX. dem Heiligen am 25. August, anschließend den Namenstag von Carlo Borromeo am 4. November. Einundzwanzig Gemeinden des Arrondissements Mortagne feiern die Taufe des Herzogs von Bordeaux im Juni 1821. Drei Jahre später verkündet Glockenläuten im ganzen Land den Tod Ludwigs XVIII. Die Krönung von Karl X. findet ein vergleichbares Echo.[36]

Leider ist uns kein Text erhalten, der diese Feierlichkeiten in Origny-le-Butin im Einzelnen beschreibt. Um uns ein Bild davon zu machen, wollen wir auf einen Bericht zurückgreifen, den der Bürgermeister von Origny-le-Roux am Abend des 4. November 1825 verfasst hat. Der Pfarrer zelebriert das Hochamt mit einem Tedeum. »Wir haben die Glocken seit dem Vorabend geläutet, und am Tag haben wir mit einer großen Zahl von Einwohnern teilgenommen. Wir haben nichts anderes erlebt als Freude und Liebe für unseren Monarchen, haben rufen gehört: ›Es lebe Karl der Zehnte!‹«[37] Als Ludwig XVIII. stirbt, läutet der Pfarrer von Origny-le-Roux die Totenglocke. Die Gemeinde hat bereits die Taufe des Herzogs von Bordeaux gefeiert.

Diese mit Begeisterung begangenen Festlichkeiten fallen anfangs in die letzten Jugendjahre von Louis-François, das heißt in die kurze Zeit zwischen seiner Kommunion und seiner Eheschließung. Hier hat er Gelegenheit mit den Mädchen zu tanzen, ihnen den Hof zu machen und an einer Reihe von Volksbräuchen[38] teilzunehmen, die am Rande des Waldes[39] wohl noch besonders lebendig sind.

Sein politisches Erwachen, oder anders gesagt, seine Aufmerksamkeit für öffentliche Angelegenheiten wird von den Debatten ausgelöst, die sich im lokalen Rahmen bewegen. Was mögen also der Bürgermeister und der Gemeinderat für den jungen Louis-François Pinagot darstellen? Auf den ersten Blick könnte man denken, diese Institutionen seien ihm völlig fremd. Unter der Restauration wird der Rat nicht gewählt; seine Mitglieder werden ernannt. In Origny-le-Butin besteht er aus kleinen Notabeln, größtenteils selbstwirtschaftende Grundbesitzer. Holzarbeiter finden sich hier keine.

Nun sitzt Louis-François' Schwiegervater Louis Pôté zwar nicht im Rat, aber als einer der größten Steuerzahler der Gemeinde hat er bei bestimmten Entscheidungen ein Mitspracherecht. Darüber hinaus ist er Handlungsbevollmächtigter des in Bellême ansässigen Herrn De Villiers, der in Origny-le-Butin zehn Hektar Land besitzt. Aus diesen Gründen darf er an der Seite seines Freunds César Buat etwa an der Gemeinderatssitzung vom 5. Oktober 1824 teilnehmen, bei der die Einrichtung eines kommunalen Flurbuchs auf der Tagesordnung steht. Louis Pôté erhält, gemeinsam mit einigen anderen Grundbesitzern, den Auftrag, die Grundstücke nach ihrem Wert einzustufen. Er gehört zu denjenigen, »die die verschiedenen Teile der Gemarkung kennen«.[40] Man kann davon ausgehen, dass Louis-François bei dem ein oder anderen Gespräch in der Familie zumindest ein fernes Echo von jenen gewiss erhitzten Debatten über die Grundstückseinstufung mitbekam.

Zu Ende des Jahres 1815 bekleidet Fidèle Armand de Bloteau das Amt des Bürgermeisters von Origny-le-Butin. Louis-François' Vater Jacques Pinagot ist mit der Familie von De Bloteau sehr gut bekannt, später wird er von ihr als Handlungsbevollmächtigter eingesetzt. Fidèle de Bloteau provoziert die einzige politische »Affäre« von Origny-le-Butin, die sogar die Aufmerksamkeit der Pariser Behörden auf sich zieht. Dieses sich in unmittelbarer Nähe von Louis-François abspielende Emigrantendrama, das an Balzac erinnert,[41] verdient eine ausführlichere Darstellung.

Fidèle Armand de Bloteau, ehemaliger Hauptmann im Regiment von Aunis und Generalstabsoffizier der 6. Division der königlich-katholischen Vendée-Armee, wird im September 1815 zum Bürgermeister von Origny-le-Butin ernannt und tritt damit die Nachfolge von Herrn Morel an, den der Präfekt, Vicomte de Riccé, als »schlechten Diener des Königs«[42] entlässt. Offenkundig genießt der ehemalige Emigrant, der sich damit brüstet, der Herzogin von Duras »zu gehören«,[43] die Unterstützung hochgestellter Persönlichkeiten.

Doch schon bald scheint sich sein Geisteszustand zu verwirren. »Eines Tages, als man in seiner Gemeinde ein übles Subjekt sucht« und er das Vorgehen der Gendarmerie für unzureichend hält, lässt er »die Glocke läuten und weist alle Einwohner an, das Haus dieses Individuums zu umstellen«. »Als er seiner nicht habhaft werden konnte, ließ er dessen Frau einsperren, setzte die kleinen Kinder vor die Tür und schickte den Schlüssel an die Präfektur.«[44] Der Vicomte de Riccé beschließt daraufhin, Morel wieder in Amt und Würden zu setzen, da er – ein wenig spät zwar – zu der Einsicht gelangt, dass Morel »rechtschaffene Grundsätze vertritt und die Wertschätzung der anständigen Leute genießt«.

Die Absetzung von De Bloteau, von der De Riccé auch später nicht abrückt, löst einen Proteststurm der Ultraroyalisten aus, die Fidèle als »Mann von Ehre und edler Gesinnung« schätzen, der »die Partei seines rechtmäßigen Herrschers zu keiner Zeit im Stich gelassen hat«.[45] Die Abgeordneten Marquis de Puisaye, Prinz von Broglie und Marquis de Frotté, der Bürgermeister von La Perrière, Vicomte de Chabot und mehrere Gemeinderäte aus der Umgebung setzen sich nach Kräften für Fidèle de Bloteau ein. Fidèle selbst schreibt 1816 an den Minister, »die grausame Revolution hat mir meinen Stand und mein Vermögen genommen. Was mir bleibt, ist die Ehre« – und der Wunsch nach einem »ehrenhaften Karriereende«.[46] Doch es bleibt dabei.

Im Laufe der Jahre versinkt der ehemalige Emigrant in einen Zustand wahnhafter Nostalgie und lässt sich, wie es heißt, zu aufrühre-
rischen Äußerungen gegen Adel, Klerus und Regierung hinreißen.
Am 15. September 1819, wenige Tage nachdem er bei Louis-François'
Hochzeit als Trauzeuge auftrat, wird ein Vorführungsbefehl gegen ihn
erlassen. Gegen halb vier Uhr nachmittags umstellt die Gendarmerie
sein Haus in La Brumancière. Doch Fidèle de Bloteau hat sich »in seinem Schloss in gewisser Weise verbarrikadiert und Waffen und Munition eingelagert«[47] – nachdem er die Mauern bewehrt und mit Schießscharten versehen hat.

Dem herbeigerufenen Bürgermeister von Origny droht er zu schie-
ßen, falls er es wagen sollte, den Hof des »Schlosses« zu betreten.
Gegen fünf Uhr greift Morel zu einer List. Er schickt seinen kleinen
Sohn vor. Als eine Magd die Tür öffnet, stürmen die Gendarmen, die
sich in unmittelbarer Nähe versteckt halten, ins Haus. Doch Fidèle
de Bloteau hat seinen Rückzug gesichert. Er verschanzt sich in seiner
Kammer, in der er »drei große Brotlaibe gelagert hat«. Das Zimmer
gewährt Zutritt zum Keller, sodass es ihm an Lebensmitteln nicht fehlen würde. Der Belagerte hat ein Gewehr und einen Säbel bei sich, die
Tür hat er schon zuvor mit Schießscharten versehen.

Ein langes Hin und Her beginnt. Der ehemalige Bürgermeister überhäuft die Gendarmen mit Beschimpfungen, dann legt er eine Stunde
lang »eine Art Generalbeichte« ab und gesteht, er sei seiner Frau untreu
gewesen und habe ein Mädchen geschwängert, wofür er Gott um Ver-
gebung bitte. Den Gendarmen wirft er vor, sie seien von seinen Feinden, den Adligen, geschickt und »von teuflischer Magie getrieben«.

Den Teufel habe er übrigens erst kürzlich in der Kathedrale von Séez
gesehen, mit roten Augenbrauen und als Priester verkleidet. Zwi-
schendurch unterbricht Fidèle de Bloteau seine Erklärungen mit »auf-
rührerischen Parolen«: »Es lebe Ludwig XVII.! Es leben die Bourbonen! Es lebe das Ancien régime! Nieder mit der Regierung!« Er öffnet
ein Fenster, schießt in den Hof hinunter und ruft immer wieder: »Es
lebe Ludwig XVII.!«

Nachdem er die Uniform des Regiments von Aunis angelegt hat, reißt er mit Getöse die Tür auf. »Einen Flor um den Arm, einen anderen am Griff seines Jagdmessers [...], einen dicken Knüppel am Arm hängend und mit einem Gewehr bewaffnet«, tritt er den Gendarmen entgegen. Es folgt ein Gerangel, in dessen Verlauf der Oberleutnant der Gendarmerie leicht verletzt wird. Daraufhin reicht ihm der arme Fidèle die Hand und erklärt sich zu seinem Gefangenen.

Er wird abgeführt und ins Gefängnis von Mortagne gebracht. Unterwegs, vor allem in der Stadt, brüllt er immer wieder wie ein Rasender: »Es lebe Ludwig XVII.!« »Auf dem Marktplatz angekommen«, schreibt der Oberleutnant, »bat er uns abermals ihn zu füsilieren.« Am Ende beschließt man, ihn wegen geistiger Umnachtung wieder auf freien Fuß setzen.

Die Leiden des ehemaligen Emigranten, dessen Wahn das Drama zum emblematischen Schicksal steigert, sind gewiss in die Chronik von Origny-le-Butin eingegangen. Es ist eine jener Geschichten, die im Dorf als Ereignis gelten, die weitererzählt und kommentiert werden, die Erinnerungen an die Vergangenheit wecken. Dass auch in der Spinnstube bei den Pinagots ab und zu davon die Rede war, steht außer Zweifel.[48]

Kommen wir zu der Frage, wie Louis-François sich am Gemeinschaftsleben beteiligt hat. Soweit ich sehe, kommt für ihn nur ein einziger Bereich in Frage, die Ausbesserung der Gemeindewege. Zu diesem »Frondienst« – wie die übliche Bezeichnung noch immer lautet – sind all diejenigen persönlich verpflichtet, »die auf einer der Heberollen verzeichnet sind«, »sowie der bei ihnen lebende Sohn und die arbeitsfähigen Knechte, wenn sie das zwanzigste Lebensjahr vollendet haben«. Frondienst wird auch auferlegt für »jedes Zug- oder Lasttier, jedes Sattel- oder Spannpferd, jeden Karren«,[49] was anfangs vor allem für den Fuhrmann Jacques Pinagot eine schwere Belastung bedeutet.

In Origny-le-Butin ist jeder Betroffene, je nach Jahr, zu ein oder zwei Arbeitstagen verpflichtet. Es besteht zwar die Möglichkeit, sich »durch Geld freizukaufen«, aber der Preis von 1 bis 1,20 Francs pro Arbeitstag wirkt abschreckend. Wir wissen aus dem Protokollbuch des Gemeinderats mit Sicherheit, dass sich die Pinagots »durch Arbeitsleistungen im Wert von 5 Francs« freimachen. Dies tun auch Louis-François' Onkel Jacques-Augustin Drouin sowie sein Schwiegervater Louis Pôté, der wegen seines Viehbestands 1828 mit elf Francs veranlangt wird. An den entsprechenden Tagen ruft die Kirchenglocke die Arbeiter zum »Frondienst«, so dass für jeden erfahrbar wird, dass die gemeinsame Arbeit im Interesse des Gemeinwohls geschieht.

Wir müssen eingestehen, all dies ist nicht eben viel, und es drängt sich der Schluss auf, dass sich die Einwohner von Origny-le-Butin im ersten Viertel des 19. Jahrhunderts eher als Pfarreimitglieder denn als Staatsbürger fühlen. Dies wird daran deutlich, wie sehr sie unter der Schließung ihrer Kirche leiden. Die Abschaffung des Läutens der Kirchenglocken, die Unterbrechung der Feier der Messe, die Vernachlässigung des Friedhofs und mehr noch das Fehlen eines Pfarrers wurden als Enteignung erfahren, als Erniedrigung und schwerwiegender Angriff auf die Identität des Gemeinwesens. Fast zwanzig Jahre nähren die Hindernisse, die dem Gottesdienst und dem Religionsunterricht entgegengestellt werden, die Animositäten gegenüber der Nachbargemeinde Vaunoise, die in dieser Hinsicht mehr Glück hat. Doch zu keiner Zeit führt der Ärger zu gewalttätigen Ausschreitungen. Gewiss teilt Louis-François diesen kollektiven Groll; von seinem Schwiegervater, dem Pächter Louis Pôté, wissen wir dies mit Sicherheit.

Dass die Gemeinde so zu leiden hat, resultiert offensichtlich aus dem Fehlen von Beziehungen zu höheren Stellen. Hier gibt es keine größeren Notabeln, die sich Gehör verschaffen könnten. In Origny-le-Butin versteht man die Konkordatspolitik nicht so recht und man schafft es nicht, die eigene Position wirkungsvoll zu vertreten. Zwischen 1820 und 1827 klärt sich die Situation schließlich dank des Eingreifens des Schlossherrn von Lonné, Graf von Orglandes.

Als die Bedrohung am 10. Fructidor des Jahres XII (28. August 1804) Gestalt annimmt, fordert der Gemeinderat, Vaunoise an Origny anzugliedern, und legt seine Argumente in einem Schriftstück dar, das ein bezeichnendes Licht auf seine Denkweise wirft.[50] »Die Kirche von

Origny-le-Butin ist schön geschmückt und steht inmitten eines angenehmen und gesunden Weideplatzes, der auf einer Anhöhe im Zentrum
der Gemeinde liegt.« Die Kirche von Vaunoise hingegen sei »schlecht
zugänglich«. Sie liege »weit von den Häusern entfernt« und sei nur
über schwer begehbare Wege zu erreichen.

Die Kirche von Origny besitze »einen Kirchenschmuck für den Gottesdienst«, und »für den Pfarrverweser ist in unmittelbarer Nähe leicht
eine ansprechende Wohnung zu finden«. Die Kirche von Vaunoise sei
zu klein für den gemeinsamen Gottesdienst. Sie befinde sich »an einem
abgelegenen Ort«. Man könne den Kirchenschmuck nicht unbewacht
lassen, ohne Gefahr zu laufen, dass er gestohlen wird. Auch gebe es in
der Nähe kein angemessenes Haus für den Pfarrverweser. Im Übrigen
erklären sich die Einwohner von Origny-le-Butin bereit, dem Pfarrer
»alles Nötige zur Verfügung zu stellen«. Ein Teil der Kosten sei durch
Vermietung der Kirchenbänke zu finanzieren. Anfangs kann sich
Origny mit seinem Anliegen durchsetzen, doch dann dreht sich der
Wind aus unerfindlichen Gründen, und die Gemeinde wird in geistlicher Hinsicht an Vaunoise angegliedert.[51]

Am 14. Thermidor des Jahres XIII (2. August 1805) beklagt sich der
Gemeinderat über diese Ungerechtigkeit und verleiht seinem Schmerz
Ausdruck, »eine solch schöne Kirche aufzugeben«.[52] Er erwirkt eine
kurze Gnadenfrist: Mit kaiserlichem Beschluss vom 20. November
1806 wird die Kirche von Origny als Oratorium und Filialkirche der
Pfarrei Vaunoise anerkannt.[53] Doch in Anwendung des Erlasses vom
30. September 1807, der eine geographische Neuaufteilung der Pfarrbezirke und -filialen vorsieht, fällt das Fallbeil zwei Jahre später endgültig. Die Filialgemeinde Origny-le-Butin wird abgeschafft und der
Gemeinde von Vaunoise zugeschlagen. Die fortan leer stehende Kirche
von Origny besitzt zu dieser Zeit ein Läutwerk mit zwei Glocken, von
denen die eine hundertachtundachtzig Kilogramm wiegt. Der Kirchenschatz umfasst neben anderen wertvollen Gegenständen einen
Kelch aus massivem Silber, eine silberne Dose für das geweihte Öl, ein
versilbertes Ziborium und ein schönes Weihrauchgefäß aus Kupfer.[54]

Zwölf Jahre lang bestürmen der Gemeinderat und die Bevölkerung von Origny-le-Butin den Unterpräfekten mit ihren Klagen. Hartnäckig arbeiten sie daran, eine Tür offen zu halten.[55] Am 3. Dezember 1808, einen Tag nach dem Verlust des Pfarreistatus', ersucht der Gemeinderat die höheren Instanzen einstimmig, sie mögen die Kirche als Kapelle anerkennen. Im Rahmen einer Vereinbarung – die an die ortsüblichen Arrangements erinnert – würde sich die Gemeinde verpflichten, einen Kaplan zu entlohnen. Ein Jahresgehalt von vierhundert Francs und einen Mietzuschuss von hundertzwanzig Francs bieten die Gemeindevertreter demjenigen, der bereit wäre, dieses Amt in Origny zu übernehmen. In den Jahren 1809 und 1810 erhöhen sie ihr Angebot auf fünfhundert Francs Jahresgehalt und hundertfünfzig Francs Mietzuschuss. Darüber hinaus bietet der Gemeinderat an, sämtliche Unterhaltskosten für Kirche und Pfarrhaus zu übernehmen. Er stößt auf taube Ohren.

Ein königlicher Beschluss vom 25. August 1819 gibt erneut Anlass zur Hoffnung. Am 5. Oktober richten dreiunddreißig Einwohner von Origny-le-Butin eine Bittschrift an die Generalvikare der Diözese von Séez, die von sämtlichen Notabeln der Gemeinde unterzeichnet ist.[56] Um ihrem Wunsch Nachdruck zu verleihen, verweisen sie auf die Frömmigkeit der Gemeindebevölkerung, die zweihundert Francs gespendet hat, um ihre leer stehende Kirche und den Friedhof instand zu halten. Sie bringen vor, dass der weite Weg nach Vaunoise der Religionsausübung abträglich sei. »Nie zuvor«, versichern sie, »war die Teilnahme an einer Versammlung beschwerlicher.« Angesichts der schlechten »Wege, die acht Monate im Jahr unbegehbar sind«, bilde die Entfernung ein »unüberwindliches Hindernis für den Besuch des Gottesdienstes«. Die Kirche von Vaunoise sei zu klein, und zwar »nicht nur ein wenig, sondern um die Hälfte«. All dies lässt vermuten, dass Louis-François Pinagot den Gottesdienst wohl ein wenig vernachlässigte. Bei einem positiven Bescheid wäre die Gemeindebevölkerung sogar bereit, durch »freiwillige Beiträge« ein Pfarrhaus zu finanzieren.

Am 7. November fordert der Gemeinderat einstimmig die Anerkennung von Origny-le-Butin als Filialgemeinde.[57] Der Unterpräfekt befürwortet das Gesuch. Im Jahr 1820 wird dem Begehren des Gemeinderats schließlich stattgegeben. Nun fehlt nur noch ein Pfarrhaus, denn das alte Gebäude ist während der Revolution verkauft worden. Zwischen 1822 und 1827 konzentrieren sich alle finanziellen Anstrengungen der Gemeinde auf den Erwerb eines entsprechenden Objekts, wodurch die Gemeindekasse über die Maßen beansprucht wird.[58] Origny-le-Butin besitzt keine Gemeindegüter, die man verkaufen könnte, um diese Ausgabe zu finanzieren. Im Oktober 1823 erteilt die Präfektur der Gemeinde die Erlaubnis, ein Darlehen in Höhe von 4799 Francs aufzunehmen, um ein der Kirche benachbartes Haus zu erwerben.[59] Für Origny-le-Butin stellt der Kaufpreis eine ungeheure Summe dar. Im Rahmen einer Bürgerbefragung holt der Gemeinderat die Stellungnahme von achtundzwanzig Gemeindebürgern ein, darunter Louis Pôté, der – wie wohl auch sein Schwiegersohn – die allgemeine Ansicht teilt, dass »der Erwerb durchaus notwendig ist«.[60]

Nun muss das Haus noch angemessen hergerichtet werden. Bereitwillig machen sich die Dorfbewohner an die Arbeit. Es gilt ja, sich »den Priester zu erhalten«, den »Dorfpfarrer« Pigeard, der sich 1826 in der neuen Filialgemeinde niedergelassen hat und sich mit einer bescheidenen Behausung, bestehend aus einer Kammer, einem Arbeitszimmer und einer Küche, zufrieden gibt.[61] Im folgenden Jahr bittet Graf von Orglandes den für die Kirchen zuständigen Minister, »doch Mitleid zu haben mit den unglücklichen Einwohnern von Origny«,[62] und kann einen Zuschuss von fünfhundert Francs erwirken. Der Pfarrer zeigt sich bescheiden und beschließt zu bleiben. Er werde auch ohne Gardinen, Bettvorhänge und »andere benötigte Dinge«[63] auskommen. Dafür hat ihm die Dorfbevölkerung versprochen, kostenlos alles zu transportieren, was er braucht. Und »da der Herr Dorfpfarrer weder für sein Feuerholz noch für die Pferde seiner Besucher eine Unterstellmöglichkeit hat«, beschließt der Gemeinderat, ihm einen Holzschuppen und einen Pferdestall zu bauen.[64]

So hat die Dorfgemeinschaft von Origny-le-Butin unter hohen Kosten die geistliche Herrschaft über ihre Gemarkung und ihre religiöse Identität zurückgewonnen, welche durch die Predigten zweier Anhänger der ultraroyalistischen »Petite Église«, die das Konkordat von 1801 ablehnte, eine Zeit lang in Frage gestellt worden war. Der Klang der alten Kirchenglocken erfüllt wieder den Raum der Gemeinde. Nur belastet der Erfolg die Finanzen der armen Kommune auf lange Zeit hinaus. In den schwierigen Jahren um die Jahrhundertmitte bleibt wegen der nötigen Reparaturen am Kirchengebäude, des Abrisses des alten Kirchturms, der Errichtung eines neuen Glockenturms und der Finanzierung des Pfarrhauses kein Geld für den Bau einer Schule übrig. Die Kirche hat Vorrang vor den Maßnahmen zur Überwindung des Elends.

Die Ereignisse der Jahre 1830 und 1831 sind für die Entwicklung der Staatsbürgerlichkeit von entscheidender Bedeutung. Es ist die Zeit, in der Louis-François Pinagot zwar vielleicht nicht in tiefes Elend abgleitet, in der er jedoch offiziell als Not leidend eingestuft wird – ein Ereignis, das sein Selbstbild und seine Stellung innerhalb der Gemeinde wohl tiefgreifend verändert. Am 13. Mai 1831 wird Louis-François in die Liste der sechzehn Personen aufgenommen, die nach Ansicht des Gemeinderats »wegen ihres geringen Einkommens [...] von der Gebäudesteuer auszunehmen sind«.[65] Gleichzeitig beschließt der Rat in einer geheimen Abstimmung, diesen Personenkreis von der »Fronarbeit« zu befreien. Neben Louis-François verzeichnet die Liste auch die Namen seines Onkels Louis-Sébastien Pinagot aus Les Querrières, dessen sozialer Abstieg in dieser Zeit beginnt, und seines Schwagers Marin Pôté, der wie seine Schwester Anne eine tragische Deklassierung erfährt. Für die Familie Pinagot ist es eine unglückliche Zeit. Zugleich fällt in diese beiden Jahre die Einführung bestimmter Elemente von Staatsbürgerlichkeit. Wenden wir uns also wieder den politischen Ereignissen zu.

Am 9. August 1830 wird Louis Philippe I., bisher nur Generalstatthalter, zum König gewählt. Die Zustimmung des Arrondissements Mortagne zum neuen Regime erfolgt in Verwaltungsmanier und bietet

keinerlei Überraschungen. »Ich habe mich davon überzeugen können«, schreibt der Unterpräfekt, »dass die Trikolore in den Gemeinden
meines Gebietes im Allgemeinen mit ungeheurer Begeisterung gehisst
wurde; alles ist ruhig, und der unterdrückte Patriotismus schießt aus
seinem Quell mit der Geschwindigkeit eines elektrischen Funkens hervor.«[66] Einmal mehr ist es das Hissen der Fahne, das als Maßstab für die
Geisteshaltung der Menschen dient.

Man kann also davon ausgehen, dass der Regimewechsel in Origny
ohne Zwischenfälle verläuft und für Louis-François im Wesentlichen
die Eingliederung in die Nationalgarde bringt. Die Institution verdient
daher eine längere Ausführung. Am 5. August ordnet der Interimspräfekt an, in allen Gemeinden des Departements Einheiten der Nationalgarde aufzustellen. Zur Teilnahme verpflichtet sind »alle Bürger im
Alter zwischen 18 und 60 Jahren«.[67] Die Maßnahme in Anwendung der
Gesetze vom 14. Oktober 1791 tritt im Arrondissement Mortagne am
9. August 1830 in Kraft.[68] In Wirklichkeit aber nimmt die Durchführung viel Zeit in Anspruch. Ende Oktober hat noch keine ländliche
Gemeinde im Kanton Bellême die Verordnung umgesetzt.[69]

Die Regierung weist die Präfekten an darauf hinzuwirken, dass »die
Nationalgardisten die *ländliche Uniform* anlegen«,[70] das heißt die *gallische
Jacke,* oder besser noch das feinere Ensemble aus Jacke, Patronentasche,
Säbel und – wenn möglich – Tschako mit Pompom. Diese Uniform
erhält der Gewinner eines Wettbewerbs, den die kleine Gemeinde La
Mesnière anlässlich des Namenstags des Königs am 1. Mai 1831 ausrichtet.[71] Sieger ist ein zweiundzwanzigjähriger Weber, ein Soldat der
Garde. Dass die Regierung gerade diese Uniform durchsetzen will,
zeigt ihren Willen, das Regime auf eine ganz bestimmte soziale und historische Vorstellungwelt zu gründen. Der hohe Preis der gallischen
Jacke, fünfzehn bis achtzehn Francs, übersteigt die finanziellen Möglichkeiten eines Louis-François indes bei weitem.

Glaubt man den nacheinander amtierenden Präfekten, so wären die
Nationalgardisten in den ländlichen Gegenden der Orne zu dieser Ausgabe aber durchaus bereit, wenn der Staat sie mit Waffen ausrüsten

würde. Nicht ohne Grund sind die Männer der Auffassung, dass »eine Uniform ohne Gewehr nur eine eitle Zierde ist«.[72] Bis zum 10. November werden im Departement aber nur siebenhundert Gewehre ausgegeben.[73] Nach Ansicht einiger Historiker versäumte das Regime durch die nur zögerlich erfolgende Bewaffnung der Massen eine wichtige Gelegenheit, sich fest im Volk zu verankern, und Louis Philippe I. als »Napoleon des Volkes«[74] zu profilieren. Die Appelle des Präfekten, die vierundzwanzig wichtigsten Gemeinden mit Gewehren auszurüsten, verhallen ungehört. In Tourouvre und Theil im ornesischen Perche sowie in einigen anderen Gemeinden des Departements stellen die Nationalgardisten selbst Antrag auf Aushändigung eines Gewehrs, doch auch ihre Gesuche werden abgewiesen.

Wann genau die Infanteriekompanie von Origny-le-Butin gebildet wurde, konnte ich nicht ermitteln. Im April 1831 zählt sie einhundert Mann: vier Offiziere, sechs Unteroffiziere und neunzig Soldaten, darunter auch Louis-François Pinagot.[75] Keiner ist zu diesem Zeitpunkt mit einem – und sei es auch nur geliehenen – Gewehr bewaffnet, keiner trägt die gallische Jacke, keiner besitzt eine Ausrüstung. Als die Waffen der Nationalgarde 1855 wieder in die Magazine des Kriegsministeriums eingegliedert werden, erklärt die Nationalgarde von Origny-le-Butin, kein einziges Gewehr zu besitzen.[76] Indes ist die militärische Seite der Institution für die Landbevölkerung – wie für uns – nicht das Wesentliche. Die Aufnahme in die Garde bedeutet einen Schritt zur Staatsbürgerlichkeit. Die meisten ihrer Mitglieder haben hier zum ersten Mal die Gelegenheit an einer Wahl teilzunehmen, natürlich mit Ausnahme der älteren Männer, die bereits 1815 oder sogar schon 1793 wählen konnten. Für Louis-François jedenfalls ist dies eine neue Erfahrung; wir wissen mit Sicherheit, dass er sich an der ersten Wahl beteiligt hat.[77]

Bis zum Ende des Regimes verläuft die Wahl der Offiziere und Unteroffiziere in Origny-le-Butin nicht anders als in den anderen Gemeinden. Am Mittag des 29. Juni 1831 finden sich die »gewöhnlichen« Gardisten »im Saal des Gemeindehauses« ein, das wahrscheinlich mit dem Wohnhaus des Bürgermeisters identisch ist. Im Anschluss an den Appell wählen die fünfundsechzig anwesenden Wähler den Hauptmann.[78] Am 31. Mai 1834 beläuft sich die Zahl der Gardisten auf fünfundachtzig, die der Wähler auf vierundsechzig.[79] Am 25. April 1848, zwei Monate nach Errichtung der Zweiten Republik, sind von den zweiundsiebzig auf der Wählerliste eingetragenen Gardisten siebenundfünfzig anwesend, sodass sich die Wahlbeteiligung gegenüber der Juli-Monarchie kaum verändert hat. Bei keiner dieser zahlreichen Wahlen erhält ein Pinagot Stimmen, was für den gesellschaftlichen Status der Familie bezeichnend ist.

Die Tätigkeit der Kompanien, so begrenzt sie auch sein mag, reduziert sich indes nicht auf die Wahl der Anführer. In den Jahren 1831 und 1832 legt die Nationalgarde auf dem Land ein gewisses Engagement an den Tag, obgleich sie keine Waffen besitzt. Zu den zahlreichen Paraden strömen tausende von Soldaten in den Hauptort des Kantons. Man muss sich einmal vorstellen, was diese Augenblicke des öffentlichen Auftritts und der Selbstdarstellung für die Landbevölkerung bedeuten, für Menschen, die ansonsten nur bei Messen oder am Markttag in die Stadt gehen und dabei von den Städtern spöttisch angesehen und mit größter Herablassung oder übertriebener Leutseligkeit behandelt werden. Als der König 1831 die Normandie bereist, säumen Nationalgardisten aus den umliegenden Dörfern seinen Weg und versammeln sich insbesondere an den Grenzen zwischen zwei Verwaltungsbezirken.[80]

Die Institution der Nationalgarde ist durch feine regionale Unterschiede geprägt. Am 21. Juni versammeln sich in Mêle eintausendeinhundert Männer aus zehn Nachbargemeinden,[81] darunter die siebzig Gardisten aus Essay, die ausnahmslos die gallische Jacke tragen, wohl dank der Bemühungen und der Großzügigkeit des neuen Bürgermeisters Rœderer. Der ehemalige Senator der Normandie veranstaltet zahlreiche Paraden, bei denen er die Soldaten von Essay über die Verfassung und die Freiheiten belehrt.[82] Im fünfundzwanzig Kilometer entfernten Origny-le-Butin sucht man solches vergeblich: Hier gibt es niemanden, der von Geburt, durch Vermögen oder kraft seiner eigenen Fähigkeiten zur Schicht der gehobenen Notabeln gehört, niemanden, der die liberale Weltanschauung vermitteln könnte. Origny besitzt nicht einmal einen jener kleinen kulturellen Vermittler, wie sie in zahlreichen ländlichen Gemeinden anzutreffen sind. Louis-François Pinagot hatte also nicht die Gelegenheit, politische Reden eines großen Notabeln zu hören oder gar zu verstehen.

Die Nationalgarde findet in den Gemeinden des Kantons von Bellême keine wirkliche Verankerung. Von den 2883 Gardisten, die der Bezirk am 14. Dezember 1831 zählt, besitzen nur 327 eine Uniform, 157 planen, sich die Jacke zuzulegen, 259 besitzen eine Waffe und 245 eine Ausrüstung. Allerdings sind 187 von ihnen ehemalige Soldaten.[83] Die Pinagots besitzen weder Waffen noch Uniform noch Ausrüstung. In Origny-le-Butin wäre es ja auch lachhaft, sich diese Ausstattung zuzulegen. »Diese schöne Institution läuft Gefahr sich lächerlich zu machen«, notiert der Präfekt der Orne einige Jahre später (1835). Wer sich für Kleidung und Ausrüstung in Unkosten stürzt, wird zur Zielscheibe des Spotts.[84]

Die Aktivitäten der Garde beschränken sich also auf einige Paraden des Kantonbataillons, auf die alle drei Jahre abgehaltenen Wahlen mit der anschließenden Vereidigung der Offiziere und Unteroffiziere – eine feierliche Handlung, deren Bedeutung nicht zu unterschätzen ist –, auf die öffentliche Mitwirkung an den nationalen Feiertagen, die Teilnahme an Banketts sowie einige sonntägliche Exerzierübungen. Die Häufigkeit und Intensität dieser Unternehmungen schwankt je nach Gemeinde. In Origny-le-Butin scheint der Eifer rasch nachgelassen zu haben. Ende 1832 weigert sich die Garde, einen Disziplinarrat einzurichten. An öffentlichen Geldern bewilligt der Gemeinderat in diesem Jahr ganze fünfzehn Francs. Auf dem Papier bildet die Garde von Origny eine der Kompanien des Bataillons, das in Saint-Martin-du-Vieux-Bellême seinen Hauptsitz hat. Doch nachdem die armseligen Exerzierübungen und traurigen Paraden am Sonntag außer Gebrauch gekommen sind, bedeutet die Zugehörigkeit zum Bataillon in der Praxis allererst dies, dass man an nationalen und lokalen Feiertagen an

Umzug und Bankett teilnimmt. Wie die Nationalgarde zur ausgelassenen Stimmung bei Festlichkeiten und zum Glanz der offiziellen Feierlichkeiten beitrug, ist für unser Thema also das Wichtigste.

In der Orne, wie im übrigen Frankreich auch, lässt die Begeisterung
für die Institution bereits ab 1834 nach. Die Gardisten des Arrondissements Mortagne vollführen in diesem Jahr nur selten die vorgesehenen
Manöver. Immer mehr Männer bleiben den Übungen fern, klagt der
Präfekt einige Monate später. Mit Ausnahme von Alençon und zwei
weiteren Städten des Departements werden die Gardisten fortan »nur
bei außergewöhnlichen Anlässen einberufen, etwa bei Kirchweihfesten
und Messen [...]. Die immer selteneren Paraden und Manöver ziehen
in diesem Departement, in dem *militärische Gesinnung von jeher unbekannt*
ist und die meisten Nationalgardisten nur mit Stöcken bewaffnet sind,
nur noch eine kleine Zahl von Männern an.« Mit anderen Worten, »der
Eifer ist nach und nach erloschen«. »Die militärische Ausbildung, die
nie sonderlich weit gedieh, ist völlig zum Erliegen gekommen. Bei
Kleidung und Ausrüstung sind keinerlei Fortschritte zu verzeichnen;
im Gegenteil, fast überall verschlimmert sich die Lage.«

»In dieser wesenhaft friedfertigen Gegend ist es recht schwierig, um
nicht zu sagen unmöglich, die Nationalgarde zu einer regulären und
ständigen Einrichtung heranzubilden, da dies den wenig militärischen
Gewohnheiten und Sitten der hiesigen Bevölkerung nicht entspricht.
Wie soll man der Landbevölkerung auch die Notwendigkeit dieser
mehr oder weniger langen Fußmärsche begreiflich machen? Unbe-
waffnet und ohne Uniform – die sich die meisten nicht leisten können
– sollen sie zu Versammlungen gehen, die sie vielfach nur Geld und Zeit
kosten.«[85] Als der Unterpräfekt des Arrondissements Mortagne die
Verweigerung der Bewaffnung der Garde für den nachlassenden Eifer
verantwortlich macht, versieht ein Beamter der Präfektur den Bericht
mit der ironischen Randbemerkung, das Argument sei nicht haltbar,
weil die Nationalgardisten auf dem Land gar »keine Waffen wollen«.[86]

Welche Rolle diese bescheidenen Demonstrationen von Männlich-
keit und Bürgersinn – binnen kurzem von Lächerlichkeit und Desinter-

esse bedroht – für die Herausbildung eines politischen Bewusstseins bei Louis-François Pinagot spielen mögen, bleibt unserer Vorstellungskraft überlassen. Ich vermute, dass die Garde in den ersten Monaten ihrer Wiedereinführung eine gewisse Bedeutung für ihn besitzt und in der Folge schlicht zum üblichen Ablauf der nationalen Feiertage gehört.

Die zahlreichen Nationalfeiertage werden auch auf dem Land begeistert begangen, ob es sich um die Feiern im Juli, die gelegentlich vom 27. bis zum 29. des Monats stattfinden, häufiger jedoch auf den folgenden Sonntag verschoben werden, oder um den Namenstag des Königs am 1. Mai handelt.[87] Leider unterrichtet uns keine Quelle über den Ablauf dieser Feiertage in Origny-le-Butin. Wir sehen uns daher, um uns auszumalen, was diese Kundgebungen für Louis-François Pinagot bedeutet haben mögen, abermals auf die Nachbargemeinden verwiesen.

Am 28. Juli 1833 feiert man in Origny-le-Roux die Helden der Julirevolution. Am Morgen ruft die Trommel die aus fünfundvierzig Mann bestehende Nationalgarde zum Appell. »Nachdem sich der Gemeinderat versammelt hatte, ließ der Kommandant der Garde die Nationalgardisten ein anderthalbstündiges Manöver ausführen; anschließend wurde ein Wettrennen veranstaltet und für den Ersten ein Preis von drei Francs ausgesetzt, und weitere drei Francs für einen Schießwettbewerb und denjenigen, der am besten schoss; danach wurden an alle Teilnehmer der Feier Getränke verteilt; erst um neun Uhr abends ging man auseinander und begleitete die Sieger der Spiele trommelschlagend und singend nach Hause, wobei wiederholt der Ruf ertönte: ›Es lebe Louis Philippe‹. Unser Dorfpfarrer war bei unserer Feierlichkeit einen Augenblick zugegen und zeigte sich dabei sehr fröhlich.«[88]

Am 24. Juli des folgenden Jahres beschließt der Gemeinderat von Bellavilliers, einen Schießwettbewerb zu veranstalten und zu diesem Zweck Schießpulver und Kugeln anzuschaffen. Der Sieger des Wettschießens, »an dem gegen eine Gebühr von sechzig Centimes jeder teilnehmen darf, wird von seinem Kostenbeitrag für das Bankett am Abend freigestellt«.[89]

Wie es sich gehört, wird am 1. Mai 1831 auch im rund zwölf Kilometer von Origny-le-Butin entfernten Damemarie der Namenstag des Königs gefeiert. Der Bürgermeister ordnet an, dass die Nationalgardisten bei dieser Gelegenheit Waffen zu tragen haben, zumindest »diejenigen, die sich bewaffnen können«. Um zehn Uhr morgens nimmt er die Parade der Garde ab, und der Pfarrverweser zelebriert das Hochamt für Sankt-Philipp und Sankt-Jakob. Die sich anschließende »große Waffenübung« wird »begeistert aufgenommen«. Nach dem Vespergottesdienst, bei dem die Anwesenden im Beisein der Garde ein Tedeum singen, nehmen Bürgermeister und Ratsherren den Offizieren den Eid ab. Mit einem »Zielschießen« und einem »öffentlichen Tanz« klingt der Tag aus. »Die ganze Gemeinde hat an diesem Fest teilgenommen, Mann und Frau, Jung und Alt, alle in ihren schönsten Festkleidern. Dieses Fest übertraf an Glanz sogar das Kirchweihfest, das in der Gemeinde am Himmelfahrtstag gefeiert wird. Gegen Ende des Tages war jedermann sehr zufrieden und zog sich in aller Ruhe zurück. Der Bürgermeister, sein Stellvertreter, sämtliche Ratsherren und der Hauptmann der Nationalgarde haben einträchtig miteinander gespeist.«[90]

Obgleich der Gottesdienst bei diesen Festen weniger Raum einnimmt als unter der Restauration oder später im Zweiten Kaiserreich, trägt der Nationalfeiertag in diesen ländlichen Gegenden noch keineswegs laizistische Züge. Indes deutet obiger Vergleich darauf hin, dass der Nationalfeiertag und das traditionelle Kirchweihfest eher als Gegensatz denn als Einheit wahrgenommen werden, auch wenn sich die jeweiligen Festprogramme kaum unterscheiden. Der Nationalfeiertag bildet für diejenigen Bürger, die kein Wahlrecht besitzen, die wichtigste Gelegenheit, wenigstens ein dumpfes Echo davon zu vernehmen, was den Bezug zur Nation herstellt.

Von nicht zu unterschätzender Bedeutung ist das Gesetz vom 21. März 1831, das die Wahl des Gemeinderats einführt. Es begrenzt den Anteil der Wähler in den größten Gemeinde auf zehn Prozent der Bevölkerung, ermöglicht in den kleinsten Gemeinden jedoch eine breite Wahlbeteiligung.[91] Für letztere stellt das Gesetz eine Veränderung von

großer Tragweite dar. Louis-François Pinagot erhält das Wahlrecht zwar
nicht, aber zwei seiner Angehörigen und zahlreiche Menschen in seiner
Umgebung nehmen an der Wahlzeremonie teil. So hört er vielleicht,
für welchen Kandidaten sie sich entscheiden, und insbesondere, wie sie
den Treueeid auf König und Verfassung leisten, bevor sie dem Vorsitzenden des Wahlbüros ihren Stimmzettel überreichen. Die Ausübung
des Wahlrechts am 23. April 1848 stellt in den Gemeinden dieser Größe
demnach keine absolute Neuheit dar.

Im Departement Orne entspricht der Anteil der Wähler an der
Bevölkerung dem Landesdurchschnitt. Dies gilt alles in allem auch für
die fünfhundertsiebzehn Gemeinden mit weniger als dreitausend Einwohnern.[92] Origny-le-Butin hingegen zählt 1831 dreiundfünfzig Wähler, was vierzehn Prozent der Gesamtbevölkerung und fünfundvierzig
Prozent der männlichen Bevölkerung im Wahlalter entspricht.[93] Unter
den Männern, die das neue Recht ausüben dürfen, befindet sich auch
Louis-François' Schwiegervater Louis Pôté. Er beteiligt sich in jenem
Jahr an beiden Wahlgängen. Bei der Wahl von 1834 erhält er sogar selbst
zwei Stimmen. Die erstmalige Ausübung des erweiterten Wahlrechts
führt zu einer ungeheuren Zersplitterung der abgegebenen Stimmen:
Jeder wählt sich selbst oder den Nachbarn, den er am meisten schätzt.
Das Wahlergebnis spiegelt unmittelbar wider, wer bei wem in hohem
Ansehen steht und wer in der Gemeinde die größte Wertschätzung
genießt.

Von den Pinagots steht keiner auf der Wahlliste. Sämtliche Mitglieder der Familie gehören zu jener Hälfte der Gemeindebevölkerung, die
vom Wahlrecht ausgeschlossen bleibt. Den größten Teil der Wähler
stellen die selbstwirtschaftenden Grundbesitzer. Des Weiteren finden
sich unter den Wahlberechtigten der Viehkastrierer Tertereau, den wir
bereits gut kennen, sowie ein Wagenbauer und drei weitere Holzarbeiter (zwei Holzschuhmacher und ein Schnittholzsäger). Die bestehende
Kluft zwischen den beiden Bevölkerungsgruppen von Origny vertieft
sich anlässlich der ersten Gemeinderatswahlen durch den ungleichen
Zugang zum Wahlrecht. Im ersten Wahlgang geben bei der ersten

»Ratswahl« einunddreißig der dreiundfünfzig Wähler (achtundfünfzig Prozent) ihre Stimme ab, während die Wahlbeteiligung im zweiten Wahlgang mit fünfundzwanzig abgegebenen Stimmen auf siebenundvierzig Prozent sinkt. Louis-François' Onkel, der Holzschuhmacher Jacques Drouin, geht in diesem Jahr ebenso wenig zur Wahl wie 1837 und 1840. François Courville, der zweite wahlberechtigte Holzschuhmacher, beteiligt sich nur am ersten Wahlgang. Dies deutet darauf hin, dass die Holzarbeiter ihr Wahlrecht bereits 1831 nicht so wichtig nehmen wie die Bauern. Im Laufe der Jahre geht die allgemeine Wahlbeteiligung leicht zurück. 1840 und 1843 liegt sie im ersten Wahlgang bei fünfundvierzig Prozent.

Insofern die Wahlen überhaupt sein Interesse wecken, mögen sie bei Louis-François widersprüchliche Gefühle auslösen. In der Spinnstube hört er gewiss von mancher Episode des Wahlkampfs, da sein Schwiegervater, einer seiner Onkel, mehrere Nachbarn und einige Holzarbeiter an der Wahl teilnehmen dürfen. In jedem der sich überlagernden Verwandtschaftskreise in der Gemeinde Origny-le-Butin sind fortan einige Mitglieder wahlberechtigt, sodass sich gewiss lebhafte Diskussionen entspinnen. Bestimmt erlebt Louis-François, wie gesagt, auch die Vereidigung der Wähler. Es muss ihn schmerzhaft berühren, dass er selbst von der Zeremonie ausgeschlossen ist. Wenn fast die Hälfte der Männer in der Gemeinde das Wahlrecht besitzen, so mag es erniedrigend sein, nicht dazuzugehören. Oder legen wir hier Gefühlsmaßstäbe an, die unserem armen Holzschuhmacher völlig fremd sind? Wie dem auch sei, angesichts der Ausgrenzung mag er die Erlangung des Wahlrechts im März 1848 vielleicht umso mehr schätzen. Wir müssen also ausloten, was dieses Recht für ihn bedeutet haben mag.

Das neue Wahlrecht unterscheidet sich recht grundlegend von jenem, das Jahre zuvor den dreiundfünfzig Wählern von Origny-le-Butin zuerkannt wurde. Es beschränkt sich nicht auf die Kommunalwahlen, sondern greift weiter aus. Jeder Mann ab dem Alter von 21 Jahren erhält das Recht, an den Wahlen zum Departementsrat und zur Konstituierenden Versammlung teilzunehmen. Wenig später kommt die Wahl des

Präsidenten der Republik und der Mitglieder der Gesetzgebenden Versammlung hinzu.

Diese Teilhabe am politischen Leben der Nation konfrontiert Louis-François Pinagot mit zwei Problemen. Die Ausübung des neuen Rechts setzt die Kenntnis überlokaler Zusammenhänge, wenn nicht gar der Gesamtgesellschaft voraus (falls dieser Begriff überhaupt einen Sinn hat), und sie setzt die Kenntnis einer bestimmten Begriffswelt voraus, ohne die ein angemessenes Verständnis der nationalen Debatten nicht möglich ist.[94] Was den Wahlakt selbst betrifft, muss der Analphabet völliges Vertrauen in denjenigen haben, der den Wahlzettel für ihn ausfüllt, sowohl im Hinblick auf das korrekte Ausfüllen wie auf die vertrauliche Behandlung seiner Wahlentscheidung. Der Analphabet sieht sich in besonderem Maße Einflüssen ausgesetzt. Hinzu mag die Angst kommen, lächerlich zu wirken. Er mag befürchten, dass er sich ungeschickt anstellen wird, wenn er nach einem langen Fußmarsch im Hauptort des Kantons oder des Arrondissements anlangt und unter den mehr oder weniger spöttischen Blicken der kleinen Notabeln im Wahlbüro feierlich aufgerufen wird, seinen Stimmzettel abzugeben.

Wir müssen es eingestehen: Wir werden niemals etwas über die politischen Ansichten, Überzeugungen oder Gefühle von Louis-François Pinagot wissen. Schließt man von gleicher sozialer Stellung auf gleiche politische Ansichten, so würde aus dem folgenden Vorfall hervorgehen, dass Louis-François Anhänger der Republik ist. Am 3. April 1848 stellen einige »Arbeiter« im zwei Kilometer entfernten Gué-de-la-Chaîne (Gemeinde Saint-Martin) mitten im Dorf einen Freiheitsbaum auf. Die Arbeiter, zweifellos Holzschuhmacher, haben den Baum im Staatsforst gefällt, worauf die Behörden ähnlich reagieren wie Jahre zuvor auf die im Brauchtum verwurzelten Praktiken der Jugend. Auf die Frage des Oberförsters, ob sie die Genehmigung des Bürgermeisters eingeholt haben, antworten die Arbeiter, »dass es seit Ausrufung der Republik keine Herren mehr gibt«.[95] Wie stets in Zeiten des Übergangs von einem Regime zum anderen ist man der Überzeugung, dass die Behörden nichts mehr zu sagen haben.

In Origny-le-Butin wird die Wählerliste bereits Anfang April ange-
schlagen, um bei eventuellen Reklamationen genügend Zeit für Ände-
rungen zu haben. Louis-François Pinagot ist darauf ebenso verzeichnet
wie auf der Liste vom 31. März 1850.[96] Um Verwechslungen mit seinem
Onkel aus Les Querrières und seinem ältesten Sohn vorzubeugen, wird
er als Louis-François Pinagot, *genannt Pôté,* geführt. Leider wissen wir
nicht, ob er an der Wahl zur Konstituierenden Versammlung im April
1848 teilnimmt. Wir wissen nur, dass sich die Bevölkerung in der
Gegend um Bellême darüber beklagt, dass die Wahl im Hauptort des
Kantons stattfindet. Über die Teilwahlen im Juni besitzen wir hingegen
Angaben. Von den hundertdreiundzwanzig Wahlberechtigten der Gemeinde Origny-le-Butin geben nur fünfundvierzig ihre Stimme ab,
was bereits von einer gewissen Reserviertheit gegenüber Wahlen zeugt.
Aus der Familie Pinagot geht nur ein einziger Mann zur Urne. Sein
Vorname wird mit »Louis« angegeben, sodass wir nicht wissen, ob es
sich um Louis-François, seinen Onkel oder seinen ältesten Sohn handelt. Ein Vetter von Louis-François, der Holzschuhmacher Étienne
Pinagot, und dessen Sohn, Holzfäller von Beruf, enthalten sich ebenso
der Stimme wie Jacques-Augustin Drouin und sein Sohn. Insgesamt
liegt die Wahlbeteiligung der Holzschuhmacher und Schnittholzsäger
unter dem Gemeindedurchschnitt.

An der Wahl zum Gemeinderat am 30. Juli 1848 beteiligen sich ein-
undfünfzig der hundertvierundzwanzig eingeschriebenen Wähler.
Louis-François Pinagot geht nicht wählen, auch sein Sohn enthält sich
der Stimme. Nur der Tagelöhner Louis Pinagot, ein Onkel von Louis-
François, geht zur Urne; man kann also vermuten, dass er derjenige
war, der an der Wahl im Juni teilgenommen hat. Jacques Drouin enthält
sich der Stimme, aber sein Sohn, ebenfalls Holzschuhmacher, gibt
seine Stimme ab. Von den vier Courvilles geht keiner wählen. Nur
sechs der siebzehn Holzschuhmacher und zwei der sieben Schnittholzsäger geben ihre Stimme ab; ihre Wahlbeteiligung liegt also deutlich
unter dem Durchschnitt.

Wir haben also bisher keinen Beweis dafür, dass Louis-François

Pinagot von seinem Wahlrecht Gebrauch machte. Er wählt nicht im Juli und wohl auch nicht im Juni. Und ob er bei den Wahlen zur Konstiuierenden Versammlung im April und zum Departement- und Arrondissementrat im August zur Urne geht, entzieht sich unserer Kenntnis, weil die entsprechenden Listen verloren gegangen sind. Fest steht jedoch, dass die Wald- und Holzarbeiter, größtenteils Analphabeten, von ihrem neuen Wahlrecht nur wenig Gebrauch machen.

Louis-Napoleon Bonaparte scheint in der Region anfangs kaum bekannt zu sein. Bei der Wahl im Juni 1848 erhält er im Kanton Bellême nur fünf Stimmen. Die Präsidentschaftskandidatur des Prinzen wird im Arrondissement Mortagne bis zum 17. September geheim gehalten. An diesem Tag, genauer, in der folgenden Nacht, tauchen Plakate auf, die seine Kandidatur ankündigen. Doch der Unterpräfekt, ein Parteigänger Cavaignacs, lässt sie sofort wieder abreißen, ohne dass es ihm gelingt, die von ihm als »Aufwiegler«[97] bezeichneten Verantwortlichen zu ermitteln.

Am 11. November muss er indes zur Kenntnis nehmen, dass der Prinz in seinem Arrondissement massenhaft Zulauf erhält. »Was die ländlichen Gemeinden betrifft, so scheinen sie Louis-Napoleon Bonaparte ernennen zu wollen. Die Bauern werden in ihrer ganzen Unwissenheit, mit ihren ganzen Vorurteilen und Illusionen nicht für eine Person stimmen, sondern für einen *Namen,* für eine *Erinnerung.* Napoleon steht auf dem Land in solch hohem Ansehen, seine Beliebtheit beim Volk ist derart ausgeprägt, dass sein Name genügt, um die unwissenden Massen mitzureißen. Sie dichten dem Träger dieses Namens einen unerfindlichen Nimbus und wundersame Kräfte an [...]. Sie meinen, Napoleon werde die Steuern senken, den Kredit wieder beleben, und ihre Pferde und Rinder werden einen hohen Preis erzielen [...]. *Wir brauchen einen Herr, wir werden einen Kaiser ernennen, er wird sich wie sein Onkel zum Kaiser machen [...]. Er wird sich um unsere Angelegenheiten kümmern.* So reden sie über ihn. Allein, einige alte Bauern erinnern sich, wie sie unter Napoleon zu leiden hatten, aber sie kommen gegen die mitreißende und begeisternde Rede der alten Soldaten nicht an, die in den Schenken von den Heldentaten des großen Mannes erzählen.«[98]

Dieser Text schildert die vermuteten Hoffnungen der Landbevölkerung ausführlicher als andere, eher zusammenfassende Darstellungen. Dies lässt vermuten, dass der Unterpräfekt die Stimmung in der Öffentlichkeit genauestens verfolgt. Die Verknüpfung von Unwissenheit und machtvollen Erinnerungen, von Ansehen und daraus fließender Illusion strukturiert seiner Ansicht nach die Vorstellungswelt der Landbevölkerung. Dass die Bauern eine Restauration des Kaiserreichs und flüssigen Kredit, steigende Viehpreise und sinkende Steuern erwarten, macht sie zu besseren Propheten als den gelehrten Unterpräfekten, der darin nur »lächerliche Illusionen« erblickt.

Im Kanton Bellême ist allerdings eine gewisse Reserviertheit gegenüber dem Prinzen zu bemerken. Im Unterschied zu vielen anderen Gemeinden des Departements findet er in Origny-le-Butin bei weitem nicht allgemeine Zustimmung. Die Hauptzäsur stellt die Abschaffung des allgemeinen gleichen Wahlrechts für Männer dar. Das entsprechende Gesetz vom 31. Mai 1850 hat in Origny verheerende Folgen: Die Zahl der Wähler sinkt um dreiundvierzig Prozent. Wahlberechtigt sind fortan kaum mehr Männer als bei den Gemeinderatswahlen unter der Juli-Monarchie. Die Zahl der eingeschriebenen Wähler sinkt von hundertsiebenundzwanzig auf vierundsiebzig.[99] Fast alle Einwohner von La Basse-Frêne werden von der Wählerliste gestrichen. Sämtliche Mitglieder der Familie Pinagot büßen ihr Wahlrecht ein, mit Ausnahme eines Sohns von Louis-François: Étienne dient im 62. Regiment, das in Versailles stationiert ist. Dass ihnen dieser Verlust großen Kummer bereitet, ist wohl kaum anzunehmen. Da sie sowieso kaum zur Wahl gehen, mag der Entzug dieses grundlegenden Staatsbürgerrechts für sie gar nicht so bitter sein.

Mit der Wiedereinführung des allgemeinen Männerwahlrechts am 2. Dezember 1851 kehren auch die Pinagots auf die Wählerliste zurück. Alle Männer der Familie sind darauf verzeichnet: Louis-François, sein Vater, sein Onkel, seine Vettern; nur sein ältester Sohn fehlt: Er hat, wie das Dokument erläutert, die Gemeinde verlassen.

Die Bevölkerung des Departements Orne beteiligt sich nicht am Aufstand, der auf den Staatsstreich folgt.[100] Wie das Ergebnis des Plebiszits und vor allem die ausgelassenen Festlichkeiten im Anschluss daran zeigen, stößt der Prinz-Präsident in der Gegend um Bellême auf breite Zustimmung. Das *Écho de Mortagne* verkündet die Genugtuung der lokalen Behörden mit solcher Überschwänglichkeit, dass die vorausgehenden Befürchtungen deutlich werden. Als am 11. Januar überall in Frankreich gefeiert wird, steht Mortagne nicht zurück.[101] Und zu den Feierlichkeiten anläßlich der Restauration des Kaiserreichs am 5. Dezember 1852 trug auch Bellême seinen Teil bei.[102]

In Origny-le-Butin jedoch verschwindet die reservierte Haltung gegenüber Bonaparte, wie sie bei den Wahlen am 10. Dezember 1848 zum Ausdruck kam, auch später nicht völlig. Das wird beim Plebiszit deutlich: Sechzehn Nein-Stimmen und ein leerer Stimmzettel bei hundertsiebzehn Wählern sind angesichts der allgemeinen Stimmung und der Bedingungen, unter denen die Wahl stattfand, nicht wenig. Jahre später, beim Plebiszit vom 8. Mai 1870, stimmen neunzehn der insgesamt hundertneunzehn Wähler gegen die von Napoleon III. eingeführten Verfassungsreformen. Wir wollen es bei dieser Darstellung der Wahlergebnisse bewenden lassen und uns nun der Frage zuwenden, inwieweit sich Louis-François, seine Angehörigen und die anderen Holzarbeiter an den Wahlen zwischen 1852 und 1871 beteiligen. Die entsprechenden Protokolle sind erhalten.[103]

Allgemein lässt sich feststellen, dass die Holzarbeiter nach und nach Zugang zum Wahlakt finden. Bei den Gemeinderatswahlen von 1855 gehen erst drei der fünfzehn eingeschriebenen Holzschuhmacher zur Urne. Louis-François enthält sich ebenso der Stimme wie alle anderen Pinagots und sein Kollege Renaud. Aus dem weiteren Verwandtenkreis beteiligt sich nur Jacques Drouin an der Wahl. So geizt man zu Beginn des Kaiserreichs in La Basse-Frêne durchaus mit seiner Stimme. Bei den Gemeinderatswahlen von 1859 macht Louis-François von seinem

Recht zwar Gebrauch, aber ansonsten nimmt die Wahlbeteiligung in seinem Milieu noch nicht zu. Von den insgesamt vierundzwanzig eingeschriebenen Holzarbeitern gehen nur fünf zur Wahl: drei Holzschuhmacher, ein Holzfäller und ein Schnittholzsäger. Und auch von den vierundzwanzig Tagelöhnern beteiligen sich nur sechs.

1868 sind in puncto Wahlbeteiligung erhebliche Fortschritte zu verzeichnen. In diesem Jahr üben elf Holzschuhmacher und sieben Schnittholzsäger ihr Wahlrecht aus, das heißt achtzehn von insgesamt siebenundzwanzig eingeschriebenen Holzarbeitern. Die Familie von Louis-François ist an diesem Prozess jedoch nur am Rande beteiligt. Pierre-Théodore, Victor-Constant, Vetter Jacques Drouin und Schwiegersohn Bourdin enthalten sich 1868 der Stimme; Louis-François hingegen nimmt an beiden Wahlgängen teil.

An den Parlamentswahlen beteiligt er sich ebenso wie Pierre-Théodore, der als Holzschuhmacher in seiner Nähe lebt, und sein Sohn Louis, der als Bauer tätig ist. Fünfzehn der zwanzig eingeschriebenen Holzschuhmacher und Schnittholzsäger üben ihr Wahlrecht aus. Mit fünfundsiebzig Prozent liegt dieser Anteil allerdings niedriger als bei den Bauern, die zu sechsundachtzig Prozent ihre Stimme abgeben.

Während der achtzehnjährigen Dauer des Zweiten Kaiserreichs kann Louis-François Pinagot seine soziale Stellung langsam verbessern, womit gewiss auch sein Selbstwertgefühl und sein Ansehen innerhalb der Dorfgemeinschaft steigen. Wir haben gesehen, wie er sich aus ärmlichen Verhältnissen herausgearbeitet hat. Der Aufschwung der Holzschuhmacherei, die Ablösung der Spinnerei durch die Handschuhmacherei, die relative Prosperität der Landwirtschaft, die intensive wirtschaftliche Nutzung des Waldes und der Umstand, dass alle seine Kinder nunmehr das arbeitsfähige Alter erreicht haben, wirken sich zu seinen Gunsten aus. Die erste Etappe seines bescheidenen Aufstiegs markiert der Erwerb von Eigentum im Alter von achtundfünfzig Jahren. 1856 kauft Louis-François von Jean Trouillet aus La Basse-Frêne ein altes Gemäuer mitten im Dorf. Das Haus mit einer Gesamtfläche von fünfundachtzig Quadratmetern besitzt lediglich zwei Öffnungen. Steuerlich wird es mit sieben Francs veranlagt, das heißt mit dem niedrigsten Betrag, den die Heberolle kennt. Ein kleiner Garten von zweihundertfünfzig Quadratmetern schließt an das Haus an.[104] Es handelt sich also um einen überaus bescheidenen Besitz, und auch die armen Eheleute Lebouc, deren elende Lebensumstände wir kennen gelernt haben, erwerben zu diesem Zeitpunkt eine ähnliche Behausung mit Garten.

Immerhin steht Louis-François Pinagot, einst offiziell als Notleidender anerkannt und lange Zeit von der Haussteuer befreit, nun auf der Eigentümerliste der Gemeinde. Auch die alte Freundschaft mit César Buat trägt Früchte. Dieser Bauer ist der Prototyp jener Kleinstnotabeln, denen das Zweite Kaiserreich mit Vorliebe die Verwaltung der winzigen ländlichen Gemeinden anvertraut. Die freundschaftlichen Beziehungen zwischen Louis-François und dem Bürgermeister tragen sicherlich dazu bei, das Ansehen des Holzschuhmachers zu erhöhen; zumal Louis-François ja ein Ehrenmann ist: Nie wird er beim Wildern oder bei Gewalttätigkeiten erwischt, seine Kinder zieht er anständig auf, und zwei seiner Töchter kann er mit ehrenwerten jungen Männern aus der Gemeinde verheiraten, obwohl seine Verwandtschaft nicht den allerbesten Ruf genießt.

Am wichtigsten in dieser Hinsicht ist jedoch der soziale Aufstieg seines ältesten Sohns Louis-François. Als er 1866 nach Origny-le-Butin zurückkehrt, bezieht er in La Croix ein Haus, das er sich hat bauen lassen.[105] Zu Beginn des Kriegs gegen die Preußen, am 7. August 1870, steht in Origny-le-Butin die Neuwahl von zehn Gemeinderäten an. Mindestens siebenundvierzig Stimmen sind nötig, um einen Sitz zu erlangen. Unter den sechzehn »Bürgern«, die die Wähler im Gemeinderat sehen möchten, erreicht Louis-François mit sechsunddreißig Stimmen Platz dreizehn – was sein Ansehen in der Gemeinde sichtbar werden lässt.[106]

Am 30. April 1871, wenige Wochen nach dem Abzug der Preußen, sind in Origny-le-Butin abermals zehn Gemeinderatssitze zu besetzen. In seiner Eigenschaft als Vorsitzender des Wahlbüros öffnet César Buat um 8.30 Uhr die Türen. Der Wahlkasten ist mit zwei Schlössern versehen. Ein Schlüssel befindet sich beim Vorsitzenden, der andere in der Obhut des ältesten Wahlhelfers, des ehemaligen Bürgermeisters Mathurin Guillin. Die Wähler werden in alphabetischer Reihenfolge aufgerufen. Der Vorsitzende nimmt ihre Stimmzettel entgegen und steckt sie in den Kasten. Von den hundertvierundzwanzig eingeschriebenen Wählern nehmen an diesem Tag hundertneun an der Wahl teil, so dass das Interesse an den Gemeinderatswahlen deutlich gestiegen ist. Louis-François Pinagot jun. erhält zweiundfünfzig Stimmen und erreicht damit Platz elf. Doch da nur neun Bürger die absolute Mehrheit erlangen, wird zur Besetzung des verbleibenden Sitzes ein zweiter Wahlgang nötig.

Dieser findet am 7. Mai 1871 statt. Das Wahlbüro öffnet um acht Uhr morgens und schließt nach einem abermaligen Aufruf aller eingeschriebenen Wähler um »zwei Uhr abends«. Hundertacht Stimmzettel werden abgegeben. Louis-François Pinagot jun. erhält zweiundfünfzig Stimmen, eine Stimme mehr als sein Mitbewerber, und ist damit gewählt. Dass es im zweiten Wahlgang zu keiner Zersplitterung der Stimmen kommt, zeigt, dass ein regelrechter Wahlkampf stattfand, dass sich die Wähler absprachen und in zwei Lager spalteten. Im Anschluss an die Wahl werden die Stimmzettel öffentlich verbrannt. Wie gerührt der nunmehr fast dreiundsiebzigjährige Pinagot gewesen sein musste, können wir uns denken. Der einst Not leidende Holzschuhmacher, der weder lesen noch schreiben kann, sieht seinen ältesten Sohn in seinem eigenen Geburtsort zu einer bekannten Persönlichkeit werden. So hat er fortan die Möglichkeit, über alle Lokalangelegenheiten bestens informiert zu sein und einen gewissen Einfluss zu gewinnen. Diesen Dingen wollen wir uns jetzt zuwenden.

Louis-François Pinagot jun. zeigt sich als sehr aktiver Ratsherr. Bei allen Debatten ist er dabei, und zwar an vorderster Front. Gemeinsam mit dem Bauern Michel Virlouvet und seinem Freund Sichou vertritt er die Interessen der Holzarbeiter, oder vielmehr der Bevölkerung am Waldrand, gegen die Interessen der Bewohner des Hauptorts und der wohlhabenden Bauern. Erstmals in seinem Leben sieht sich Vater Pinagot genötigt, im Konflikt zwischen den beiden Fraktionen der Gemeinde Partei zu ergreifen. Und zum ersten Mal lassen die Dokumente der Gemeindearchive erahnen, mit welcher Leidenschaft die kommunalen Angelegenheiten in Origny-le-Butin diskutiert werden.

Nicht neu sind die Auseinandersetzungen über die Instandhaltung des Wegs, der vom Hauptort zum Waldrand führt. Das Problem stand bereits am 10. Februar 1840 auf der Tagesordnung des Gemeinderats.[107] Aufgrund des erheblichen Gewichts der transportierten Holzstämme muss die Gemeinde den schlechten Weg, der den Waldrand mit dem Weg nach La Perrière verbindet, häufig ausbessern. Die Untätigkeit der Forstverwaltung in dieser Sache löst in der Gemeinde Unmut aus. Am 13. Oktober 1854 beantragt der Rat die Einstufung des Wegs als Gemeindeweg, kann sich damit aber nicht durchsetzen. Am 10. Mai 1856 wiederholt er seinen Antrag. Der Wald und der angrenzende »Landstrich« seien zugänglich zu machen. Letzterer »umfasst achtundzwanzig Behausungen und ungefähr achtzig Hektar schlechten Bodens, der sich im Besitz verschiedener Personen befindet, größtenteils sehr wenig wohlhabender Waldarbeiter«. Der einzige Weg, der indirekten Zugang zu diesem »Landstrich« gewährt, ist mindestens sechs Monate im Jahr unbefahrbar, weil er aufgrund »seiner geringen Breite« und der Unmöglichkeit, an den Seiten Gräben zu ziehen, regelmäßig verschlammt.

Der Rat beklagt »die dadurch bewirkte Behinderung der Bürger dieses Landstrichs, die den Weg nur unter großer Kraftanstrengung mit ihren Wagen befahren können, namentlich die Arbeiter, die einige Mühe haben, jemanden zu finden, der ihnen das Holz und andere Dinge des häuslichen Bedarfs nach Hause transportiert«. Wir sollten diese Angelegenheit sehr ernst nehmen, wenn wir uns ein angemessenes Bild davon machen wollen, mit welchen Schwierigkeiten Louis-François Pinagot sein Leben lang zu kämpfen hatte.

Nach Prüfung des Sachverhalts lehnt der Wegeaufseher den Antrag auf Einstufung als Gemeindeweg mit der Begründung ab, der Weg sei »lediglich von örtlicher Bedeutung und nütze nur wenigen Einwohnern«. Daraufhin beschließt der Gemeinderat, die Bürger aufzufordern, zwischen dem 23. März und dem 23. April 1856 ihre Meinung in dieser Sache im Gemeindehaus zu äußern und sich für oder gegen die Einstufung als Gemeindeweg zu entscheiden. Der Bürgermeister hofft mit diesem Appell an die öffentliche Meinung die Verwaltung von ihrer ablehnenden Haltung abzubringen. Das Ergebnis ist jedoch eindeutig: Einundneunzig Einwohner sprechen sich gegen die Einstufung aus, nur siebenunddreißig sind dafür. Wer meint, die Arbeiten am Weg werden ihm keinen Nutzen bringen – und das ist die Mehrheit –, lehnt die dafür nötigen Ausgaben ab. Die Angelegenheit spaltet die Gemeinde in zwei Lager, und dieser Bruch sollte zwanzig Jahre andauern. Trotz dieses Ergebnisses und trotz der Ablehnung durch neun Gemeinderäte, die geltend machen, dass der Weg »am Wald als Sackgasse endet«, fordert César Buat weiterhin die Einstufung als Gemeindeweg, doch ohne Erfolg. Bis in die letzten Wochen des Kaiserreichs sollte es dabei bleiben.

Im Frühjahr 1870 kommt die Frage erneut auf die Tagesordnung. Mit sieben gegen zwei Stimmen fordert der Gemeinderat, den Weg, der vom Hauptort über La Basse- und La Haute-Frêne zum Wald führt, als Dorfweg einzustufen, vorausgesetzt, dass damit keine zusätzlichen Abgaben verbunden sind. Er stößt auf taube Ohren. Am 14. November 1871 äußert der Gemeinderat die Ansicht, sowohl der Weg zum Wald als auch der Weg vom Hauptort zur Gemarkungsgrenze von Saint-Martin-du-Vieux-Bellême seien als Dorfwege einzustufen. Da jedoch nicht beide Projekte gleichzeitig zu bewältigen sind, beschließt der Gemeinderat mit sieben gegen drei Stimmen, letzterem den Vorrang einzuräumen. Damit setzen sich die Bauern gegen die Waldarbeiter durch. Ende April des folgenden Jahres wird im Rathaus ein Protokollbuch angelegt, in das Wähler und Steuerzahler, die »an den Gemeindeangelegenheiten interessiert sind«, ihre Meinung eintragen lassen können. Neununddreißig Bürger votieren für den Weg zum Wald, der »rund dreißig Haushalten nutzen wird«. Sie werden, nicht überraschend, vom Forstverwalter unterstützt. Zweiundsiebzig Wähler beziehungsweise Steuerzahler sprechen sich jedoch für den anderen Weg aus.

Die für den Waldweg sich aussprechende Petition, die mit Datum
vom 5. Mai im Protokollbuch des Gemeinderats wiedergegeben ist,
trägt die Unterschriften (oder Kreuze) von drei Holzhändlern, darunter
einer aus Bellême, mehreren Holzschuhfabrikanten und vier Holzschuhmachern, die Pinagots nicht mitgezählt. In der Tat hat Louis-
François sen. die Mühe auf sich genommen, zum Gemeindehaus hinunter zu gehen. Diese Eintragung im Protokollbuch ist die einzige
handschriftliche Spur, ja die einzige persönliche Spur überhaupt, die
wir von ihm besitzen. Es handelt sich um ein raumgreifendes, ungeschickt gemaltes Kreuz, das sich von den anderen ein wenig unterscheidet, ein Beweis dafür, dass alle des Schreibens unkundige Unterzeich-
ner ihre Kreuze mit eigener Hand eingetragen haben. Man kann sich
vorstellen, wie gerührt ich war, als ich nach monatelangen Nachforschungen, in deren Verlauf mir die ungreifbare Persönlichkeit von
Louis-François immer vertrauter wurde, auf einmal diese Spur entdeckte. Ich versuchte die Handbewegung nachzuvollziehen, mit der er
sie zu Papier gebracht hatte, die handschriftliche Spur eines vierund-
siebzigjährigen Mannes, der vielleicht zum ersten Mal in seinem Leben
zum Federhalter griff.

Im Rat verteidigen Louis-François Pinagot jun. und seine Freunde
Virlouvet und Sichou ihr Anliegen mit Zähnen und Klauen. Sie gehen
so weit, eine Zuzahlung von sechshundert Francs zu garantieren, sollte
das Projekt sich durchsetzen; denn die Bewohner am Waldrand legen
großen Wert darauf, dass ihr Gebiet erschlossen wird. Die Gegenpartei
reicht eine Petition mit einundvierzig Unterschriften und dreißig Kreu-
zen ein. Zwischen den beiden Lagern gibt es also keinen kulturellen
Unterschied, ihr Konflikt erklärt sich aus einem territorialen Gegensatz.

Am 14. Dezember 1872 fordert der Präfekt den Gemeinderat sicherlich auf Ansuchen der Forstverwaltung auf, die Petition der Befürworter des Wegs zum Wald erneut zu prüfen. Der Bürgermeister ist gegen
diese Infragestellung der Bürgerentscheidung. Es entspinnen sich endlose Diskussionen über die Zahl der Haushalte, die durch den Weg

erreichbar würden. Schließlich bestätigt der Gemeinderat mit sieben zu drei Stimmen seinen ursprünglichen Beschluss und spricht sich gegen die Einstufung als Gemeindeweg aus.

Aber bald schon sollten Pinagot, Virlouvet, Sichou und ihr jetziger Verbündeter César Buat versuchen Revanche zu nehmen. Als der Gemeinderat 1873 beabsichtigt, ein Grundstück der Witwe Trottier zu enteignen, um darauf ein Schulgebäude zu errichten, äußern die vier Ratsherren Widerspruch. Ihrer Auffassung nach ist das Bauvorhaben zu kostspielig, man solle lieber die bislang genutzten Räumlichkeiten renovieren, auch wenn die Decke sehr niedrig sei. Am 11. August 1873 votiert der Rat mit fünf gegen vier Stimmen für die Enteignung des Grundstücks. Am 3. Dezember desselben Jahres bekräftigt der Rat mit einer Mehrheit von sechs Stimmen seine Entscheidung und beschließt den Bau eines Schulgebäudes. Virlouvet, Sichou und Pinagot verlassen den Sitzungssaal. Im Rat sind sie auch diesmal in der Minderheit, in der Öffentlichkeit hingegen nicht.[108] Am 7. Juni 1874 werden die Projektunterlagen im Rathaus ausgelegt. Gruppenweise sprechen die Einwohner vor, um ihre Meinung kundzutun, darunter erneut zahlreiche Analphabeten. Nur zehn von insgesamt vierundfünfzig Bürgern sprechen sich für das Bauvorhaben aus; achtunddreißig Bürger hingegen regen an, das bislang als Schule genutzte Haus zu erwerben.

Erst 1878 sollten sich die Befürworter eines Neubaus durchsetzen, nachdem der Schulrat in seinem Bericht ein sehr düsteres Bild von den Räumlichkeiten der Schule von Origny-le-Butin gemalt hatte.[109] Diese bestehe aus »zwei schmutzigen Zimmern, eines davon im oberen Stockwerk, das nur über eine Leitertreppe zu erreichen ist«. Es existiere kein »anderer Pausenhof als die angrenzenden Straßen«. Die Schule besitze kein »heimliches Gemach, die Kinder verrichten ihre Notdurft, wo sie können [...]; der Schule gegenüber, auf der anderen Seite des Wegs, befindet sich ein großer Teich, der nicht umzäunt ist«. Im Sommer verströme er übelriechende Gase. Das Schulhaus müsste also von Grund auf erneuert werden.

Die Debatte vom Juni 1874 offenbart zwei entgegengesetzte Wertsysteme. Das ganze Leben von Louis-François wirft Licht auf die Logik des Widerstands gegen den Bau eines neuen Schulgebäudes. Einstweilen kann sich der Ratsherr Pinagot mit Unterstützung seiner Freunde noch durchsetzen, doch ist er offenkundig krank. Seit einigen Monaten schon verliert seine Unterschrift an Schwung, seine Handschrift an Klarheit.

Einige Wochen später, am 19. August, widerfährt Louis-François das tiefe Leid, diesen Sohn zu verlieren, der gewiss sein ganzer Stolz war. Er sollte ihn nur zwei Jahre überleben. Am 31. Januar 1876 entschläft er im Dorf La Basse-Frêne, in seinem kleinen Haus mit den zwei Öffnungen, nicht weit von seinen noch lebenden Kindern und seinen Enkeln. Die Totenglocke läutet an diesem Tag für einen Menschen, von dessen Dasein wir nur die trügerische Atonie zu erfassen vermochten, wie geglättet durch die Methoden der Aufzeichnung und Bewahrung der Spuren. Wir sind am Ende dieser unmöglichen Lebensbeschreibung von Louis-François Pinagot angelangt, oder vielmehr am Ende jenes erinnernden Wachrufens eines Menschen, der bisher verschollen war und nicht die geringste Chance hatte, im Gedächtnis der Menschen eine Spur zu hinterlassen. Er möge mir diese flüchtige Wiederauferstehung ebenso verzeihen wie die vielfältigen Figuren, in deren Gestalt er im Kopf der Leser erscheinen wird. Was würde er wohl über dieses Buch denken, das er in jedem Fall nicht hätte lesen können?

# ABKÜRZUNGEN

AN:    Archives nationales
ADO:  Archives départementales de l'Orne
AM:    Archives municipales
AP:    Archives paroissiales

# ANMERKUNGEN

## Auftakt
### Die Erforschung eines ganz gewöhnlichen Lebens

1 Es gibt gewiss Versuche, die Autobiografien von gewöhnlichen, unbekannten Menschen zu rekonstruieren, die ihr Leben zumeist für ihre Nachkommen niedergeschrieben haben. Aber diese Selbstdarstellungen beabsichtigen nur, den Verfasser in einem heroischen Licht erscheinen zu lassen: »Ich war zwar ein kleiner Mann, aber ich habe in Würde gelebt.« Und dass sich der Roman als Gattung, die das Leben einfacher Leute beschreibt, im Fiktionalen und nicht in der Geschichte bewegt, versteht sich von selbst.

Bei den Lokalstudien gibt es zwei Typen: Ethnologische Schilderungen aus der Innenperspektive, die auf nostalgischen Kindheitserinnerungen beruhen, und Untersuchungen, die in der Tradition der amerikanischen Historiker Laurence Wylie und Patrice Higonnet an die Lokalstudien des 19. Jahrhunderts anknüpfen und eine anthropologische Zielsetzung verfolgen, wobei Untersuchungsgegenstand stets das Dorf ist. Auch sie haben mit unserer Forschungsperspektive nichts zu tun, genauso wenig wie die Arbeiten der strukturalistischen Anthropologie, die sich mit Heirats- und Verwandtschaftssystemen befassen.

2 Michel Foucault (Hg.), *Der Fall Rivière. Materialien zum Verhältnis von Psychiatrie und Strafjustiz,* Frankfurt a. M. 1975; Carlo Ginzburg, *Der Käse und die Würmer: die Welt eines Müllers um 1600,* Berlin 1993.

## Kapitel 1
### Der Raum eines Lebens

1 Vgl. unten, S. 111 ff. Ob Louis-François Pinagot zwischen zwei Volkszählungen oder zwischen jenen Ereignissen seines öffentlichen und privaten Lebens, die in den Archivdokumenten festgehalten sind, kurzzeitig außerhalb seiner Gemeinde lebte, entzieht sich freilich unserer Kenntnis.

2 Vgl. mit Blick auf eine andere Region: Tina Jolas, »Bois communaux à Minot«, in: *Revue forestière française*, Sondernummer *Société et forêts*, 1980, S. 218–230.

3 Wir beziehen uns hier auf die klassische Unterscheidung von Marie-Claire Pingaud, *Paysans en Bourgogne. Les gens de Minot*, Paris 1978.

4 Diese Doppelidentität lässt sich beispielsweise auch bei den Holzfällern des Cher feststellen. Siehe Michel Pigenet, *Ouvriers, paysans nous sommes. Les bûcherons du centre de la France au tournant du siècle*, Paris 1993.

5 Vgl. Marie-Claude Groshens, »Habitat et forêt«, in: *Revue forestière française*, Sondernummer *Société et forêts*, 1980, S. 263–273.

6 *Bornage, fossés, confrontation et quantité de la forêt de Bellesme*, 1782. ADO M 2192*.

7 Beschluss des Staatsrats vom 24. Juli 1783. ADO M 2192*.

8 Insbesondere im Jahr 1857. *Forêt de Bellesme, avant-projet d'aménagement*, 1858, ADO M 2194.

9 *Forêt de Bellesme, avant-projet d'aménagement*, 1858, ADO M 2194.

10 Der einzige Rechtsstreit, den wir diesbezüglich in den Archiven fanden, betraf die Bäume an der Böschung entlang des Grabens in Origny-le-Butin, die der Pfarrer von Fresnais (Sarthe) als sein Eigentum beanspruchte. 1846–1854, ADO M 2178.

11 Gegen Ende des Ancien régime befand sich der Forst von Bellême im Besitz des ältesten Bruders des französischen Königs. Der Wald wurde in dieser Zeit vor allem vom Adel genutzt (vgl. Denis Woronoff, *Révolution et espaces forestiers*, Paris 1988, Vorwort von Michel Vovelle, S. 6).

12 Zu dieser Erhebung vgl. Marie-Noëlle Bourguet, *Déchiffrer la France. La statistique départementale à l'époque napoléonienne*, Paris 1988.

13 Dureau de la Malle, *Description du bocage percheron, des mœurs et coutumes des habitants...*, Paris 1823, S. 37. Ebenso begeistert äußert sich Paul Delasalle, *Une excursion dans le Perche*, Paris 1839, S. 22.

14 Léon de la Sicotière, *Notice sur l'arrondissement de Mortagne*, Caen 1837, S. 10.

15 Der Wald von Bellême gehört zu einem ausgedehnten Waldgebiet, das außerdem folgende ungefähr gleich große Wälder umfasst: der Perche-Wald im engeren Sinn, den Valledieu-Wald, den Saint-Mard de Reno-Wald, den Bourse-Wald

und den Perseigne-Wald. An den Wald von Bellême grenzen der Montimer-Wald, der Chêne-Galon-Wald sowie das Dickicht von Eperrais und Saint-Ouen (vgl. ADO M 2194*).

16  Vgl. Roger Dupuy, »Forêt et contre-révolutions«, in: Denis Woronoff, *Révolution et espaces forestiers,* Paris 1988, S. 37–44.

17  Vgl. *Bornage, fossés, confrontation et quantité de la forêt de Bellesme,* 1782. ADO M 2192* sowie *Forêt de Bellesme, avant-projet d'aménagement,* 1858, ADO M 2194.

18  Die den Kanton von Bellême betreffenden Ergebnisse der 1844 angeordneten Untersuchung wurden 1883 von Friedensrichter Georges Courtois veröffentlicht: *Us et coutumes du canton de Bellême, recueillis jusqu'en 1882,* Bellême 1883. 1846 erschienen diese Ergebnisse bereits im Jahrbuch des Departements.

19  ADO M 2181. Diese Duldung wurde durch den Ministerialerlass vom 19. September 1893 zugunsten Not leidender Gemeindemitglieder bestätigt.

20  Ebd. Anlässlich der schrecklichen Trockenheit von 1870 und bei ähnlichen Notlagen wurde auch dies geduldet.

21  Vgl. weiter unten, Kapitel 5.

22  Vgl. Denis Woronoff, *Révolution et espaces forestiers,* Paris 1988.

23  Rapport du 20 frimaire an VI. An F$^1$ CIII Orne 8.

24  Honoré de Balzac, *Die Königstreuen,* Reinbeck bei Hamburg 1961, S. 44ff.

25  Vgl. Rougier de la Bergerie, *Les Forêts de la France,* Paris 1817: »Die Jahreszeiten sind dort [im Departement Orne] so unregelmäßig geworden, dass die Ernte nicht mehr gesichert ist« (S. 356).

26  Dies lässt sich anhand der Aufstellung von 1824 verfolgen (ADO M 2192*).

27  Vgl. den *Atlas portatif,* ADO M 2193.

28  Um genau zu sein, bedeckte das Unterholz nun 1 748 ha, im Vergleich zu 1 205 ha im Jahr 1782. Der Hochwald bedeckte anfangs 1 220 ha.

29  Vgl. ADO M 2193 und M 2194.

30  ADO M 2193.

31  ADO M 2197.

32  Im Einzelnen lässt sich die Entwicklung im *Atlas portatif* von 1834 verfolgen.

33  Andrée Corvol, »La Forêt«, in: Pierre Nora (Hg.), *Les Lieux de mémoire,* Bd. 3: *Les Frances,* Halbband 1: *Conflits et partages,* Paris 1992, S. 672–738.

34  ADO M 2194, *Histoire de l'aménagement de la forêt de Bellême,* S. 52.

35  Die Industrie verwendet Bäume mit der Höhe von 25–28 Metern, was einem Alter von rund 100 Jahren entspricht. Die Marine braucht Stämme, die 200 Jahre und älter sind.

36  Docteur Jousset, *Histoire de la forêt de Bellême,* Mamers 1884, S. 25.

37 Vgl. Peter Sahlins, *Forest Rites. The War of the Demoiselles in Nineteenth Century France,* Harvard 1994.

38 ADO M 2194.

39 Docteur Jousset, *Histoire de la forêt de Bellême,* Mamers 1884, S. 14.

40 AM de Saint-Martin-du-Vieux-Bellême, ADO E dépôt 89/66.

41 ADO M 2181.

42 Vgl. Gilles Bry de la Clergerie, *Histoire des pays et comté du Perche et duché d'Alençon,* Paris 1620; Paul Delasalle, *Une excursion dans le Perche,* Paris 1839, S. 5–9; Louis Dubois, *Annuaire statistique du département de l'Orne,* 1809. Louis Dubois zufolge wurde der Brunnen von La Herse um 1769 vom Oberforstmeister des Bezirks Alençon repariert und geschmückt. Bereits 1717 war die lateinische Inschrift, die den Brunnen der Venus widmet, Gegenstand eines Vortrags vor der Académie. 1834 zitiert Joseph Odolant-Desnos abermals die Heilkräfte der Quelle und beklagt, dass kein berühmter Arzt sie je gewürdigt habe. Vgl. Joseph Odolant-Desnos, »Orne«, in: M. Loriol, *La France, description géographique, statistique et topographique,* Paris 1834, S. 10f.

43 Ein klassisches Schicksal vieler Thermalquellen von geringer Bedeutung. Vgl. dazu Roy Porter, *The Medical Historiy of Waters and Spas,* London 1990. Der Bericht von Chaudru findet sich in den AM von Saint-Martin-du-Vieux-Bellême, ADO E dépôt 89/149, »source d'eau minérale de la Herse«.

44 Louis Charles Nicolas Delestang, *Chorographie du IVᵉ arrondissement communal du département de l'Orne ou du district de la sous-préfecture de Mortagne,* Argentan 1803.

45 *Annuaire statistique du département de l'Orne,* 1809, S. 170.

46 Docteur Jousset, *Histoire de la forêt de Bellême,* Mamers 1884, S. 39.

47 Paul Delasalle, *Une excursion dans le Perche,* Paris 1839, S. 9.

48 Abbé Louis-Joseph Fret, *Antiquités et chroniques percheronnes...,* Mortagne 1838–1840, Bd. 1, S. 176.

49 Paul Delasalle, *Une excursion dans le Perche,* Paris 1839, S. 6.

50 Docteur Jousset, *Histoire de la forêt de Bellême,* Mamers 1884, S. 40.

51 Vgl. Bernard Kalaora, *Le Musée vert ou le tourisme en forêt,* Paris 1981.

52 Docteur Jousset, *Histoire de la forêt de Bellême,* Mamers 1884, S. 27.

53 Docteur Jousset, *La Croix de la Feue Reine, par abréviation Croix-Feue-Reine, Croix-Furène,* Mortagne 1855, S. 2.

54 Docteur Jousset, *Histoire de la forêt de Bellême,* Mamers 1884, S. 34ff.

55 *Forêt de Bellesme, avant-projet d'aménagement de la forêt,* 1858, ADO M 2194.

56 Docteur Jousset, *Histoire de la forêt de Bellême,* Mamers 1884, S. 39.

57 Abbé Louis-Joseph Fret, *Antiquités et chroniques percheronnes...,* Mortagne 1838–1840, Bd. 3, S. 524.

58 Die folgenden Einzelangaben stammen aus verschiedenen Erhebungen; vgl. AM d'Origny-le-Butin, ADO E dépôt 88. Leider ist auf den Erhebungslisten nicht vermerkt, wer einer Mehrfachbeschäftigung nachging. So wird aus den Gerichtsurkunden zum Beispiel deutlich, dass es im Dorf Gastwirte und Handwerker gab, die in den Erhebungen jedoch nicht als solche verzeichnet sind.

59 ADO 13U583 und 13U585.

60 Vgl. unten, S. 291 f.

61 Vier Jahre vor seinem Tod verzeichnen die amtlichen Dokumente überdies zwei Schneiderinnen, einen Tischler und ein Lehrerehepaar.

62 Louis Charles Nicolas Delestang, *Chorographie du IV^e arrondissement communal du département de l'Orne ou du district de la sous-préfecture de Mortagne*, Argentan 1803, S. 54.

63 Vgl. Dominique Margairaz, *Foires et marchés dans la France préindustrielle*, Paris 1988; Alain Corbin, *Das Dorf der Kannibalen*, Stuttgart 1992.

64 Vgl. *Annuaires de l'Orne*, 1820.

65 Zur Produktion des Bretagne-Bildes vgl. Catherine Bertho, »L'invention de la Bretagne. Genèse sociale d'un stéréotype«, in: *Actes de la recherche en sciences sociales* 35 (November 1980); Denise Delouche, *La Découverte de la Bretagne*, Lille 1977. Zum Limousin vgl. Caroline Girard, »Les sociétés d'originaires et la réponse à l'image noire du Limousin à travers le *Limousin de Paris*«, in: Gilles Le Béguec, Philippe Vigier (Hg.), *Limousins de Paris. Les sociétés d'originaires du Limousin sous la III^e République*, Limoges 1990. Zum Departement Orne insgesamt möchten wir auf eine wichtige, wenn auch späte Quelle verweisen, die sich im Wesentlichen mit den Monumenten der Vergangenheit und der Geschichte der Gemeinden beschäftigt: Léon de la Sicotière, Auguste Poulet-Malassis, *Le Département de l'Orne archéologique et pittoresque*, Laigle 1845.

66 Vgl. unsere Ausführungen zur Umgebung der Trappistenabtei in Chateaubriands Werk *Vie de Rancé* in: »Invitations à une histoire du silence«, in: *Foi, fidélité et amitié en Europe à la période moderne, Mélanges Robert Sauzet*, Tours 1995, S. 303. Denken wir auch an Édouard Herriot, *Dans la forêt normande*, Paris 1925.

67 Alain Corbin, »Paris-province«, in: Pierre Nora (Hg.), *Les Lieux de mémoire*, Bd. 3: Les Frances, Halbband 1, Paris 1992, S. 776–824.

68 Louis Charles Nicolas Delestang, *Chorographie du IV^e arrondissement communal du département de l'Orne ou du district de la sous-préfecture de Mortagne*, Argentan 1803, S. 3.

69 Louis Dubois greift sie in einer Reihe von Artikeln wieder auf, die er ab 1809 im *Annuaire de l'Orne* veröffentlicht.

70 Léon de la Sicotière, *Notice sur l'arrondissement de Mortagne*, Caen 1837, S. 11.

71 Vgl. die Berichte des Präfekten der Orne, 1834–1837. ADO M 268.

72 Joseph Odolant-Desnos, »Orne«, in: M. Loriol, *La France, description géographique, statistique et topographique*, Paris 1834, S. 64.

73 Marie-Noëlle Bourguet, *Déchiffrer la France. La statistique départementale à l'époque napoléonienne*, Paris 1988.

74 Wir stimmen mit Claude Cailly überein, dass die Provinz Perche von der Bevölkerung zwar als solche erlebt, in ihren genauen Umrissen jedoch nicht wahrgenommen wurde (Claude Cailly, *Mutations d'un espace proto-industriel. Le Perche aux XVIIIᵉ-XIXᵉ siècles*, Vorwort von Denis Woronoff, Fédération des amis du Perche 1993, S. 22). Wie der Verfasser schreibt, haben die Historiker des Perche, die nostalgisch vergangenen Zeiten nachtrauerten, eine »tiefliegende soziokulturelle Realität« systematisiert und auf die »politische und ideologische Ebene« gehoben.

75 Beispielhaft die detaillierte Analyse von Odile Barubé-Parsis, *Les Représentations du Moyen Âge au XIXᵉ siècle dans les pays-bas français et leurs confins picards*, Paris 1995.

76 P. Pitard, *Légendes et récits percherons*, Alençon 1875, S. 5.

77 Louis Dubois, *Annuaire statistique du département de l'Orne*, 1809, S. 109ff.

78 Dureau de la Malle, *Description du bocage percheron, des mœurs et coutumes des habitants...*, Paris 1823, S. 19f.; Joseph Odolant-Desnos (»Orne«, in: M. Loriol, *La France, description géographique, statistique et topographique*, Paris 1834, S. 64ff.) beschreibt den Glauben an diese übernatürlichen Wesen im Einzelnen. Im Gegensatz zu Dureau de la Malle versichert er, dass der Glaube an Wiedergänger im Departement Orne noch einen »unglaublichen Einfluss« besitzt, insbesondere die Furcht vor den Verdammten, die die Lebenden im Gebet heimsuchen und schreckliche Schreie ausstoßen. Chasse Artus, Hennequin und die Mère Harpine bezeichnen eine »Truppe von Höllengeistern, die mit der Mère Harpine als Anführerin angeblich durch die Luft fliegen und Leichenfetzen auf die Menschen herunterfallen lassen«. Der Werwolf ist ein Verbrecher, den der Teufel für sieben Jahre in seine Gewalt gebracht hat. Der Kobold oder Pferd Baïard ist hingegen ein guter Teufel, der einen schlimmstenfalls an der Nase herumführt.

Eine ausführliche Bibliografie zu diesen Glaubensvorstellungen findet sich bei Léon de la Sicotière, *Bibliographie des usages et des traditions populaires du département de l'Orne*, Vannes 1892 – ein überaus wichtiges Arbeitsinstrument.

79 Dureau de la Malle, *Description du bocage percheron, des mœurs et coutumes des habitants...*, Paris 1823, S. 5f.

80 Paul Delasalle, *Une excursion dans le Perche*, Paris 1839, S. 1f. und das im Text folgende Zitat.

81 Dureau de la Malle, *Description du bocage percheron, des mœurs et coutumes des habi-tants...*, Paris 1823, S. 9.

82 Ebd., S. 21.

## Kapitel 2
### *»Die untere Unendlichkeit«*

1 Vgl. Philippe Boutry, »Le clocher«, in: Pierre Nora (Hg.), *Les Lieux de mémoire,* Bd. 3: Les Frances, Halbband 2: Traditions, Paris 1992, S. 56–89.

2 Über den akustischen Raum der ländlichen Gegenden im 19. Jahrhundert vgl. Guy Thuillier, »Bruits«, in: *Pour une histoire du quotidien au XIXᵉ siècle en Niver-nais,* Paris-La Haye 1977, S. 230–244; Alain Corbin, »Prélude à une histoire de l'espace et du paysage sonore«, in: *Le Jardin de l'esprit,* Genf 1995.

3 Vgl. Maurice Halbwachs, *Das Gedächtnis und seine sozialen Bedingungen,* Frank-furt a. M. 1985.

4 Alain Corbin, *Die Sprache der Glocken: ländliche Gefühlskultur und symbolische Ord-nung im Frankreich des 19. Jahrhunderts,* Frankfurt a. M. 1995, S. 59–74 (Triumph der Dissidenz).

5 Vgl. die detaillierte Inventur von 1810 und 1850: ADO E dépôt 88/85.

6 Wir behaupten dies nach Durchsicht biografischer Nachschlagewerke und der Departements-Erhebungen.

7 Vgl. Daniel Fabre, »Une culture paysanne«, in: André Burguière, Jacques Revel (Hg.), *Histoire de la France. Les Formes de la culture,* Paris 1993, insbesondere S. 193–200.

8 Jean-François Pitard, *Fragments historiques sur le Perche. Statistique par commune,* Mortagne 1806 – Origny-le–Butin bedeutet wörtlich übersetzt »Origny, die Beute«. (AdÜ)

9 Zu dieser Entwicklung in einem Departement der unteren Normandie, vgl. Gabriel Désert, *Les Paysans du Calvados, 1815–1895,* Lille 1975.

10 1852 sind im Kanton von Bellême 2329 ha mit Weizen und 2034 ha mit Gerste bepflanzt.

11 ADO M 1832.

12 Wie Claude Cailly *(Mutations d'un espace proto-industriel. Le Perche aux XVIIIᵉ-XIXᵉ siècle,* Fédération des amis du Perche 1993, S. 155–168) hervorhebt, voll-zog sich diese Umstellung sehr langsam. 1837 unterstrich Léon de la Sicotière, dass die Brachfläche nur wenig zurückgegangen war. Nach der Landwirt-schaftserhebung von 1840 bedeckte angelegtes Grünland, wenn man die Forst-

und Waldflächen abzieht, nur 8 Prozent der Fläche des Departements Mortagne.

13 Neben den alle zehn Jahre durchgeführten Landwirtschaftserhebungen vgl. Georges Courtois, *Us et coutumes du canton de Bellême, recueillis jusqu'en 1882*, Bellême 1883.

14 Léon de la Sicotière, *Louis de Frotté et les insurrections normandes*, Bd. 1, Paris 1889, S. 124–126.

15 Die Ergebnisse dieser Erhebung sind allerdings mit Bedacht zu interpretieren. Vgl. Gilbert Garrier, »Les enquêtes agricoles décennales du XIX$^e$ siècle: essai d'analyse critique«, in: *Pour une histoire de la statistique*, Bd. 1, Paris 1975, S. 271–279.

16 Vgl. die Bevölkerungsverteilung nach Siedlungsformen in der Gemeinde Origny-le-Butin zu Beginn des 19. Jahrhunderts: ADO Z 390.

17 Vgl. unten, S. 164f.

18 Vgl. Georges Courtois, *Us et coutumes du canton de Bellême, recueillis jusqu'en 1882*, Bellême 1883.

19 AM d'Origny-le-Butin, ADO E dépôt 88/28.

20 Vgl. Arlette Schweitz, *La Maison tourangelle au quotidien. Façons de bâtir, manières de vivre (1850–1930)*, Paris 1997.

21 ADO E dépôt 88/36. Nach der Schätzung von 1879 können in den »Häusern, Scheunen, Stallungen, Unterständen und sonstigen Gebäuden« von La Basse-Frêne 550 Mann untergebracht werden; darüber hinaus 200 Mann in La Haute-Frêne, 22 in La Basse-Croix, 150 in Hôtel-aux-Oiseaux und 100 in Les Querrières.

22 Vgl. unten, S. 163f.

23 Marie-Rose Simoni-Aurembou, »L'alphabet du quotidien. Petite chronique du canton de Thiron au XIX$^e$ siècle (manuscrit d'Arsène Vincent [1831–1881])«, in: *Cahiers percherons* 69–79 (1982).

24 Émile Pelletier, *Visites agricoles dans l'arrondissement de Mortagne…*, Caen 1862, S. 106–108. Das Gehöft liegt in der Gemeinde Saint-Ouen-la-Cour.

25 Erhebung von 1872. ADO E dépôt 88.

26 ADO M 1832.

27 ADO M 965.

28 Vgl. Ervin Goffman, *La Mise en scène de la vie quotidienne*, Paris 1973.

29 Die folgenden Angaben stammen aus ADO E dépôt 88, eine Sammlung von Erhebungslisten aus dem Gemeindearchiv von Origny-le-Butin.

30 Nach Claude Cailly (*Mutations d'un espace proto-industriel. Le Perche aux XVIII$^e$-XIX$^e$ siècle*, Fédération des amis du Perche 1993, S. 553f.) stieg die Gesamtbe-

völkerung des Perche zwischen 1801 und 1851 leicht an und nahm in der zweiten Jahrhunderthälfte deutlich ab. Bereits in den ersten Jahrzehnten des 19. Jahrhunderts war der Perche ein Abwanderungsgebiet, so dass die Landflucht früher einsetzte als der Rückgang der Geburtenzahlen. Vgl. *Atlas historique et statistique de la Normandie occidentale à l'époque contemporaine*, Caen 1994.

31 Mit Ausnahme der Familie von Fidèle Armand de Bloteau, zumindest zu Beginn des Untersuchungszeitraums; siehe unten, S. 262ff.

32 Yves Lequin, *La Mosaïque France. Histoire des étrangers et de l'immigration*, Paris 1988.

33 Dazu gehören in Origny-le-Butin alle Personen im arbeitsfähigen Alter, denn mit Ausnahme des Herrn de Bloteau gibt es keine Müßiggänger.

34 Vgl. unten, S. 127f.

35 Georges Courtois, *Us et coutumes du canton de Bellême, recueillis jusqu'en 1882*, Bellême 1883, S. 38.

36 Vgl. Yvonne Creebow, »Dans les campagnes, silence quotidien et silence coutumier«, in: *Le Silence au XIX^e siècle, 1848, Révolutions et Mutations au XIX^e siècle*, 10 (1994).

37 Darunter 18 Frauen und Mädchen, allesamt Spinnerinnen. Neun davon sind ledig, drei verwitwet und sechs verheiratet. Zwei Drittel der 18 Bettlerinnen leben also allein. Unter den übrigen Bettlern befinden sich vier Kinder und neun Männer, davon sechs Tagelöhner.

38 Vgl. unten, Kap. 9, und die Karten bei Stéphane Muckensturm, *Indigence, assistance et répression dans le Bas-Rhin (1789–1870)*, Diss., Universität Straßburg, 1995.

39 Vgl. unten, S. 270.

40 Im Jahr 1871 erwarb Pierre Renaud ein drittes Haus im Dorf.

## Kapitel 3
### Wahlverwandtschaften und Familienverwandtschaft

1 Vgl. Martine Segalen, *Nuptialité et alliance. Le Choix du conjoint dans une commune de l'Eure*, Paris 1972.

2 Vgl. Gemma Gagnon, *La Criminalité en France. Le phénomène homicide dans la famille en Seine-Inférieure de 1811 à 1900*, Diss., École pratique des hautes études en sciences sociales, 1996.

3 Die Verwandtschafts- und Nachbarschaftsbeziehungen in der Normandie unterscheiden sich demzufolge tiefgreifend von den Verhältnissen im südlichen

Massif Central, in der Region Aquitaine und den Pyrenäen, wo nach Auskunft von Yves Pourcher, Élisabeth Claverie, Pierre Lamaison und Rolande Bonnain die autoritäre Familie vorherrschte.

4 Die folgende Beschreibung basiert auf den standesamtlichen Urkunden (Geburts-, Heirats- und Sterbeurkunden) der Gemeinden Origny-le-Butin und La Perrière sowie den Verzeichnissen der verschiedenen Volkszählungen. Wann sich wer in Origny niederließ, entnehmen wir dem Archivbestand ADO E dépôt 88.

5 Dass Louis-François ein engeres Verhältnis zu seiner 35 Jahre jüngeren Halbschwester und seinem 37 Jahre jüngeren Halbbruder hatte, ist recht unwahrscheinlich. Die Halbschwester Jeanne-Françoise wurde im Alter von 12 Jahren bei einem Bauern in La Croix als Magd untergebracht und wechselte als Siebzehnjährige zu einem anderen Bauern in Vieux-Hêtre.

6 Wählerliste vom 24. Juli 1848. Origny-le-Butin, ADO E dépôt 88/54.

7 ADO E dépôt 88/33.

8 Vgl. unten, Kapitel 5.

9 Vgl. unten, S. 142.

10 Vgl. unten, S. 155.

11 ADO E dépôt 89/70. Register für die Eintragung der Arbeitsbücher, 1855–1856.

12 ADO E dépôt 88/33. Einberufung. Namenverzeichnis, Jahrgang 1839.

13 Siehe dazu ADO E dépôt 88, Flurbuch, Blatt 107.

14 ADO E dépôt 88/35 und 88/38.

15 ADO E dépôt 88/33. Namenverzeichnis, Jahrgang 1845.

16 Armand (1857), Élise-Mélie (1858), Marie Florin (1860), Émile Frédéric (1862) und Élise Léontine (1868).

17 ADO E dépôt 88/33.

18 Der Pfarrer von Ars vollbrachte in ihrem Namen Wunder.

19 ADO E dépôt 88/33f.

20 Vgl. Gemma Gagnon, *La Criminalité en France. Le phénomène homicide dans la famille en Seine-Inférieure de 1811 à 1900,* Diss., École pratique des hautes études en sciences sociales, 1996.

21 Die umfassendste und genaueste Untersuchung über die Wahl der Trauzeugen und den dafür in Frage kommenden Personenkreis im 19. Jahrhundert bildet die Dissertation von Alain Pauquet, *La Société et les relations sociales en Berry au milieu du XIXᵉ siècle,* Universität Paris-I, 1993.

22 Vgl. unten, S. 262ff. Die geistlichen Verwandtschaftsverhältnisse wurden anhand des Pfarregisters (AP) von Origny-le-Butin ermittelt.

23 ADO E dépôt 88/33.

24 ADO E dépôt 88. Protokollbuch der Gemeinderatsverhandlungen, Sitzung vom 12. November 1871.

25 Vgl. unten, S. 222f.

## Kapitel 4
## Die Sprache des Analphabeten

1 ADO E dépôt 88/33. Namenverzeichnis des Musterungsjahrgangs 1818.

2 Louis Charles Nicolas Delestang, *Notice statistique de la sous-préfecture de Mortagne,* Mortagne 1810, S. 6.

3 ADO R 673.

4 Vgl. Jean-Marie Le Mouroux, »Les listes de tirage au sort, source d'histoire sociale. Exemple: l'arrondissement de Mortagne en 1818«, in: *Revue d'histoire économique et sociale* 51 (1973), S. 183–212.

5 Auch in den Einlieferungslisten der Gefängnisse sucht man seinen Namen vergeblich (ADO Reihe Y).

6 Vgl. Jean-Paul Aron, Paul Dumont, Emmanuel Le Roy Ladurie, *Anthropologie du conscrit français d'après les comptes numériques et sommaire du recrutement de l'armée (1819–1826),* Paris-La Haye 1972.

7 Von vornherein ausgeschlossen war es jedoch nicht, denn manche jungen Leute seines Alters haben in der Gemeinde Lesen und Schreiben gelernt.

8 ADO T 27. Die Lage der Schulen, Kanton von Bellême, 1819 (daraus das folgende Zitat).

9 Halten wir fest, dass der Schulmeister von Chemilly die individuelle Unterrichtsmethode anwendet, die nicht die besten Ergebnisse zeitigt.

10 Zur Geschichte der Alphabetisierung im Departement Orne und ihrer Fortschritte in den einzelnen Regionen, vgl. Joseph Chollet, *Instruction, alphabétisation et société enseignante dans l'Orne au XIXe siècle,* Diss., Universität Caen 1977; zu Westfrankreich, vgl. Gabriel Désert, »Alphabétisation et scolarisation dans le grand Ouest au XIXe siècle«, in: Donald N. Baker, Patrick J. Harrigan, *The Making of Frenchmen. Current Directions in the History of Education in France, 1679–1979,* Waterloo 1980, S. 143–205.

11 ADO E dépôt 88. Verzeichnis.

12 ADO E dépôt 88. Volkszählung von 1872.

13 21 Jungen und 18 Mädchen im Alter zwischen 6 und 20 Jahren können Lesen und Schreiben, 4 Jungen und 5 Mädchen nur Lesen. Nur noch 17 Jungen und 16 Mädchen sind Analphabeten.

14 48 Männer und 30 Frauen können lesen und schreiben; 14 Männer und 28 Frauen »nur lesen«, und 67 Männer und 70 Frauen sind weiterhin Analphabeten.

15 Alain Corbin, »Pour une étude sociologique de la croissance de l'alphabétisation au XIX<sup>e</sup> siècle. L'instruction des conscrits du Cher et de l'Eure-et-Loire (1833–1883)«, in: *Revue d'histoire économique et sociale* 1 (1975), S. 99–120.

16 Vgl. Joseph Chollet, *Instruction, alphabétisation et société enseignante dans l'Orne au XIX<sup>e</sup> siècle*, Diss., Universität Caen 1977.

17 Erst 1869 fasst der Gemeinderat ins Auge, einem Lehrer eine Unterkunft zu stellen.

18 Vgl. unten, S. 152f.

19 ADO E dépôt 88. Verzeichnis der Gemeindeverhandlungen, Sitzung vom 14. September 1832 und vom 10. August 1833.

20 ADO M 43. Bericht des Präfekten über die Lage im Departement, 1835.

21 ADO E dépôt 88. Verzeichnis der Gemeindeverhandlungen, Sitzung vom 8. Februar 1846.

22 Ebd.

23 Doch die Gemeinde verweigert ihr die 60 Francs.

24 ADO T 425.

25 Vgl. die Listen in ADO T 425.

26 ADO E dépôt 88. Protokollbuch der Gemeinderatsverhandlungen, Sitzung vom 16. Mai 1854.

27 Ebd., Sitzung vom 14. Februar 1854.

28 ADO T 425. Die Lage in den Grundschulen, Kanton von Bellême.

29 Ebd.

30 Ebd.

31 ADO E dépôt 88. Protokollbuch der Gemeinderatsverhandlungen, Sitzung vom 1. Dezember 1869.

32 Ebd., Sitzung vom 26. Februar 1870.

33 Vgl. Marie-Rose Simoni-Arembou, *Trésor du parler percheron*, Mortagne 1979, S. 16f. Einen Überblick bietet Philippe Vigier, »Diffusion d'une langue nationale et résistance des patois en France au XIX<sup>e</sup> siècle«, in: *Romantisme* 25–26 (1979). Die folgenden Ausführungen zur ornesischen Mundart basieren auf der Arbeit von Louis Duval, »L'enquête philologique de 1812 dans les arrondissements d'Alençon et de Mortagne. Vocabulaires, grammaire et phonétique«, in: *Actes de la société philologique* 18 (1888). Zur normannischen Mundart vgl. Julien Gilles Travers, *Glossaire du patois normand par M. Louis du Bois,* Caen 1856.

34 Louis Duval, »L'enquête philologique de 1812 dans les arrondissements d'Alençon et de Mortagne. Vocabulaires, grammaire et phonétique«, in: *Actes de la société philologique* 18 (1888), S. 103.

35 Ebd., S. 109f.

36 Ich weiß aus eigener Erfahrung, dass ältere Menschen diesen Ausdruck noch in den 1940-er Jahren verwendeten.

37 Abbé Louis-Joseph Fret, »Une veillée au Perche«, in: *Le Diseur de Vérités*, 1842.

38 Wir beziehen uns hier auf Delestang.

39 Georges Courtois, *Us et coutumes du canton de Bellême, recueillis jusqu'en 1882,* Bellême 1883, S. 45 u. 60f.

40 Bernard Traimond, *Ethnologie historique des pratiques monétaires dans les Landes de Gascogne,* Diss., Universität Paris-I, 1992; Guy Thuillier, »La monnaie«, in: *Aspects de l'économie nivernaise au XIX$^e$ siècle,* Paris 1961, S. 113–131.

41 Die vorstehenden Zitate sind dem Bericht des Grundschulinspektors im Arrondissement Mortagne entnommen, AN F$^{17}$ 9331.

42 Zit. n. Charles Joret, *Des caractères et de l'extension du patois normand. Étude de phonétique et d'ethnographie,* Paris 1883, S. 105.

43 Achille Genty, *Les œuvres poétiques en patois percheron de Pierre Genty, maréchal ferrant, 1770–1821,* Paris 1865. Die folgenden Zitate: S. LVII u. LXVI.

44 Nach Ansicht von Léon de la Sicotière *(Notices littéraires…,* über Abbé Fret, S. 19) stammen die abgedruckten Gedichte von Achille Genty selbst.

45 Vgl. Charles Joret, *Des caractères et de l'extension du patois normand. Étude de phonétique et d'ethnographie,* Paris 1883, S. 111.

46 Dieses und die folgenden Zitate stammen aus Abbé Louis-Joseph Fret, »Un dîner de famille au Perche pendant les jours gras«, in: *Le Diseur de Vérités. Almanach, spécial au Perche* und in: *Scénes de la vie percheronne,* überarbeitet von Abbé Gaulier, La Ferté Macé 1873, S. 16–34.

47 Die Alten tragen »auf alt gemachte Hüte«, ein braunes Mannskleid »mit vielen großen Knöpfen, großen, falschen Knopflöchern, eine scharlachrote Weste mit weiten Taschen, die bis zu den Oberschenkeln hinabreicht, eine über das Knie reichende Hose mit Hosenträgern, die über den Waden mit schönen Bändern aus roter Wolle zusammengebunden sind, schließlich an der Fußspitze abgerundete Schuhe, mit großen silbernen Ösen versehen«. Die »lieben Mamas« tragen ihr Hochzeitskleid, an dem sie sehr hängen. »Zu der einfachen, bescheidenen Weibermütze passt das schöne Halstuch aus besticktem Musselin, die Schnürbrust mit langem Rockschoß und weiten kurzen Ärmeln, der hellblaue Unterrock aus grobem Zwirn, schließlich das schöne Kleid aus orangefarbenem Stoff […], das fast bis zum Kinn hinaufreicht.« (Ebd., S. 19)

48 »Une veillée au Perche«, in: *Le Diseur de Vérités*, 1842.

49 Vgl. unten, S. 169.

50 Vgl. Jean Tulard, *Le Mythe de Napoléon*, Paris 1971; ders., *Napoléon ou le mythe du sauveur*, Paris 1977.

## Kapitel 5
## Der Holzschuhmacher, die Spinnerin und die Handschuhmacherin

1 ADO 12 U 380, 6. September 1836.

2 Georges Courtois, *Us et coutumes du canton de Bellême, recueillis jusqu'en 1882*, Bellême 1883, S. 46.

3 ADO 12 U 374, Gerichtsverhandlung vom 18. Dezember 1812 und 27. März 1813; ADO 12 U 375, Gerichtsverhandlung vom 20. Dezember 1818.

4 Vgl. ADO M 981. Police du roulage. Enquête du préfet de l'Orne.

5 Wir haben dies mit Blick auf die käufliche Liebe, das Glücksspiel und das Glockenläuten an anderer Stelle ausgeführt; vgl. *Les Filles de noce, misère sexuelle et prostitution, XIX$^e$ et XX$^e$ siècles*, Paris 1978; *Die Sprache der Glocken: ländliche Gefühlskultur und symbolische Ordnung im Frankreich des 19. Jahrhunderts*, Frankfurt a. M. 1995.

6 ADO 12 U 374, 375, 378 und 380.

7 ADO 12 U 374. Bereits am 30. Dezember 1809 wurde Jacques Pinagot beim Holzdiebstahl in flagranti erwischt und versicherte daraufhin, er habe das Stück Holz im Wald gefunden.

8 ADO 12 U 374.

9 Vgl. die Enquete der Konstituierenden Versammlung von 1848 zur Feld- und Industriearbeit, deren Resultate, was den Kanton von Bellême betrifft, im *Écho de l'arrondissement de Mortagne* vom 31. Dezember 1848, 7. Januar, 17, Juni, 24. Juni und 1. Juli 1849 veröffentlicht wurden.

10 In den Jahren zwischen 1870 und 1920, vor allem aber zwischen 1890 und 1910 kommt es zu einer nostalgischen Aufwertung der vorindustriellen Arbeit, die unter anderem auf Postkarten sichtbar wird, was dazu verleiten könnte, die reale Bedeutung dieser »malerischen« Lebensformen zu überschätzen.

11 ADO 13 U 584.

12 Vgl. zum Beispiel Roger Verdier, *L'Art en sabots*, Bd. 1, Saint-Martin-de-la-Lieue 1993, S. 70f.

13 *Trésor de la langue française*, Art. »sabotier«, und *Écho de l'arrondissement de Mortagne* vom 3. Juni 1849.

14  ADO 12 U 975, 14. März 1819.

15  ADO 12 U 975, 9. September 1819.

16  ADO 12 U 975, 31. Oktober 1825.

17  Es handelt sich zweifellos um Mathurin Guillin, dem wir weiter unten wieder-begegnen werden (S. 125 f.).

18  ADO 12 U 1009. Sitzungsprotokoll vom 24. September 1822.

19  ADO 13 U 5/83, 22. Januar 1836.

20  ADO 13 U 974, 2. Februar 1824.

21  ADO 13 U 5/94. Sitzungsprotokoll vom 31. Oktober 1854.

22  ADO M 1288.

23  ADO M 1923. Gewerbetabelle, 4. Quartal 1867.

24  Wir sind also mit Claude Cailly, dem besten Kenner dieser Frage, der Ansicht, dass die Holzschuhmacher, »in verstreuten Werkstätten zu Hause« arbeiteten (Claude Cailly, *Mutations d'un espace proto-industriel. Le Perche aux XVIII^e-XIX^e siècles,* Fédérations des amis du Perche, 1993, S. 46).

25  Dies gibt Lemay im angeführten Rechtsstreit zu Protokoll, ADO 13 U 5/94.

26  Vgl. Raymond Humbert, *Métiers d'hier et d'aujourd'hui. Le sabotier,* Paris 1979.

27  Dies belegen zahlreiche Vergehen, auf die wir im nächsten Kapitel zu sprechen kommen.

28  ADO 12 U 462, 4. Februar 1852.

29  Vgl. Roger Verdier, *L'Art en sabots,* Bd. 1, Saint-Martin-de-la-Lieue 1993, S. 59 f.

30  ADO M 268. Bericht vom 3. April 1834.

31  ADO M 2194.

32  Vgl. zu diesen Details: »Le sabotier« in: *Cahiers percherons* 59 (1978), eine Num-mer, die dem Musée des Arts et Traditions populaires im Priorat Sainte-Gau-burge-de-la-Courdre gewidmet ist (hier S. 30 f.). Im Folgenden stützen wir uns auf die Besucherkassette des Musée du Sabot in Neuchâtel-en-Saosnois und den von Alain Joubert erstellten Katalog des Musée du Sabotier in La Haye-de-Routot (Eure); außerdem auf die bei Raymond Humbert und Roger Verdier zitierte Literatur.

33  »Le sabotier« in: *Cahiers percherons* 59 (1978), S. 32.

34  Vgl. Jacques Léonard, *Archives du corps. La santé au XIX^e siècle,* Rennes 1986, bes. S. 18 ff.

35  Vgl. Roger Verdier, *L'Art en sabots,* Bd. 1, Saint-Martin-de-la-Lieue 1993, S. 8.

36  Vgl. Raymond Humbert, *Métiers d'hier et d'aujourd'hui. Le sabotier,* Paris 1979, S. 41.

37  Alain Corbin, *Das Dorf der Kannibalen,* Stuttgart 1992, Kapitel 3.

38  Michel de Certeau, *L'invention du quotidien. Arts de faire,* Paris 1980, S. 270–276.

39 Alain Corbin, *Die Sprache der Glocken: ländliche Gefühlskultur und symbolische Ordnung im Frankreich des 19. Jahrhunderts*, Frankfurt a. M. 1995, S. 270.

40 Raymond Humbert, *Métiers d'hier et d'aujourd'hui. Le sabotier*, Paris 1979, S. 78.

41 Roger Verdier, *L'Art en sabots*, Bd. 1, Saint-Martin-de-la-Lieue 1993, S. 19.

42 Ebd., S. 17

43 Anne-Marie Sohn (*Du premier baiser à l'alcôve*, Paris 1996) mahnt indes zur Vorsicht. Die fein abgestuften sexuellen Verhaltensweisen in diesem Milieu widersprechen den oft allzu holzschnittartigen Ausführungen der Ehtnologen.

44 Claude Cailly, *Mutations d'un espace proto-industriel. Le Perche aux XVIIIᵉ-XIXᵉ siècles*, Fédérations des amis du Perche, 1993.

45 Louis Charles Nicolas Delestang, *Chorographie du IVᵉ arrondissement communal du département de l'Orne ou du district de la sous-préfecture de Mortagne*, Margentan 1803, S. 110.

46 Raymond Humbert, *Métiers d'hier et d'aujourd'hui. Le sabotier*, Paris 1979, S. 24.

47 Als »Arbeiter« werden mitunter diejenigen Holzschuhmacher bezeichnet, die keinen Meistertitel besitzen.

48 ADO 13 U 5/81, 13. September 1822.

49 ADO 13 U 5/82, 1. August 1827.

50 ADO 13 U 5/80, 16. Juli 1819.

51 Louis Dubois in: *Annuaire statistique du département de l'Orne*, 1809, S. 159.

52 Joseph Odolant-Desnos, »Orne«, in: M. Loriol, *La France, description géographique, statistique et topographique*, Paris 1834, S. 90.

53 AM de Bellême, ADO E dépôt 495/107.

54 ADO M 1922. Nach Ansicht von Claude Cailly ist dies die zuverlässigste Gewerbezählung. Sehr kritisch äußert er sich hingegen zu den Angaben aus den Jahren 1867 ff.

55 ADO M 1923. Gewerbetabelle, 4. Quartal 1867.

56 ADO M 2194.

57 Dies ist die überzeugend dargelegte Hauptthese von Claude Cailly, *Mutations d'un espace proto-industriel. Le Perche aux XVIIIᵉ-XIXᵉ siècles*, Fédérations des amis du Perche, 1993.

58 Ebd., S. 406.

59 Vgl. unten, Kapitel 9.

60 Der Ausdruck stammt von Claude Cailly.

61 In Saint-Martin gibt es im Jahr VIII erst 110 Holzschuhmacher (vgl. Claude Cailly, *Mutations d'un espace proto-industriel. Le Perche aux XVIIIᵉ-XIXᵉ siècles*, Fédérations des amis du Perche, 1993, S. 67). 1841 liegt ihre Zahl bei 222, 1861 bei 280. In den Jahren 1855–1856 zählt man in Bellême und Saint-Martin insge-

samt 345 Holzschuhmacher (AM de Bellême, ADO E dépôt 495/107). Die Erhebung von 1862 nennt für den gesamten Kanton allerdings nur die Zahl von 244 Arbeitern, verteilt auf 20 Orte (ADO M 1922). Auf Origny entfallen demnach 22 Holzschuhmacher. Die von der Präfektur erstellte Gewerbeübersicht für das Arrondissement Mortagne von 1867 nennt 598 Holzschuhmacher, 40 Holzschuhmacherinnen und 90 Kinder in diesem Gewerbe (ADO M 1923). Bis zum Krieg ändert sich an dieser Größenordnung nicht viel (vgl. die Gewerbeübersicht in ADO M 1923). Nach einer anderen Dokumentenreihe gab es in Bellême und Umgebung 1869 700 Holzschuhmacher; 1872 waren es 798 und 1874 795 (AN $F^{12}$ 4526).

62  AN F12 1626. Über die Spinnerinnen im Kanton von Bellême vgl. Claude Cailly, *Mutations d'un espace proto-industriel. Le Perche aux XVIII<sup>e</sup>-XIX<sup>e</sup> siècles,* Fédérations des amis du Perche, 1993, S. 445f.

63  ADO M 268.

64  AN $F^{12}$ 1626.

65  Ebd.

66  ADO 13 U 5/81, 25. September 1823.

67  ADO 13 U 5/86, 18. November 1853.

68  AN $F^{12}$ 1326.

69  Vgl. die genannte Gewerbezählung von 1848, in: *Écho de l'arrondissement de Mortagne* vom 17. Juni 1849.

70  AM de Bellême, ADO E dépôt 495/107.

71  Halten wir fest, dass die Enquete von 1848 für den Kanton von Bellême die Zahl von 121 Spinnerinnen und 398 Handschuhmacherinnen nennt, was mit den anderen Angaben nicht zusammenpasst.

72  Nach Berechnungen von Claude Cailly.

73  ADO M 1922.

74  ADO M 1923.

75  Claude Cailly, *Mutations d'un espace proto-industriel. Le Perche aux XVIII<sup>e</sup>-XIX<sup>e</sup> siècles,* Fédérations des amis du Perche, 1993, S. 407.

76  Alain Corbin, »Das klassische Zeitalter der Wäsche«, in: ders., *Wunde Sinne: über die Begierde, den Schrecken und die Ordnung der Zeit im 19. Jahrhundert,* Stuttgart 1993, S. 22–48.

77  Vgl. Françoise Pytel, Christian Pytel, Claude Cailly, *Le Filet dans le Perche. Histoire d'une industrie à domicile,* Meaucé 1990.

78  ADO 13 U 5/94, 12. Januar 1855.

79  Vgl. Françoise Pytel, Christian Pytel, Claude Cailly, *Le Filet dans le Perche. Histoire d'une industrie à domicile,* Meaucé 1990, S. 27ff.

80 Léon de la Sicotière, *Notes statistiques sur le département de l'Orne*, 1864, S. 67.

81 Im Jahr 1848 liegt der Stundenlohn einer Handschuhmacherin im Kanton von Bellême bei 5 Centimes, was bei einem Zwölfstundentag einen Tagesverdienst von 0,60 Franc ergibt *(Écho de l'arrondissement de Mortagne* vom 17. Juni 1849). 1852 schwankt der Verdienst »je nach Sorgfalt, Geschicklichkeit, Flinkheit und Netzsorte« (ADO M 1832) um einen Mittelwert von 0,90 Franc. Für die Jahre 1855–1856 nennen die Dokumente, die sich auf Bellême und Saint-Martin beziehen, hingegen nur noch einen Verdienst von 0,65 Franc (ADO E dépôt 495/107). Noch pessimistischer zeigt sich der Verfasser der Departement-Erhebung von 1862, der den Tageslohn einer »fleißigen« Handschuhmacherin auf 0,60 Franc veranschlagt, während die jungen Mädchen in diesem Gewerbe nur zwischen 0,15 und 0,20 Franc verdienen (ADO M 1922). Nach der Gewerbetabelle für das Departement Orne im vierten Quartal 1867 schwankt der Tagesverdienst einer Handschuhmacherin zwischen 0,75 und 1,25 Franc (ADO M 1923).

82 *Écho de l'arrondissement de Mortagne* vom 24. Juni 1849.

83 ADO M 1923. Unterpräfekt des Arrondissements Mortagne, 24, Juni 1868.

## Kapitel 6
### Die Vergnügen des Arrangements

1 Als solche werden sie von den Richtern selbst bezeichnet; von diffusen Gesetzesverstößen kann also keine Rede sein.

2 Wir sind uns heute über den Unterschied zwischen registrierter, bestrafter Kriminalität und tatsächlicher Kriminalität im Klaren. Die Statistiken spiegeln häufig nur die ungleiche Sichtbarkeit oder die Zufälle des Vorgehens gegen Gesetzesverstöße wider.

3 Es versteht sich, dass die Gemarkungsgrenzen im Wald ihre Bedeutung verlieren und sich verwischen. So gehörten auch einige Dörfer der Gemeinde Saint-Martin-du-Vieux-Bellême zum alltäglichen Lebensbereich von Louis-François.

4 ADO 12 U 374, Tatbestandsaufnahme vom 18. Juni 1811.

5 ADO 12 U 376, Tatbestandsaufnahme vom 23. Juni 1818.

6 ADO 12 U 974, 18. Juni 1823.

7 ADO 12 U 462, 17. Juni 1850.

8 ADO 12 U 462, 28. November 1850.

9 ADO 12 U 385, 22. Dezember 1850.

10 ADO 12 U 462, 1. Februar 1851.

11 ADO 12 U 374, 4. August 1812.

12 ADO 12 U 378.

13 ADO 12 U 460, 6. November 1844.

14 ADO 12 U 459, 29. Januar 1842.

15 ADO 12 U 975, Tatbestandsaufnahme vom 27. Oktober 1819.

16 ADO 12 U 974, 13. Juni 1823.

17 ADO 12 U 974, 21. März 1823.

18 ADO 12 U 974, 1. März 1823.

19 ADO 12 U 460, 18. Februar 1844.

20 ADO 12 U 374, 18. März 1812.

21 ADO 12 U 374, 28. April 1812.

22 ADO 12 U 374, 24. November 1812.

23 ADO 12 U 374, Tatbestandsaufnahme vom 29. Dezember 1812. Dieselbe Entdeckung machten die Behördenvertreter im selben Jahr bei Gueunet aus Le Pissot, einem künftigen Gevatter von Louis-François.

24 Seine Vergehen finden sich unter ADO 12 U 379, 10. Mai 1831; ADO 12 U 381, 19. Oktober 1839; ADO 12 U 460, 19. Juli 1844.

25 ADO 12 U 376, Tatbestandsaufnahme vom 15. März 1817.

26 ADO 12 U 378, Tatbestandsaufnahme vom 3. April 1828.

27 ADO 12 U 378, Tatbestandsaufnahme vom 11. Dezember 1828.

28 ADO 12 U 381, Tatbestandsaufnahme vom 12. März 1837, 8. September 1837 und 7. Januar 1838.

29 Biardeaux haben wir bereits kennen gelernt, vgl. S. 141 u. 145. ADO 12 U 381, Tatbestandsaufnahme vom 3. Februar 1839.

30 ADO 12 U 380, Tatbestandsaufnahme vom 29. März 1836.

31 ADO 12 U 381, Tatbestandsaufnahme vom 13. August 1837.

32 Vgl. Carlo Ginzburg, *Miti, emblemi, spie: Morfologia e storia,* Turin 1989; Jean-Marc Berlière, *L'Institution policière en France sous la III<sup>e</sup> République,* Diss., Universität Dijon, 1991; Dominique Kalifa, *L'Encre et la sang. Récits de crimes et société à la Belle-Époque,* Paris 1995.

33 ADO 12 U 1009, Tatbestandsaufnahme vom 2. September 1822.

34 Vgl. oben, S. 113.

35 ADO 12 U 380, 29. August 1835.

36 ADO 12 U 459, 12. Juli 1843.

37 ADO 12 U 462, 10. April 1847.

38 Vgl. unten, S. 244f.

39 ADO 12 U 462, 29. April 1847.

40 Dazu Frédéric Chauvaud, *Tensions et conflits. Aspects de la vie rurale au XIX<sup>e</sup> siècle*

*d'après les archives judiciaires. L'exemple de l'arrondissement de Rambouillet (1811–1871)*, Diss., Universität Paris-X, 1989; ders., *Passions villageoises au XIX^e siècle. Les émotions rurales dans les pays de Beauce, du Hurepoix et du Mantois*, Paris 1995.

41 Im Oktober 1848 verklagt der ehemalige Gerichtsvollzieher von Bellême, Jean-Louis Denin, den Holzschuhmacher Louis-Baptiste Lesueur aus Origny-le-Butin. Er gibt an, in dessen Auftrag nach Origny gekommen zu sein, »um dort mit einem Herrn Boulay eine Vereinbarung auszuhandeln«, weswegen er verschiedene Parzellen habe in Augenschein nehmen müssen. Lesueur versichert, er habe Denin zu keiner Zeit um irgendeinen »Dienst« gebeten, und wenn Denin Reisen unternommen habe, dann »für sein persönliches Wohlbefinden« (ADO 13 U 5/84).

42 ADO 12 U 5/83, 1836.

43 ADO 12 U 5/82, 12. Dezember 1828. (Das Datum in den folgenden Quellenangaben bezieht sich auf den Gerichtstermin beim Friedensrichter.)

44 ADO 12 U 5/84, 9. Februar 1849.

45 ADO 13 U 5/83, 23. Juni 1837.

46 ADO 13 U 5/83, 9. November 1838.

47 Außer dem Apfelcidre oder kurz: Cidre gab es auch Birnencidre (cidre poiré oder kurz: poiré), der in Origny selten, im westlichen Teil des Departements jedoch häufig vorkam (ADO 13 U 5/83, 22. Januar 1836).

48 ADO 13 U 5/84, 13. März 1846

49 ADO 13 U 5/83, 1. September 1837.

50 Wir haben noch weitere Fälle gefunden, bei denen es um ein Fass Cidre ging.

51 ADO 13 U 5/86, 13. Januar 1854.

52 ADO 13 U 5/84, 25. Juni 1847.

53 ADO 13 U 5/82, März 1826.

54 ADO 13 U 5/83, Nr. 51, 1832.

55 ADO 13 U 5/83, 8. Juli 1831.

56 Jedes Grundstück hatte seine »Identität« und wurde mit einem Namen bezeichnet.

57 ADO 13 U 5/85, 18. Januar 1850.

58 Alain Corbin, *Archaïsme et modernité en Limousin au XIX^e siècle*, Paris 1975; vgl. Jean-François Soulet, *Les Pyrénées au XIX^e siècle*, Bd. 1, Toulouse, 1986, S. 82f.

59 Man müsste hierfür im Grunde noch die Verzeichnisse über Eigentumsübertragungen von Todes wegen hinzuziehen.

60 Die Bezeichnung dieser bescheidenen Geldverleiher als »Kapitalisten« ist damals gang und gäbe.

61   Zu den letzten drei Rechtsstreitigkeiten siehe ADO 13 U 5/84, 16. September und 14. Oktober 1842 sowie 20. März 1846.

62   ADO 13 U 5/81, 1. März 1822.

63   Faucon ist uns bereits oben begegnet, vgl. S. 123; zum vorliegenden Fall: ADO 13 U 5/82, 19. August 1825.

64   ADO 13 U 5/80, 5. Oktober 1821.

65   ADO 13 U 5/80, 19. Mai 1820.

66   Als Beispiel seien folgende Fälle genannt: Am 13. August 1841 (ADO 13 U 5/83) sieht sich Bauer Marin Duc aus Origny-le-Butin mit einer Forderung über 41 Francs seitens der Tuchhändlerin-Witwe Laporte aus La Perrière konfrontiert. Am 20. März 1846 (ADO 13 U 5/84) fordert der Eisenwarenhändler Armand Pitou aus Bellême vom ehemaligen Hufschmied Tessier aus Origny-le-Butin 231 Francs »für Waren«.

67   ADO 13 U 5/80, 9. Juli 1820; vgl. oben, S. 144.

68   ADO 13 U 5/83, 28. Februar 1834. Biardeaux ist uns bereits des Öfteren begegnet.

69   Vgl. oben, S. 67.

70   ADO 13 U 5/86, 15. Juli 1853.

71   ADO 13 U 5/80, 5. u. 12. Februar 1819.

72   ADO 13 U 5/82, 1. August 1827.

73   ADO 13 U 5/84, 25. September 1846.

74   ADO 13 U 5/84, 22. Januar 1847.

75   Vgl. oben, S. 145 f.; hier: ADO 13 U 5/84. Gerichtstermin am 8. Juni 1849, Straftat am 23. Mai. Bei all diesen Rechtsstreitigkeiten ist die Erinnerung der Zeugen an die betreffenden Örtlichkeiten gefragt. Am 6. Mai 1853 (ADO 13 U 5/85) steht Bauer Jean Barré aus Origny vor Gericht, weil er angeblich einen an sein Feld angrenzenden Weg umgegraben hat. Der Friedensrichter befragt eine Reihe von Zeugen, um den Wegverlauf zu rekonstruieren.

76   ADO 13 U 5/81, 24. Dezember 1824.

77   ADO 13 U 5/82, 19. Mai 1826 (der Vorfall ereignet sich bereits am 10. Mai).

78   ADO 13 U 5/83, 25. Mai 1838.

79   ADO 13 U 5/82, 19. August 1825.

80   ADO 13 U 5/82, 1829.

81   ADO 13 U 5/84, 16. März 1849 (Vereinbarung vom 21. Februar).

82   ADO 13 U 5/84, 4. Mai 1849.

83   ADO 13 U 5/83, 16. November 1838.

84   ADO 13 U 5/80, 14. April 1820.

85   Vgl. Gemma Gagnon, *La Criminalité en France. Le phénomène homicide dans la*

*famille en Seine-Inférieure de 1811 à 1900,* Diss., École pratique des hautes études en sciences sociales, 1996, passim.

86 Dazu Sandra Gayol, *Sociabilité à Buenos Aires: les rencontres dans les débits de boissons. 1860–1900,* Diss., École pratique des hautes études en sciences sociales, 1996 (In der argentinischen Gesellschaft spielte herausfordendes Verhalten eine große Rolle.).

87 Massot und seine Frau sind als Forstfrevler bekannt, vgl. oben, S. 151.

88 ADO 13 U 5/80, 14. Juli 1820.

89 ADO 13 U 5/80, 11. November 1822.

90 ADO 13 U 5/83, 29. Dezember 1837.

91 ADO 13 U 5/83, 29. September 1837.

92 ADO 13 U 5/85, 22. März 1850.

93 Alain Corbin, *Wunde Sinne: über die Begierde, den Schrecken und die Ordnung der Zeit im 19. Jahrhundert,* Stuttgart 1993, S. 36f.

94 ADO 13 U 5/80, 9. Juni 1820.

95 ADO 13 U 5/83, 25. Februar 1831.

96 ADO 13 U 5/ 83, 1836.

97 Man denke etwa an das literarische Zeugnis von George Sand in *Maîtres sonneurs.*

98 Vgl. François Ploux, *Les Formes du conflit et leurs modes de résolution dans les campagnes du Lot (1810–1860),* Diss., Universität Paris-I, 1994; ders., »L'arrangement dans les campagnes du Haut-Quercy, 1815–1850«, in: *Histoire de la justice* 5 (1992).

99 Vgl. Philippe Grandcoing, *La Bande à Burgout et la société rurale de la châtaigneraie limousine, 1830–1839,* Limoges 1991.

100 Vgl. ADO E dépôt 88. »Ernennung der Bürgermeister und stellvertretenden Bürgermeister« für die Zeit zwischen dem 5. Messidor Jahr VIII; und ADO Z 381 für das folgende Jahrzehnt.

101 Vgl. unten, Kapitel 9.

102 Abbé Louis-Joseph Fret, *Le Diseur de Vérités,* 1842.

103 Dazu ADO Z 370 und AN F[19] 347, Gottesdienstangelegenheiten, Orne. Zum regionalen Widerstand gegen die Verbote an abgeschafften Feiertagen vgl. Alain Corbin, *Die Sprache der Glocken: ländliche Gefühlskultur und symbolische Ordnung im Frankreich des 19. Jahrhunderts,* Frankfurt a. M. 1995, S. 170–173.

104 Anordnung vom 7. Juni 1814.

105 ADO Z 370. Brief vom 29. August 1821.

106 Brief an die Bürgermeister von Bellême und anderen Dörfern, 13. Juli 1814, ADO Z 370.

107 Zur Erinnerung: Es handelt sich hier um die Sonnenzeit.

108 ADO 13 U 5/83, 31. März 1843 (Vorfälle vom 19. u. 20 März).

109 ADO 13 U 5/83, 4. April 1845 (Vorfall vom 29. März)

110 ADO 13 U 5/94. Polizeiliches Urteil, Vorfall vom 13. November 1851.

111 ADO 13 U 5/94, 1852.

112 ADO 13 U 5/94, 17. Juni 1855.

113 Ebd.

114 ADO 13 U 5/83, 22. Januar 1836.

115 ADO 13 U 5/94, 1852.

116 ADO 13 U 5/83, Juli 1840.

117 ADO 13 U 5/94, Tatbestandsaufnahme vom 26. November 1852.

118 ADO Z 386. Bericht des Bürgermeisters von Chapelle-Montligeon, 7. März 1824.

119 ADO M 1298. Bericht des Präfekten der Orne an den Innenminister, 10. Juli 1835.

120 ADO M 1298. Brief des Bürgermeisters von Tourouvre an den Unterpräfekten; Inspektionsbericht des Oberforstmeisters vom 4. August 1835.

121 ADO 13 U 5/84, 21. Februar 1845.

122 Dieses und die folgenden Zitate stammen aus der Tatbestandsaufnahme des stellvertretenden Bürgermeisters vom 25. November 1851.

123 Alain Corbin, *Die Sprache der Glocken: ländliche Gefühlskultur und symbolische Ordnung im Frankreich des 19. Jahrhunderts,* Frankfurt a. M. 1995, S. 401–415.

124 Vgl. Alain Corbin, »Les aristocrates et la communauté villageoise. Les maires d'Essay«, in: Maurice Agulhon (Hg.), *Les Maires en France du Consulat à nos jours,* Paris 1986, S. 347–367.

125 AN F[10] 1649. Eaux et forêts. Tolérance. Orne. (Umfangreiche Akte über eine Messe im Forst von Bellême). Vgl. auch AN F[12] 1262.

## Kapitel 7
### *Die auseinander genommene Vergangenheit*

1 Die Analyse dieser Hefte verdanken wir Jean-Claude Martin in seiner Einleitung zum Verzeichnis der Unterreihe 70 B der ADO, in: *Documents relatifs à la convocation des États généraux de 1789*, Alençon 1988.

2 Von dieser Fähigkeit hat uns vor vielen Jahren unsere Feldforschung im Limousin überzeugt; Alain Corbin, *Prélude au Front populaire. Contribution à l'histoire de l'opinion publique dans le département de la Haute-Vienne (1934–1936)*, Diss. 1968, S. 98.

3 Genauer: rund 15 der insgesamt 104 Hefte.

4 Christine Peyrard, *Les Jacobins de l'Ouest. Formes de politisation dans l'Ouest intérieur pendant la Révolution française*, 4 Bde., Diss., Universität Paris-I, S. 559.

5 Gérard Bourdin, *Aspects de la Révolution dans l'Orne, 1789–1799*, Saint-Paterne 1991, S. 8.

6 Vgl. Léon de la Sicotière, *Louis de Grotté et les insurrections normandes, 1793–1832*, Bd. 1, Paris 1889, S. 229f. Die folgenden Einzelheiten entnehmen wir der Arbeit dieses Gelehrten.

7 Mitteilung des Direktoriums an den Rat der Fünfhundert vom 21. Fructidor des Jahres VII (7. September), zit. n. Léon de la Sicotière, *Louis de Grotté et les insurrections normandes, 1793–1832*, Bd. 2, Paris 1889, S. 288.

8 Sylvie Denys-Blondeau, *Aspects de la vie politique de l'Ouest intérieur à l'époque de la transition directoriale. L'exemple ornais*, Diss., Universität Rouen, 1995, S. 108.

9 Léon de la Sicotière, *Louis de Grotté et les insurrections normandes, 1793–1832*, Bd. 1, Paris 1889, S. 435.

10 Ebd.

11 ADO M 1265. »Hilfe, Schadensverursachung durch die Chouans«; Brief des Bürgermeisters von La Perrière an den Präfekten vom 12. Messidor des Jahres IX.

12 Bestandsaufnahme von Unterpräfekt Delestang, o.J., ADO M 1269.

13 Louis Duval, *Le Département de l'Orne en 1799–1800*, Alençon 1901, S. 242.

14 Vgl. den zusammenfassenden Überblick bei Gabriel Désert, *La Révolution française en Normandie*, Toulouse 1989, und den vom Comité régional d'histoire de la Révolution française herausgegebenen Sammelband *À travers la Haute-Normandie en Révolution, 1789–1800*, 1992.

15 Gérard Bourdin, *Aspects de la Révolution dans l'Orne, 1789–1799*, Saint-Paterne 1991, S. 19f.

16 Docteur Jousset, *La Révolution au Perche…*, 4. Teil: »Saint-Martin-du-Vieux-Bellême pendant la Révolution«, Mamers 1878, insbesondere S. 7ff.

17 Archivbestand der Gendarmerie d'Alençon, Aktenbündel ohne Signatur: »Aufstand des Pöbels in Bellême«.

18 Damit sind hier sicherlich sämtliche Holzarbeiter gemeint.

19 Christine Peyrard, *Les Jacobins de l'Ouest. Formes de politisation dans l'Ouest intérieur pendant la Révolution française,* Bd. 1, Diss., Universität Paris-I, S. 5. Sämtliche Unruhen in der Gegend finden sich auf einer Karte verzeichnet.

20 Georges Lefebvre, *La Grande Peur de 1789,* Paris 1988, insbesondere S. 123 ff. und S. 189 ff. Vgl. Gérard Bourdin, *Aspects de la Révolution dans l'Orne, 1789–1799,* Saint-Paterne 1991, S. 17.

21 Christine Peyrard, *Les Jacobins de l'Ouest. Formes de politisation dans l'Ouest intérieur pendant la Révolution française,* Bd. 1, Diss., Universität Paris-I, S. 163; und ADO L 5165.

22 Vgl. oben, S. 117.

23 Christine Peyrard, *Les Jacobins de l'Ouest. Formes de politisation dans l'Ouest intérieur pendant la Révolution française,* Bd. 1, Diss., Universität Paris-I, S. 163; und ADO L 5165.

24 Vgl. Paul Nicolle, »Le mouvement fédéraliste dans l'Orne«, in: *Annales historiques de la Révolution française,* 1936, S. 498.

25 Georges Trolet, *Histoire du Perche,* Nogent-le-Rotrou 1933, S. 199.

26 Christine Peyrard, *Les Jacobins de l'Ouest. Formes de politisation dans l'Ouest intérieur pendant la Révolution française,* Bd. 1, Diss., Universität Paris-I, S. 571.

27 Ebd., S. 560.

28 Ebd., S. 570.

29 Alain Corbin, *Die Sprache der Glocken: ländliche Gefühlskultur und symbolische Ordnung im Frankreich des 19. Jahrhunderts,* Frankfurt a. M. 1995, passim.

30 Pierre Flament, *Deux mille prêtres normands face à la Révolution française, 1789– 1801,* Vorwort von Pierre Chaunu, Tabelle, Anhang, nicht paginiert, Paris 1989.

31 Vgl. die Arbeiten von Gabriel Désert und Gérard Bourdin.

32 Dazu Michel Bée, *La Croix et la bannière. Confréries, église et société en Normandie du XVIIᵉ au début du XXᵉ siècle,* Diss., Universität Paris-IV, 1991.

33 Docteur Jousset, *La Révolution au Perche…,* 4. Teil: »Saint-Martin-du-Vieux-Bellême pendant la Révolution«, Mamers 1878, insbesondere S. 45 f.

34 Zu diesen Vorfällen vgl. Louis Duval, *La Réouverture des églises en l'an III dans le district de Bellême,* Bellême 1907; zu den Ereignissen in Saint-Germain-de-la-Coudre: S. 9.

35 Ebd., S. 10. Das Folgende nach ebd., S. 11 f.

36 Pierre Caron, *Les Massacres de septembre,* Paris 1935.

37 Christine Peyrard, *Les Jacobins de l'Ouest. Formes de politisation dans l'Ouest intérieur pendant la Révolution française*, Bd. 1, Diss., Universität Paris-I, S. 161 f.

38 Alain Corbin, *Das Dorf der Kannibalen*, Stuttgart 1992, S. 107 ff.

39 Saint-Martin-du-Vieux-Bellême hieß damals kurz Vieux-Bellême.

40 Christine Peyrard, *Les Jacobins de l'Ouest. Formes de politisation dans l'Ouest intérieur pendant la Révolution française*, Bd. 1, Diss., Universität Paris-I, S. 161.

41 Origny-le-Butin gehörte zu einem anderen Kanton, dem von La Perrière.

42 Vgl. Paul Nicolle, »Les meurtres politiques d'août-septembre 1792 dans l'Orne«, in: *Annales historiques de la Révolution française*, 1934, S. 108 f.; Pierre Flament, »Louis-François Charles du Portail de la Bénardière assassiné à Bellême le 19 août 1792«, in: *Cahiers percherons* 43 (3. Quartal 1974), S. 21–48, sowie die ADO-Dokumente im Karton L 6317.

43 Docteur Jousset, *La Révolution au Perche...*, 4. Teil: »Saint-Martin-du-Vieux-Bellême pendant la Révolution«, Mamers 1878, S. 6. Die hervorragenden Arbeiten der Gelehrten Léon de la Sicotière und Louis Duval zur Revolution in der Orne entstanden erst im letzten Viertel des 19. Jahrhunderts. Darüber nicht zu vergessen sind die allerdings zweitrangigen Schriften von Dr. Jousset, die uns hier deshalb besonders interessieren, weil sie sich auf die Gegend um Bellême und insbesondere auf Saint-Martin beziehen.

44 Zur Verwendung und Bedeutung dieses Begriffs vgl. Bronislaw Baczko, *Comment sortir de la Terreur. Thermidor et la révolution*, Paris 1989. Abbé Louis-Joseph Fret münzt das Wort auf den Sohn von Abbé du Portail (*Antiquités et chroniques percheronnes...*, Mortagne 1838–1840, Bd. 3, S. 309).

45 Dies und das Folgende nach ebd., S. 309 ff.

46 Paolo Viola, *The Rites of Cannibalism and the French Revolution*, 21.-24. Juni 1990, Milan Group, 5th Biennal Symposium.

47 Zu diesen Vorfällen vgl. Docteur Jousset, *La Révolution au Perche...*, 4. Teil: »Saint-Martin-du-Vieux-Bellême pendant la Révolution«, Mamers 1878, passim.

48 ADO L 6317.

49 Christine Peyrard (*Les Jacobins de l'Ouest. Formes de politisation dans l'Ouest intérieur pendant la Révolution française*, Bd. 1, Diss., Universität Paris-I, S. 181) zeigt, dass in den seltenen jakobinischen Clubs im ornesischen Perche nur wenige Bauern und überhaupt keine armen Bauern vertreten waren.

50 Vgl. unten, S. 258 f.

## Kapitel 8
## Die Invasionen

1 Vgl. André Armengaud, *L'Opinion publique en France et la crise nationale allemande de 1866*, Paris 1962; Claude Digeon, *La Crise allemande de la pensée française, 1870–1914*, Paris 1959.

2 Docteur Jousset, *Petite histoire d'une petite ville par un de ses citoyens*, Mamers 1887, S. 56.

3 Georges Creste, »Souvenirs d'invasion«, in: *Bulletin de la société percheronne d'histoire et d'archéologie* 6 (1907), S. 51–64. Die Zitate von Marin Rousseau stammen aus den Briefen, die in diesem Aufsatz wiedergegeben sind.

4 Vgl. Henri Tournouër, *Les Prussiens dans l'Orne en 1815*, Alençon 1921.

5 Zit. n. ebd., S. 23

6 Das Departement Orne hat den Preußen 715 939 Rationen Fleisch und 513 503 Rationen Brot sowie 8 107 Scheffel Weizen, 1 237 Scheffel Mehl und 24 762 Kilogramm Tabak geliefert. Hinzu kommen 24 531 Scheffel Hafer, 17 113 Scheffel Heu und 5 892 Scheffel Stroh für die Pferde. Darüber hinaus musste das Departement 8 000 Infanteristen und 2 000 Kavalleristen vollständig einkleiden (vgl. ebd., S. 26). AN F[7] 9686, Bericht des Präfekten vom 31. Juli 1815.

7 AN F[7] 9686, Berichte des Präfekten Vicomte de Riccé vom 28. und 31. Juli 1815.

8 Umfangreiche Berichte in: ADO Reihe R. Als Beispiel die Plünderungen in Pervenchères: AN F[7] 9686, Petition der Gemeinde vom 3. September 1815.

9 ADO R 94 und Henri Tournouër, *Les Prussiens dans l'Orne en 1815*, Alençon 1921, S. 21.

10 Zit. n. ebd., S. 24.

11 Vgl. unten, S. 231 f.

12 Dazu ADO R 94.

13 ADO R 129, zit. n. Henri Tournouër, *Les Prussiens dans l'Orne en 1815*, Alençon 1921, S. 18.

14 Die sinnliche Wahrnehmung der anderen Menschen und die sich daran knüpfenden Vorstellungen haben sich zwischen den beiden Besatzungszeiten deutlich verändert. Als Beispiel mag die Bewertung der olfaktiven Präsenz der Preußen dienen. Dr. Jousset versichert, dass man das Krankenhaus nach dem Krieg lüften musste, um sechs Monate Gestank loszuwerden. Dennoch »blieb ein zweifelhafter Geruch«, den Jousset allerdings nicht speziell den Preußen zuschreibt – deren tapferes Verhalten im Krankenhaus ihm vielmehr Bewunderung abfordert –, sondern der »besonderen Schädlichkeit des Krieges« überhaupt (Docteur Jousset, *Bellême. Les Prussiens de 1870–1871*, Mamers 1880, S. 36).

15 AN F¹ CIII Orne 9. Bericht des Präfekten vom 1. Juli 1870.

16 AN F¹ CIII Orne 9. Bericht des Präfekten vom 1. August 1870. Die folgenden Zitate stammen ebenfalls aus diesem Bericht.

17 Vgl. Stéphane Audoin-Rouzeau, *1870. La France dans la guerre,* Paris 1989.

18 AN F¹ CIII Orne 9. Bericht des Präfekten vom 1. August, daraus auch die folgenden Zitate.

19 ADO Z 495, 1870–1871. Mobilisierte Nationalgarde und *Francs-Tireurs*-Kompanien. Louis Bergeron meldet sich am 11. Oktober 1870 als Freiwilliger.

20 Ebd.

21 Ebd.

22 Vgl. Stéphane Audoin-Rouzeau, *1870. La France dans la guerre,* Paris 1989, passim.

23 Eine von Familienmitgliedern besorgte Abschrift des Tagebuchs von Marie de Semallé wurde uns von Herrn Jousselin zur Verfügung gestellt, der das Exemplar anschließend der Bibliothek des *Centre de recherches en histoire du XIXᵉ siècle* an der Sorbonne vermachte. Im Folgenden werden wir jedes Zitat mit einer Datumsangabe versehen.

24 Zu Beginn seines Romans *Le Calvaire.*

25 Vgl. P. Pitard, *Mobile Garde de l'Orne, 4ᵉ bataillon. Campagne 1870–1871,* Mortagne 1872. Die Analyse des Feldzugs durch den Zeitgenossen Pitard bestätigt die Untersuchungen von Stéphane Audoin-Rouzeau ebenso wie die literarischen Schilderungen von Octave Mirbeau: umherirrendes Vieh, übers Land streifende Soldaten, Menschen auf der Flucht, Bauern, die sich einschließen. Dass gerade solche Szenen ins literarische Projekt des Schriftstellers passen – schließlich beschreibt er den *Leidensweg* – versteht sich.

26 Vgl. P. Pitard, *Mobile Garde de l'Orne, 4ᵉ bataillon. Campagne 1870–1871,* Mortagne 1872, S. 20; Amédée Philippe, *Les Prussiens à Bellême pendant la guerre de 1870–1871,* Bellême 1903.

27 Diese Zwangsvorstellung, die Preußen würden alles niederbrennen, ist in der damaligen Vorstellungswelt mit ihrem Einmarsch eng verknüpft. Vgl. Alain Corbin, *Das Dorf der Kannibalen,* Stuttgart 1992, S. 27ff.

28 Docteur Jousset, *Bellême. Les Prussiens de 1870–1871,* Mamers 1880, S. 23.

29 ADO E dépôt 88. Protokollbuch der Gemeinderatsverhandlungen, Origny-le-Butin, 20. Dezember 1870.

30 Marie de Semallé kolportiert hier nur ein Gerücht.

31 Vgl. Docteur Jousset, *Bellême. Les Prussiens de 1870–1871,* Mamers 1880, S. 37f.

32 Ebd., S. 38.

33 ADO R 158. Gemeindeaufzeichnungen zur Besatzung.

34 Ebd.

35  Docteur Jousset, *Bellême. Les Prussiens de 1870–1871,* Mamers 1880, S. 42.

36  ADO R 158. Liste der Personen der Gemeinde (Origny-le-Butin), die unter der preußischen Besatzung zu leiden hatten, unterteilt nach fünf Bedürftigkeits-gruppen.

37  Docteur Jousset, *Bellême. Les Prussiens de 1870–1871,* Mamers 1880, S. 42f.

38  Ebd., S. 43.

39  ADO E dépôt 88. Protokollbuch der Gemeinderatsverhandlungen, 1. März 1871.

40  ADO R 158.

41  ADO O 1591.

42  ADO R 158. Berechnung auf Grundlage der Beherbergungsscheine.

43  Docteur Jousset, *Bellême. Les Prussiens de 1870–1871,* Mamers 1880, S. 9. Um die Feindseligkeit gegenüber Deutschland abzubauen, macht Jousset einen angeb-lich germanischen Ursprung der Lokalbevölkerung geltend: »In unserer Pro-vinz Perche sind wir alle Kinder der preußischen Rasse.« (S. 50) Dies zeige schon die Häufigkeit germanischer Ortsnamen.


## Kapitel 9
### *»Die Unverschämtheit der Armen«*


1  Ein armer Bauer aus dem Limousin, von dem wir bei einer Befragung im Jahr 1967 wissen wollten, ob er die große Wirtschaftskrise der 1930-er Jahre gespürt habe, antwortete, er erinnere sich deutlich an die guten Jahre – als das Kalb sei-ner einzigen Kuh überlebte – und auch an die schlechten – als das Kalb starb, vgl. Alain Corbin, *Prélude au Front populaire. Contribution à l'histoire de l'opinion publique dans le département de la Haute-Vienne (1934–1936),* Diss. 1968, S. 98.

2  Vgl. oben, S. 190ff.

3  Dazu zwei neuere Dissertationen: Denis Beliveau, *Les Révoltes frumentaires en France dans la première moitié du XIX$^e$ siècle,* Diss., EHESS, 1992; Nicolas Bourgui-nat, *Ordre naturel, ordre public et hiérarchies sociales. L'État et les violences frumentaires dans la France de la première moitié du XIX$^e$ siècle,* Diss., Universität Lyon-II, 1997. Mit engerem Bezug zum Wald: Frédéric Chauvaud, »Le dépérissement des émotions paysannes dans les territoires boisés au XIX$^e$ siècle«, in: *La Terre et la Cité. Mélanges offerts à Philippe Vigier,* Paris 1994.

4  Im Gefolge einer Erhebung und eines Berichts von Léon de la Sicotière, *Conseil général de l'Orne, session de 1864, Rapport de M. Léon de la Sicotière sur l'assistance et l'extinction de la mendicité,* Alençon 1864.

5 AN F$^{11}$ 390. Orne. Jahr IV-1813. Bericht des Präfekten La Magdelaine an den Innenminister vom 22. Floréal des Jahres X.

6 Ebd.

7 Diese Entschädigungspflicht galt im gesamten 19. Jahrhundert, wobei die entsprechenden Zahlungen im Fall eines Aufstands oder einer Revolution eine schwere Belastung darstellen konnten. Vgl. Pascal Plas, »De la responsabilité civile au cas de dommages causés par les barricades en Frances, XIX$^e$ siècledébut du XX$^e$ siècle«, in: Alain Corbin, Jean-Marie Mayeur (Hg.), *La Barricade*, Paris 1997, S. 283–296.

8 AN F$^{11}$ 390. Bericht des Präfekten vom 1. Prairial Jahr X.

9 AN F$^{11}$ 715. Bericht des Präfekten La Magdelaine vom 7. August 1812.

10 AN F$^{11}$ 715. Bericht des Präfekten an den Innenminister vom 22. September 1812.

11 AN F$^{11}$ 715. Bericht des Präfekten vom 22. September 1812.

12 Die Erlasse vom 4. und 8. Mai 1811 treten im Departement Orne am 11. und 16. Mai in Kraft.

13 Die vorstehenden Zitate stammen aus einem Brief des Präfekten vom 13. November 1812, AN F$^{11}$ 715.

14 AN F$^{11}$ 715. Brief des Präfekten der Orne vom 11. November 1812.

15 AN F$^{11}$ 715. Bericht des Präfekten an den Innenminister vom 22. September 1812.

16 AN F$^{11}$ 715. Brief des Präfekten vom 11. November 1812.

17 Tabellen, die die Präfektur der Orne an den Innenminister schickte, 1. Juli 1812, AN F$^{11}$ 715.

18 AN F$^{11}$ 715. Der Präfekt an den Innenminister, 24. Dezember 1812.

19 AN F$^{11}$ 715. Der Präfekt an den Innenminister, 7. August 1812.

20 Stellungnahme des Bürgermeisters von Saint-Martin-du-Vieux-Bellême, ADO E dépôt 89/69.

21 AN F$^{11}$ 731. Der Präfekt an den Innenminister, 18. Dezember 1816.

22 AN F$^{11}$ 731. Der Präfekt an den Innenminister, 23. Mai 1817.

23 ADO M 1291. Bericht des Unterpräfekten von Mortagne an den Präfekten der Orne vom 10. Mai 1817.

24 Schilderung des Vorfalls von Igé durch den Bürgermeister, AN F$^{11}$ 731.

25 Bericht des Präfekten der Orne an den Innenminister vom 9. Mai 1817, AN F$^{11}$ 731 und F$^7$ 9686.

26 ADO M 1291. Bericht des Unterpräfekten des Arrondissements Mortagne an den Präfekten vom 10. Mai 1817.

27 AN F$^{11}$ 731. Brief des Präfekten an den Innenminister vom 11. Mai 1817.

28 AN F[11] 731. Weisung des Präfekten der Orne vom 17. Mai 1817.

29 Ebd.

30 Ein Muster dieser Bettelausweise findet sich in ADO Z 531.

31 ADO Z 531. Brief des Präfekten an den Unterpräfekten des Arrondissements Mortagne vom 12. Januar 1818.

32 Bürgermeister von Saint-Martin-du-Vieux-Bellême. ADO E dépôt 89/109. Anders als das Ährenlesen war das Zusammenrechen und Ausreißen der Stoppel im Kanton Bellême nicht erlaubt (vgl. Georges Courtois, *Us et coutumes du canton de Bellême, recueillis jusqu'en 1882*, Bellême 1883, S. 33).

33 ADO Z 531. Lage der Armen in den Gemeinden des Kantons Bellême, 18. Januar 1818.

34 ADO Z 531. Brief des Bürgermeisters von Origny-le-Butin an den Unterpräfekten vom 2. Januar 1818.

35 Ebd.

36 ADO Z 531. Brief des Bürgermeisters von Bellême an den Unterpräfekten vom 18. Janaur 1818.

37 ADO Z 531. Bürgermeister von Saint-Martin-du-Vieux-Bellême, 1. Februar 1818.

38 AN F[7] 6771. Bericht des Präfekten vom 20. Dezember 1828.

39 AN BB[18] 1171. Staatsanwalt von Mortagne an den Justizminister, 8. Mai 1829.

40 AN BB[18] 1171. Staatsanwalt von Mortagne an den Justizminister, 14. Mai 1829.

41 AN BB[18] 1171. Staatsanwalt an den Justizminister, 27. April 1829.

42 AN F[2]I 1289. Präfekt an den Innenminister, 31. Januar 1831.

43 AN F[2]I 1289. Präfekt an den Innenminister, 25. Januar 1832.

44 AN BB[18] 1171. Brief vom 27. April 1829.

45 AN F[2]I 1289. Rundschreiben des Präfekten Clogenson vom 3. November 1830.

46 Ebd.

47 Vgl. Catherine Freeman, *»Rébellion armée à Bellême«. Examination of a Food Riot in Nineteenth Century Normandy through the Use of a Judicial Archive*, Alençon 1985, ADO J 364. Diesbezügliche Dokumente: ADO 4 U 216 und AN BB[18] 1379.

48 AN BB[18] 1379. Zeugenaussage des Unterpräfekten Jean-Victor Bessin im Bericht des Untersuchungsrichters vom 27. u. 28. September 1839.

49 Ebd.

50 Königlicher Staatsanwalt an den Justizminister, 24. September 1839, AN BB[18] 1379.

51 AN BB[18] 1379. Königlicher Staatsanwalt an den Justizminister, 27. Oktober 1839, und Justizminister an den Innenminister, 2. November 1839.

52 ADO 4 U 216.

53  ADO M 1299. Brief des Unterpräfekten an den Präfekten, 22. Oktober 1846.

54  Zu den Unruhen im Buzançais vgl. Philippe Vigier, »Buzançais, le 13 janvier 1847«, in: *La Vie quotidienne à Paris et en province pendant les journées de 1848,* Paris 1982; Yves Bionnier, *Les Jacqueries de 1847 en Bas-Berry,* 1979.

55  ADO M 1299.

56  Brief an den Innenminister, ADO M 1299.

57  Bericht an den Präfekten, 25. Februar 1847, ADO M 1299.

58  ADO M 1299. »Hilfsmaßnahmen für die Armen im Winter 1846–1847«, Origny-le-Butin.

59  ADO E dépôt 88. Protokollbuch der Gemeinderatsverhandlungen, Sitzung vom 3. Januar 1847.

60  ADO M 1299. Kommentar in »Hilfsmaßnahmen für die Armen im Winter 1846–1847«, Origny-le-Butin.

61  ADO E dépôt 88. Sitzung des Gemeinderats von Origny-le-Butin, 3. Januar 1847.

62  ADO M 1299. »Hilfsmaßnahmen für die Armen im Winter 1846–1847«, Origny-le-Butin.

63  ADO M 44. Bericht des Bürgermeisters von Bellême, 29. März 1848.

64  ADO E dépôt 88. Protokollbuch der Gemeinderatsverhandlungen, Origny-le-Butin, Sitzungen vom 15. August und 4. September 1848.

65  ADO E dépôt 88. Sitzung vom 8. Oktober 1848.

66  ADO E dépôt 88. Sitzung vom 4. September 1848.

67  AN F[1] CIII Orne 9. Bericht des Unterpräfekten des Arrondissements Mortagne, 29. Oktober 1853.

68  ADO E dépôt 88. Origny-le-Butin, Gemeinderatssitzungen vom 14. Januar und 3. Februar 1854.

69  AN F[1] CIII Orne 9. Bericht des Unterpräfekten des Arrondissements Mortagne, 25. Dezember 1853.

70  Im Juli zählt man 5 385 »dauerhaft Arme« und 6 460 »zeitweilig Arme«, insgesamt also 11 845 Not leidende Menschen bei einer Gesamtbevölkerung von 121 854 Personen: AN F[1] CIII Orne 9. Bericht des Unterpräfekten und Ergebnis der statistischen Erhebung über die Bettelei im Arrondissement, 15. Juli 1854.

71  ADO E dépôt 88. Sitzung vom 3. Februar 1855.

72  ADO M 965. Bericht des Polizeikommissars des Kantons von Bellême vom 16. u. 20 Dezember 1855.

73  AN F[1] CIII Orne 14, Februar 1865.

## Kapitel 10
### Das Pfarreimitglied, der Nationalgardist und der Wähler

1 Vgl. beispielsweise die Arbeiten von Pierre Rosanvallon, Philippe Braud, Michel Offerlé, Yves Deloye, Olivier Ihl, Bernard Lacroix und die zahlreichen Dissertationen unter ihrer Leitung. Éric Phelippeau (*Le Baron de Mackau en politique. Contribution à l'étude de la professionnalisation politique*, Diss., Universität Paris-X, 1995) beschäftigt sich mit der Konstruktion des Politikers und den Mechanismen der Wahlkampagnen im Departement Orne.

2 Michel Pigenet, *Ouvriers, paysans, nous sommes. Les bûcherons du centre de la France au tournant du siècle*, Paris 1993.

3 AN F⁷ 6771. Brief des Präfekten Séguier an den Innenminister vom 12. Juni 1828.

4 Zur Bedeutung, die die Beobachter in der Verwaltung mit diesem Begriff verbanden, vgl. Alain Corbin u. Nathalie Veiga, »Le monarque sous la pluie. Les voyages de Louis-Philippe Iᵉʳ en province (1831–1833)«, in: *La Terre et la Cité. Mélanges offerts à Philippe Vigier*, Paris 1994, S. 217–229.

5 AN F⁷ 6771. Bericht des Präfekten Séguier vom 22. Oktober 1828.

6 AN F⁷ 6771. Bericht des Präfekten Séguier vom 20. Dezember 1828.

7 Ebd.

8 Vgl. Nicole Mozet, *La Ville de province dans l'œuvre de Balzac*, Paris 1982.

9 AN F⁷ 6771. Bericht des Präfekten Séguier vom 21. Oktober 1829.

10 Vgl. oben, S. 34–41.

11 ADO M 268, Bericht des Unterpräfekten des Arrondissements Mortagne an den Präfekten vom 30. September 1834.

12 AN F¹ CIII Orne 9. Bericht des Unterpräfekten des Arrondissements Mortagne vom 24. April 1853.

13 Eine ansprechende Untersuchung über die Logik, Konstruktion und Instrumentalisierung der Vorstellung von regionalen Temperamenten im 19. Jahrhundert bietet: Pierre-Yves Saunier, *L'Ésprit lyonnais. XIXᵉ-XXᵉ siècle*, Paris 1995.

14 AN F⁷ 9686. Bericht des Unterpräfekten d'Aubers an den Präfekten der Orne vom 30. Dezember 1817. Man beachte die Betonung des Zusammenhangs von Sorgen und politischer Meinung.

15 Ebd.

16 Ebd.

17 Zur Bedeutung dieses Begriffs im 19. Jahrhundert vgl. Alain Pessin, *Le Mythe du peuple et la société française du XIXᵉ siècle*, Paris 1992.

18 ADO M 268. Bericht des Unterpräfekten des Arrondissements Mortagne an den Präfekten vom 18. April 1835.

19 Zur Logik dieses Gegensatzes: Alain Corbin, »Zur Geschichte und Anthropologie der Sinneswahrnehmung«, in: ders., *Wunde Sinne: über die Begierde, den Schrecken und die Ordnung der Zeit im 19. Jahrhundert,* Stuttgart 1993, S. 197–211.

20 ADO M 43. Bericht des Präfekten der Orne über die Lage im Departement, 1835.

21 AN F$^9$ 312. Bericht des Präfekten La Magdelaine an den Innenminister vom 19. Juni 1811.

22 AN F$^1$ CIII Orne 14. Bericht des Präfekten vom 7. Mai 1814 über die Unruhen in Argentan und Laigle sowie über das Tedeum in Alençon anläßlich des Regimewechsels am 9. Mai.

23 AN F$^7$ 9686. Bericht des Präfekten an den Minister der allgemeinen Polizei vom 27. Juni 1815.

24 Ebd.

25 Ebd.

26 AN F$^7$ 9686. Bericht des Präfekten der Orne an den Minister vom 9. November 1815. Im Februar 1816 gehen diese Machenschaften weiter.

27 Vgl. oben, S. 233ff.

28 ADO E dépôt 89/69.

29 AN F$^7$ 4111. Lagebeschreibungen des Präfekten Vicomte de Riccé vom Oktober, November und Dezember 1818.

30 AN F$^9$ 230. Bericht des Präfekten der Orne vom 15. Juli 1819.

31 Ebd.

32 AN F$^9$ 230. Bericht des Präfekten der Orne vom 7. August 1819.

33 Vgl. oben, S. 83.

34 AN F$^1$ CIII Orne 9. Bericht des Präfekten der Orne vom 23. September 1819. Von einer erheblichen Zahl von Deserteuren im Departement Orne ist auch in einigen Berichten aus den Jahren 1824 und 1825 die Rede (AN F$^7$ 4111).

35 Vgl. Alain Corbin, »La Fête de souveraineté« und »L'impossible présence du roi«, in: Alain Corbin, Noëlle Gérôme, Danielle Tartakowsky, *L'Usage politique des fêtes,* Paris 1994, S. 25 u. S. 77. Über die Feste der Restauration vgl. Françoise Waquet, *Les Fêtes royales sous la Restauration ou l'Ancien Régime retrouvé,* Paris 1981.

36 Vgl. ADO Z 370. Akte über den Verlauf dieser Feste im Arrondissement Mortagne. Über den Tod von Ludwig XVIII. vgl. Pascal Simonetti, »Mourir comme un Bourbon. Louis XVIII, 1824«, in: *Revue d'histoire moderne et contemporaine,* Januar–März 1995, S. 91–106.

37 Vgl. ADO Z 370. Bürgermeister von Origny-le-Roux, 4. November 1825.

Zum Glockenläuten bei den Souveränitätsfesten, vgl. Alain Corbin, *Die Spra-che der Glocken: ländliche Gefühlskultur und symbolische Ordnung im Frankreich des 19. Jahrhunderts,* Frankfurt a. M. 1995, S. 360–383.

38  Vgl. oben, S. 176ff.

39  Zur semantischen Intensität der Volksbräuche im Wald und am Waldrand vgl. Peter Sahlins, *Forest Rites. The War of Demoiselles in Nineteenth Century France,* Harvard 1994.

40  ADO E dépôt 88. Protokollbuch der Verhandlungen des Gemeinderats von Origny-le-Butin, Sitzung vom 5. Oktober 1824.

41  Das Schicksal De Bloteaus erinnert unwillkürlich an die in Alençon spielenden Romane von Balzac: *Die alte Jungfer* und *Das Antiquitätenkabinett.*

42  AN F$^1$ bII Orne 20, Origny-le-Butin. Brief des Präfekten der Orne, Vicomte de Riccé, an den Minister, 16. Januar 1816.

43  AN F$^1$ bII Orne 20. Gesuch von De Bloteau vom 1. März 1816.

44  AN F$^1$ bII Orne 20. Bericht des Präfekten.

45  AN F$^1$ bII Orne 20. Bittschrift zu Gunsten von De Bloteau vom 17. Februar 1816 und Brief der Abgeordneten des Departementrats der Orne vom 28. Dezember 1815.

46  AN F$^1$ bII Orne 20. Gesuch von De Bloteau vom 1. März 1816.

47  ADO M 1295, Amtlicher Bericht des Oberleutnants der Gendarmerie vom 15. September 1819; daraus auch die folgenden Zitate.

48  Vgl. oben, S. 103ff.

49  ADO E dépôt 88. Protokollbuch der Verhandlungen des Gemeinderats von Origny-le-Butin, Sitzung vom 25. Dezember 1826. Die folgenden Einzelheiten stammen aus demselben Protokollbuch.

50  ADO D dépôt 88. Protokollbuch der Gemeinderatsverhandlungen, 10. Fructidor des Jahres XII.

51  Aufstellung über die dem Kirchenvermögen zurückerstatteten Güter und Renten vom 25. Ventôse des Jahres XIII, ADO Z 525.

52  ADO E dépôt 88, 14. Thermidor des Jahres XIII.

53  AN F$^{19}$ 758. Zustand der Gotteshäuser in den Filialpfarreien, die mit Wirkung vom 30. September 1807 durch Zusammenlegung abgeschafft wurden, Diözese von Séez.

54  ADO E dépôt 88/85. Inventarverzeichnis der beweglichen Güter des Kirchenschatzes, 1810.

55  Zu diesen wiederholten Angeboten: ADO E dépôt 88/2.

56  AN F$^{19}$ 758. Bittschrift der Einwohner von Origny-le-Butin vom 5. Oktober 1819.

57 Ebd. sowie ADO E dépôt 88. Protokollbuch der Gemeinderatsverhandlungen, 7. November 1819.

58 Einzelheiten dazu in ADO 11 V 96. Kirchenvermögen von Origny-le-Butin, Jahr XIII-1834.

59 AN F³ III 21, Origny-le-Butin. Präfekt der Orne, 31. Oktober 1831.

60 ADO 11 V 96.

61 ADO O 655. Beschreibung des am 6. Februar 1824 erworbenen Pfarrhauses.

62 ADO 11 V 96.

63 Ebd.

64 Ebd.

65 ADO E dépôt 88. Protokollbuch der Gemeinderatsverhandlungen, Sitzung vom 13. Mai 1831.

66 ADO M 43. Brief des Unterpräfekten des Arrondissements Mortagne an den Präfekten der Orne vom 9. August 1830. Über die Zustimmung der Provinz zum neuen Regime, vgl. Pamela Pilbeam, »Popular violence in provincial France after the 1830 revolution«, in: *English Historical Review* 91 (359), 1976, S. 278–297; dies., »›The Three Glorious Days‹, the revolution of 1830 in provincial France«, in: *Historical Journal* 26 (4), 1983; Roger Price, »Popular disturbances in the french provinces after the July Revolution of 1830«, in: *European Studies Review* 1 (4), 1971, S. 323–350.

67 AN F⁹ 616. Bericht des Präfekten über den Zustand der Nationalgarde in der Orne, Oktober 1830. Zur Nationalgarde vgl. Louis Girard, *La Garde nationale (1814–1870), Paris 1964.

68 ADO M 43. Brief des Unterpräfekten vom 9. August 1830.

69 Anders in Bellavilliers, am nördlichen Rand des Waldes von Bellême gelegen. Die Garde zählt hundertsechs Mitglieder, drei davon besitzen bereits eine Uniform.

70 Vgl. AN F⁹ 616. Brief des Präfekten der Orne vom 7. November 1830.

71 ADO Z 370. Schilderung der Feierlichkeiten zum Namenstag des Königs in La Mesnière, angefertigt vom Bürgermeister der Gemeinde am 2. Mai 1831.

72 AN F⁹ 616. Brief des Präfekten der Orne vom 7. November 1830.

73 AN F⁹ 616. Brief des Präfekten vom 10. November 1830.

74 Vgl. Louis Girard, *La Garde nationale (1814–1870), Paris 1964, passim; Bernard Ménager, *Les Napoléon du peuple*, Paris 1988.

75 AN F⁹ 616. Übersicht über Organisation und Truppenstärke der Nationalgarde, 1. April 1831.

76 AN F⁹ 616.

77 Vgl. ADO E dépôt 88/41. Wahlen zur Nationalgarde, Zeichnungsliste.

78  ADO E dépôt 88/42.

79  An diesen Zahlenverhältnissen sollte sich auch bei den Wahlen von 1837, 1840 und 1846 nicht viel ändern. Zu den Einzelheiten vgl. ADO E dépôt 88 (Gemeindearchiv von Origny-le-Butin), 40 (Nationalgarde, Truppenzählung), 41 u. 42 (Wahlaufzeichnungen der Garde).

80  Alain Corbin u. Nathalie Veiga, »Le monarque sous la pluie. Les voyages de Louis-Philippe I$^{er}$ en province (1831–1833)«, in: *La Terre et la Cité. Mélanges offerts à Philippe Vigier,* Paris 1994, passim. Allerdings kommt der König auf seiner Normandie-Reise nicht in der Nähe von Origny-le-Butin vorbei.

81  AN F$^9$ 616. Bericht des Präfekten über die Paraden der Nationalgarde vom 21. Juni 1831.

82  Alain Corbin, »Les aristocrates et la communauté villageoise. Les maires d'Essay«, in: Maurice Agulhon (Hg.), *Les Maires en France du Consulat à nos jours,* Paris 1986.

83  AN F$^9$ 616. Zahlenmäßige Aufstellung über die Einheiten der Nationalgarde im Kanton.

84  ADO M 43. Bericht des Präfekten der Orne, 1835.

85  ADO M 268. Bericht des Präfekten der Orne vom 18. April 1834.

86  ADO M 268. Notiz auf dem Bericht des Unterpräfekten des Arrondissements Mortagne, 4. Quartal 1834.

87  Die eingehendste Regionalstudie über diese Feste stammt von Rémy Dalisson, *De la Saint-Louis au cent-cinquantenaire de la Révolution. Fêtes et cérémonies publiques en Seine-et-Marne de 1815 à 1939,* Diss., Universität Paris-I, 1997.

88  ADO Z 370. Brief des Bürgermeisters von Origny-le-Roux vom 28. Juli 1833.

89  ADO Z 370. Brief des Bürgermeisters von Bellavilliers vom 24. Juli 1834.

90  ADO Z 370. Brief des Bürgermeisters von Damemarie vom 1. Mai 1831.

91  Zur Bedeutung der Gemeinderatswahlen vgl. André-Jean Tudesq, »Institutions locales et histoire sociale: la loi municipale de 1831 et ses premières applications«, in: *Annales de la faculté des lettres et sciences humaines de Nice* 3 (4), 1969; Philippe Vigier, »Élections municipales et prise de conscience politique sous la Monarchie de Juillet«, in: *La France au XIX$^e$ siècle,* Paris 1973; und vor allem Christine Guionnet, *Élections et modernisation politique,* Diss., EHESS, 1995; dies., *L'Apprentissage de la politique moderne. Les élections municipales sous la Monarchie de Juillet,* Paris 1997.

92  Vgl. den zusammenfassenden Überblick im *Annuaire du département de l'Orne,* 1841.

93  Zu den folgenden Einzelheiten: ADO E dépôt 88/53 (Protokolle der Gemeinderatswahlen), 88/53 (Liste der Wähler).

94 Mit Recht merken Yves Deloye und Olivier Ihl kritisch an, dass die Historiker das Erlernen der Wahlprozedur vorschnell mit der Aneignung der Begrifflichkeit ineins setzen, die die ideologische Auseinandersetzung, die Grundlage der repräsentativen Demokratie, prägt (»Le XIX$^e$ siècle au miroir de la sociologie historique«, in: *Revue d'histoire du XIX$^e$ siècle* 13, 1996, S. 54f.

95 ADO M 44. Brief eines Informanten an den Staatskommissar vom 4. April 1848.

96 Zu den folgenden Details: ADO E dépôt 88/53 u. 54.

97 ADO M 44. Brief des Unterpräfekten des Arrondissements Mortagne an den Präfekten vom 10. September 1848.

98 ADO M 44. Brief des Unterpräfekten des Arrondissements Mortagne vom 11. November 1848.

99 Nicht mitgezählt sind dabei die neun aus der Gemeinde stammenden Soldaten.

100 Vgl. den Gesamtüberblick bei Ted Margadant, *French Peasants in Revolt. The Insurrection of 1851,* Princeton 1979.

101 ADO Z 385.

102 ADO E dépôt 88/53.

103 Vgl. die Zeichnungsliste in ADO E dépôt 88.

104 ADO E dépôt 88. Vgl. Blatt 43 der Flurbuchkarten der Gemeinde und ADO 3 Q 1817: Verzeichnis der Eigentumsübertragungen von Todes wegen, Louis-François Pinagot.

105 ADO E dépôt 88. Verzeichnis der »neu gebauten und instand gesetzten Häuser«, Blatt 107.

106 ADO E dépôt 88/53.

107 Die folgende Schilderung einschließlich der Zitate basiert auf dem Protokollbuch der Verhandlungen des Gemeinderats von Origny-le-Butin, ADO E dépôt 88.

108 Zur Diskussion über das Schulgebäude vgl. die Akte ADO Z 425, Origny-le-Butin, 1873–1896.

109 ADO O 655.

# WEITERFÜHRENDE LITERATUR

Baumgartner, Hans Michael, *Kontinuität und Geschichte. Zur Kritik und Metaphysik der historischen Vernunft*, Frankfurt a. M. 1997.

Boutier, Jean/Julia, Dominique (Hg.), *Passés récomposés. Champs et chantiers de l'Histoire*, Paris 1995.

Burke, Peter, *History and Social Theory*, Oxford 1992.

– (Hg.), *New Perspectives on Historical Writing*, Cambridge 1991.

– *Varieties of Cultural Histories*, Ithaca, NY 1997.

Chartier, Roger, *Die unvollendete Vergangenheit. Geschichte und die Macht der Weltauslegung*, Berlin 1989.

– /Revel, Jacques (Hg.), *Die Rückeroberung des historischen Denkens. Grundlagen der Neuen Geschichtswissenschaft*, Frankfurt a. M. 1990.

Conrad, Christoph/Kessel, Martina (Hg.), *Geschichte schreiben in der Postmoderne. Beiträge zur aktuellen Diskussion*, Stuttgart 1994.

– (Hg.), *Kultur und Geschichte. Neue Einblicke in eine alte Beziehung*, Stuttgart 1998.

Danto, Arthur C., *Analytische Philosophie der Geschichte*, Frankfurt a. M. 1980.

Evans, Richard J., *Fakten und Fiktionen. Über die Grundlagen historischer Erkenntnis*, Frankfurt a. M./New York 1998.

Faber, Karl G./Meier, Christian (Hg.), *Historische Prozesse* (Theorie der Geschichte. Beiträge zur Historik; 2), München 1978.

Geertz, Clifford, *Dichte Beschreibung. Beiträge zum Verstehen kultureller Systeme*, Frankfurt a. M. 1987.

Goertz, Hans-Jürgen, *Umgang mit Geschichte. Eine Einführung in die Geschichtstheorie*, Reinbek 1995.

Hardtwig, Wolfgang/Wehler, Hans-Ulrich (Hg.), *Kulturgeschichte Heute* (Geschichte und Gesellschaft; Sonderheft 16), Göttingen 1996.

Hunt, Lynn (Hg.), *The New Cultural History*, Berkeley 1989.

Iggers, Georg C., *Geschichtswissenschaft im 20. Jahrhundert. Ein kritischer Überblick im internationalen Zusammenhang*, 2. Aufl., Göttingen 1996.

– *Neue Geschichtswissenschaft. Vom Historismus zur historischen Sozialwissenschaft*, München 1978.

Kocka, Jürgen (Hg.), *Sozialgeschichte im internationalen Überblick. Ergebnisse und Tendenzen der Forschung*, Darmstadt 1989.

– /Nipperdey, Thomas (Hg.), *Theorie und Erzählung in der Geschichte* (Theorie der Geschichte. Beiträge zur Historik; 3), München 1980.

Koselleck, Reinhart, *Vergangene Zukunft. Zur Semantik geschichtlicher Zeiten*, 3. Aufl., Frankfurt a. M. 1995.

– /Lutz, Heinrich/Rüsen, Jörn (Hg.), *Formen der Geschichtsschreibung* (Theorie der Geschichte. Beiträge zur Historik; 4), München 1982.

– (Hg.), *Geschichte – Ereignis und Erzählung* (Poetik und Hermeneutik; 5), 2. Nachdr. d. 1. Aufl., München 1990.

LaCapra, Dominick, *Geschichte und Kritik*, Frankfurt a. M. 1987.

Lehmann, Hartmut (Hg.), *Wege zu einer neuen Kulturgeschichte,* Mit Beiträgen von Rudolf Vierhaus und Roger Chartier, Göttingen 1995.

Lorenz, Chris, *Konstruktion der Vergangenheit. Eine Einführung in die Geschichtstheorie* (Beiträge zur Geschichtskultur; 13), Köln/Weimar/Wien 1997.

Lüdtke, Alf (Hg.), *Alltagsgeschichte. Zur Rekonstruktion historischer Erfahrungen und Lebensweisen*, Frankfurt a. M. 1989.

McCullagh, C. Behan, *The Truth of History*, London/New York 1998.

Meier, Christian/Rüsen, Jörn (Hg.), *Historische Methode* (Theorie der Geschichte. Beiträge zur Historik; 5), München 1988.

Middell, Matthias/Sammler, Steffen (Hg.), *Alles Gewordene hat Geschichte. Die Schule der Annales in ihren Texten*, Leipzig 1994.

Müller, Klaus E./Rüsen, Jörn (Hg.), *Historische Sinnbildung. Problemstellungen, Zeitkonzepte, Wahrnehmungshorizonte, Darstellungsstrategien*, Reinbek 1997.

Quant, Siegfried/Süssmuth, Hans (Hg.), *Historisches Erzählen. Formen und Funktionen*, Göttingen 1982.

Ricoeur, Paul, *Zeit und Erzählung*, 3 Bde., München 1988–90.

Rüsen, Jörn, *Historische Orientierung. Über die Arbeit des Geschichtsbewußtseins, sich in der Zeit zurechtzufinden*, Köln/Weimar/Wien 1994.

– *Historische Vernunft. Grundzüge einer Historik I: Die Grundlagen der Geschichtswissenschaften*, Göttingen 1983.

– *Lebendige Geschichte. Grundzüge einer Historik III: Formen und Funktionen des historischen Wissens*, Göttingen 1989.

- *Rekonstruktion der Vergangenheit. Grundzüge einer Historik II: Die Prinzipien der historischen Forschung*, Göttingen 1986.
- *Zeit und Sinn. Strategien historischen Denkens*, Frankfurt a. M. 1990.

Schulze, Winfried (Hg.), *Sozialgeschichte, Alltagsgeschichte, Mikro-Historie: eine Diskussion*, Göttingen 1994.

Veyne, Paul, *Die Originalität des Unbekannten: für eine andere Geschichtsschreibung*, Frankfurt a. M. 1988.

White, Hayden V., *Auch Klio dichtet oder die Fiktion des Faktischen. Studien zur Tropologie des historischen Diskurses* (Sprache und Geschichte; 10), Stuttgart 1986.

- *Die Bedeutung der Form. Erzählstrukturen in der Geschichtsschreibung*, Frankfurt a. M. 1990.

# LANDKARTEN

*Karte 1:* Übersichtskarte Frankreich

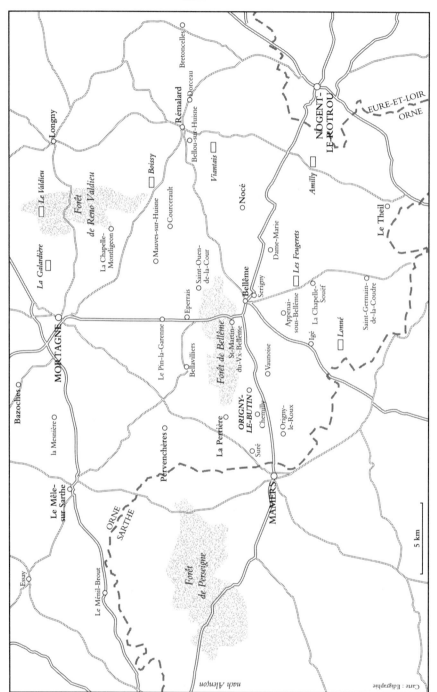

Karte 2

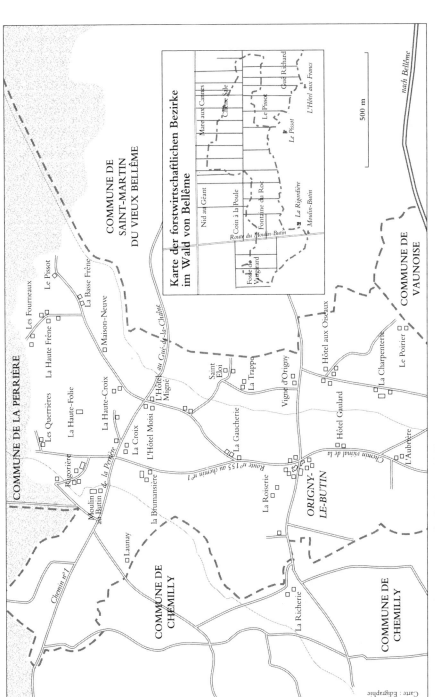

COMMUNE DE LA PERRIÈRE

COMMUNE DE SAINT-MARTIN DU VIEUX BELLÊME

COMMUNE DE CHEMILLY

COMMUNE DE CHEMILLY

COMMUNE DE VAUNOISE

Les Fourneaux
Le Pissot
Les Querrières
La Haute Frêne
La Basse Frêne
La Haute-Folie
Maison-Neuve
La Haute-Croix
L'Hôtel au Gué-de-la-Chaîne
Rigorière
La Croix
L'Hôtel Moisi
Saint Éloi Migné
La Trappe
Moulin au Butin
de la Perrière
la Brumansière
La Gaucherie
Vigne d'Origny
Hôtel aux Oiseaux
La Charpenterie
Le Poirier
Launay
Route n° 155 au chemin n° 1
La Roiserie
Hôtel Gaulard
Chemin vicinal de la
L'Aubrière
ORIGNY-LE-BUTIN
La Richerie

Chemin n° 1

nach Bellême

500 m

Karte der forstwirtschaftlichen Bezirke im Wald von Bellême

Nid au Géant
Mare aux Cannes
Chesne Selle
Le Pissot
Gué Richard
L'Hôtel aux Francs
Le Pissot
Coin à la Poule
Fontaine du Roc
La Rigordière
Moulin-Butin
Fosse de Vingtrard
Route du Moulin-Butin

Carte : Edigraphie

*Karte 3*: Die Gemeinde von Origny-le-Butin um 1872

# Campus Kulturgeschichte

*1999. 688 Seiten*
*ISBN 3-593-36079-9*

»Ohne Roger Chartier, den Gründer der Leseforschung, gäbe es
keine ›Geschichte des Lesens‹. Seine gemeinsam mit Guglielmo
Cavallo herausgegebene Essaysammlung stellt eine unerschöpfliche
Fundgrube für alle dar, die sich ernsthaft mit jener stillen Kunst
beschäftigen wollen, die vor allem im Rückzug von der Welt ihren
Zauber entfaltet und die heute nur noch von wenigen gepflegt wird.
Zugleich ist dieses gelehrte Buch eine Geschichte des gewöhnlichen
Lesens, da wir in ihm etwas über die Lektüregewohnheiten unserer
Vorfahren erfahren, so daß wir, die Leser an der Schwelle zum 21.
Jahrhundert, uns selbst besser verstehen lernen.«

*Alberto Manguel*

## Campus Verlag · Frankfurt/New York